Frederik Ramm

Recherchieren und Publizieren im World Wide Web

Frederik Ramm

Recherchieren und Publizieren im WORLD WIDE WEB

Mit vollständiger HTML-Referenz inkl. Version 3.0

Das in diesem Buch enthaltene Programm-Material ist mit keiner Verpflichtung oder Garantie irgendeiner Art verbunden. Der Autor und der Verlag übernehmen infolgedessen keine Verantwortung und werden keine daraus folgende oder sonstige Haftung übernehmen, die auf irgendeine Art aus der Benutzung dieses Programm-Materials oder Teilen davon entsteht.

Softcover reprint of the hardcover 1st edition 1995

Der Verlag Vieweg ist ein Unternehmen der Bertelsmann Fachinformation GmbH.

Gedruckt auf säurefreiem Papier

ISBN-13: 978-3-528-05513-4 e-ISBN-13: 978-3-322-88842-6
DOI: 10.1007/978-3-322-88842-6

Über dieses Buch

Das World Wide Web, kurz WWW oder W3, ist mit Sicherheit der bekannteste aller Dienste im Internet. 1993 unter Federführung des CERN als Informationssytem für die Hochenergiephysik erdacht, hat das WWW diesen engen Rahmen längst gesprengt und ist zum Selbstläufer geworden – nicht zuletzt deshalb, weil viele gewerbliche Anbieter im WWW den Schlüssel zum Geschäft mit Millionen von Internet-Benutzerinnen und Benutzern sehen.

Universitäten, Firmen, Regierungsbehörden oder andere Organisationen – wer etwas auf sich hält, ist als Informationsanbieter im WWW präsent. In Deutschland, wo sich lange Zeit niemand außer den einschlägigen Bildungseinrichtungen für die Vorzüge des Internet interessierte, trägt das WWW wesentlich zum Internet-Boom bei. Provider – das sind Unternehmen, die anderen Unternehmen oder Privatleuten den Internet-Zugang verkaufen – sprießen allerorten aus dem Boden. Sogar die Telekom sitzt mit im Boot und wird in naher Zukunft all ihren BTX-Kunden den Weg ins WWW ebnen.

Mit diesem Buch möchte ich Ihnen einen Überblick über die Funktionsweise des neuen Massenmediums World Wide Web verschaffen.

Die erste Hälfte des Buches widmet sich dem Benutzer-Aspekt des WWW: Welche Software brauche ich, wie komme ich überhaupt ins Internet, und vor allem, wie finde ich im WWW, was ich suche? Ich stelle verschiedene Browser (Programme, mit denen man die WWW-Informationen abrufen kann) im Vergleich vor.

Den zweiten Teil nimmt der Anbieter-Aspekt ein. Sie werden lernen, wie Sie selbst Informationsseiten für das WWW erstellen und veröffentlichen. Ich beschreibe die dazu benötigte Sprache „HTML“ (Hypertext Markup Language) vollständig und mit vielen

Beispielen, verzichte jedoch auf ausführliche Diskussionen der WWW-Server-Software, die hauptsächlich unter Unix eingesetzt wird.

Das Buch richtet sich in erster Linie an PC-Benutzer, die DOS und Windows verwenden. Trotzdem habe ich mich bemüht, auch für Benutzer anderer Rechner wichtige Informationen einzubinden – und die Kapitel, die sich mit HTML beschäftigen, sind völlig unabhängig von der verwendeten Hardware.

Danken möchte ich an dieser Stelle meinen Korrekturlesern (und Leserinnen) Maik Andrews, Claudia Schwalbach und Jochen Topf; ihre zum Teil nächtelange Mitarbeit und konstruktive Kritik erspart Ihnen (unter anderem) etwa 250 Semikolons. Mein Dank gilt auch den unzähligen hilfsbereiten Menschen im Rechenzentrum der Universität Karlsruhe, ohne die ich vermutlich heute gar nicht in der Lage wäre, Ihnen ein Buch über das WWW vorzulegen.

Karlsruhe,
im Juli 1995

Frederik Ramm

Inhalt

Das WWW – eine Einführung

1.1 Was ist das World Wide Web?

Das World Wide Web (WWW) ist einer unter vielen Diensten im weltumspannenden Internet, das ich im nächsten Kapitel etwas umfassender vorstellen werde. Die dem WWW zugrundeliegenden wichtigen Konzepte sind Hypertext, Client-Server-Modell und universelle Dokumentennamen.

1.1.1 Hypertext

Mit dem Begriff „Hypertext" bezeichnet man einen Text, der eingebettete Verweise enthält.

Fast jeder Text besitzt Verweise auf andere Quellen, Personen usw. Normalerweise sind diese Verweise in expliziter Form vorhanden, zum Beispiel in Klammern (siehe auch ...) oder Fußnoten[1] . Bei Hypertext liegen die Verweise implizit vor. Ein bestimmtes Wort, ein Satz oder eine Abbildung werden hervorgehoben dargestellt (man nennt das dann einen „Hyperlink"), und wenn man dieses Objekt mit der Maus oder den Cursortasten anwählt, wird die Information, auf die der Verweis zeigt, geladen und dargestellt.

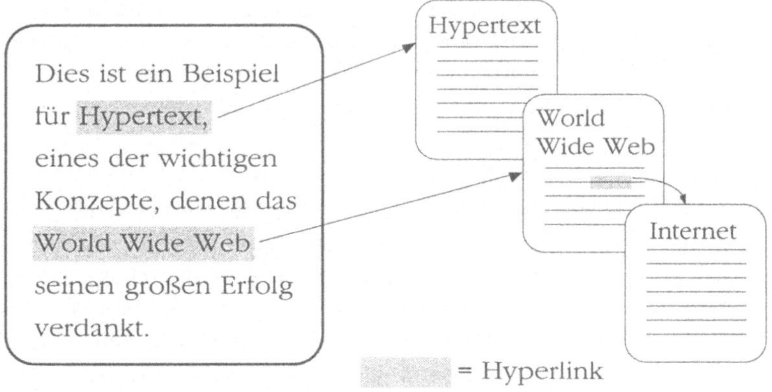

[1] Siehe auch ...

Sie sind dem Hypertext-Konzept wahrscheinlich schon begegnet, wenn Sie mit verschiedenen Computerprogrammen gearbeitet haben; die Hilfefunktion bei benutzerfreundlicher Software setzt heute fast überall auf Hypertext. Im Gegensatz zu einer solchen Anwendung erlaubt das World Wide Web jedoch auch Hypertext-Verweise auf fremde Informationsseiten, die von anderen Autoren erstellt und an einem ganz anderen Ort gespeichert sind. Mit der Hilfefunktion eines Computerprogramms können Sie zwar Hilfe zu den Funktionen des Programms erhalten, aber nicht beispielsweise die jeweils aktuellen Pressemitteilungen des Herstellers oder eine Übersicht über ähnliche Programme abrufen – im WWW wäre dies möglich (vorausgesetzt, jemand speist die Seiten irgendwo ein). Natürlich hätte eine über WWW realisierte Hilfefunktion den Nachteil, daß Sie immer „online" (also über Modem mit einem Rechner im Internet verbunden) sein müßten, um Informationen zu erhalten...

1.1.2 Lastverteilung: Das Client-Server-Modell

Das sogenannte *Client-Server-Modell* liegt vielen Anwendungen zugrunde, die das Internet effizient nutzen sollen. Die Gesamtfunktion eines Dienstes wird dabei in zwei Bereiche aufgeteilt, die sich an verschiedenen Stellen im Netz befinden können und zwischen denen der Datenverkehr möglichst gering sein soll. Die Client-Seite ist meist für das Interface zum Benutzer und die adäquate Aufbereitung der Daten verantwortlich, während die Server-Seite die benötigten Daten oder Dienste bereitstellen muß. (Ein Datenfluß ist gleichermaßen vom Client zum Server möglich, beim WWW jedoch gering.)

Ein großer Vorteil des Konzepts ist, daß auf einen einzigen Server, der beispielsweise unter Unix betrieben wird, Clients aus ganz verschiedenen Betriebssystemen zugreifen können, ohne daß eine spezielle Anpassung des Servers nötig wäre.

WWW-Server

Im Falle des WWW ist der Server dafür zuständig, WWW-Seiten zum Abruf bereitzuhalten. Manche Server werden von Firmen betrieben und enthalten in der Hauptsache Informationen über die jeweiligen Produkte; andere WWW-Server stehen bei Internet-Providern, die es ihren Kunden ermöglichen, dort eigene Seiten bereitzustellen. In den USA kann man „WebSpace" inzwischen mieten wie hierzulande einen Garagenplatz: Man gibt nur noch seine eigenen WWW-Seiten ab und erhält die Adresse

(URL, siehe unten), unter der sie von nun an für jedermann auf der ganzen Welt erreichbar sind.

Im Prinzip kann jeder seinen eigenen WWW-Server installieren; die Software ist kostenlos verfügbar, und an Hardware reicht bereits ein einfacher 386er PC[2] . Das Problem liegt eher darin, daß der WWW-Server 24 Stunden am Tag ans Internet angeschlossen sein sollte, damit die WWW-Seiten, die er anbietet, dauernd verfügbar sind. Außerdem muß seine Leitung ins Internet, rechnet man mit regem Interesse an den angebotenen Seiten, eine ausreichende Bandbreite aufweisen. Die 64 kBit einer ISDN-Leitung werden schnell zum Flaschenhals, wenn mehrere Leute auf der Welt gleichzeitig auf die Idee kommen, eine reich bebilderte Seite abzurufen. Wegen all dieser Hemmnisse verzichtet man als Einzelperson normalerweise auf die Installation eines eigenen WWW-Servers und benutzt stattdessen einen fremden Server (beispielsweise des eigenen Internet-Providers) mit, wenn eigene Seiten im WWW angeboten werden sollen. Notfalls sucht man sich einen beliebigen anderen Provider, der gegen Geld WWW-Seiten auf seinem Server veröffentlicht (vgl. Anhang A).

Sollten Sie dennoch mit dem Gedanken spielen, einen eigenen WWW-Server zu installieren, finden Sie am Ende von Kapitel 7 einige Informationen dazu.

Solange Sie das WWW nur *benutzen* wollen, müssen Sie sich um Server jedoch keine Gedanken machen, denn dazu benötigen Sie nur einen „Client".

WWW-Clients

Der WWW-Client, auch Browser genannt (von „to browse" – lesen, durchblättern, schmökern), ist das Programm, das Sie auf Ihrem Rechner starten müssen, um WWW-Seiten anzuzeigen. Seine Aufgabe ist es, die von Ihnen gewünschte WWW-Seite vom zuständigen WWW-Server abzurufen und zur Bildschirmdarstellung aufzubereiten. Wenn Sie einen Hyperlink anwählen, resultiert daraus ein neuer Auftrag an Ihren Browser: „Lade jetzt die Seite soundso vom Server soundso.", und er kontaktiert den neuen Server, um von dort die gewünschte Seite zu laden.

Die *Struktur* einer WWW-Seite ist durch die Seitenbeschreibungssprache HTML (vgl. Kapitel 5) festgelegt, aber die *Darstellung* auf Ihrem Rechner übernimmt allein der verwendete Browser.

---

2 Mit Linux als Betriebssystem ist es am einfachsten, aber auch für Windows gibt es WWW-Server.

Es gibt Browser für alle wichtigen Betriebssysteme; einige bekannte Programme (z.B. Netscape, Mosaic und Arena) stelle ich im Kapitel 3 ausführlich vor. Aufgrund des allgemein gehaltenen HTML-Formats ist es auch möglich, Browser zu entwickeln, die ohne Grafik im Textmodus oder sogar ohne Bildschirm mit einer Braille-Zeile oder Sprachausgabe funktionieren.

Eine WWW-Sitzung

Wenn Sie den WWW-Browser[3] aufrufen, wird in der Regel zunächst eine Standard-Startseite geladen. Wenn Sie oder der Betreiber Ihres Rechners (für den Fall, daß Sie an einem Arbeitsplatz in einer größeren Organisation mit EDV-Abteilung sitzen) keine Änderungen vorgenommen haben, ist das meist die Seite des Softwareherstellers (z.B. Netscape, NCSA oder W3-Konsortium). Es kann aber auch Ihre eigene Startseite oder die des Internet-Providers geladen werden.

Abbildung 1.2: Mit dem gleichen WWW-Browser greifen Sie auf verschiedene WWW-Server und eine Vielzahl anderer Dienste zu.

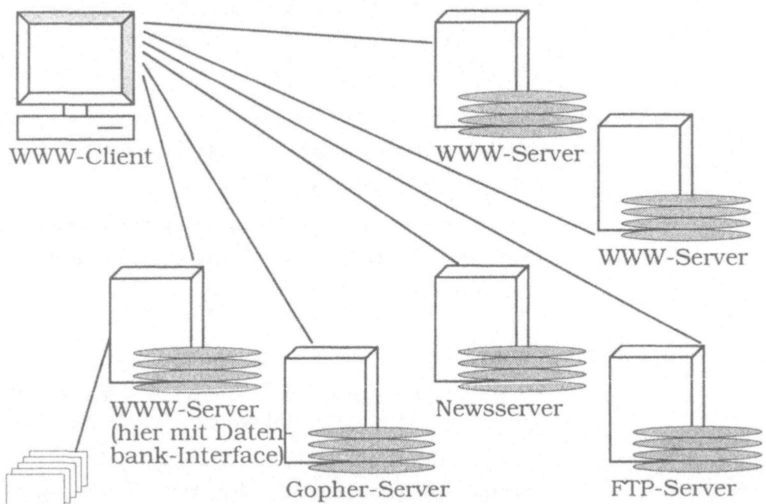

Von dieser Startseite – zuweilen auch „Home Page“ genannt, obwohl „Home Page“ normalerweise die Bezeichnung für die persönliche Seite eines Netzteilnehmers oder die Seite, auf der sich eine Organisation vorstellt, ist – können Sie dann durch die Auswahl von Hyperlinks Ihre Reise ins World Wide Web beginnen. Dabei fordert Ihre Client-Software jedesmal, wenn Sie einen Hyperlink aktivieren, die entsprechende Seite aus dem World Wide Web an.

3 den Sie natürlich zuerst installiert haben müssen, aber auch das kommt erst in Kapitel 3

1.1.3 Universelle Dokumentennamen

Da sich jeder im WWW als Autor betätigen kann, muß jede Seite, jede einzelne Information einen eindeutigen Namen haben – sonst könnte man keine zuverlässigen Verweise konstruieren. Als eindeutige Namen verwendet man derzeit die „Uniform Resource Locators" (URL, übersetzt etwa „einheitliche Quellangaben"). Ein URL besteht aus einer Bezeichnung für das Protokoll, mit dem die Information zu übertragen ist, dem Namen des WWW-Servers, auf dem die Information zu finden und dem Dateinamen, unter dem sie dort gespeichert ist. Formal:

```
[ [protokoll://rechnername/verzeichnisname] |
[verzeichnisname] ] dokumentenname
```

Das verwendete Protokoll ist im WWW in der Regel HTTP (Hypertext-Transferprotokoll); andere Bezeichnungen sind nur nötig, wenn ein Übergang in andere Internet-Dienste (z.B. News oder FTP; vgl. dazu Anhang E) gewünscht ist.

Die eckigen Klammern bedeuten, daß Rechner-, Protokoll- und Verzeichnisname u.U. auch weggelassen werden können; dann werden die entsprechenden Angaben des zuletzt geladenen Dokuments weiter verwendet.

Häufig können auf einem WWW-Server mehrere verschiedene Personen HTML-Seiten ablegen. Dann erhält normalerweise jede Person ein eigenes Verzeichnis, so daß es auch dann nicht zu Namenskonflikten kommen kann, wenn die Personen sich nicht untereinander absprechen.

Nachteile des URL-Konzepts

Das URL-Konzept ist sehr einfach zu implementieren. Da der Rechner, auf dem die referenzierte Seite gefunden werden kann, im URL enthalten ist, muß der Browser nicht erst in irgendwelchen Tabellen oder Datenbanken suchen, sondern kann direkt den gewünschten Rechner kontaktieren.

Der Nachteil an diesem Verfahren ist, daß einzelne Server mit vielen gerngelesenen Seiten leicht überlastet werden können. In der Vergangenheit hat sich dies besonders deutlich an den Servern der WWW-Browser-Entwickler gezeigt: Die meisten haben ihre Browser so konzipiert, daß ein Klick auf den „Help"-Knopf online die aktuellen Hilfeseiten von ihrem Server lädt, und dabei die Zahl derer unterschätzt, die den Knopf benutzen würden.

Daher wird schon seit längerem die Einführung von URNs, „Uniform Resource Names", geplant. Hier sollen bestimmte, bei einer Zentrale registrierte Dokumente oder Informationsquellen einen einheitlichen Namen erhalten und dann je nach Bedarf automatisch auf mehrere Server in der ganzen Welt verteilt werden. Ein Browser, der ein durch URN referenziertes Dokument anzeigen will, müßte dann erst eine Liste abrufen, um herauszufinden, welche Server das Dokument führen. Vom nächstgelegenen oder von dem, der am besten erreichbar ist, würde er das Dokument dann laden. Ist dieser Server gerade überlastet oder ausgefallen, kann der nächste in der Liste probiert werden usw.

Inwiefern sich die URNs durchsetzen können, ist noch völlig unklar; vermutlich werden für vergleichsweise selten abgefragte Seiten die alten URLs weiter verwendet werden, während Seiten, die für viele interessant sind, auf mehrere Server kopiert und in ein zentrales URN-Verzeichnis aufgenommen werden. Die Leistungsfähigkeit des Systems wird davon abhängen, wie viele Serverbetreiber sich freiwillig daran beteiligen.

1.2 HTML, die Sprache des WWW

Eine WWW-Seite wird in der Seitenbeschreibungssprache HTML (Hypertext Markup Language) verfaßt. Im Vorgriff auf die Kapitel 5 und 6, in denen ich HTML vollständig beschreibe, möchte ich die Sprache hier ganz kurz an einem Beispiel vorstellen.

Der folgende Abriß ist ein Teil einer WWW-Informationsseite über Berlin[4], die auf dem Server der FU Berlin angeboten wird. Die Darstellung hat in diesem Fall der WWW-Browser „Netscape Navigator" erzeugt.

Abbildung 1.3: Ausschnitt aus einer HTML-Seite

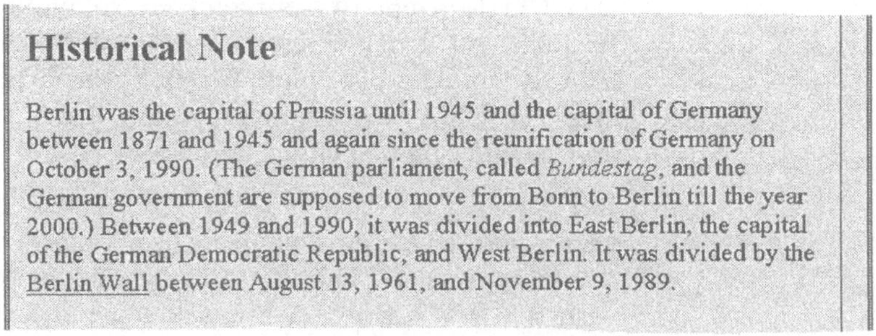

Historical Note

Berlin was the capital of Prussia until 1945 and the capital of Germany between 1871 and 1945 and again since the reunification of Germany on October 3, 1990. (The German parliament, called *Bundestag*, and the German government are supposed to move from Bonn to Berlin till the year 2000.) Between 1949 and 1990, it was divided into East Berlin, the capital of the German Democratic Republic, and West Berlin. It was divided by the Berlin Wall between August 13, 1961, and November 9, 1989.

[4] `http://www.chemie.fu-berlin.de/adressen/berlin.html`

Dieser Text hat nur einen Hyperlink („Berlin Wall"). Das Wort „Bundestag" ist einfach nur kursiv dargestellt. Jeder Browser markiert Hyperlinks anders – im Beispiel werden sie unterstrichen.

Der HTML-Quelltext, der dieser Seite zugrundeliegt, sieht so aus:

Beispiel:
HTML-Quelltext

```
<H2>Historical Note</H2>
Berlin was the capital of Prussia until 1945 and the
capital of Germany between 1871 and 1945 and again
since the reunification of Germany on October 3,
1990. (The German parliament, called
<I>Bundestag</I>, and the German government are
supposed to move from Bonn to Berlin till the year
2000.) Between 1949 and 1990, it was divided into
East Berlin, the capital of the German Democratic
Republic, and West Berlin. It was divided by the
<A HREF="http://www.chemie.fu-berlin.de/bilder/
mauer.gif">Berlin Wall</A> between August 13, 1961,
and November 9, 1989.
```

Es handelt sich also um ganz gewöhnlichen ASCII-Text, der mit speziellen Textmarkierungen angereichert ist. Diese Markierungen nennt man bei HTML „Tags". Das <H2>...</H2> in der ersten Zeile markiert eine Überschrift zweiter Gliederungsebene, und <I>...</I> um „Bundestag" stellt eine Kursivschrift ein. Das Interessanteste aber ist die Markierung <A>...</A>. Sie steht für einen sogenannten „Anker". Im Zusammenhang mit der HREF-Angabe hier bedeutet das: Wenn der Benutzer auf die zwischen <A> und </A> eingeschlossenen Worte – hier „Berlin Wall" – klickt, soll die Seite geladen und angezeigt werden, deren URL im HREF-Attribut angegeben ist.

Die Struktur des URL habe ich bereits erwähnt: „http" ist das zu verwendende Protokoll, „www.chemie.fu-berlin.de" der Name des WWW-Servers, auf dem die Seite zu finden ist. „/bilder" heißt das Verzeichnis, und „mauer.gif" die eigentliche Seite. In diesem Fall handelt es sich um ein Bild von der Berliner Mauer, das man beim Durchlesen des Textes auf Knopfdruck abrufen kann.

Es gibt noch eine Vielzahl weiterer „Tags" und andere Möglichkeiten, eigene Seiten zu gestalten; ich greife das Thema im Kapitel 5 wieder auf.

1.3 Die Erfolgsgeschichte des WWW

Das WWW entstand im Jahre 1989 am CERN, dem europäischen Kernforschungszentrum in Genf. Die CERN-Mitarbeiter sind an Projekten in vielen unterschiedlichen Ländern beteiligt, und man war schon länger auf der Suche nach einem Informationssystem, das auch ohne dauernde Meetings den schnellen Austausch von Forschungsideen und -ergebnissen innerhalb der Organisation ermöglichte.

Man hatte damals schon eine Vielzahl von Informationssystemen ausprobiert und installiert, und an den Arbeitsplätzen der Wissenschaftler fanden sich nicht selten drei oder vier verschiedene Computersysteme: ein Unix-System für die eine Hälfte der Datenbanken und Zugriff auf das Internet, eine VMS-Maschine für VMS/Help-Dokumente, den Publikationskatalog und einige andere Datenbanken; dann noch ein VM-Rechner und vielleicht ein PC – kurz: in jeder anderen Organisation hätte wohl die Belegschaft ob dieses Durcheinanders rebelliert, aber für die Forschung war das nun einmal notwendig. Die Idee der WWW-Arbeitsgruppe um Tim Berners-Lee, der zu Recht als einer der Väter des WWW gilt, war es, ein einheitliches Hypertext-Format zu schaffen und auf allen bisherigen Informationssystemen Server aufzusetzen, die die Information in diesem Standardformat herausgeben konnten.

Der Benutzer würde dann nur noch ein einziges Programm, den WWW-Client, bedienen müssen, und könnte sich damit nacheinander Informationen aus den unterschiedlichsten Systemen besorgen.

1.3.1 Startschwierigkeiten ohne Grafik

Konsequenterweise wurde bei der Entwicklung mehr Gewicht auf das Datenformat und die verschiedenen Server als auf die Anwenderseite, den Browser, gelegt. Man entwickelte zunächst nur einen „Line-Mode-Browser", der den Text seitenweise anzeigte und Nummern hinter die einzelnen Hyperlinks schrieb, die man dann eingeben mußte, wenn man zu einem dieser Links verzweigen wollte. Nichts war also mit Grafik und mit Maus – man versuchte sich zwar auch an einem Browser für das grafische NeXT-System, stellte die Arbeit daran jedoch bald ein.

So entstand das WWW – aber von einem Boom konnte man nicht gerade sprechen. Im September 1992, über zwei Jahre nach der Vorstellung des funktionsfähigen Systems, gab es etwa 20

WWW-Server auf der ganzen Welt; fast alle wurden von Organisationen betrieben, die auf dem Gebiet der Hochenergiephysik tätig waren. Doch am NCSA (National Center for Supercomputing Applications), wohin die Kunde vom WWW inzwischen auch gedrungen war, wurde bereits an der Zukunft gebastelt. Zur Jahreswende wurden erste Prototypen des grafischen WWW-Browsers „Mosaic" unter die Internet-Gemeinde gestreut, und im März 1993 wurde das Programm offiziell angekündigt. Damit wurde erstmals auch eine breitere Öffentlichkeit auf das WWW aufmerksam – mit Bildchen und Mausbetrieb war schon immer Staat zu machen.

1.3.2 Mosaic begründete den WWW-Boom

Im Juni 1993 schätzte man schon 130 WWW-Server, ein Jahr später waren es fast 1.300. Im Dezember 1994 zählte der „Web Wanderer", ein Programm, das automatisch möglichst viele Hyperlinks „entlangläuft", um neue Server zu finden, bereits 11.576 WWW-Server. Inzwischen kann niemand mehr eine verläßliche Zahl angeben. Die Schätzung für Juli 1995 liegt bei rund 50.000 WWW-Servern weltweit; da aber WWW-Server nirgendwo angemeldet werden müssen und auch ganz unterschiedlich groß sind, hat sich das WWW in diesem Punkt wohl für alle Ewigkeit der Statistik entzogen.

In der Zwischenzeit wurden auch andere grafische WWW-Browser entwickelt, und der Innovationsspielraum ist hier noch sehr groß. Insbesondere sind viele Gewerbetreibende natürlich an Möglichkeiten interessiert, einigermaßen fälschungssicher Bestellungen über das Internet entgegenzunehmen; einige Softwarehersteller haben sogar schon Systeme implementiert, bei denen man Software im Internet kaufen und sofort erhalten kann – rund um die Uhr.

Neben Mosaic war es auch das durchschlagende Konzept des WWW, das die Verbreitung derart vorantrieb. Dank der breiten Verfügbarkeit von Servern spornt das WWW jeden Internet-Benutzer zu Kreativität an; alle können mitmachen, und viele nutzen die Gelegenheit, mit kleinen Steinchen am „Information Universe" (den Begriff prägte das WWW-Team am CERN) zu bauen. Außerdem besitzt das WWW inzwischen Schnittstellen zu fast allen wichtigen Internet-Diensten (vgl. Kapitel 2), so daß der WWW-Browser mehr und mehr zur „Internet-Bedienungsoberfläche" perfektioniert wird und in naher Zukunft für den komfortgewohnten Benutzer „alles aus einer Hand" bieten kann.

1.4 Grenzen und Perspektiven

1.4.1 Das WWW ist kein Informationssystem

Traditionelle Informationsquellen wie Archive oder Bibliotheken versuchen, ihr Material durch systematische Ordnung und Katalogisierung zu erschließen. Das Internet aber ist ein von Grund auf chaotisches, ja anarchisches System, in dem es kein hoffnungsloseres Unterfangen gibt als das, den einzelnen Nutzer zwingen zu wollen, sich an irgendein Schema (wie eine Bibliothekssignatur) zu halten. Das WWW trägt dem Rechnung, indem jeder nach seinem Geschmack neue Information einspeisen oder die verfügbare Information anders ordnen kann.

Das WWW ist kein Informationssystem, denn als solches müßte es bei der Größe, die es inzwischen erreicht hat, eine hierarchische Struktur aufweisen. An ein Informationssystem stellt man zu Recht die Forderung, daß – in kurzer, aber zumindest endlicher Zeit – feststellbar ist, ob sich eine bestimmte Information im System befindet oder nicht. Beim WWW ist das nicht möglich; man kann zwar vieles probieren (vgl. Kapitel 4), aber es ist immer noch denkbar, daß man Informationen übersieht.

Das WWW ist auch nicht statisch, sondern es ändert sich von Tag zu Tag. Dabei gibt es nicht nur Erweiterungen und neue, aktuelle Informationen, sondern es kann auch vorkommen, daß Information aus dem WWW „verschwindet", beispielsweise weil der Student, der die allseits beliebten Plüschtiersammler-Seiten im WWW pflegte, exmatrikuliert wurde[5] und nun seine Seiten nicht mehr über den WWW-Server der Universität anbieten kann. Überhaupt ist die Datenpflege ein großes Problem im WWW, man muß immer etwas genauer hinsehen, ob man es mit wirklich aktuellen Informationen oder etwa mit einer Datenleiche zu tun hat, die seit fünf Jahren niemand aufgeräumt hat.

Sicherlich dauert es einige Zeit, bis man sich als Neuling an das WWW gewöhnt hat. Vieles ist jetzt, da wir uns mitten im WWW-Boom befinden, im Fluß, und jeder Tag kann auch für den erfahrenen Benutzer neue Überraschungen bringen. Fest steht, daß das WWW, indem es der Kreativität von Millionen Nutzern offensteht und gleichzeitig fast alle Internet-Dienste integriert, schon jetzt als erfolgreichste Innovation aller Zeiten im Internet bezeichnet werden darf.

---

[5] zu viele Plüschtiere, zu wenig Studium...

1.4.2 Die Zukunft: Hyper-G?

Ungeachtet des zarten Alters des WWW wird von vielen Seiten Kritik an der mangelnden Struktur geübt. Einige Schätzungen besagen, daß die Zahl der Hyperlinks, die „ins Leere zeigen", sich irgendwann bei etwa 20% einpendeln wird. Das „Lost in Cyberspace"-Syndrom, sagen Kritiker, werde sich ausbreiten, und irgendwann werde niemand mehr den Überblick haben, welche Information wo abrufbar sei – das WWW als riesiger Datenfriedhof, auf dem man immer nur das findet, was man gerade eigentlich nicht suchte.

An der Technischen Universität Graz wurde das Hypermedia-System „Hyper-G" entwickelt, das seine Fürsprecher als Weiterentwicklung des oder sogar als Alternative zum WWW anpreisen.

Das Konzept

Hyper-G versucht, die größten Schwächen des WWW auszumerzen. Tabelle 1.1 zeigt die wichtigen Unterschiede zwischen den beiden Konzepten.

Die bedeutendsten Unterschiede sind die Hyperlink-Verwaltung und die dezentrale Speicherung von Seiten. Dadurch, daß für eine Seite stets abrufbar ist, welche anderen Seiten auf sie zeigen, ist die Umbenennung oder Verschiebung einer Seite kein Problem mehr, und wenn eine Seite gelöscht wird, können auch alle Verweise darauf gelöscht werden. Es kommt nicht mehr vor, daß man einen Hyperlink anklickt und nur eine Fehlermeldung erhält, weil die Seite längst nicht mehr existiert.

Tabelle 1.1: Hyper-G und WWW

WWW	*Hyper-G*
Client baut nacheinander Verbindungen zu verschiedenen WWW-Servern auf	Client ist die ganze Zeit mit einem Hyper-G-Server verbunden, dieser besorgt die Information aus aller Welt
Hyperlinks sind fest in die Dokumente eingebaut und nur im Text (beschränkt auch in Bildern) möglich	Hyperlinks werden zu jedem „Objekt" in einer eigenen Datei gespeichert, und sind so z.B. in von Animationen denkbar
Hyperlinks sind unidirektional – keine Möglichkeit, festzustellen, welche anderen Dokumente auf ein bestimmtes Dokument verweisen	Bidirektionale Hyperlinks ermöglichen es, jederzeit festzustellen, welche anderen Dokumente auf ein bestimmtes Dokument zeigen

WWW	*Hyper-G*
Alle Benutzer sind „anonym", Authentifizierung ist die Ausnahme	Anonyme Nutzung möglich, aber Authentifizierung üblich
Eine bestimmte Information (WWW-Seite) ist in der Regel nur auf einem bestimmten WWW-Server erhältlich; Überlastung möglich	Flood-Algorithmus verteilt Seiten „nach Bedarf" in der ganzen Welt, so daß sie dezentral abgerufen werden können
Anlegen von Suchindizes nur durch externe Systeme (Robots, vgl. Kapitel 4)	Automatische Indizierung der Seiten bei Einfügen in die Datenbank
Kein Verändern der Seiten mit dem WWW-Browser möglich	Veränderung von Seiten möglich, soweit Rechte eingeräumt werden

Die ausgeklügelte Link-Verwaltung ermöglicht auch eine grafische Darstellung des „Hyperraumes", einen sogenannten „Fish Eye View", bei dem die gerade betrachtete Seite in der Mitte abgebildet wird und alle darauf verweisenden oder von dort referenzierten Seiten rund herum angeordnet sind.

Da bei Hyper-G die Seiten automatisch schon beim Einfügen in die Datenbank indiziert werden und die Hyper-G-Server untereinander in Kontakt stehen, ist es möglich, eine Suche nach Schlüsselworten oder sogar über die Inhalte von Dokumenten in Echtzeit durchzuführen, also ohne daß zuvor spezielle Suchdienste lange Indexlisten zusammengetragen haben.

Die dezentrale Speicherung von Daten entlastet einzelne Hyper-G-Server. Häufig abgefragte Seiten propagieren automatisch durch das Netz, werden auf anderen Hyper-G-Servern „gespiegelt" und können von dort abgerufen werden. Die Koordination (welche Seite wird von welchem Server geholt) übernimmt das System für den Benutzer – dieser sollte davon im Idealfall nichts merken. Dieses Konzept soll einen ähnlichen Effekt wie die Idee der URNs (vgl. Seite 6) haben: Selbst dann, wenn eine bestimmte Information sehr stark nachgefragt wird, soll es nicht zu Verstopfungen auf einzelnen Servern kommen.

Der Pferdefuß

Hyper-G ist derzeit fast nur im deutschsprachigen Raum anzutreffen – den Sprung nach Amerika hat das System noch nicht geschafft, obwohl es von vornherein als mehrsprachig konzipiert wurde. Mir ist auch keine Organisation bekannt, die für Hyper-G ihren WWW-Server aufgegeben hätte; Hyper-G läuft meistens nur als Experiment nebenher. Es könnte ja einmal was draus werden...

WWW-Kenner zweifeln zuweilen an der (versprochenen) beliebigen Skalierbarkeit von Hyper-G. Wenn das System wirklich so dezentral funktionieren soll, so die Kritiker, werde die Datenmenge, die jeder einzelne Server bevorraten muß, schnell ins Unermeßliche (und Unbezahlbare) steigen.

Die Autoren von Hyper-G haben, um es für möglichst viele Benutzer attraktiv zu machen, gleich doppelte Kompatibilität eingebaut. Auf der einen Seite kann ein Hyper-G-Server von einem WWW-Client angesprochen werden und gibt dann die bei sich gespeicherten Daten ganz wie ein WWW-Server heraus. Auf der anderen Seite kann der Hyper-G-Client auch zu jedem WWW-Server eine Verbindung öffnen und sich dort Daten abholen.

Für Unix gibt es einen sehr guten Hyper-G-Client namens „Harmony"; es handelt sich dabei um das Vorzeigeobjekt, das für Hyper-G-Präsentationen benutzt wird und daher über viele interessante Funktionen gerade in bezug auf die grafische Repräsentation des Standortes im „Hyperraum" verfügt. Für Windows (win32s oder Windows95/Windows NT) gibt es „Amadeus", der in der mir vorliegenden Version 0.86 002 Beta aber nur einen Bruchteil der Hyper-G-Möglichkeiten beherrscht. Wenn man sie für den Zugang zu WWW-Servern einsetzt, sind beide Clients weniger komfortabel als gängige WWW-Browser wie Netscape oder Mosaic – aber das WWW ist für sie ja auch nur eine Zusatzfunktion.

Ob sich Hyper-G jemals so wie das WWW ausbreiten oder es gar ersetzen wird, steht in den Sternen. Solange – anders als beim WWW – der Quelltext für Hyper-G-Server nicht veröffentlicht wird und auch nicht jeder kostenlos an einen vorkompilierten Server kommt (das Privileg haben derzeit fast nur Ausbildungseinrichtungen), wird sich Hyper-G nur schleppend verbreiten. Für den verspielten Endanwender ist Hyper-G weniger attraktiv – es ist ein systematisches, durchdachtes, geordnetes System, mit allem, was dazugehört. Vor allem: Mehr Aufwand bei der Installation, mehr Bürokratie bei der Datenpflege durch die Vergabe von speziellen Zugriffs- und Änderungsrechten. Für Wissenschaftler hingegen stellt Hyper-G eine echte Verbesserung gegenüber dem WWW dar.

Für mich verhält sich Hyper-G zum WWW etwa wie eine Bibliothek zu einem Flohmarkt. Auf der einen Seite die Ordnung, die Nüchternheit, die Möglichkeit, das Gesuchte schnell aufzufinden; auf der anderen Seite Chaos, Lärm, ein munteres Durcheinander, bei dem man vielleicht nicht genau das findet, was man sucht, dafür aber viele andere interessante Dinge.

Es wird sich zeigen, wieviele Menschen sich lieber in der Bibliothek und wieviele sich auf dem Flohmarkt aufhalten – insbesondere ist abzuwarten, inwiefern Universitäten und andere Bildungseinrichtungen weiter die Flohmärkte mitzufinanzieren bereit sind, wenn Bibliotheken doch der Wissenschaft viel eher dienlich sind.

Das Internet und seine Dienste

Dieses Kapitel beleuchtet kurz die Funktionsweise des Internet und gibt einen Abriß über seine Geschichte; danach folgt eine Übersicht über die verschiedenen Dienste im Internet und Hinweise, wie man selbst am Netz teilnehmen kann. Lange Abhandlungen über Technik, Statistik und Vergangenheit des Internet möchte ich Ihnen allerdings ersparen; einige „Eckpfeiler" sollen genügen.

2.1 Struktur und Entstehung des Internet

„Das Internet" (unter seinen Nutzern oft nur „das Netz") ist die Bezeichnung für den weltweiten Verbund aller Computer, die über das Protokoll TCP/IP miteinander kommunizieren. (Unter einem Protokoll versteht man ein festgelegtes Format und feste „Verhaltensregeln" zum Datenaustausch.) Das Netz entstand aus dem 1969 von den USA für Militärzwecke entwickelten ARPA-NET. Der aktuelle Umfang wird auf über drei Millionen Rechner mit einem etwa zehnmal so großen Benutzerkreis geschätzt, aber inzwischen nehmen so viele Menschen indirekt an Netzdiensten teil, daß eine genaue Abgrenzung zwischen Netz und Nicht-Netz schwierig ist.

Ausfallsichere Übertragungswege

Das TCP/IP-Protokoll zerstückelt die zu übertragenden Daten in einzelne Datenpakete und überträgt diese u.U. auf völlig verschiedenen Wegen zum Empfänger, wo sie wieder zusammengesetzt werden. Wenn Pakete verloren gehen oder mit zu großer Verzögerung eintreffen, werden sie automatisch neu angefordert. Dadurch entsteht eine sehr hohe Betriebssicherheit. Selbst wenn ganze Leitungssegmente ausfallen, läßt sich meistens noch ein Weg zum Ziel finden.

Keine Zentralautorität

Das Internet ist dezentral, fast möchte ich sagen, gar nicht organisiert. Es ist ein Zusammenschluß unzähliger lokaler Netze (z.B. in Firmen und Universitäten), eine Interessengemeinschaft aller lokalen Netzbetreiber, die die Kosten für die untereinander bestehenden Netzverbindungen tragen. Jeder gestattet den anderen den Datentransport auf den selbstbezahlten Leitungen und darf im Gegenzug auch eigene Daten auf allen fremden Leitungen transportieren. So kann jeder jeden erreichen, ohne sich genau darum zu kümmern, welche Leitungen er dabei benutzt. Es gibt daher im Internet keinen „Chef" und auch keine Beschwerdestelle, und jeder kann auf Kosten der anderen (begrenzt) Unfug treiben, wenn er will. Die lokalen Netzbetreiber versuchen natürlich, die Benutzer zum verantwortungsvollen Umgang mit dem Netz zu bewegen, aber nicht immer dringt die „Netiquette", die das Wohlverhalten im Netz beschreibt, zu allen durch – insbesondere natürlich, wenn eine große Organisation wie beispielsweise eine Universität fast zehntausend Benutzer auf das Internet „losläßt".

Die einzigen für den Betrieb des Internet bedeutenden zentralen Organisationen sind die NICs (Network Information Centers), die die Vergabe der IP-Nummern koordinieren. IP-Nummern sind die Adressen, unter denen einzelne Rechner im Internet erreichbar sind; die derzeit üblichen IP-Nummern bestehen aus einer Folge von vier Zahlen im Bereich 0 bis 255, die durch Punkte getrennt sind. Üblicherweise werden von den NICs ganze Nummernkontingente an Organisationen vergeben, die diese dann autonom in ihrem Einflußbereich weiterverteilen. Das deutsche NIC (DE-NIC) wird von der Universität in Karlsruhe betrieben und von den deutschen Internet-Providern finanziert.

Ferner gibt es noch eine Vielzahl von Normungsgremien und Arbeitskreisen, deren Arbeit für das Internet relevant ist. Sie alle können aber stets nur Empfehlungen herausgeben, niemand ist im Internet „weisungsbefugt".

2.1.1 IP-Nummern und Domainnamen

Die IP-Nummer eines Rechners allein genügt, um ihn weltweit eindeutig zu identifizieren. Da diese Nummern jedoch etwas schlecht zu merken sind, erhalten alle Rechner darüber hinaus noch Namen. Der Name eines Rechners ist ein einfaches Wort oder eine Kombination aus Buchstaben und Zeichen. Weil das allein zur Ordnung nicht reicht – über 1000 Rechner auf der Welt heißen beispielsweise einfach „server" – fügt man den Namen der Organisation (evtl. mit Untereinheiten, dies liegt im Ermessen der Organisation) und ganz am Schluß noch eine Länderkennung an und erhält so den „Fully Qualified Domain Name" (FQDN), unter dem der Rechner weltweit erreichbar ist.

Nicht immer wird als Toplevel-Domain eine Länderkennung benutzt; vor allem in den USA sind stattdessen die Toplevel-Domains „com“ (gewerbliche Organisationen), „edu“ (Bildungseinrichtungen), „gov“ (Regierung) und einige andere gebräuchlich.

Abbildung 2.1: Fully Qualified Domain Name

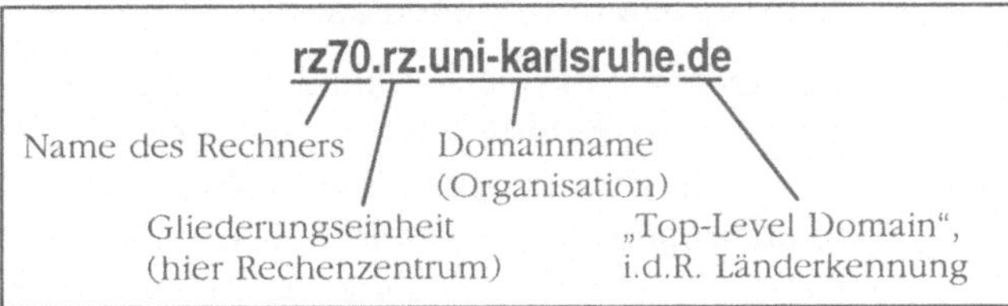

Die Rechnernamen werden überall im Internet benutzt; man findet sie z.B. auch in eMail-Adressen und URLs wieder. Um eine Verbindung zu einem Rechner aufzubauen, muß ein Programm jedoch dessen IP-Nummer wissen. Bestimmte Rechner, sogenannte *Name- oder DNS-Server,* sind dafür zuständig, die Rechnernamen in IP-Nummern umzusetzen. Die meisten größeren Organisationen betreiben einen Nameserver. Wenn Sie an Ihrem WWW-Browser eine Seite anklicken, erscheint meist einen Augenblick lang eine Meldung wie „Looking up host irgend. ein. name.de“ – währenddessen wartet der Browser auf Antwort vom Nameserver, um die IP-Nummer des Rechners „irgend.ein.name. de“ herauszufinden.

2.1.2 Datenübertragung und Protokolle im Internet

Sämtliche Dienste im Internet, selbstverständlich auch das WWW, basieren auf dem Hin- und Herschieben von Daten zwischen zwei oder mehreren Rechnern. Das Verfahren ist dabei immer ähnlich. Ein Rechner, der einen bestimmten Dienst anbietet, „lauscht“ am Netz, ob dieser Dienst von irgendwo angefordert wird. Sobald eine Anfrage kommt, wird gegebenenfalls geprüft, ob derjenige, der die Anfrage stellt, berechtigt ist, und dann wird sie entsprechend bearbeitet. Eine „Anfrage“ kann zum Beispiel heißen „Nimm bitte diese Mail für deinen Benutzer fred entgegen!“ oder „Wann hat sich deine WWW-Seite index.html zuletzt geändert?“ oder „Welche Benutzer arbeiten gerade mit dir?“. Die drei Beispiele stehen für drei verschiedene Dienste (eMail, WWW und die sogenannte „Finger“-Abfrage).

Obwohl die gesamte Internet-Kommunikation über das Protokoll TCP/IP abgewickelt wird, verwendet jeder Dienst darauf aufbauend ein eigenes Protokoll; bei eMail ist dies (in der Regel) „SMTP“, bei WWW „HTTP“, und für „finger“ heißt das Protokoll wie der Dienst. Das ist etwa so wie bei der Schriftsprache: Obwohl die Länder Europas alle lateinische Schriftzeichen (TCP/IP) verwenden, haben sie verschiedene Sprachen (SMTP, HTTP, usw.). Diese Protokolle legen – wie Wortschatz und Grammatik – fest, welche Arten von Anfragen zulässig sind und wie eine Antwort darauf aussehen kann.

Ein Rechner im Internet kann beliebig viele Dienste zugleich anbieten, aber natürlich bietet nicht jeder Rechner alle Dienste an. Wenn Sie zum Beispiel eine WWW-Seite von einem Rechner abrufen wollen und die Meldung „Connection refused" bekommen, dann bedeutet das, daß dieser Rechner zwar existiert, aber keine WWW-Anfragen annimmt – zumindest nicht von Ihnen; es gibt Rechner, die nur Verbindungen von ganz bestimmten anderen Rechnern zulassen. Die Bezeichnung „WWW-Server" verwendet man für Rechner, die generell HTTP-Verbindungen (also WWW-Anfragen) annehmen und bearbeiten[1] .

2.2 Die „anderen" Internet-Dienste

Dieses Buch behandelt zwar das World Wide Web, aber es ist kaum möglich, einen der Internet-Dienste isoliert von den anderen zu betrachten. Auf der einen Seite integriert das WWW viele verschiedene WWW-Dienste; auf der anderen Seite kann man das WWW besser nutzen, wenn man auch Gebrauch von anderen Diensten macht. Nach der nun folgenden kurzen Übersicht beschreibe ich, wie diese Dienste in Zusammenhang mit dem WWW genutzt werden.

2.2.1 Elektronische Post (eMail)

Einer der wichtigsten Dienste im Internet ist die elektronische Post (eMail). Texte, aber auch größere, binäre Datenmengen wie Bilder oder Programme, lassen sich damit zwischen ganz bestimmten Netzteilnehmern übertragen. Die Mails werden zwar nicht „on-line" zugestellt, erreichen ihre Empfänger aber in der Regel innerhalb weniger Minuten. Über Schnittstellen zu anderen Netzen kann man aus dem Internet beispielsweise auch Mail an Compuserve- oder Fidonet-Teilnehmer senden.

Elektronische Post kann auch zur Kommunikation mit automatischen Diensten eingesetzt werden: Man schickt per Mail eine Anfrage an einen sogenannten *Mailserver,* der zeitversetzt die gewünschten Informationen heraussucht und wieder in einer Mail

---

[1] Manchmal wird der Begriff „WWW-Server" auch für das Programm benutzt, das die Anfragen bearbeitet. Wenn jemand sagt, er habe bei sich den CERN-WWW-Server installiert, dann heißt das nicht, daß er alle Daten des CERN auf seine Festplatte kopiert hat, sondern daß er für seinen WWW-Server die Software des CERN einsetzt.

zurücksendet. Zum Beispiel ist es möglich, auf diese Weise HTML-Seiten abzurufen, wenn man den URL genau kennt: Man schickt eine Mail an einen WWW/Mail-Gateway[2] , die als einzige Zeile das Wort „send" gefolgt vom URL der gewünschten Seite enthält.

Online-Dienste sind natürlich stets schneller und meist auch komfortabler als Mailserver, aber Mailserver können einfacher eingerichtet werden, da der Betreiber des Mailservers frei einteilen kann, wann der Rechner die Anfragen bearbeiten soll.

Über sogenannte *Mailinglisten,* das sind automatische Mailverteiler, können Interessengruppen zusammengefaßt werden, so daß eine Mail, die an den Namen der Mailingliste gesandt wird, automatisch an alle weiterverteilt wird, die auf der Liste stehen. Diese Mailinglisten waren Vorläufer der „News" (s.u.).

Bezug zum WWW:

Über spezielle, auf einem WWW-Server installierte Programme *(CGI-Skripte)* kann ein Serverbetreiber es den WWW-Benutzern ermöglichen, einen Mailkommentar an den Autor der gerade betrachteten WWW-Seite abzusenden. Außerdem kann man mit den meisten WWW-Browsern bereits eMail an beliebige Adressaten versenden.

WWW-Browser mit eingebauter Möglichkeit, die eingegangene Mail zu lesen, sind in der Entwicklung; die in diesem Buch vorgestellten Browser beherrschen die Fähigkeit jedoch noch nicht.

Software:

Welche Software zum Senden und Empfangen von eMail verwendet wird, hängt sehr stark von der Art Ihrer Internet-Anbindung ab. Wenn Sie selbst ein Unix-System verwenden oder sich über Modem und ein Terminalemulationsprogramm (Telix o.ä.) auf einem solchen einloggen, verwenden Sie wahrscheinlich das Programm „elm" oder „pine"; auf DOS-Systemen mit UUCP-Anbindung kann man CrossPoint verwenden, und unter Windows gibt es mit Pegasus Mail und Eudora vor allem Programme für den Betrieb im sogenannten *PopMail*-Verfahren, bei dem die persönliche Mail über einen SLIP-Zugang sofort online gelesen werden kann.

Mehr über UUCP und SLIP ab Seite 32.

---

[2] z.B. `server@mail.w3.org`

2.2.2 Ansprechen fremder Rechner mit Telnet

Telnet ist kein „Dienst" an sich, sondern lediglich eine Terminalemulation. Man kann über das Telnet-Programm eine Verbindung zu einem beliebigen anderen Rechner im Internet aufbauen und alles tun, was auch an einem direkt dort angeschlossenen Terminal möglich wäre (daher der Name „Terminalemulation"). In der Regel benutzt man Telnet, um Programme auf dem fremden Rechner auszuführen. Dazu benötigt man eine Zugangsberechtigung (Login-Name und Paßwort). Zahlreiche Informationsdienste sind jedoch auch ohne spezielles Paßwort verfügbar; die Nutzung eines solchen Dienstes über Telnet entspricht in etwa einem Anruf bei einer Informations-Mailbox.

Bezug zum WWW:

Es gibt die Möglichkeit, eine WWW-Seite so zu gestalten, daß die Anwahl eines bestimmten Hyperlinks automatisch eine Telnet-Verbindung zu einem fremden Rechner aufbaut (vgl. Anhang E). Die nicht mehr zeitgemäßen Telnet-Informationssysteme werden jedoch mehr und mehr auf den komfortablen Betrieb mit WWW-Formularen (vgl. Kapitel 7) umgestellt.

Software:

Das Programm „telnet" gehört bei allen Unix-Varianten zum Standard-Funktionsumfang. Unter DOS bzw. Windows und auch auf dem Macintosh gibt es Programme, die ähnliches leisten (vgl. Kapitel 3).

2.2.3 Dateiübertragung zwischen Rechnern mit FTP

Ebenso wie Telnet wird auch FTP benutzt, um Verbindungen zu anderen Rechnern herzustellen. Während Telnet-Verbindungen jedoch zum Aufruf von Programmen dienen, sind FTP-Verbindungen auf das Übertragen von Dateien spezialisiert. Auch bei FTP muß man normalerweise eine Zugangsberechtigung zum fremden Rechner haben (so könnte beispielsweise ein Karlsruher Professor auf seine Unterlagen daheim zugreifen, während er als Gastdozent an einer Universität in Kalifornien lehrt und dort Rechnerzugang hat).

Darüber hinaus gibt es eine große Anzahl von „Anonymous-FTP"-Servern, zu denen jeder Internet-Benutzer eine Verbindung aufbauen und seine Dateien abrufen kann. Sämtliche Public-Domain-Software, darunter das Betriebssystem Linux, ist auf diese Weise für jedermann im Internet abrufbar.

Bezug zum WWW:

Die meisten Anonymous-FTP-Server können auch über das WWW erreicht werden; bei der Gestaltung von WWW-Seiten kann man Verweise erstellen, die den Leser direkt zu einem bestimmten Verzeichnis eines FTP-Servers bringen, von wo aus dann mit einem weiteren Mausklick Programme kopiert werden können.

Software:

Unter Unix gibt es die Programme „ftp" und „ncftp"; unter DOS und auf dem Macintosh heißt das Programm ebenfalls meist „FTP". Da für den Lesezugriff auf FTP-Server auch jeder WWW-Client geeignet ist, benötigt man diese speziellen FTP-Clients eigentlich nur noch, wenn man Dateien auf einen fremden Rechner aufspielen möchte.

2.2.4 Diskussionsforen weltweit: Die „News", das Usenet

Die „News" sind das Internet-Äquivalent zu den „Brettern" in Mailboxen oder zum realen „schwarzen Brett". Es gibt über 8.000 nach Themen geordnete internationale „Newsgroups", in denen jeder Internet-Teilnehmer (auf englisch) eigene Diskussionsbeiträge veröffentlichen, auf Fragen anderer antworten oder Beiträge anderer kommentieren kann. Hinzu kommen hierzulande rund 500 nationale Newsgroups in deutscher Sprache, und in vielen Regionen sind darüber hinaus lokale Gruppen verfügbar. Die Themenvielfalt ist nahezu unbegrenzt. Wird ein Thema vermißt, und finden sich in einem Wahlvorgang (der zugegebenermaßen etwas schwerfällig ist) genügend Fürsprecher, wird eine neue Gruppe eingerichtet.

Die Menge aller Rechner, die am Austausch von News teilnehmen, wird auch das „Usenet" genannt. Da nicht alle Internet-Rechner an den News teilnehmen und andererseits (z.B. über UUCP, s.u.) auch Rechner News austauschen können, die gar nicht über TCP/IP mit dem Internet verbunden sind, ist das Usenet weder eine Teilmenge des Internet noch umgekehrt.

Die Newsgroups sind in „Hierarchien" unterteilt; am vollen Namen einer Gruppe erkennt man sofort, wo sie einzuordnen ist. Abbildung 2.2 zeigt einige Newsgroups und ihre Einordnung in die Hierarchie.

Neben den vorgestellten Toplevel-Hierarchien „alt", „rec", „soc" und „comp" gibt es auch noch „comm" (Kommunikation), „sci"

(Wissenschaft/Technik) und „news“ (über die News selbst). Ferner gibt es Toplevel-Hierarchien für Länder und Regionen: „de“ (Deutschland), „ka“ (Karlsruhe), „bln“ (Berlin) und viele andere.

Abbildung 2.2: Newsgroup-Hierarchien

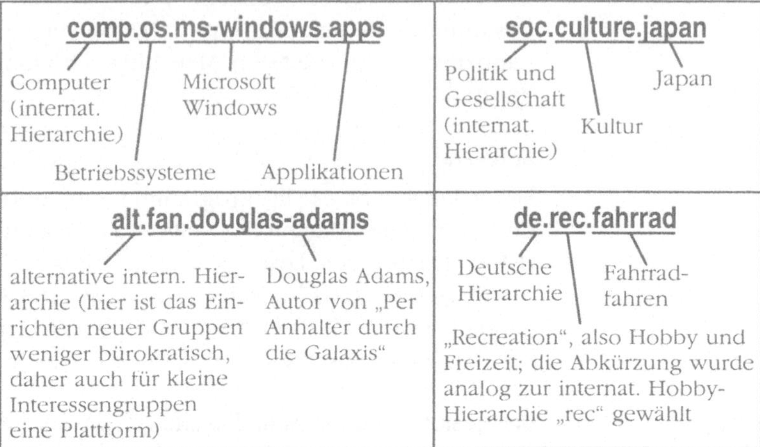

Bezug zum WWW:

Die meisten WWW-Browser bieten die Möglichkeit, Verweise auf Newsgroups zu verarbeiten. Am Ende einer WWW-Seite zum Thema „Drachensteigen“ könnte also ein Hyperlink wie „siehe auch die Newsgroup de.rec.kites“ stehen. Einige WWW-Browser können auch relativ komfortabel zum regelmäßigen Lesen der News benutzt werden (vgl. Beschreibung des „Netscape Navigator“ in Kapitel 3).

Ferner gibt es einige Newsgroups, die sich mit Informationssystemen allgemein (z.B. de.comp.infosystems) oder dem WWW (mehrere in Spezialgebiete unterteilte comp.infosystems.www-Gruppen) beschäftigen. Da das WWW keinen Mechanismus besitzt, Informationen automatisch an alle Interessierten zu verteilen, benutzen die meisten WWW-Autoren eine Newsgroup, um neue Angebote anzukündigen.

Software

Ähnlich wie bei eMail ist auch die News-Software sehr stark von dem Verfahren abhängig, das benutzt wird, um die News-Artikel zu verteilen. Bei UUCP-Betrieb unter DOS kann man z.B. CrossPoint verwenden. Wenn SLIP-Zugang zu einem NNTP-Server besteht, können News online mittels eines NNTP-Newsreaders gelesen werden. Auf Unix-Systemen kommen oft die Newsreader „tin“, „nn“ oder „trn“ zur Anwendung.

2.2.5 IRC: Small-Talk rund um den Globus

IRC – die Abkürzung steht für „Internet Relay Chat" – ist eine Art weltumspannendes Kaffeekränzchen. Man kann sich mit allen IRC-Teilnehmern „online" unterhalten. Eine Textzeile, die man eingibt, erscheint Sekundenbruchteile (naja, manchmal auch Sekunden) später auf dem Schirm der anderen Teilnehmer.

Man hat die Wahl, entweder Nachrichten an ganz bestimmte, einzelne Teilnehmer zu schicken, oder sich mit mehreren anderen gleichzeitig auf einen „Kanal" zu begeben. Dort ist dann eine richtiggehende Konferenzschaltung möglich, denn jeder, der auf diesem Kanal ist, kann alles lesen, was die anderen auf dem Kanal schreiben.

Jeder IRC-Teilnehmer kann nach Belieben entscheiden, ob er bestehende Kanäle nutzen oder neue anlegen will. Im Schnitt existieren zu jedem Zeitpunkt rund 1.000 Kanäle im IRC, und über 5.000 Menschen nehmen teil. Die Teilnehmenden werden dabei über einen selbstgewählten Spitznamen („Nickname" oder „Nick") angesprochen.

Obwohl IRC-Freaks sich den größten Teil ihrer Nächte auf dem IRC um die Ohren schlagen, dort auch Bekanntschaften machen und mehrmals im Jahr zu sogenannten *Relay-Parties* (RPs), auf denen man andere Teilnehmer trifft, aufbrechen, ist IRC auch für ernsthafte Zwecke brauchbar. Wer während einer längeren Sitzung am Rechner das IRC-Programm im Hintergrund laufen läßt, ist für andere Internet-Teilnehmer sehr leicht erreichbar; sie müssen nur ihrerseits IRC starten und dem Partner eine Nachricht schicken. Im Gegensatz zu eMail kommt die Mitteilung sofort an und kann auch schnell beantwortet werden, und gegenüber dem Telefon hat das Verfahren den Vorteil, daß es keine zusätzlichen Kosten verursacht und nicht die ganze Aufmerksamkeit der Teilnehmer auf beiden Seiten beansprucht.

Bezug zum WWW:

Keiner.

Software:

Für alle Rechnerplattformen gibt es IRC-Clients; für Unix ist das der IRC-II-Client, für PCs unter Windows (SLIP-Anbindung über Winsock) gibt es mIRC, und auch für den Apple Macintosh existieren einige IRC-Programme. Vor dem erstmaligen Benutzen der Software muß man einen IRC-Server eintragen, bei dem das

Programm sich anmelden kann, wen Sie sich in IRC einklinken; hierzu kann Ihr Provider sicherlich Auskunft geben.

2.2.6 WAIS und Gopher

WAIS („Wide Area Information System") ist einer der zahlreichen zumeist wenig erfolgreichen Versuche, die Datenmassen des Internet zu bezähmen. Jeder Datenbankanbieter kann einen WAIS-Server betreiben, der die angebotenen Daten für eine WAIS-Suche aufbereitet. Um Zugang zu WAIS-Servern zu erhalten, kann man ein spezielles Programm (WAIS-Client) installieren oder ein WWW-WAIS-Gateway benutzen.

Im WAIS kann man nach Stichworten suchen und erhält eine bewertete Liste der gefundenen Dokumente als Antwort (1000 Punkte = größte Anzahl Treffer). Findet WAIS ein Dokument, das „ungefähr" dem entspricht, das man sucht, so kann man WAIS beauftragen, andere, „ähnliche" Dokumente zu liefern – das unterscheidet WAIS von diversen WWW-Suchdiensten. Alles in allem leidet das WAIS-System, für das spezielle Server benötigt werden, aber an mangelnder Beteiligung und verliert in dem Maße an Bedeutung, in dem automatische WWW-Suchdienste und Kataloge (die ich im Kapitel 4 beschreibe) das Feld erobern. Im Rahmen einer umfassenden Suche lohnt sich zwar u.U. immer noch ein Blick in eine WAIS-Datenbank, aber in der Regel findet man dort nicht mehr als mit gewöhnlichen WWW-Suchdiensten.

Dieses Schicksal teilt WAIS übrigens mit dem Informationssystem „Gopher", einem Vorläufer des WWW. Gopher kannte auch eine Art von „Hyperlinks", allerdings nur im Rahmen festgelegter Menüstrukturen. Gopher ist vom WWW überholt worden; heute würde niemand mehr einen Gopher-Server einrichten.

Bezug zum WWW:

WAIS ist über spezielle Gateways, das sind Formularseiten im WWW, die eine WAIS-Abfrage erzeugen, wenn man sie ausfüllt, erreichbar. Die (beständig sinkende) Anzahl von Gopher-Servern auf der Welt kann direkt mit WWW-Clients angesprochen werden, und zuweilen findet man auch auf gewöhnlichen WWW-Seiten Hyperlinks, die auf eine Gopher-Quelle verweisen.

2.2.7 Sonstige Internet-Dienste im Überblick

Ein paar weniger bedeutende Dienste möchte ich kurz erwähnen, weil sie auch im WWW öfters auftauchen werden:

Suche auf FTP-Servern: Archie

Archie ist ein Datenbanksystem, mit dem man im Inhalt öffentlich zugänglicher FTP-Server suchen kann. Archie leidet sehr darunter, daß keine Beschreibungen, sondern nur die Namen der vorhandenen Dokumente und Programme verfügbar sind – wer also nicht zumindest einen Namensbestandteil der gesuchten Datei kennt, ist aufgeschmissen.

Archie kann über spezielle Client-Programme, über Telnet (z.B. archie.th-darmstadt.de) oder auch über zahlreiche WWW-Gateways[3] angesprochen werden.

persönliche Daten: finger

Finger ist ein Programm, mittels dessen man feststellen kann, welche Benutzer im Augenblick auf einem fremden Rechner arbeiten (sofern der fremde Rechner solche Anfragen zuläßt – in Deutschland häufig aus Datenschutzgründen abgeschaltet). Außerdem kann man damit oft auch Informationen über einzelne Benutzer abrufen (z.B. die Telefonnummer oder den Zeitpunkt, zu dem die Person zum letzten Mal eingeloggt war oder Mail gelesen hat). Das geht natürlich nur in dem Maße, wie die Betreiber des jeweiligen Rechners die Information herausrücken.

Auch bei Finger hat man die Wahl zwischen speziellen Client-Programmen oder WWW-Gateways, bei denen man in ein Formular den Namen des abzufragenden Rechners einträgt und die Antwort komfortabel im WWW-Browser präsentiert bekommt[4] .

Personensuche mit „netfind"

Mit dem Personen-Suchdienst *netfind* kann man nach eMail-Adressen von Personen forschen, über die nur unvollständige Angaben vorliegen (z.B. nur der Nachname und die Institution o.ä.). Das Programm setzt dabei diverse andere Dienste, darunter Finger, für seine Zwecke ein. Zu erreichen ist es per Telnet (bruno.cs.coloradu.edo); ein WWW-Gateway[5] existiert ebenfalls.

X.500-Personendatenbank

Eine weitere Möglichkeit, nach Personen zu suchen, ist das *X.500-System*. X.500 ist ein ISO-Standard zur Vereinheitlichung von Informationen über Personen, Adressen und Organisationen; wegen des etwas bürokratischen Einschlags verbreitet sich X.500 aber nur schleppend. X.500 kann über eigene Clients („fred"), einen Telnet-Zugang (wp.psi.com) oder auch über WWW-Gateways[6] abgefragt werden. Wirklich einfach aber ist nur die WWW-Abfrage.

---

[3] eines davon ist `http://www.inka.de/gw/AA`

[4] zu finden auf `http://hoohoo.ncsa.uiuc.edu/cgi-bin/finger/` oder `http://www.mit.edu:8001/finger?`

[5] `gopher://ds.internic.net:4320/1netfind`

[6] z.B. `http://x500.rz.uni-karlsruhe.de/M`

2.3 Zugriff auf Internet-Dienste mit dem WWW-Browser

Einige der Internet-Dienste kann ein WWW-Browser selbständig nutzen; er verhält sich dann dem Rechner am anderen Ende gegenüber wie ein Client, der speziell für diesen Dienst gemacht wurde (ein News-Server kann z.B. nicht unterscheiden, ob ein „echter“ Newsreader oder ein WWW-Client auf der anderen Seite ist). Zum Teil werden auch Zusatzprogramme zum WWW-Browser, sogenannte *Helper Applications,* benötigt, um einen Dienst zu nutzen (vgl. Kapitel 3).

Bei anderen Internet-Diensten ist es technisch schwierig oder auch nicht sinnvoll, daß ein WWW-Browser sie bedienen kann. Stattdessen gibt es dann *Gateways,* das sind Programme, die auf einem WWW-Server installiert werden. Der WWW-Benutzer bedient (zum Beispiel über eine WWW-Seite mit Eingabemöglichkeiten) ein Programm auf dem Server, und dieses greift dann auf den entsprechenden Internet-Dienst (z.B. auf eine Datenbank) zu. Die Ergebnisse werden als WWW-Seite zurückübermittelt.

2.3.1 FTP-Zugriff

Neben den Standard-HTTP-URLs werden Sie oft auch URLs der Form `ftp://rechnername` oder sogar `ftp://rechnername/dateiname` finden. Diese URLs zeigen auf einen FTP-Server oder eine bestimmte Datei auf einem FTP-Server. Wenn ein Hyperlink aktiviert wird, hinter dem sich ein FTP-URL verbirgt, wird eine FTP-Verbindung zu dem angegebenen Rechner geöffnet; ist eine Datei angegeben, wird diese gleich geladen und ggf. auf der Festplatte gespeichert.

Der WWW-Browser verhält sich dabei wie ein FTP-Client, daher muß der FTP-Server nicht speziell auf WWW-Betrieb angepaßt werden. Beim Verbindungsaufbau fragt ein FTP-Server eine Benutzerkennung und ein Paßwort ab; der WWW-Client antwortet mit „ftp“ als Benutzerkennung und Ihrer Mailadresse (sofern Sie diese eingestellt haben) als Paßwort. Dieses Verhalten ist bei sogenannten „Anonymous“-FTP-Servern üblich; wenn der FTP-Server der ganzen Welt den Zugriff erlaubt, kommt man auf diese Weise an seine Datenbestände.

Handelt es sich nicht um einen öffentlich zugänglichen FTP-Server, dann können Sie, sofern Sie eine für diesen Rechner gültige Benutzerkennung und ein Paßwort dazu haben, dennoch mit Ihrem WWW-Browser darauf zugreifen. Entweder merkt der Browser selbst, daß kein anonymer Zugang erlaubt ist, und fragt automatisch nach Benutzerkennung und Paßwort, oder Sie müssen einen erweiterten URL verwenden, der diese Daten enthält: `ftp://benutzerkennung:paßwort@rechnername`. Es versteht sich von selbst, daß ein URL mit eingebauter Paßwortangabe niemals fest in eine WWW-Seite eingebaut werden sollte, denn das käme ja einer Veröffentlichung des Paßworts gleich.

Beispiel:
URL auf einen freien FTP-Server

```
Das Programm <EM>SuperZap</EM> l&ouml;scht
s&auml;tliche Daten auf Ihrer Festplatte, ohne lange
zu fragen. Sie k&ouml;nnen es sogar
<A HREF="ftp://ftp.nutzlos.de/pub/dos/superzap.exe">
sofort von einem FTP-Server laden!</A>
```

Das Beispiel zeigt eine typische Anwendung für solche FTP-URLs: Man schreibt etwas über ein Programm und gibt gleich eine mögliche Bezugsquelle dafür an.

Wenn Sie einen URL verwenden, der nur einen Rechnernamen enthält, zeigt der WWW-Browser in der Regel nach dem Verbindungsaufbau die verfügbaren Dateien und Verzeichnisse an (vgl. Abbildung 2.3), und Sie können sich dann bis zur gesuchten Datei „durchhangeln".

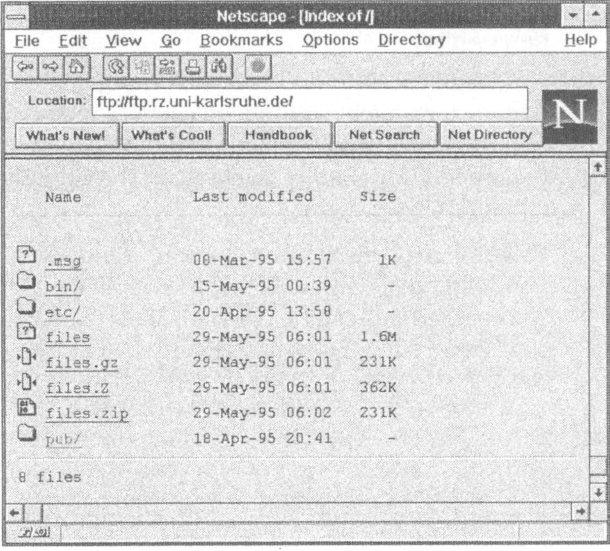

Abbildung 2.3: FTP-Zugriff mit einem WWW-Browser

2.3.2 Telnet-Verbindungen

Auch für Telnet-Verbindungen existiert eine eigene URL-Form: `telnet://rechnername`. Die meisten Browser können Telnet-Verbindungen nicht selbst aufbauen, sondern benötigen dazu eine „Helper Application".

Beim Aufruf eines solchen Telnet-URLs wird eine Verbindung zum angegebenen Rechner aufgebaut. Bei Rechnern, die keinen besonderen Gastzugang anbieten, werden gleich eingangs eine Benutzerkennung und ein Paßwort abgefragt. Anderenfalls erscheint meist eine Meldung wie „geben Sie den Benutzernamen soundso ein, um die Datenbank abzufragen", und von da an ist man mitten im jeweiligen Auskunftssystem.

Beispiel:
Telnet-URL

```
Wenn Sie nicht &uuml;ber ein WWW-Interface zum
Archie-Suchdienst verf&uuml;gen,
<A HREF="telnet://archie.th-darmstadt.de">telnetten
Sie doch nach Darmstadt,</A> wo sich der einzige
deutsche Archie-Server befindet.
```

Die Anzahl der Telnet-URLs nimmt ab, denn viele Datenbankprogramme und ähnliche Telnet-Dienste werden durch benutzerfreundlichere Systeme mit einer echten WWW-Schnittstelle ersetzt. Auch für den Archie-Suchdienst, den ich im Beispiel angegeben habe, ist man längst nicht mehr auf Telnet angewiesen.

2.3.3 News-Artikel

News-Artikel sind ein etwas schwierigeres Kapitel, denn sie werden erstens nicht zentral gelagert (sondern auf hunderten verschiedener News-Server weltweit), und sie sind auch nicht unbegrenzt verfügbar – nach einer bestimmten Zeit werden sie automatisch gelöscht.

Obwohl man also einen ganz bestimmten News-Artikel mit einem URL ansprechen kann, ist das in der Regel wenig sinnvoll; wenn überhaupt, gibt man allenfalls einen URL auf eine ganze Newsgroup an. Das Beispiel verdeutlicht den Unterschied:

Beispiel:
URL auf News-Artikel und -Gruppen

```
Versuchen Sie doch ruhig einmal,
<A HREF="news:3pkq27$g4u@nz12.rz.uni-karlsruhe.de">
diesen News-Artikel</A> zu lesen - sicherlich wird er
l&auml;ngst gel&ouml;scht sein. Oder Ihr News-Server
f&uuml;hrt die Gruppe gar nicht... dennoch kein
Grund, sich <A HREF="news:alt.suicide.holdiay">
hier</A> Rat zu holen!
```

Hier ist zunächst ein Hyperlink auf einen ganz speziellen News-Artikel (beim Verfassen wird für jeden eine, meist zufällige, eindeutige Kennzeichnung generiert) zu sehen; der zweite Link zeigt auf eine ganze Newsgroup. In beiden Fällen kontaktiert der Browser bei der Aktivierung des Links den Newsserver, den Sie im Konfigurationsfenster eingestellt haben, und holt sich von dort entweder den Artikel oder die aktuelle Artikelübersicht für die angegebene Gruppe.

Manche Browser erlauben auch die Nennung eines Newsservers im URL, z.B. `news://news.rz.uni-karlsruhe.de/ka.kultur`. Das ist zwar sinnvoll, weil es bestimmte Gruppen (wie hier ka.kultur) sicherlich nicht überall auf der Welt gibt und daher die meisten Menschen, die einen solchen Link anklicken, die Fehlermeldung „Gruppe auf Ihrem Server nicht vorhanden" erhalten; allerdings erlauben nur wenige Newsserver überhaupt den Zugriff von außerhalb. Der hier als Beispiel genannte Link würde, von wenigen Ausnahmen abgesehen, nur innerhalb des Campus der Universität funktionieren – und da ist der Rechner „news.rz.uni-karlsruhe.de" ohnehin in der Regel als Newsserver eingetragen.

2.3.4 Gopher

Ich hab es bislang vermieden, ausführlicher vom Informationssystem „Gopher" zu sprechen; man könnte Gopher als einen stärker hierarchisch organisierten, einfacheren Vorläufer des WWW betrachten. Noch heute werden einige Informationsdienste von Gopher-Servern anstatt von WWW-Servern angeboten; die Art des Zugriffs unterschiedet sich aber kaum vom WWW. Wenn man URL der Form `gopher://rechnername/dateiname` aufruft, spricht der WWW-Client den angegebenen Rechner wie ein Gopher-Client an und erhält so Zugriff auf die Daten.

Gopher hat im Gegensatz zum WWW eine recht straffe Struktur. Eine „Seite" ist entweder ein Menü mit weiteren Auswahlen (die, ähnlich wie Hyperlinks, auf andere Gopher-Menüs in der Welt, auf Telnet-Verbindungen oder auf Dateien, die mit FTP geholt werden können, zeigen) oder ein bloßer Informationstext.

Die Abbildung 2.4 zeigt eine Seite vom Gopher-Server der Universität Köln; zuoberst ist ein Texteintrag zu sehen, alle weiteren Einträge sind Verweise auf Untermenüs. Telnet-Verweise und Suchdienste werden vom Browser (hier Netscape) durch besondere Symbole hervorgehoben.

Ganz unbeabsichtigt zeigt das Bild auch gleich die Zukunft von Gopher: „Umstellung auf WWW" – die Anzahl der noch vorhandenen Gopher-Server sinkt ständig, und daher werde ich auch keine Worte mehr darüber verlieren.

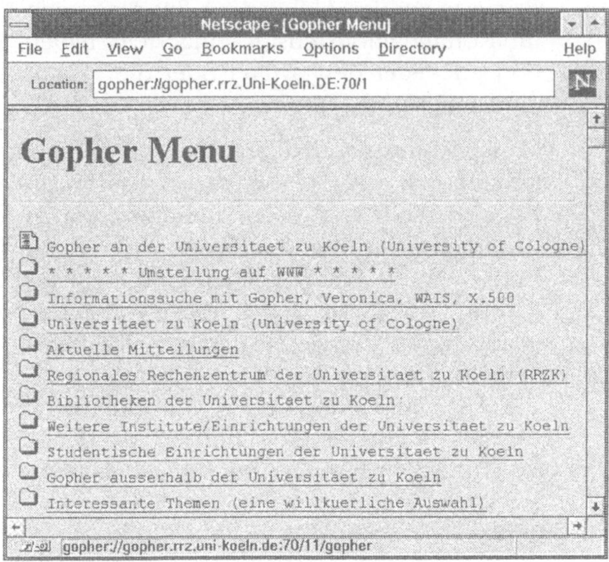

Abbildung 2.4: Gopher-Zugriff mit einem WWW-Browser

2.4 Möglichkeiten des Internetzugangs

Es gibt zwar nur *ein* Internet, aber eine ganze Anzahl verschiedener Möglichkeiten, daran teilzunehmen. Ich gehe einmal davon aus, daß Sie nicht in der glücklichen Lage sind, per Standleitung mit einer nahegelegenen Universität oder einem Internet-Anbieter verbunden zu sein, sondern solch eine Verbindung von Ihrem Computer über eine Telefonleitung herstellen müssen.

Neben der Hard- und Software brauchen Sie dazu vor allem einen Internet-Provider, also eine Firma oder Organisation, die Ihnen den Internetzugang ermöglicht. Die Art der angebotenen Internetzugänge unterscheidet sich ebenso wie der Kundenkreis (nur Privatkunden oder auch gewerbliche Nutzung?) und das Tarifsystem. Einige Provider berechnen lediglich monatliche Pauschalen, während bei anderen die Online-Zeit oder die übertragene Datenmenge, zuweilen unterschieden nach innerdeutschem und internationalem Verkehr, ebenfalls berücksichtigt wird.

Im folgenden werde ich die unterschiedlichen Arten des Internetzugangs vorstellen und versuchen, Ihnen die Auswahl eines geeigneten Providers zu erleichtern. Im Anhang A finden Sie darüber hinaus eine Auflistung der derzeit größten deutschen Provider.

2.4.1 Leicht zu handhaben: Online-Accounts

Die einfachste und schnellste Möglichkeit, ins Internet zu kommen, ist ein Online-Account. Das heißt für Sie, daß Sie nur ein beliebiges Terminalprogramm auf Ihrem Rechner benötigen – z.B. das mit Windows mitgelieferte `TERMINAL.EXE` oder eines von zahlreichen Public-Domain-Programmen für alle denkbaren Rechner und Betriebssysteme – und damit eine Verbindung zum Computer Ihres Internet-Providers herstellen.

Es muß nicht einmal ein Internet-Provider sein, der Ihnen diese Einwahl ermöglicht; in den USA ist es bereits gang und gäbe, daß Arbeitnehmer, die am Arbeitsplatz über das Büronetz die Vorzüge des Internet genießen können, sich auch außerhalb der Bürostunden über Modemeingänge einwählen und auf das Netz und ihre Daten zugreifen können. Die meisten Universitäten und viele andere Hochschulen in Deutschland bieten ihren Studierenden und Angestellten diesen Service ebenfalls kostenlos an.

Wenn Sie einen Online-Account verwenden, heißt das, daß alle Programme, die Sie verwenden möchten, auf dem „Host", also dem Rechner, bei dem Sie sich einwählen, installiert sein müssen. Außerdem benötigen Sie Kenntnisse über das Betriebssystem, das dieser Rechner verwendet (meistens Unix, da es von Haus aus netzwerk- und multiuser-fähig ist).

WWW in der Regel nur ohne Grafik

Online-Accounts sind sehr einfach zu handhaben, ermöglichen aber in der Regel keine grafischen Anwendungen (d.h. auch keine Darstellung von Bildern auf WWW-Seiten). Um das WWW zu benutzen, würde man typischerweise einen Textmodus-Browser wie „Lynx" unter Unix verwenden (vgl. Kapitel 3). Ein großer Vorteil von Online-Accounts ist, daß lokal so gut wie keine Software installiert sein muß (eben nur ein Terminalprogramm), so daß man praktisch von überall, wo Computer und Modem zur Verfügung stehen, eine Verbindung aufbauen kann, .

Online-Accounts sind bei vielen gewerblichen und privaten Internet-Anbietern verfügbar, da ihre Einrichtung für den Anbieter vergleichsweise wenig Aufwand bedeutet.

Es gibt Programme, mit denen man die Vorteile eines SLIP-Zugangs auch dann nutzen kann, wenn man nur über einen Online-Account verfügt. Mehr zu diesen „SLIP-Emulatoren" im Abschnitt über SLIP.

2.4.2 Kostengünstig: UUCP-Zugänge

Die preiswerteste Art, am Internet teilzunehmen, sind sogenannte UUCP-Accounts („Unix-to-Unix-Copy Protocol", was aber inzwischen längst nicht mehr bedeutet, daß man selbst einen Unix-Rechner braucht). Diese Accounts sind in der Regel billig zu bekommen (um DM 10,– pro Monat) und belasten zudem die Telefonrechnung kaum, da über UUCP kein Online-Betrieb vorgesehen ist.

Bei UUCP sammelt der Rechner des Internet-Providers für Sie eingehende elektronische Post und, sofern Sie bestimmte Newsgroups bestellt haben, auch News-Artikel. Sie können das für Sie geschnürte Paket dann jederzeit mit einer geeigneten Software (für DOS z.B. „CrossPoint") per Modem abholen lassen und in Ruhe Ihre Post und die News-Artikel lesen. Wenn Sie selbst eMail oder Artikel verfassen, werden diese entweder sofort oder beim nächsten routinemäßigen Anruf zum Provider übertragen, und dieser versendet sie weiter in die Welt.

Diese Verfahrensweise ist im Prinzip die gleiche wie bei Hobby-Mailboxnetzen (Fido o.ä.). Man nennt sie auch „store-and-forward-Prinzip". Da der Aufbau eines Verteilernetzes mit UUCP sehr einfach ist, ist die Wahrscheinlichkeit groß, daß Sie in Ihrem Ortsnetz irgendwo einen UUCP-Einwählpunkt finden; insbesondere der Subnet-Verein (vgl. Anhang A) hat bei diesem Dienst durch viel privates Engagement eine große Flächendeckung erzielt.

Zum UUCP-Betrieb müssen Sie ein geeignetes Programm installieren, das Ihnen das Lesen und Schreiben von Mail und Artikeln erlaubt und in der Lage ist, ordnungsgemäße UUCP-Pakete daraus zu schnüren. Solche Programme gibt es für alle Rechnersysteme als Public Domain-Programme oder Shareware; bei der Installation müssen Sie einmalig einige Daten, wie zum Beispiel Ihre eigene Mailadresse, eintragen.

Für WWW nur sehr bedingt geeignet

UUCP ist eine kostengünstige und relativ einfache Möglichkeit des Internetzugangs und völlig ausreichend, wenn Sie sich in der Hauptsache auf die Dienste Mail und News beschränken. Für die Teilnahme am WWW ist UUCP schlecht geeignet, und auch die Dienste FTP und IRC lassen sich mit UUCP schlecht (FTP) bzw. gar nicht (IRC) realisieren. Über Mail-Gateways können Sie zwar jede beliebige WWW-Seite anfordern, aber zwischen Absenden der Anfrage und Eintreffen der Antwort liegen meist mindestens einige Stunden. Man muß also schon recht genau wissen, welche

Seiten im WWW einen interessieren – das aber merkt man meist ja erst, während man sich von Mausklick zu Mausklick durch die Welt hangelt.

Mail-Gateways, also spezielle Rechner, die andere Internet-Dienste über Mail zugänglich machen, gibt es übrigens auch für Archie und FTP, und es existiert Literatur, die sich eigens damit beschäftigt, wie man auch dann alle Vorzüge des Internet nutzen kann, wenn man ausschließlich über eMail-Zugang verfügt.

2.4.3 Voller Netzzugang mit SLIP und PPP

SLIP bedeutet „Serial Line Internet Protocol" und ist die Verbindungsart, mit der Sie die größte Anzahl an Internet-Diensten nutzen können. SLIP ist die Anpassung des IP-Protokolls, das alle Rechner im Internet untereinander zur Kommunikation verwenden, an die Gegebenheiten einer Modemleitung. Daher funktioniert alles, was auf einem direkt ans Internet angeschlossenen Rechner läuft, auch mit SLIP. Häufig spricht man allgemein von einem IP-Zugang und faßt darunter Modemzugänge über SLIP, IP-Zugänge über ISDN und Standleitungen zusammen.

Die einzige Einschränkung des Modem-SLIP-Betriebs gegenüber einer Festverbindung ins Internet ist die, daß Sie selbst keine Dienste anbieten können, die rund um die Uhr erreichbar sind – es sei denn, Sie konfigurieren Ihr System derart, daß Ihr Internet-Provider automatisch eine Verbindung zu Ihrem Rechner aufbaut, sobald eine Anfrage aus der „weiten Welt" bei ihm eintrifft.

Bei SLIP ist der Software-Installationsaufwand auf Ihrem Rechner am größten; neben der Software für jeden Internet-Dienst benötigen Sie auch entsprechende Treiber und Modemsteuerungsprogramme. Auf dem PC unter Windows kann dazu das Programm „Trumpet Winsock" verwendet werden (vgl. Kapitel 3); unter OS/2 unterstützt das Internet Access Kit aus dem Warp-Bonuspack SLIP.

Neben SLIP gibt es auch noch PPP („Point-to-point protocol"); in Handhabung und Funktionsumfang bestehen jedoch kaum Unterschiede. Ferner existiert die Variante cSLIP mit eingebauter Datenkompression, die inzwischen von den meisten Programmen und SLIP-Anbietern unterstützt wird – auch dann, wenn Sie ein Modem mit eingebauter Datenkompression verwenden, ist cSLIP schneller als normales SLIP.

Beim SLIP-Betrieb muß der Rechner Ihres Internet-Providers nach dem Verbindungsaufbau nur noch Ihre SLIP-Pakete entgegennehmen und ins Internet weiterleiten; von seiten des Providers ist also relativ wenig Installationsaufwand nötig. Die meisten gewerblichen Provider bieten SLIP-Zugänge an. Die gemeinnützigen Anbieter Individual Network und Subnet (vgl. Anhang A) haben in einigen Regionen zwar noch den Schwerpunkt auf UUCP-Diensten, bauen aber derzeit kräftig in Richtung auf IP-Zugänge aus.

WWW-Zugang ohne Einschränkungen

Ein SLIP-Zugang ins Internet bietet Ihnen zugleich den vollen Zugriff auf das World Wide Web. Mehr als bei allen anderen Zugangsarten kommt es jedoch hier auf Ihre Modemgeschwindigkeit an. Unterhalb von 14.400 bps werden Sie wenig Freude am WWW haben, zumindest dann, wenn Sie auch Wert auf die in WWW-Seiten enthaltenen Bilder legen – die Datenmenge summiert sich schnell auf über 50 KB für eine ansprechend gestaltete WWW-Seite, und bis die durch den Flaschenhals einer langsamen Modemverbindung getröpfelt ist, verliert man leicht die Geduld.

2.4.4 IP-Zugang über eine ISDN-Verbindung

Alles, was über SLIP und PPP gesagt wurde, gilt gleichermaßen auch für eine IP-Verbindung über ISDN. Hierfür müssen geringfügig andere Treiber installiert werden (mehr dazu in Kapitel 3), und Sie kommen natürlich in den Genuß einer Übertragungsgeschwindigkeit von 64.000 bps. Auf der anderen Seite berechnen die meisten gewerblichen Provider höhere Tarife für ISDN-Zugänge (häufig etwa doppelt so teuer wie Modemzugriff).

2.4.5 Zusätzliche Leistungsmerkmale eines Internet-Providers

Neben dem reinen Internetzugang, bei dem es, abgesehen vielleicht von der Signalqualität der Leitung und der Modemgeschwindigkeit, keine Qualitätsunterschiede gibt, bieten viele Provider Sonderleistungen, auf die Sie bei der Auswahl achten sollten.

WWW-Server

Wenn Sie eigene WWW-Seiten anbieten wollen, müssen Sie die Möglichkeit haben, diese auf einem WWW-Server abzulegen. Ihr Provider muß also entweder einen eigenen WWW-Server betreiben oder Ihnen Zugang zum Server einer verbundenen Organisation ermöglichen.

Manche Provider erheben für die Nutzung des WWW-Servers zusätzliche Gebühren. Diese richten sich zumeist nach dem von

Ihren Seiten belegten Speicherplatz. Sie sollten auch darauf achten, durch welche Art Standleitung Ihr Provider selbst mit dem übrigen Netz verbunden ist; handelt es sich um eine Leitung niedriger Bandbreite (z.B. nur 64 oder 128 kBit/s), müssen Leser Ihrer eigenen WWW-Seiten eher mit Wartezeiten rechnen, als wenn Ihr Provider beispielsweise über eine Leitung mit 2 MBit/s verfügt. Unter Umständen kann es sinnvoll sein, WWW-Seiten bei einem völlig anderen Anbieter abzulegen – wenn Sie per FTP einen Zugang zum entsprechenden Server haben, spielt es für Sie keine Rolle, wie nah oder fern dieser ist. Selbst das Anmieten von WWW-Seiten-Platz („Webspace") im Ausland ist durchaus denkbar – dann jedoch haben deutsche Leser Ihrer Seiten eventuell höhere Kosten und Wartezeiten zu ertragen.

Software-Bereitstellung und Unterstützung

Erkundigen Sie sich, ob Ihr Provider über kompetentes Personal verfügt, um Ihnen bei Software- oder Konfigurationsproblemen auf Ihrem Rechner zu helfen. Insbesondere dann, wenn Sie keine „Mainstream-Konfiguration" benutzen, ist es für Sie von Interesse, ob Ihr Provider sich mit dem verwendeten System auskennt.

Die meisten Provider bieten zwar in vielen Städten Einwählpunkte an, haben jedoch vor Ort nur Personal zur Wartung der eigenen Maschinen und keine Beratungskapazität. Wenn das System erst einmal „steht", können Sie sich Rat per eMail holen – aber bei Einrichtungsproblemen ist es u.U. schon wünschenswert, einen Ansprechpartner am Ort zu haben. Einige Provider betreiben sogar kleine Ladenlokale, in denen man probieren und sich umfassend informieren kann, bevor man unterschreibt.

WWW-Proxy-Server

Ein WWW-Proxy-Server speichert abgerufene WWW-Seiten zwischen, so daß bei erneutem Aufruf derselben Seite keine Verbindung zu dem WWW-Server, der die Seite anbietet, mehr erforderlich ist (mehr dazu im Kapitel 3).

Wenn Ihr Provider Ihnen die Benutzung eines Proxy-Servers ermöglicht, erhöht das in der Regel die Geschwindigkeit Ihres WWW-Zugriffs – insbesondere dann, wenn viele Kunden den gleichen Proxy-Server benutzen und vielgefragte Seiten daher oft „vorrätig" sind.

Newsserver

Wenn Sie in der Lage sein möchten, News-Artikel auf komfortable Weise abzurufen, auch ohne bestimmte Newsgroups regelmäßig zu lesen, sind Sie darauf angewiesen, daß Ihr Provider sämtliche in Frage kommenden Newsgroups bezieht und für seine Kunden bereitstellt. Üblicherweise richtet der Provider dazu einen Newsserver (auch NNTP-Server, „Network News Transfer Protocol") ein, zu dem Sie dann mittels eines Newsreader-Programms eine Verbindung aufbauen und sämtliche News-Artikel abrufen können. Wie lange die Artikel in der Datenbank bleiben, bevor sie veralten und gelöscht werden, kann der Provider frei bestimmen. In der Regel orientiert sich die Verweildauer am verfügbaren Speicherplatz auf dem Newsserver und liegt zwischen vier und 14 Tagen bei den meisten Newsgroups.

Wenn ein Provider Ihnen News-Artikel nur „auf Bestellung" vermitteln kann, beeinflußt das den Bedienungskomfort, weil Sie möglicherweise im WWW oder in einem Informationstext auf Newsgroups oder einzelne Artikel verwiesen werden, die Ihnen (da Sie sie nicht vorher bestellen konnten) nicht zur Verfügung stehen.

2.5 Internet, quo vadis?

Was wird mit dem Internet? Wohin wird sich die „Datenautobahn", von der die Medien so gern sprechen, entwickeln?

Das Internet wächst an vielen Fronten zugleich. Überall gilt es, Schwierigkeiten zu meistern, die teils technischer, teils aber auch gesellschaftlicher Natur sind.

2.5.1 Kommune vs. Kommerz

Das Internet ist derzeit noch ein Biotop für Bastler, Freaks und skurrile Persönlichkeiten. Nichts von dem, was wir am Internet heute kennen und schätzen, wäre ohne den persönlichen und freiwilligen Einsatz vieler solcher Experten möglich – aber zunehmend gleitet ihnen das Heft aus der Hand. Mehr und mehr prägen gewerbliche Interessen das Netz. Viele, die bisher aufgrund ihrer Omnipräsenz im (noch) relativ kleinen Netz zu den „net.wizards" zählten (oder zumindest *sich* dazu zählten), können das nicht akzeptieren; die verbitterten Kleinkriege um Regeln, Geld und Gewerbe im deutschen Usenet-Teil zeigen dies deutlich. Man spricht dort allerdings meist von „kommerziell" und nicht von „gewerblich" – das hört sich fieser an.

Nicht alle Sorgen sind übertrieben. Sicherlich wird man in Zukunft nicht gezwungen sein, alle 20 Minuten eine Werbepause einzulegen, wenn man im WWW blättert[7]. Aber der Gemeinschaftsgeist wird teilweise auf der Strecke bleiben; wer bisher gerne seine Freizeit auf ein eigenes Angebot im Netz verwandt hat, wird in Zukunft vielleicht zögern, wenn er sieht, daß seine Zeit sich am anderen Ende der Leitung in bare Münze wandelt. Wer wird sich noch die Mühe machen, kostenlos Informationen im Netz anzubieten, wenn nicht mehr dankbare Studenten, sondern sparsame Recherche-Abteilungen von Unternehmen davon profitieren?

Auf der anderen Seite führen erste gewerbliche WWW-Anbieter bereits ein für alle tragbares Konzept vor, indem sie nämlich die bisher freiwilligen Informationsdienste auf eine solide finanzielle Basis stellen und die Fußnote von „In meiner Freizeit programmiert" in „Gepsonsort von der Firma XYZ" ändern – ein bißchen Werbung nehme ich gern in Kauf, wenn ich dafür auch einen vernünftigen Service nutzen darf.

2.5.2 Gestalter vs. Benutzer

Dieser Wandel bringt es aber auch mit sich, daß es mehr und mehr *Benutzer* im Internet gibt. Früher war das Netz eher ein Netz von *Gestaltern*. Alle profitierten von den Diensten, die andere aufstellten, und revanchierten sich selbst durch nützliche Beiträge. Gemeinsam bastelte man am Netz und verbesserte es, wo man konnte, und die meisten hatten das gute Gefühl, daß es sich lohnt, Arbeit zu investieren.

An die Stelle des „Selbst-etwas-beitragen" tritt nun mehr und mehr der Ausgleich durch Geld; die Benutzer – darunter vielleicht auch Sie – suchen sich einen Provider, bezahlen dessen Gebühren und dürfen dafür das Netz nutzen. Die wenigsten Provider machen sich die Mühe, ihre Kunden darüber aufzuklären, daß das Geld, das die Kunden zahlen, in den Taschen des Providers und sonst nirgendwo landet. Viele „Neulinge" fallen durch eine deutliche Anspruchsmentalität unangenehm im Netz auf. Wenn etwas nicht gleich, nicht gut oder nicht richtig funktioniert, gibt es (wenig konstruktive) Beschwerden der Form „Ich zahle doch nicht soundsoviel DM im Monat, damit das und das und das alles nicht geht!". Dabei sieht im Netz niemand einen Pfennig von den „soundsoviel DM", sondern auch diejenigen,

7 Einige Provider experimentieren schon mit preiswerten, aber dafür mit Werbung angereicherten WWW-Zugängen für ihre Kunden.

die für ihren Netzzugang bezahlen, haben es in der Hauptsache mit freiwillig oder im Rahmen eines schlechtbezahlten Assistenz-Jobs einer Forschungseinrichtung erbrachten Leistungen zu tun.

Wieder einmal war es das Usenet, in dem ein solcher Konflikt erstmalig eskalierte: Der amerikanische Internet-Provider AOL ließ tausende Neukunden ohne geeignete Einführung auf das Internet los, und nicht wenige davon benahmen sich in der News-Öffentlichkeit... hm, sagen wir, inadäquat. Zusammen mit einigen anderen Vorkommnissen bei AOL führte das dazu, daß AOL-Kunden, die an ihrer auf „aol.com" endenden eMail-Adresse leicht zu erkennen waren, von vielen Diensten ausgeschlossen und in den News ignoriert wurden – zum Leidwesen der „wohlerzogenen" unter den AOL-Benutzern.

Diese Wogen haben sich inzwischen geglättet, und man achtet jetzt etwas besser darauf, daß Einsteigern zumindest ein Teil der „Netiquette" mit auf den Weg gegeben wird. Hier in Deutschland bahnt sich ein mit AOL vergleichbarer Ansturm auf das Internet an, wenn die Deutsche Telekom ihren Übergang von Datex-J/BTX ins Internet großräumig einführt, und es bleibt zu hoffen, daß nicht die gleichen Fehler gemacht werden wie in den USA.

2.5.3 Technische Hürden

Neben diesen interessanten sozialen Entwicklungen muß man auch die dem Internet zugrundeliegende Technik im Auge behalten. In Sachen Internet-Infrastruktur ist Deutschland noch ein Entwicklungsland. Die meisten Firmen und Bildungseinrichtungen sind mit einer 64kBit-Leitung (das entspricht der Übertragungsleistung einer einzigen ISDN-Leitung) ans Internet angeschlossen; größere wissenschaftliche Einrichtungen bringen es oft auf 2 MBit. Diese Größen geben die jeweils in einer Sekunde übertragbare Datenmenge an; wenn ich also z.B. die 2 MBit-Leitung für mich alleine habe, kann ich ein Megabyte an Daten in vier Sekunden übertragen. In den USA ist die hundertfache Geschwindigkeit nicht unüblich – vor diesem Hintergrund werden die vielfach hörbaren Rufe nach besserer Netzinfrastruktur verständlich.

Auch die bereits erwähnten IP-Nummern stellen einen Engpaß dar: Theoretisch lassen sich zwar rund vier Milliarden Rechner mit einer Kombination aus vier Zahlen im Bereich 0-255 ansprechen, aber wegen der Notwendigkeit, an jeden Netzbetreiber komplette Teilnetze zu vergeben, und wegen der anfangs recht großzügigen Zuteilung von Nummernblöcken wird es langsam eng im Nummernraum. Vermutlich wird daher im Laufe des Jahres 1997 eine Umstellung auf ein erweitertes Protokoll vollzogen werden, bei dem die derzeitige Anzahl von Adressen quadriert wird.

2.5.4 Sicherheit

Ich habe bereits erwähnt, daß das Internet ursprünglich eine militärischen Entwicklung war; unter diesem Aspekt mag es verwundern, wie leicht man im Netz Daten abhören und auch fälschen kann. In Anbetracht der boomenden WWW-Versandkataloge, bei denen man gleich online durch Eingabe der Kreditkartennummer bestellen kann, erwartet uns hier auch eine ganz neue Art der Kriminalität.

Eine Lösung für diese Probleme sind moderne Verschlüsselungsverfahren, die jedoch von staatlicher Seite eher kritisch beäugt werden – die verschlüsselt übertragenen Pläne für eine Straftat kann nämlich kein Polizeicomputer der Welt abhören. Einen Vorgeschmack künftiger Schwierigkeiten bieten die immer wieder in der Presse auftauchenden Meldungen über nationalsozialistische Propaganda in deutschen Mailboxnetzen. Auch wer „nichts zu verbergen" hat, wird von solcherlei Mißbrauch in Mitleidenschaft gezogen, denn er führt unweigerlich zu mehr gesetzlicher Reglementierung und Überwachung – manchmal mehr, als nötig wäre.

Die Entwicklung auf dem Verschlüsselungssektor wird überdies auch durch nationale Eigenheiten kompliziert. Die USA haben beispielsweise sehr strenge Ausfuhrbestimmungen für kryptografische Algorithmen, so daß viele Entwicklungen, die in den USA Stand der Technik sind, gar nicht exportiert werden dürfen.

2.5.5 Rosige Aussichten

All diesen Problemen und Schwierigkeiten zum Trotz hat das Internet das Potential, unser aller Leben angenehmer zu gestalten. Teilweise hat man heute schon Gelegenheit zum „Probesitzen" in der Zukunft: Arbeiten zuhause, Teamwork online, die Unterhaltung mit Kollegen; Videokonferenzen, kein (oder zumindest weniger) leidiger Papierkram auf dem Schreibtisch. Bestellungen auf Knopfdruck (und nicht ohne vorher schnell ein paar Benutzer des betreffenden Produkts befragt zu haben), Freizeit, wenn man sie nötig hat. Bundestagswahl am WWW-Browser... natürlich werden alle diese futuristischen Ideen von Unkenrufen begleitet, die man nicht einfach als technikfeindlich abstempeln darf; auf der anderen Seite hieß das erste Telefonbuch in Berlin auch „Buch der sieben Narren", und ich zumindest würde den Verlust des Telefonierens heute als Einschränkung der Lebensqualität empfinden.

Software für das WWW

In diesem Kapitel möchte ich einige WWW-Browser für verschiedene Betriebssysteme und Arten des Netzzugangs vorstellen. In der Hauptsache geht es um Browser für den SLIP-Betrieb unter Windows. Zu Hilfsprogrammen für die *Seitenerstellung* komme ich in Kapitel 8.

Ich muß voranstellen, daß dieses Kapitel kaum mehr als eine Momentaufnahme sein kann. Gerade bei den WWW-Browsern ist der Spielraum für Weiterentwicklungen groß, und man weiß nie, welcher Softwarehersteller morgen mit einem eigenen Produkt den Markt aufzukrempeln sucht. Mosaic war zunächst lange Zeit der einzige und später der beste WWW-Browser; dann kam Netscape, und alle schwärmten davon. Inzwischen haben viele andere Unternehmen WWW-Browser auf den Markt gebracht oder angekündigt, und man darf gespannt sein, wie sich das Angebot weiterentwickelt.

Bei den WWW-Browsern werde ich die Marktführer Mosaic und Netscape ausführlich behandeln und dann noch einige Konkurrenzprodukte beleuchten.

3.1 Was ein WWW-Browser können muß

Wenn Sie verschiedene Browser ausprobieren, werden Sie feststellen, daß die meisten sich in der Funktionalität kaum unterscheiden. Der Browser ist (erlauben Sie mir den schon etwas in die Tage gekommenen Vergleich) das Auto, mit dem Sie auf der Datenautobahn unterwegs sind. Genauso wie beim Kraftfahrzeug (Scheinwerfer, Lenkrad, Bremsen) sind auch beim WWW-Browser die benötigten Funktionen klar definiert. Unterschiede finden sich allenfalls in der Optik oder in zusätzlichen Komfortmerkmalen. Wenn Sie einen Browser bedienen können, werden Sie auch mit anderen keine großen Schwierigkeiten haben.

Der Kern eines jeden Browsers ist das HTML-Darstellungsmodul: Der Browser muß möglichst alle HTML-Elemente (Überschriften, Aufzählungen, Tabellen, mathematische Formeln) kennen und richtig darstellen können. Wenn ein Browser nicht den vollen HTML-Umfang beherrscht, kann er auf Dauer nicht im Wettbewerb bestehen – daher werden die Hersteller dann sicherlich fieberhaft an einer neuen Version arbeiten.

Einige Browser (z.B. der Netscape Navigator) gehen in einzelnen Punkten sogar über den HTML-Standard hinaus, in der Hoffnung, daß viele WWW-Seiten unter Ausnutzung der besonderen Darstellungsformen des Browsers erstellt werden und der Browser im Gegenzug von allen benutzt werden muß, die diese Seiten vernünftig anzeigen möchten.

Zu den unabdingbaren Kernfunktionen des Browsers zählt außerdem die Schnittstelle zum Netz: Der Browser muß nicht nur jede denkbare HTML-Seite darstellen können, sondern auch über die Routinen verfügen, um WWW-Server über das HTTP-Protokoll anzusprechen und Seiten aus dem WWW zu laden. Da solche Ladevorgänge länger dauern können, sollte ein guter Browser den Anfang der Seite schon angezeigen, auch wenn sie noch nicht fertig geladen ist. Dasselbe gilt für Bilder; wenn eine Seite ein Bild enthält, dessen Übertragung fünf Minuten dauert, möchte ich den umgebenden Text natürlich gern schon vorher sehen und die Seite vielleicht sogar durch Klick auf einen anderen Hyperlink verlassen, bevor das Bild komplett geladen ist.

Größere Unterschiede zwischen einzelnen Browsern gibt es bei den Funktionen, die den Bedienkomfort erhöhen sollen:

- Cache: Viele Browser behalten die zuletzt angesehenen Seiten auf der Festplatte oder sogar im Speicher, so daß man beim Klick auf den „Zurück"-Knopf nicht warten muß, bis die Seite wieder aus dem Netz geladen ist. Der Einsatz dieser Funktion ist natürlich von der verfügbaren Speicherkapazität abhängig.
- Hotlists: Unter einer „Hotlist" versteht man eine vom Benutzer selbst veränderbare Liste von Verweisen auf bestimmte Seiten im WWW. Sie können jederzeit einen Verweis auf die Seite, die Sie gerade sehen, in die Hotlist aufnehmen lassen, um die Seite später ohne lange Umwege wieder abzurufen.
- Orientierungshilfen: Einige Browser versuchen, Ihnen durch kleine Grafiken oder strukturierte Verzweigungslisten die Orientierung etwas zu erleichtern. Die Struktur von WWW-Seiten ist nicht immer klar herausgearbeitet, und so passiert es leicht, daß Sie auf der Suche nach einer bestimmten Information „im Kreis laufen".

- Druckfunktion: Die meisten Browser sind noch weit davon entfernt, wirklich gute Druckmöglichkeiten anzubieten. Zwar kann jeder die gerade angezeigte Seite (wenn auch mit unterschiedlicher Qualität) drucken, aber eigentlich wäre weit mehr erforderlich. Oft möchte man zum Beispiel mehrere thematisch zusammengehörende Seiten aus dem WWW als *ein* Dokument mit einheitlichem Layout und durchgehender Paginierung ausdrucken. Eine gute Druckfunktion muß auch Hyperlinks auflösen können: In der WWW-Seite am Bildschirm kann sich hinter dem hervorgehobenen Wort „Beispiel" ein Hyperlink verbergen, und ein Klick darauf zeigt die Seite mit dem Beispiel an – im Ausdruck nützt es mir herzlich wenig, wenn das Wort „Beispiel" unterstrichen oder fettgedruckt ist, denn ich kann nicht daraufklicken und das Beispiel abrufen. Stattdessen müßte das Druckprogramm die Beispielseite automatisch laden und nach dem eigentlichen Dokument ausdrukken; hinter dem Wort „Beispiel" könnte dann ein Verweis wie „(siehe Seite 5)" angefügt werden. *Das* wäre eine gute Druckfunktion, aber so weit ist noch keiner der vorgestellten Browser.
- Internet-Dienste: Der Umfang, in dem die Browser den Zugriff auf andere Dienste des Internet ermöglichen, unterscheidet sich stark. Die meisten bieten zwar rudimentären Umgang mit „News" und „eMail", aber die wenigsten erlauben z.B. auch das Lesen eingegangener Mail oder speichern, welche Artikel aus den News man bereits kennt (für Newsreader-Programme ist das selbstverständlich).

3.2 Voraussetzungen für den Netzzugang

Um das WWW überhaupt benutzen zu können, brauchen Sie einen Zugang zum Internet. Wenn Sie zu den Glücklichen gehören, die direkt über Ethernet oder ähnliches an das Internet angeschlossen sind, benötigen Sie lediglich eine mit Windows verwendbare Version Ihrer Netztreiber-Software, einen Pakettreiber (`WINPKT.COM` o.ä.) und eine `WINSOCK.DLL` (siehe unten), um loslegen zu können.

Die meisten von Ihnen werden sich allerdings über ein Modem ins Internet einklinken wollen. Dazu ist ein Zugang mit SLIP- oder PPP-Protokoll, wie ihn die meisten Internet-Provider anbieten (vgl. Kapitel 2), am sinnvollsten. Das Protokoll PPP bietet bei etwa gleichem Datendurchsatz etwas mehr Leistungsmerkmale als SLIP, aber für die Zwecke der WWW-Benutzung spielt der Unterschied keine Rolle.

Unter Windows benötigen Sie einen „TCP/IP-Stack“, zum Beispiel das Shareware-Programm „Trumpet Winsock“, dessen aktuelle Version Sie unter dem Namen `TWSK21C.ZIP` auf den meisten FTP-Servern[1] finden können. Es gibt einige kommerzielle Softwarepakete mit eigenem TCP/IP-Stack (z.B. „Chamaeleon“ oder die „Quarterdeck Internet Suite“). Der Internetzugang der Deutschen Telekom wird ebenfalls winsock-kompatibel sein.

Stellvertretend für alle erkläre ich hier die Installation und Konfiguration von Trumpet Winsock. Da alle TCP/IP-Stacks den Winsock-Standard unterstützen müssen, damit die Anwendungsprogramme mit ihnen funktionieren, unterscheiden sie sich nicht besonders. Auch bei Windows 95 und Windows NT, die eine Winsock-Unterstützung eingebaut haben, sind prinzipiell die gleichen Einstellungen zu treffen[2]. Trumpet Winsock darf 30 Tage lang kostenlos benutzt werden, danach ist eine Registrierungsgebühr von 25 US-$ fällig.

Die beiden wichtigsten Bestandteile von Trumpet Winsock sind die dynamische Library `WINSOCK.DLL` und der TCP-Manager `TCPMAN.EXE`, für den Sie am besten ein eigenes Symbol im Programm-Manager erstellen (Menü „Datei“, Auswahl „Neu“). Sie müssen den TCP-Manager starten, bevor Sie Mosaic, Netscape oder andere darauf basierende Anwendungen aufrufen. Das Verzeichnis, in dem die Winsock-Programme installiert sind, muß in die PATH-Umgebungsvariable eingetragen werden, damit die DLL-Library von allen Programmen gefunden werden kann.

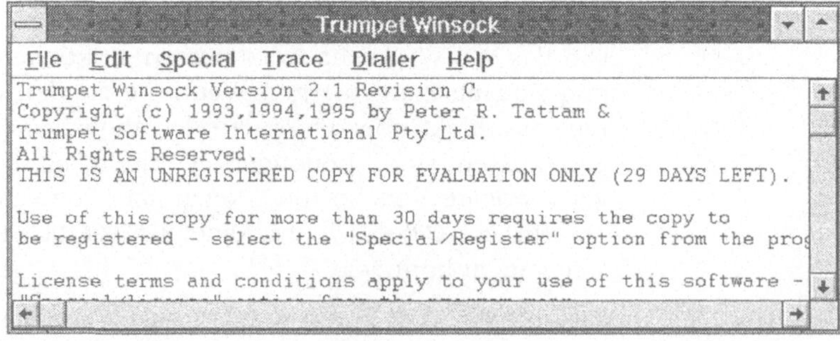

Abbildung 3.1 Das Statusfenster von Trumpet Winsock

1 z.B. `ftp.uni-heidelberg.de` in `/pub/simtel_win3/winsock`
2 Microsoft bietet für Windows 3.11 ein kostenloses Winsock an: `ftp://ftp.microsoft.com/Softlib/MSFILES/wfwtcp.exe`

Wenn bereits eine Konfiguration eingestellt ist, meldet sich Trumpet Winsock mit einem Statusfenster wie in Abbildung 3.1; ansonsten müssen Sie das Programm zunächst konfigurieren.

Die Konfiguration von Trumpet Winsock ist im Prinzip nicht schwierig, aber es gibt ein paar Klippen zu umschiffen. Vor allem benötigen Sie von Ihrem Internet-Provider detaillierte Angaben über Ihren Zugang, um Winsock richtig einzustellen.

Abbildung 3.2
Konfiguration von Trumpet Winsock

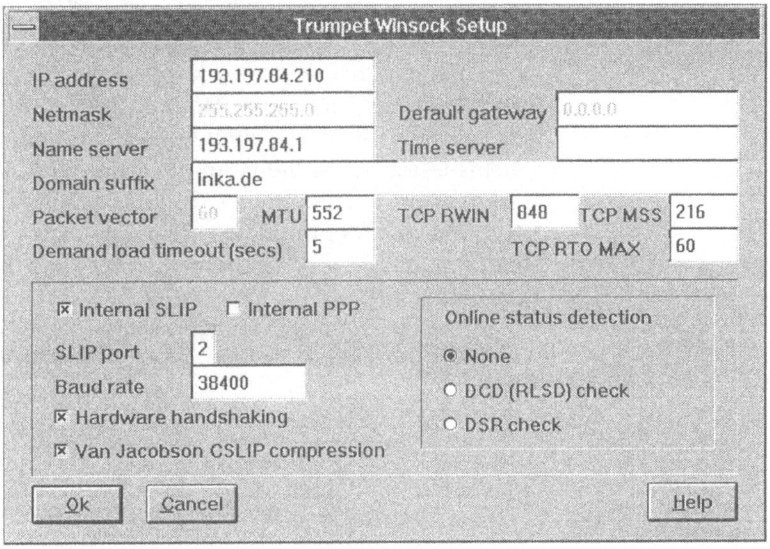

Das wichtigste ist Ihre eigene IP-Adresse. Als SLIP- oder PPP-Kunde sollten Sie von Ihrem Provider eine weltweit eindeutige IP-Nummer zugeteilt bekommen. Einige Provider gehen neuerdings dazu über, die IP-Nummern dynamisch zu vergeben, so daß Sie bei jedem Einwählen theoretisch eine andere Nummer zugeteilt bekommen können. Der Provider muß dann allerdings dafür sorgen, daß nie zwei Teilnehmer gleichzeitig dieselbe Nummer benutzen. Wenn Sie eine solche dynamische IP-Adresse verwenden, können Sie ein Winsock-Login-Skript anfertigen, das bei jedem Einwählen die aktuelle Nummer feststellt und einträgt.

Auch für die anderen Felder sollten Sie von Ihrem Provider die richtigen Einträge genannt bekommen, wobei nicht alle gleich wichtig sind. Unbedingt benötigt wird noch die IP-Adresse des Nameservers, damit Ihr WWW-Client in der Lage ist, Rechnernamen (z.B. `www.chemie.fu-berlin.de`) in IP-Nummern umzuwandeln. Erst danach kann eine Verbindung zum betreffenden Rechner aufgebaut werden. In die Felder „SLIP Port" und „Baud

Rate" tragen Sie ein, wie schnell Ihr Modem ist und an welcher seriellen Schnittstelle Sie es betreiben.

Wenn Sie die Änderungen mit „OK" bestätigen, speichert der TCP-Manager die neue Konfiguration und teilt Ihnen mit, daß sie erst nach einem Neustart wirksam wird.

SLIP über Modem

Die meisten von Ihnen werden den SLIP-Zugang über ein Modem benutzen. Zu diesem Zweck bietet Winsock die Möglichkeit, ein eigenes Einwählskript zu definieren, das automatisch eine Nummer mit dem Modem wählt und Benutzerkennung, Paßwort und weitere Daten an den angerufenen Rechner meldet. Nichtsdestotrotz sollten Sie für Ihre ersten Versuche zunächst einmal den Handbetrieb (Abbildung 3.3) verwenden. Nach der Auswahl des Menüpunktes „Manual Login" können Sie Wählbefehle an das Modem geben und mit dem angerufenen Rechner kommunizieren.

Abbildung 3.3: Das „Dialler"-Menü

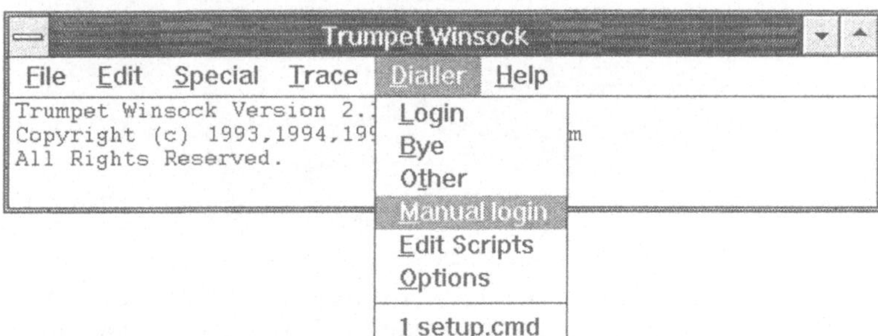

In der Regel werden Sie mit dem Befehl „ATDP" gefolgt von einer Telefonnummer zunächst den gewünschten Rechner anwählen. Nach erfolgreichem Verbindungsaufbau sollte das Modem „CONNECT" melden, und der Zielrechner wird Sie zur Eingabe Ihrer Benutzerkennung und Ihres Paßwortes auffordern. Je nachdem, wie Ihr Internet-Provider es eingerichtet hat, startet nach erfolgreichem Login automatisch SLIP, oder Sie müssen sich erst noch durch ein oder mehrere Menüs kämpfen, bis Sie SLIP aktivieren können. Dann betätigen Sie die Esc-Taste, um die Kontrolle über die Leitung wieder an den TCP-Manager zurückzugeben. Internet-Anwendungen wie Mosaic oder Netscape sollten jetzt funktionieren.

Troubleshooting

Sie können nach Auswahl von „Manual Login" keine Modembefehle eingeben (auf ein einfaches „AT" gefolgt von ⏎ antwortet das Modem auch nicht mit „OK"): Prüfen Sie, ob Sie die richtige serielle Schnittstelle gewählt haben und ob das Modem richtig angeschlossen ist. Es könnte auch sein, daß Windows auf diese Schnittstelle nicht zugreifen kann, weil Sie versehentlich einen Treiber installiert haben, der sie belegt – prüfen Sie das Dialogfeld „Treiber" im Programm „Systemsteuerung"!

Das Modem wählt, und auf der Gegenseite wird auch abgehoben, aber es erscheint keine Connect-Meldung: Erkundigen Sie sich nach dem Modemtyp auf der Gegenseite und stellen Sie Ihr Modem mittels der im Modemhandbuch dokumentierten AT-Befehle so ein, daß es genau auf die Verbindung abgestimmt ist (Fehlerkorrekturverfahren, Baudrate usw). Zwar handeln die Modems solche Verbindungsparameter normalerweise untereinander aus, aber das kann bei einzelnen Modellkombinationen durchaus einmal fehlschlagen.

Sie können mit SLIP arbeiten, aber die Datenübertragungsrate erscheint sehr niedrig: Modems mit Geschwindigkeiten von mehr als 9600 Baud können ihre Vorteile nicht voll ausspielen, wenn die serielle Schnittstelle im Rechner über keinen UART 16550-Chip verfügt. Preiswerte Schnittstellen und Multi-I/O-Adapter haben meist nur einen 16450 eingebaut, der keinen Datenpuffer besitzt. Dadurch können bei hohen Geschwindigkeiten einzelne Zeichen verloren gehen, was zur zeitaufwendigen Neuübertragung ganzer Datenpakete führt. Serielle Schnittstellen mit 16550 sind ab DM 30,– erhältlich.

3.2.1

Über „Options" im gleichen Menü können Sie Winsock sogar so einstellen, daß es automatisch Ihren Internet-Provider anruft, sobald es gestartet wird.

Beispiel:
login.cmd

```
output ATL1E0\r
input 10 OK\n
output ATDP12345\r
input 35 CONNECT
input 20 login:
output slip028\r
input 10 password:
output dh12fs\r
online
```

Ein Winsock-Skript besteht in der Hauptsache aus zusammengehörigen *input-* und *output-*Anweisungen.

Eine *output-*Anweisung sendet einen Text (bei \r wird die [↵]-Taste gesendet) auf die Modemleitung, während eine *input-*Anweisung eine vorgegebene Maximalzeit (hier immer in Sekunden angegeben) auf das Erscheinen eines bestimmten Textes wartet. Schlägt eine *input-*Anweisung fehl, weil der erwartete Text nicht (oder nicht rechtzeitig) ankommt, bricht Winsock die Ausführung des Skripts ab. Das wäre hier zum Beispiel in Zeile 4 der Fall, wenn das Modem auf der anderen Seite besetzt ist und daher statt „CONNECT" ein „BUSY" vom Modem gemeldet wird.

Versehen Sie eine *input-*Anweisung immer dann am Ende mit „\n" (für „Newline"), wenn Winsock exakt auf diese Zeile warten soll; verzichten Sie auf das „\n", wenn auch eine Zeile, in der der genannte Text irgendwo vorkommt, akzeptiert werden kann. Bei der Zeile, die auf „CONNECT" wartet, darf z.B. kein \n stehen, da sonst eine detailliertere Meldung wie z.B. „CONNECT 19200" ignoriert würde.

Als Logout-Skript genügt meist die unsanfte Aufhängmethode:

Beispiel:
bye.cmd

```
output +++
sleep 2
output ATH0\r
```

Hier wird einfach der Unterbrechungs-String „+++" an das Modem gesendet, das daraufhin in den Befehlsmodus schalten sollte (sofern es Hayes-kompatibel ist). Nach einer Zwei-Sekunden-Pause (manche Modems reagieren nicht sofort auf +++) wird dann der Befehl zum Auflegen geschickt – das war's.

Neben diesem einfachen „Pingpong“ beherrscht Winsock allerdings auch komplizierte Konstrukte:

Beispiel:
IF-Konstrukt in login.cmd

```
output "atz"\13
if ! [input 10 OK]
  display "Modem reagiert nicht!"\n
  abort
end
```

Dieses Beispiel zeigt eine *if*-Abfrage. Wenn das Modem nicht innerhalb von 10 Sekunden auf den Reset-Befehl (ATZ) mit einem „OK“ reagiert, wird eine Fehlermeldung angezeigt und das Skript abgebrochen. Auf diese Weise kann man auch verschiedene Nummern anwählen lassen (angenommen, Ihr Provider habe eine Anzahl verschiedener Modems, die nicht alle über eine Sammelnummer erreichbar sind).

Ferner ist es auch möglich, die gleiche Nummer in einer Schleife mehrmals hintereinander anwählen zu lassen.

Beispiel:
verschachtelte IF-Anweisungen

```
output "atdp1234501"\13
if ! [input 30 CONNECT]
   output "atdp1234502"\13
   if ! [input 30 CONNECT]
      output "atdp1234503"\13
      ...
   end
end
```

Ferner ist es auch möglich, die gleiche Nummer in einer Schleife mehrmals hintereinander anwählen zu lassen.

Beispiel:
repeat...until

```
repeat
  if %n = %attempts
    display "Too many dial attempts"\n
    abort
  end
  output "atdt12345"\13
  %ok = [input 60 CONNECT]
   %n = %n + 1
until %ok
```

Weitere Möglichkeiten der Winsock-Konfiguration können Sie der (ab Version 2.1) integrierten Hilfefunktion entnehmen.

3.2.2 SLIP-Emulation auf Online-Accounts mit TIA oder Slirp

Möglicherweise steht Ihnen kein SLIP-Zugang zur Verfügung, wohl aber die Möglichkeit, sich auf einem ans Internet angeschlossenen Unix-System einzuloggen und mit einem Terminalprogramm dort zu arbeiten (ein „Shell"- oder „Online-Account").

In diesem Fall haben Sie – neben dem im Textmodus laufenden Unix-WWW-Browser Lynx, den ich weiter unten vorstelle – die Möglichkeit, auf der Unix-Seite ein SLIP-Emulationsprogramm zu starten und damit dann (fast) alles zu nutzen, was auch ein „echter" SLIP-Benutzer kann.

Die wichtigsten Unterschiede zwischen einer solchen SLIP-Emulation und dem wirklichen SLIP sind:

- Sie erhalten keine eigene IP-Nummer, sondern operieren unter der Nummer des Rechners, auf dem Sie eingeloggt sind;
- die Datenübertragung ist i. d. R. etwas langsamer als bei SLIP;
- eventuelle Verbindungs- oder Rechenzeitbeschränkungen des Rechners, auf dem Sie sich einloggen, sind wirksam.

Zwei solcher SLIP-Emulatoren sind das kostenpflichtige TIA[3] („The Internet Adaptor", kostet etwa DM 50,–) und das Public-Domain-Programm „Slirp". Letzteres ist noch nicht ganz so ausgereift wie TIA, aber durchaus funktionsfähig. Beide Programme können Sie ohne Administrator-Rechte in Ihrem Verzeichnis auf dem Unix-Rechner installieren und betreiben. Daheim verwenden Sie dann Winsock und erweitern Ihr Login-Skript lediglich noch um den Aufruf des Emulationsprogramms:

Beispiel: Winsock-Loginskript mit Aufruf eines SLIP-Emulationsprogramms (Slirp)

```
output ATL1E0\13
input 10 OK\n
output ATDP12345\13
input 35 CONNECT
input 20 login:
output fmeyer\13
input 10 password:
output blubb\13
input 10 >
output slirp\13
online
```

3 vgl. http://marketplace.com/tia/tiahome.html

Nach der Eingabe des Paßwortes wird hier noch auf den hier mit „>“ angenommenen „Prompt“, die Eingabeaufforderung des Betriebssystems, gewartet, dann startet das Skript das Programm „slirp“.

3.2.3 IP über eine ISDN-Verbindung

Wenn Sie IP über eine ISDN-Verbindung betreiben möchten, müssen Sie folgende Treiber installieren:

- den CAPI-Treiber ihrer ISDN-Karte (ist der Karte gewöhnlich auf Diskette beigelegt),
- einen Pakettreiber wie z.B. „ISPA“/„ka9q“ (frei erhältlich)
- `WINPKT.COM` oder ein vergleichbares Programm, um sicherzustellen, daß auch mehrere Applikationen gleichzeitig auf die Leitung zugreifen können (ebenfalls frei, meist zusammen mit Winsock-Treiber ausgeliefert)
- und schließlich das oben vorgestellte Winsock, bei dem Sie im Konfigurationsfenster SLIP deaktivieren. Ihre IP-Nummer und die eines Nameservers müssen Sie aber trotzdem eintragen.

3.3 NCSA Mosaic

Mosaic war der erste grafische WWW-Browser und hatte wesentlichen Anteil am Erfolg des WWW. Mosaic wurde am NCSA (National Center for Supercomputing Applications) entwickelt. Das Copyright liegt bei der University of Illinois. Mosaic ist für Ausbildungs- und Wissenschaftszwecke und die interne Verwendung in Unternehmen kostenlos; fertige ausführbare Dateien und auch Quelltexte sind im Internet erhältlich.

3.3.1 Installation

Die Installation von Mosaic unter Windows 3.1 oder 3.11 ist etwas aufwendiger als die für Windows 95 oder Windows NT, da Mosaic als reine 32-Bit-Applikation konzipiert ist und daher bei den Windows-Versionen 3.1/3.11 zunächst die 32-Bit-Schnittstelle Win32s installiert werden muß. Win32s (der Dateiname lautet z.B. `W32S125.EXE`, je nach Version) wird von Microsoft kostenlos abgegeben und ist auf zahlreichen FTP-Servern im Internet abrufbar.

Kopieren Sie die EXE-Datei in ein temporäres Verzeichnis und rufen Sie sie auf; es werden zwei Unterverzeichnisse „Disk1“ und

„Disk2“ angelegt. Wenn Sie nun aus Windows heraus `SETUP.EXE` aufrufen, wird Win32s installiert. Auf die Funktion sämtlicher alten Programme sollte das keinen Einfluß haben; zur Sicherheit können Sie zuvor eine Kopie der Datei `SYSTEM.INI` anlegen und damit im Konfliktfall den Originalzustand wiederherstellen.

Die Windows-Version von Mosaic wird ebenfalls als selbstentpackendes Archiv vertrieben (der Dateiname für die aktuelle Version 2.0 Beta 4 ist `WMOS20B4.EXE`). Entpacken Sie das Archiv in ein temporäres Verzeichnis, und rufen Sie aus Windows heraus das Programm `SETUP.EXE` auf – alles weitere geht automatisch.

3.3.2 Der erste Aufruf von Mosaic

Beim Start von Mosaic wird (nach einem kurzen Kometenbild-Intermezzo, zumindest bei der von mir verwendeten Version) das Hauptfenster angezeigt, und das Programm lädt eine voreingestellte Startseite vom WWW-Server der University of Illinois. (Wenn Sie das Programm ohne Netzzugang lokal betreiben wollen, beachten Sie bitte die Hinweise auf Seite 95.)

Abbildung 3.4: Das Hauptfenster von Mosaic

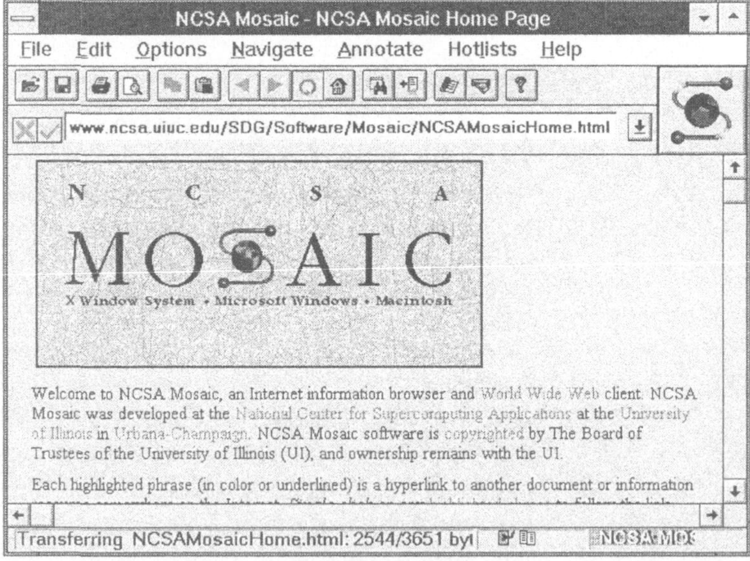

Sie können auf dieser Seite gleich mit einem Streifzug durchs World Wide Web beginnen; blättern Sie ein wenig abwärts, und Sie kommen zu einem Abschnitt namens „Starting Points“, der eine Anzahl von interessanten Hyperlinks enthält. Abbildung 3.4 zeigt diesen Abschnitt. Diese Mosaic-Seite kann jederzeit geändert werden, und daher ist nicht gewährleistet, daß Sie das gleiche sehen – aber irgendeine Art von „Starting Points" werden die WWW-Leute am NCSA den Mosaic-Benutzern immer gönnen.

Alternativ können Sie natürlich auch jede beliebige WWW-Seite durch einfache Eingabe des URL in das kleine URL-Textfeld über der Seitenanzeige (vgl. Abbildung 3.6) oder durch Anklicken des „Open URL"-Symbols aufrufen.

Abbildung 3.5: Mosaic Starting Points

Starting Points

The following resources are available to help introduce you to cyberspace and keep track of its growth:

- A glossary of World Wide Web terms and acronyms
- An INDEX to Mosaic related documents
- NCSA Mosaic Access Page for persons with disabilities
- Mosaic and WWW related Tutorials
- Internet Resources Meta-Index at NCSA
- Suggested Starting Points for Internet Exploration
- What's New with NCSA Mosaic and the Internet

Wenn Sie übrigens den Mauszeiger über einen Hyperlink bewegen, verwandelt er sich in ein Hand-Symbol, und in der Statuszeile am unteren Rand des Fensters wird angezeigt, welcher URL mit diesem Link verknüpft ist. So können Sie z.B. sehen, ob die Seite auf dem gleichen WWW-Server liegt wie die gerade angezeigte (dann befindet sich entweder gar kein Rechnername im URL, oder der Rechnername ist der gleiche wie im URL-Feld über der Seitenanzeige). Diese Information kann interessant sein, wenn Sie z.B. wegen der hohen Netzlast oder wegen höherer Kosten, die Ihr Provider Ihnen berechnet, keine Server außerhalb Deutschlands ansprechen möchten o.ä.

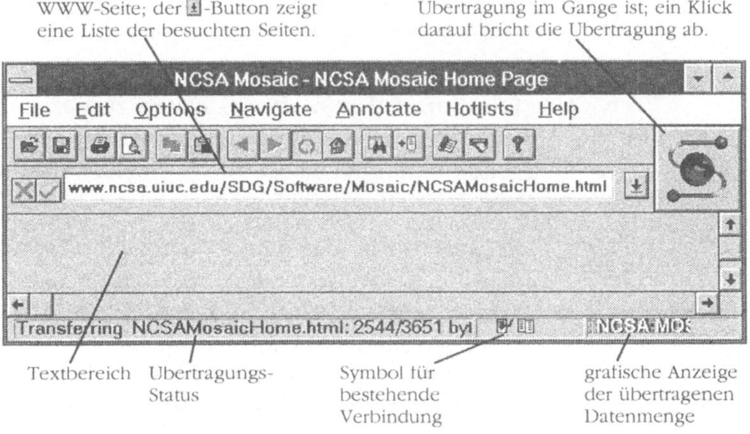

Abbildung 3.6: Die Bedien- und Anzeigeelemente von Mosaic

3.3.3 Die Symbolleiste

Die wichtigsten Funktionen von Mosaic sind direkt über Symbole am oberen Bildschirmrand abrufbar. Läßt man den Mauszeiger etwas länger über einem der Symbole ruhen, zeigt Mosaic die zugehörige Funktion auch im Klartext an.

„Goto URL" – Ermöglicht die Direkteingabe einer URL und lädt dann die betreffende Seite.

„Save" – Speichert die gerade angezeigte Seite unter einem beliebigen Dateinamen auf der Festplatte. In der Seite enthaltene Symbole und Bilder werden dabei jedoch nicht berücksichtigt und müssen einzeln gespeichert werden:

Abspeichern von Bildern

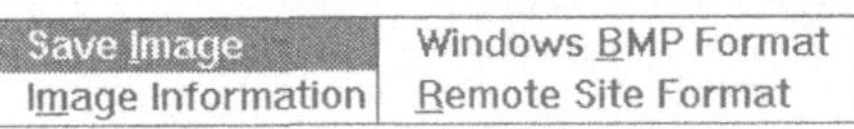

Klicken Sie auf ein Bild mit der rechten Maustaste, dann öffnet sich ein kleines Menü, in dem Sie die Möglichkeit haben, das Bild abzuspeichern, und zwar entweder in dem Format, das es im Original hat (meist GIF oder JPG), oder aber als BMP-Datei, die von allen Windows-Programmen weiterverarbeitet werden kann.

„Print" – Druckt die gerade angezeigte Seite aus.

„Print Preview" – Zeigt eine Voransicht der auszudruckenden Seite(n) am Bildschirm an.

„Copy" und „Paste" – Die Standard-Windows-Funktionen zum Kopieren oder Einfügen von Textpassagen. Mit „Paste" können Sie leicht einen URL aus irgendeiner anderen Windows-Anwendung (z.B. einer Hilfe-Anzeige irgendeines Programms) in das URL-Textfeld kopieren; ein Druck auf [↵] lädt dann die betreffende Seite.

„Back" und „Forward" – Schalten zurück zum letzten Dokument bzw. wieder vorwärts in dieser Reihe. Eine gewisse Anzahl von Dokumenten behält Mosaic normalerweise komplett im Speicher (siehe „Konfiguration" weiter unten).

„Reload" – Lädt das gerade angezeigte Dokument nochmals. Das ist in der Regel dann sinnvoll, wenn es sich um ein eigenes Dokument handelt, das Sie gerade geändert haben, oder auch, wenn Mosaic das Dokument aus seinem Zwischenspeicher (siehe „Konfiguration" weiter unten) geladen hat, Sie aber explizit eine Neuanforderung vom WWW-Server wünschen.

„Home" – Lädt die eingestellte Startseite. Anfangs wird die Mosaic-Seite aus Illinois geladen, aber Sie können auch eine beliebige andere Seite als Startseite festlegen.

„Find" – Sucht einen Text in der gerade angezeigten Seite. Viele WWW-Seiten sind klein genug, um sie schnell zu überblicken, aber einige umfassen gut 20 bis 30 Druckseiten, so daß die Suche durchaus sinnvoll sein kann.

„Add to Hotlist" – Klicken sie auf dieses Symbol, wenn Sie den URL der gerade angezeigten Seite in die Hotlist einfügen möchten. Sie können dann später jederzeit wieder auf diese Seite zurückkehren, ohne sich genau merken zu müssen, auf welchem Weg Sie sie erreicht haben (siehe „Hotlists" weiter unten).

„News" und „eMail" – Ermöglicht den Zugang zu den gleichnamigen Internet-Diensten, sofern Sie Mosaic dafür konfiguriert haben (siehe weiter unten). Eine Übersicht über die verschiedenen Internet-Dienste finden Sie in Kapitel 2.

„About" – Zeigt Informationen über die in Verwendung befindliche Version von Mosaic an.

3.3.4 Hotlists

Die Hotlist ist ein wichtiges Hilfsmittel, um sich im WWW nicht zu verirren und interessante Seiten schnell wieder aufzufinden.

Mosaic wird mit einer fertigen Hotlist geliefert, die ähnlich wie ein Dateisystem eine Baumstruktur besitzt. Mit dem „Hotlist Manager" aus dem Menü „Navigate" können Sie sich diese Hotlist ansehen und später auch eigene Hotlists erstellen.

Die Haupt-Hotlist in Abbildung 3.7 heißt „Starting Points", und insgesamt gibt es fünf Hotlists. Jeder Hotlist-Eintrag mit dem ⮹-Symbol ist mit einem Hyperlink verbunden, und ein Doppelklick mit der Maus läßt Mosaic die betreffende Seite laden. Der Name, der neben diesen Symbolen steht, ist der Eintrag aus dem <TITLE> ... </TITLE>-Feld der betreffenden HTML-Seite. Dieser Eintrag wird auch in der Titelzeile des Mosaic-Fensters angezeigt, während die Seite geladen ist.

Das Textfeld „Hotlist" zeigt den Namen der gerade verwendeten Hotlist-Datei an, und in „Add To:" können Sie auswählen, an welcher Stelle Mosaic neue Hotlist-Einträge einfügen soll, wenn Sie auf das „Add to Hotlist"-Symbol in der Symbolleiste klicken.

Abbildung 3.7: Mosaic Hotlist Manager

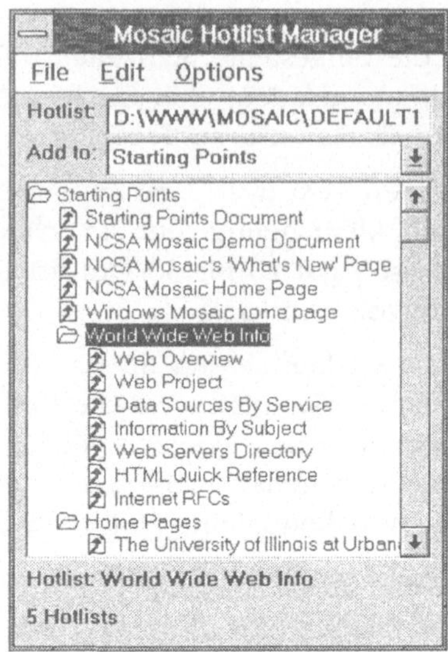

3.3.5 Erstellung einer eigenen Hotlist-Datei

Über das „File"-Menü des Hotlist Managers können Sie eine ganz neue Hotlist-Datei für Ihre eigenen Einträge erstellen, und mit den Funktionen des „Edit"-Menüs lassen sich neue Hotlists in der Datei anlegen.

Dabei können Sie Ihre Hotlists beliebig verschachteln. Eine neu erstellte Hotlist wird immer auf der gleichen Ebene wie der Eintrag eingefügt, der gerade markiert ist. Wenn Sie z.B. ausgehend vom in Abbildung 3.7 dargestellten Zustand eine neue Hotlist anlegten, würde diese oberhalb der ausgeklappten Hotlist „World Wide Web Info" eingetragen. Neue Einträge fügen Sie der Hotlist hinzu, indem Sie die neue Hotlist im Auswahlfeld „Add To:" einstellen und dann einfach auf das [Symbol]-Symbol in Mosaic-Hauptfenster klicken, wenn Sie eine interessante Seite erreicht haben.

Abbildung 3.8: Das „Options"-Menü im Hotlist Manager

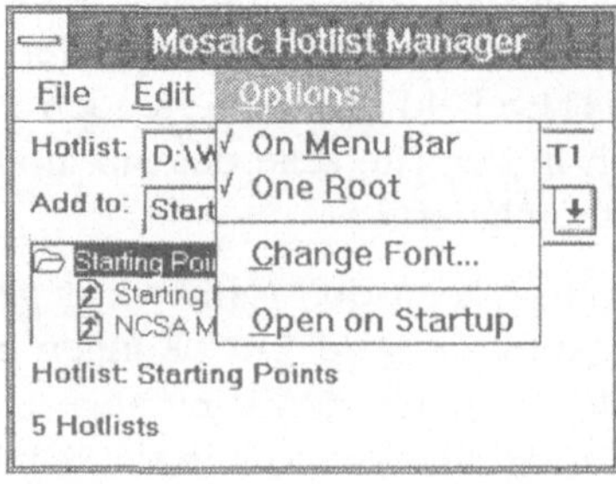

Im Menü „Options“ können Sie festlegen, ob die Hotlists, die Sie definieren, im Menü am oberen Rand des Mosaic-Hauptfensters erscheinen sollen (wählen Sie „On Menu Bar“). Wenn Sie mehrere Hotlists auf diese Weise im direkten Zugriff haben möchten und die Kopfzeile des Fensters irgendwann all die Menü-Einträge nicht mehr faßt, wählen Sie „One Root“ aus – dann gibt es nur noch einen Menüpunkt „Hotlists“, unter dem alle Einträge aufgelistet werden.

3.3.6 Weitere Funktionen

Hier beschreibe ich die wichtigsten Funktionen, die über Menüs und die Tastatur zugänglich sind. Zögern Sie nicht – auch dann, wenn Sie eine neuere Mosaic-Version mit zusätzlichen Möglichkeiten haben – einfach alle Funktionen auszuprobieren. Sie werden schon nichts kaputtmachen...

Abbildung 3.9: File-Menü

File

Open URL...	Ctrl+O
Open Local File...	Ctrl+L
Save As...	Ctrl+S
Save as Text	
Print...	Ctrl+P
Print Preview	
Print Setup...	
Newsgroups...	
Send Email...	
Document Source...	
Exit	

Die Funktionen „Open URL“, „Print“, „Print Preview“, „Newsgroups“ und „Send eMail“ sind auch über die Symbolleiste abrufbar; ich habe sie dort bereits erklärt. „Open Local File“ ermöglicht das Laden einer HTML-Seite von Festplatte oder Diskette[4] . Mit der Funktion „Save as Text“ kann man eine HTML-Seite als einfachen ASCII-Text abspeichern lassen; dabei können Formatierungsanweisungen, Aufzählungsmarkierungen und Grafiken allerdings nicht berücksichtigt werden.

Die Auswahl von „Document Source“ öffnet ein Fenster, das den HTML-Quelltext der gerade angezeigten Seite enthält. Insbesondere dann, wenn Sie HTML selbst lernen möchten, werden Sie

[4] Dasselbe erreichen Sie allerdings auch durch Auswahl des URLs `file:///laufwerk|dateiname` (z.B. `file:///C|\HTML\TEST.HTM`).

davon oft Gebrauch machen können – sehen Sie sich den Quelltext von jeder Seite an, die Ihnen gut gefällt!

Abbildung 3.10: Options-Menü

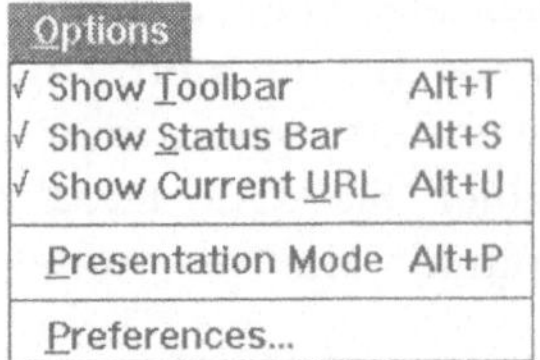

Mit den drei obersten Wahlmöglichkeiten im „Options"-Menü können Sie das Aussehen des Mosaic-Hauptfensters beeinflussen. Im „Presentation Mode" schaltet Mosaic auf Vollbildanzeige um und blendet sämtliche Bedienelemente aus, so daß ein Maximum an Platz zur Darstellung der Seite zur Verfügung steht. Über den Menüpunkt „Preferences" erreichen Sie ein umfangreiches Konfigurationsmenü (siehe weiter unten).

Abbildung 3.11: Navigate-Menü

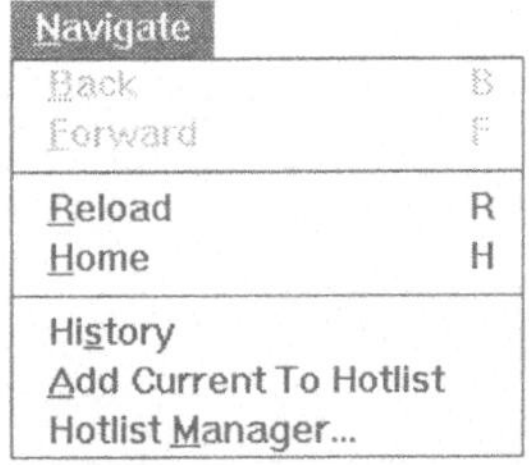

Auch die Funktionen im „Navigate"-Fenster sind größtenteils schon aus der Symbolleiste bekannt; einzige Ausnahme ist „History", das die Liste aller bisher besuchten URLs anzeigt, leider ohne auch den Titel der Seite zu nennen. Der URL allein ist meist wenig aussagekräftig.

Abbildung 3.12: Annotate-Menü

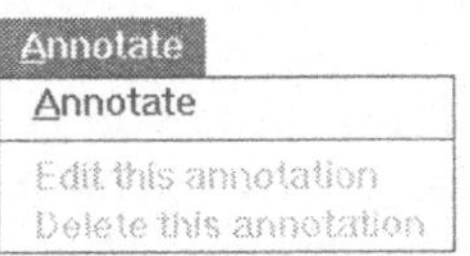

Die Funktion „Annotate" ist eine Mosaic-Spezialität. Hiermit können Sie zu jeder beliebigen Seite im WWW Anmerkungen schreiben. Diese Anmerkungen werden von Mosaic auf Ihrer lokalen Festplatte abgelegt. Wenn Sie zu einem späteren Zeitpunkt eine Seite aus dem WWW laden, zu der Sie eine Anmerkung eingegeben haben, wird diese Anmerkung automatisch am Ende der Seite eingeblendet, so, als gehöre sie fest dazu.

Anderen WWW-Benutzern ist die von Ihnen eingegebene Bemerkung natürlich nicht zugänglich, denn dazu müßte sie ja auf dem Server, der die Seite anbietet, gespeichert werden, und nicht auf ihrer Festplatte.

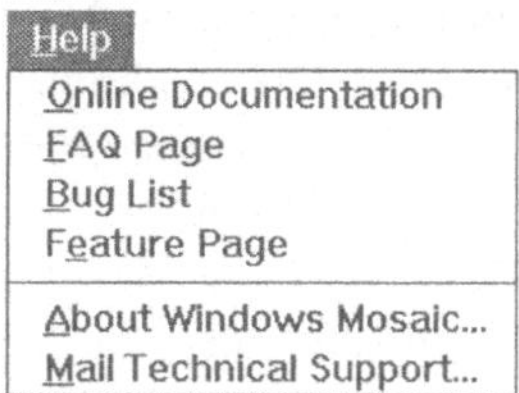

Abbildung 3.13: Help-Menü

Die ersten vier Auswahlen im Help-Menü funktionieren jeweils nur, wenn Sie eine aktive Netzverbindung haben; es werden dann entsprechende Seiten direkt vom WWW-Server der Mosaic-Hersteller geladen. Die „Online Documentation" erklärt die wichtigsten Funktionen und Bedienelemente der Mosaic-Version, die Sie benutzen. Die „FAQ Page" beantwortet häufig gestellte Fragen.

„About" kennen Sie schon aus der Symbolleiste (zeigt Programmversion und Programmierer an), und „Mail Technical Support" erlaubt das Absenden einer eMail an das Programmierteam.

3.3.7 Die Konfiguration von NCSA Mosaic

Die Möglichkeiten, Mosaic dem eigenen Geschmack oder Bedarf anzupassen, sind äußerst vielfältig. Ich will hier nur die wichtigsten Einstellungen beschreiben, um Ihnen die Orientierung zu erleichtern; außerdem ändern sich die weniger wichtigen Einstellmöglichkeiten ohnehin bei jeder Version ein bißchen.

Abbildung 3.14: Der Preferences-Dialog zur Konfiguration von Mosaic

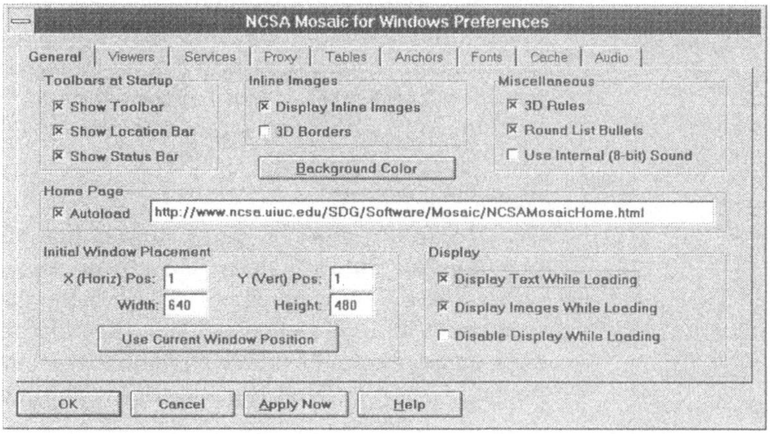

Mit der Option „Display Inline Images" legen Sie fest, ob in die Seite eingebettete Grafiken automatisch geladen werden sollen. Verfügen Sie nur über einen langsamen Netzzugang, ist es eine Überlegung wert, die Funktion zu deaktivieren. Dann wird anstelle eines Bildes immer nur das Symbol **Image** angezeigt, und Sie können von Fall zu Fall entscheiden, ob Sie das Bild laden möchten (wenn Sie mit der rechten Maustaste auf das Symbol klicken, wird ein Menü angezeigt, in dem Sie das Laden des jeweiligen Bildes anfordern können).

„Display Text while loading" und „Display Images while loading" sollten Sie aktivieren, damit Sie nicht auf die Anzeige warten müssen, bis Mosaic das ganze Dokument oder Bild geladen hat. Im Feld „Home Page" stellen Sie ein, welche Seite Mosaic beim Start und bei Klick auf das -Symbol laden soll. Hier können Sie entweder einen Standard-URL (Voreinstellung ist die Mosaic-Homepage[5]) eingeben, oder aber Sie verweisen auf eine beliebige Datei, die sich auf der eigenen Festplatte befindet: Der URL „file:///C|\html\home.htm" würde z.B. auf die lokale Datei C:\HTML\HOME.HTM zeigen.

Abschnitt „Viewers"

Hier können Sie für verschiedene Arten von Daten Programme angeben, die diese Daten anzeigen können. Normalerweise zeigt ein URL auf eine Textseite im HTML-Format, die Mosaic direkt anzeigen kann. Einige weitere Datentypen, zum Beispiel GIF-, JPG- und XBM-Bilder, beherrscht Mosaic ebenfalls selbst; für alles, was darüber hinausgeht, müssen zusätzliche Programme eingebunden werden. Ein URL kann z.B. auch auf eine Klangdatei oder eine Videoanimation zeigen. Standardmäßig ist das Programm `MPLAYER.EXE`, das im Lieferumfang von Windows enthalten ist, zum Aufruf bei Audio- und Videodaten eingetragen.

Abschnitt „Services"

Der Abschnitt „Services" dient zur Konfiguration der verschiedenen Internet-Dienste. Um eMail nutzen zu können, müssen Sie einen SMTP-Server angeben (SMTP heißt „Simple Mail Transfer Protocol"). Ein SMTP-Server ist ein Rechner im Internet, der Ihre Mail entgegennimmt und weiterleitet; Ihr Internet-Provider oder Rechnerbetreiber kann Ihnen sicher weiterhelfen, wenn Sie unsi-

---

[5] `http://www.ncsa.uiuc.edu/SDG/Software/Mosaic/NCSAMosaicHome.html`

cher sind, welchen Server Sie angeben müssen. Außerdem müssen Sie auch ihre eigene eMail-Adresse und Ihren Namen eintragen. Wenn Sie mit Mosaic auch News lesen möchten, können Sie einen NNTP-Server („Network News Transfer Protocol") eintragen, von dem Mosaic auf Knopfdruck eine Liste aller verfügbaren Newsgroups liest und Sie einige auswählen läßt.

Einstellung des Proxy-Servers

Im Abschnitt „Proxy" können Sie für HTTP-Übertragungen und einige andere Dienste einen sogenannten „Proxy-Server" eintragen. „Proxy-Server" ist die Bezeichnung für einen Rechner, der als WWW-Cache-Speicher funktioniert. Anstatt WWW-Seiten direkt von den einzelnen WWW-Servern zu laden, ruft Ihr WWW-Client alle Seiten vom Proxy-Server ab. Dieser prüft zunächst, ob er die angefragte Seite zufällig in seinem Zwischenspeicher hat, und holt sie nur dann vom zuständigen WWW-Server, wenn das nicht der Fall ist. Proxy-Server werden oft von größeren Organisationen (z.B. Universitäten) betrieben, da die Netzlast-Einsparung mit der Anzahl der Proxy-Benutzer stark ansteigt.

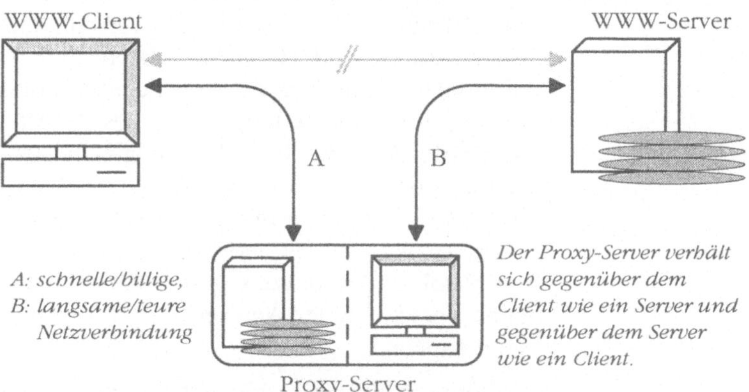

Abbildung 3.15: Einsatz und Funktionsweise eines Proxy-Servers

Wenn Sie für Datenverkehr mit dem Ausland höhere Gebühren als für Inlandsverkehr bezahlen müssen (das hängt von Ihrem Provider ab) und einen Proxy-Server im Inland finden, den Sie benutzen können, sparen Sie bares Geld – denn abgerechnet wird in der Regel nur die Datenübertragung zwischen Ihnen und dem Proxy-Server, nicht aber die zwischen dem Proxy-Server und dem Ausland. Mosaic erlaubt Ihnen außerdem, Ausnahmen von der Proxy-Regel einzustellen. So können Sie z.B. grundsätzlich alle Seiten über den Proxy-Server beziehen, mit Ausnahme derer, die von Servern aus dem lokalen Netz kommen o.ä.

Abschnitte „Tables" und „Anchors"

Der Abschnitt „Tables" erlaubt die Einflußnahme auf die Darstellung von Tabellen; man kann z.B. einen 3D-Effekt ein- oder die Tabellenfarbe verstellen.

Im Abschnitt „Anchors" können Sie eine Anzahl von Einstellungen im Zusammenhang mit Hyperlinks vornehmen. Sie können bestimmen, ob Hyperlinks unterstrichen und in welcher Farbe sie dargestellt werden sollen. Ferner können Sie eine unterschiedliche Farbe für „Visited Anchors" festlegen. Damit sind Hyperlinks gemeint, die auf Seiten zeigen, die Sie schon einmal geladen haben. Die Einfärbung dieser Hyperlinks kann auf Wunsch automatisch wieder abgeschaltet werden, wenn der Besuch der betreffenden Seite länger als eine vorgegebene Zeitspanne (z.B. 30 Tage) zurückliegt. Außerdem können Sie auch eine spezielle Farbe für Hyperlinks festlegen, die sich noch im Cache befinden (siehe dazu Abschnitt „Cache" weiter unten).

Abschnitt „Fonts"

Der Abschnitt „Fonts" erlaubt die Einstellung der zu verwendenden Schriften für nahezu alle verschiedenen HTML-Elemente (Überschriften und Hervorhebungen aller Art). Sie können beliebig viele „Font Groups" erstellen; jede dieser Gruppen enthält eine Schriftart-Einstellung für jedes HTML-Element, und man kann jederzeit zwischen den „Font Groups" umschalten. Wenn Sie Ihre ersten Versuche machen: Erstellen Sie auf jeden Fall eine eigene Gruppe, und verstellen Sie nicht die Standardeinstellungen; so können Sie jederzeit wieder auf diese zurückschalten. Ferner sollten Sie neue, eigene Einstellungen mit einigen HTML-Seiten verschiedener Autoren testen, um gegen Überraschungen gefeit zu sein.

Sie können übrigens jederzeit während der ganz normalen Mosaic-Anzeige mit den Tasten „+" und „–" sämtliche Texte vergrößern oder verkleinern, auch ohne an den Einstellungen herumzubasteln.

Abschnitt „Cache"

Hier bestimmen Sie, in welchem Umfang Mosaic von Ihnen geladene Seiten zwischenspeichern soll. Mosaic unterscheidet zwischen einem „Memory Cache", also im Hauptspeicher gehaltenen Seiten, und einem „Disk Cache", also Seiten, die auf der Festplatte gelagert werden. Beim „Memory Cache" legen Sie fest, wieviele Dokumente Mosaic stets im Speicher behalten soll; beim „Disk Cache“ setzen Sie dem von Mosaic verwendbaren Plattenspeicher eine Grenze in KB. Mit der Option „Never purge home page“ können Sie Mosaic dazu bewegen, die Startseite immer im Cache zu behalten. Dies ist sinnvoll, wenn die Startseite sonst jedes Mal von einem langsamen Server geladen werden müßte.

Mosaic stellt Ihnen in diesem Abschnitt auch einen „Advanced Cache Manager“ zur Verfügung, mit dem Sie genau sehen können, welche Dokumente sich derzeit im Cache befinden. Das Programm kann für jedes Dokument einzeln festlegen, ob es dauerhaft im Cache verbleiben soll.

Abschnitt „Audio“

Im Abschnitt „Audio“ können Sie über 20 einzelne Mosaic-Ereignisse (z.B. „Hinzufügen einer URL zur Hotlist“, „Laden beendet“ usw.) mit eigenen Geräuschen (Windows-WAV-Dateien) verknüpfen, um die Bedienung auch akustisch frei zu gestalten.

3.3.8 Checkliste Mosaic für Windows

Abschließend hier die wichtigsten Leistungsdaten im Überblick:

getestete Version	2.0 Beta 4 (Windows)
erhältlich	per FTP (z.B. ftp.ask.uni-karlsruhe.de); Shareware-Handel
Preis	für nichtgewerbliche Nutzung kostenlos
Betriebssysteme	Windows, Unix, Windows NT, Macintosh (Angaben in der Tabelle nur für Windows-Version gültig)
lokaler Cache	ja, flexibel konfigurierbar; sogar Möglichkeit der Durchsicht aller Seiten im Cache
Proxy-Unterstützung	ja, flexibel konfigurierbar
Druckfunktion	mäßig
HTML 2.0	vollständig unterstützt
HTML 3.0	nur ansatzweise (Zentrierung, Tabellen); vollständige Implementierung angekündigt
Inline-Bildformate	XBM, JPG, GIF
Hotlist-Funktion	ja, umfangreich
Anmerkungen	ja, werden am Ende einer Seite angezeigt

Ansehen unfertig geladener Seiten	ja, funktioniert allerdings nicht immer wie erwartet
News	ja, noch etwas fehleranfällig
Mail	ja
FTP	ja
Hilfefunktion	Offline: Lediglich Anzeige der Button-Funktionen und einige Informationen in der Datei „relnotes.htm“. Online: ebenfalls nicht besonders umfangreich und vor allem unübersichtlich.

3.4 Netscape Navigator

Der „Netscape Navigator“ gehört wohl zu den umstrittensten Produkten im Internet. Als der Browser im Herbst 1994 verfügbar war, waren zunächst noch alle voll des Lobes: Vorbildlich programmiert, schnell, komfortabel. Der damals aktuellen Version von Mosaic, das mit Abstand am weitesten verbreitet war, hatte Netscape vor allem voraus, daß Seiten schon angezeigt werden konnten, wenn sie oder die enthaltenen Bilder noch nicht vollständig geladen waren. Angesichts der Tatsache, daß das WWW zunehmend voller und damit auch langsamer wird, war das ein großer Fortschritt.

Schon damals kritisierten Insider an Netscape, daß keine Quelltexte und keine detaillierte Spezifikation der Programmfunktionen verfügbar waren und Netscape ankündigte, das Produkt, sobald es ausgereift wäre, nur noch gegen bare Münze herauszugeben. Die bis dahin erhältlichen Browser waren alle mit Quelltext veröffentlicht worden, und jeder konnte genau nachvollziehen, was die Programme wirklich taten (unter Unix ist das nicht unüblich) – Netscape sollte man nun plötzlich vertrauen.

Ein zweiter Kritikpunkt sind die sogenannten „Netscapismen“, HTML-Kommandos abseits vom Standard, mit denen WWW-Seiten so gestaltet werden können, daß sie, mit einem Netscape-Browser betrachtet, besser aussehen als die gängigen HTML 2.0-Seiten. Zu nennen wären da vor allem der Textfluß neben Bildern, die Möglichkeit der Einstellung von Schriftgröße und Textausrichtung sowie die Unterstützung von Hintergrundbildern, mit denen man einer HTML-Seite eine persönliche Note verleihen kann. All diese Features haben unter den WWW-Seiten-Bastlern in der Welt großen Anklang gefunden und werden eifrig benutzt; wer aber nicht Netscape als Browser verwendet, bei dem sehen die Seiten in der Regel schlechter aus, als wenn der Autor auf die Netscape-Spezialitäten verzichtet hätte.

Inzwischen hat es Netscape bis zur Version 1.1N gebracht, ohne daß die Firma Geld für die nichtgewerbliche Nutzung des Browsers verlangt hätte. Sie verdient vielmehr am Verkauf eines speziellen WWW-Servers, der in Zusammenhang mit dem Netscape-Browser „sichere" Transaktionen, also z.B. das abhör- und fälschungssichere Übermitteln einer Kreditkartennummer mit einer Bestellung über das WWW erlaubt.

Selten treffen Gewerbe und Internet-Gemeinde härter aufeinander als im Fall Netscape. Die Internet-Benutzer klagen, daß man nicht zulassen dürfe, daß eine einzelne Firma mit einem marktbeherrschenden Produkt die Standards im Internet setzt. Der Netscape-Server verbreitet sich unter den Gewerbetreibenden schnell, und nur mit dem Netscape-Browser kann man zum „sicheren" Einkaufsbummel darauf starten. Niemand außer Netscape kennt jedoch die verwendeten Protokolle und Verschlüsselungsmechanismen, so daß andere Browser die Sicherheits-Features des Netscape-Servers nicht gebrauchen können und andererseits der verbreitete Netscape-Browser nicht zum sicheren Einkauf bei fremden Servern, die eventuell ähnliche Mechanismen entwickeln, taugt. Selbstverständlich würde Netscape mit der Veröffentlichung von Interna über seinen Browser oder gar mit einer Freigabe der Quelltexte eine wahre Goldgrube aus der Hand geben.

Die aktuellen Lizenzbedingungen für den Netscape Navigator sind: Kostenlose Nutzung für Bildungszwecke oder gemeinnützige Organisationen; alle anderen dürfen das Produkt nur kostenlos nutzen, um den Funktionsumfang zu prüfen und besser entscheiden zu können, ob sie es kaufen wollen. Diese „Probierzeit" ist für gewerbliche Kunden auf 90 Tage beschränkt und für alle anderen beliebig lang.

3.4.1 Installation

Der Netscape Navigator wird in der Regel als selbstentpackendes Archiv vertrieben; die Dateinamen lauten (hier am Beispiel der englischen Version 1.1) `N16E11N.EXE` bzw. `N32E11N.EXE`. Die Version mit der 32 im Namen ist (wer hätte das gedacht) die 32-Bit-Version, die ausschließlich für den Gebrauch mit Windows 95 oder Windows NT gedacht ist. Wenn Sie Windows 3.1 oder 3.11

(Windows für Workgroups) verwenden, müssen Sie in jedem Falle die 16-Bit-Version von Netscape nehmen, auch dann, wenn Sie Win32s installiert haben.

3.4.2 Erste Schritte mit dem Netscape Navigator

Auch Netscape lädt – wenn die Konfiguration nicht verändert wurde – beim Start eine eigene Homepage vom Netscape-Server.

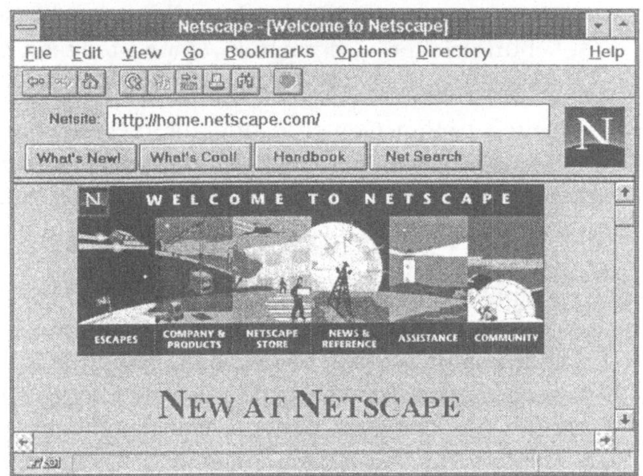

Abbildung 3.16: Die Homepage der Firma Netscape

Die Seite beginnt mit einem großen Bild, einem sogenannten „Clickable Image", denn je nachdem, in welche Bereiche des Bildes Sie mit der Maus klicken, wird eine andere WWW-Seite geladen. Falls Ihnen die Bilddarstellung nicht übersichtlich genug ist oder Sie das automatische Laden von Bildern deaktiviert haben, gibt es weiter unten auf der Seite die gleichen Auswahlmöglichkeiten noch einmal in Textform.

Unter „Escapes" finden Sie eine Liste interessanter WWW-Seiten und Suchdienste, die einen guten Start ins WWW ermöglichen.

Abbildung 3.17: Die Bedien- und Anzeigeelemente des Netscape Navigator

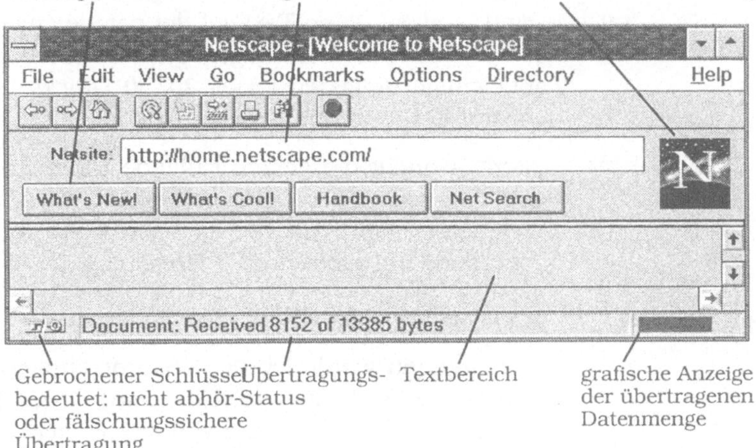

3.4.3 Die Netscape-Symbolleiste

„Back" und „Forward" – Schalten zurück zum letzten Dokument bzw. wieder vorwärts in dieser Reihe.

„Home" – Lädt die eingestellte Startseite. In der Standardkonfiguration ist das die Netscape-Homepage aus den USA, aber Sie können das im „Options"-Menü ändern (siehe weiter unten).

„Reload" – Lädt das gerade angezeigte Dokument nochmals. Das ist in der Regel dann sinnvoll, wenn es sich um ein eigenes Dokument handelt, das Sie gerade geändert haben.

„Insert Images" – Wenn Sie Netscape so eingestellt haben, daß die auf einer Seite enthaltenen Bilder nicht automatisch geladen werden, können Sie hiermit manuell das Nachladen aller Bilder veranlassen.

„Open URL" – Lädt eine beliebige Seite aus dem WWW nach Eingabe des URL. Stattdessen kann man auch einfach den gewünschten URL in das URL-Feld unter der Symbolleiste eintragen – wenn Sie Humor haben, geben Sie einmal „about:mozilla" ein. „Mozilla" ist der Arbeitstitel, unter dem Netscape entwickelt wurde, und einige Programmierer fühlen sich dem immer noch sehr verbunden...

„Print" – Druckt das gerade angezeigte Dokument. Die getestete Version 1.1 hat noch etwas Schwierigkeiten mit dem Ausdruck.

Hervorgehobene Worte erscheinen oft nicht auf der gleichen Grundlinie, sondern höher- oder tiefergestellt.

„Find" – sucht einen Text auf der gerade angezeigten Seite. Viele WWW-Seiten sind klein genug, um sie schnell zu überblicken, aber einige umfassen locker 20, 30 Druckseiten, so daß die Suche auf der Seite durchaus sinnvoll ist.

„Stop" – bricht die gerade laufende Übertragung ab. Bei Mosaic erreicht man das gleiche mit einem Klick auf die rotierende Weltkugel – bei Netscape führt ein Klick auf das animierte „N" aber direkt auf die Netscape-Homepage.

3.4.4 Weitere Funktionen

Im folgenden werde ich die Netscape-Funktionen vorstellen, die man über die Menüs erreichen kann. Dabei gehe ich besonders auf jene ein, die noch nicht von Mosaic her bekannt sind.

Abbildung 3.18: File-Menü

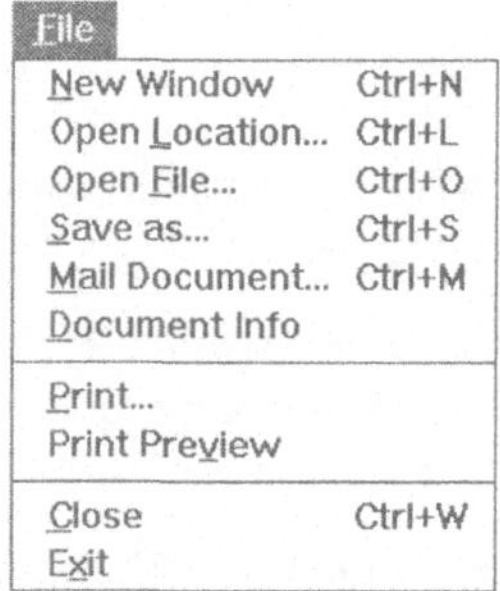

Mit „Open Location" können Sie eine Seite aus dem WWW durch Angabe des URLs laden. „Open File" lädt eine Seite von der lokalen Festplatte.

Praktisch ist der Menüpunkt „New Window", mit dem Sie ein zweites Netscape-Fenster öffnen können, in dem anfangs dasselbe Dokument wie im ersten Fenster sichtbar ist; danach können Sie jedoch in beiden Fenstern unabhängig voneinander weiterverzweigen und so mehrere Hyperlink-Pfade zugleich verfolgen.

Mit „Save as" können Sie die gerade angezeigte Seite entweder als HTML-Datei (also mit allen Hervorhebungen, Hyperlinks usw.) oder als „Plain Text"-Datei, also nur den sichtbaren Inhalt, speichern.

Einfacher Versand von Mail und News-Artikeln

Die Funktion „Mail Document" ruft den eMail-Programmteil auf; damit können Sie Mail an beliebige Adressen versenden, wenn Netscape richtig konfiguriert ist (siehe Seite 77). Beim Mailversand besteht die Möglichkeit, die gerade angezeigte WWW-Seite in Textform in die Mail zu übernehmen (zum Beispiel, um Kommentare an den Autor zu senden); außerdem kann man Dateien von der lokalen Festplatte – zum Beispiel Bilder oder Programme – als „Attachment" an die Mail anfügen; diese Binärdateien werden von Netscape dann automatisch 7-Bit-MIME-kodiert, um eine fehlerfreie Übertragung auf dem Mail-Wege zu gewährleisten.

Mit „Document Info" können Sie einige Informationen über die gerade angezeigte HTML-Seite abrufen, zum Beispiel das Datum der letzten Änderung. Außerdem zeigt Netscape hier im Klartext an, ob es sich um ein „sicheres", also verschlüsselt empfangenes, oder ein „unsicheres" Dokument handelt.

Die Funktionen „Print" und „Print Preview" erlauben das Ausdrucken der gerade angezeigten WWW-Seite bzw. eine Druckvorschau; die Druckfunktion der mir vorliegenden Version (1.1) von Netscape wies jedoch noch eine Anzahl von Mängeln auf (Seitenränder sind nicht konfigurierbar, bei Schriftartwechsel befindet sich die Schrift nicht auf derselben Linie usw.).

Mit „Close" schließen Sie das aktuelle Netscape-Fenster, mit „Exit" wird Netscape komplett beendet.

Abbildung 3.19:
Edit-Menü

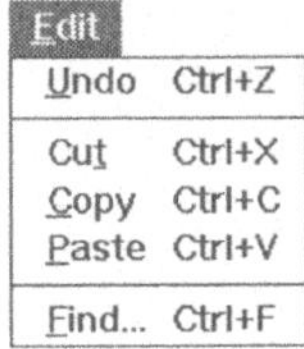

Das Edit-Menü stellt die üblichen Windows-Edierfunktionen zur Verfügung. Mit „Copy" können Sie aus allen WWW-Seiten Texte in andere Anwendungen kopieren; eine Veränderung von Dokumenten mit den Funktionen „Cut" und „Paste" ist nicht möglich. Diese beiden Funktionen dienen vielmehr der Unterstützung von Eingaben in Formularen oder im „URL"-Eingabefeld unter der Symbolleiste.

Mit „Find" suchen Sie einen Text in der gerade angezeigten Seite (wie in der Symbolleiste).

Abbildung 3.20:
View-Menü

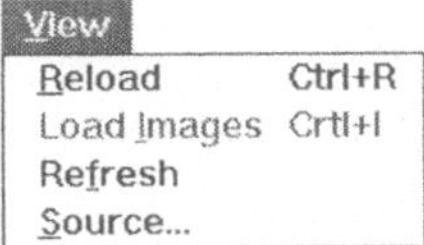

Die Funktionen „Reload“ und „Load Images“ aus dem „View“-Menü sind bereits von der Symbolleiste her bekannt. Mit „Refresh“ wird der Bildschirm neu aufgebaut, und „Source...“ öffnet ein neues Fenster, in dem der HTML-Quelltext der gerade angezeigten Seite zu sehen ist.

Abbildung 3.21: Go-Menü

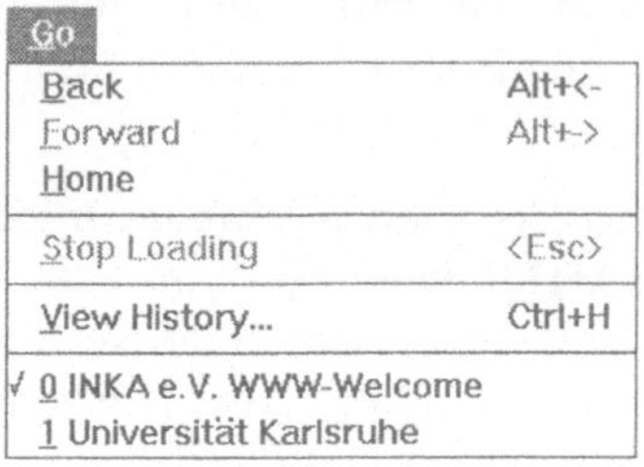

Go
Back Alt+<-
Forward Alt+->
Home
Stop Loading <Esc>
View History... Ctrl+H
✓ 0 INKA e.V. WWW-Welcome
1 Universität Karlsruhe

Im „Go“-Menü finden sich mit „Back“, „Forward“, „Home“ und „Stop Loading“ ebenfalls aus der Symbolleiste bekannte Funktionen wieder; mit „View History“ können Sie eine ausführliche Liste der zuletzt besuchten Seiten anzeigen lassen, was in der Regel aber nicht notwendig ist: Das „Go“-Menü endet nämlich mit einer bis zu 10 Einträge umfassenden Liste der zuletzt abgerufenen Seiten, so daß man schnell und einfach zu einem bestimmten Punkt zurückspringen kann. Im Menü angezeigt werden dabei die <TITLE>-Informationen der jeweiligen Seiten; wenn es dort also etwas unübersichtlich zugeht, ist das nicht Netscape, sondern den HTML-Autoren anzulasten.

Abbildung 3.22: Bookmarks--Menü

Das „Bookmark“-Menü können Sie bis auf die obersten zwei Einträge frei konfigurieren. Unter „Bookmarks“ versteht man bei Netscape die Verweise auf oft benötigte Seiten – bei Mosaic wurde der Begriff „Hotlist“ dafür benutzt. Mehr zur Verwendung der Bookmarks finden Sie im übernächsten Abschnitt.

Abbildung 3.23: Options-Menü

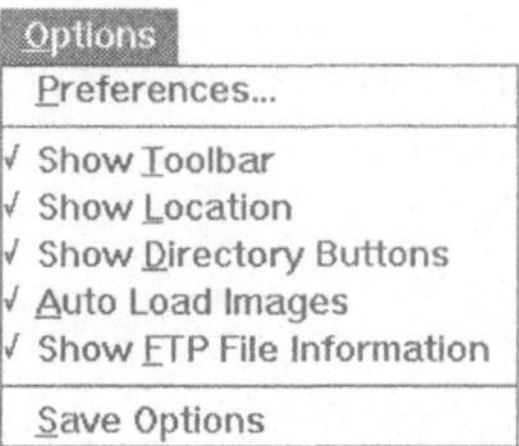

Mit „Preferences" aus dem „Options"-Menü erreichen Sie das Netscape-Konfigurationsfenster (siehe Seite 77); die Funktionen „Show Toolbar", „Show Location" und „Show Directory Buttons" steuern, ob die Symbolleiste, der URL der gerade angezeigten Seite und die „Directory Button"-Knöpfe (vgl. Abbildung 3.17 auf Seite 67) sichtbar sind.

Wenn „Auto Load Images" aktiviert ist, werden alle Bilder auf einer WWW-Seite automatisch geladen; anderenfalls muß man jedes Bild einzeln mit der rechten Maustaste anfordern oder aber die Bilder einer bestimmten Seite mit [icon] aus der Symbolleiste nachladen lassen. Die Option „Show FTP File Information" schließlich bestimmt, wie detailliert die Verzeichnisse von FTP-Servern, auf die Sie mit Netscape zugreifen, angezeigt werden – ist sie aktiviert, werden neben den Dateinamen auch Größe, Datum und Dateityp genannt.

Abbildung 3.24: Directory-Menü

Directory
- Netscape's Home
- What's New!
- What's Cool!
- Go to Newsgroups
- Netscape Galleria
- Internet Directory
- Internet Search
- Internet White Pages
- About the Internet

Die Auswahlpunkte im „Directory"-Menü entsprechen den „Directory Buttons" unter der Symbolleiste; jede dieser Auswahlen verzweigt zu einer Informationsseite unter einem festgelegten URL auf dem Netscape-WWW-Server. Ausnahme: „Go to Newsgroups", hier wird eine Verbindung zum eingestellten News-Server aufgebaut (siehe Seite 74).

Abbildung 3.25: Help-Menü

Help
- About Netscape...
- Registration Information
- Handbook
- Release Notes
- Frequently Asked Questions
- On Security
- How to Give Feedback
- How to Get Support
- How to Create Web Services

Mit Ausnahme von „About Netscape", wo angezeigt wird, mit welcher Version von Netscape Sie gerade arbeiten, gilt für das

„Help"-Menü dasselbe wie für „Directory". Jede Auswahl lädt eine entsprechende Informationsseite vom Netscape-WWW-Server, so daß Sie Hilfe nur dann erhalten können, wenn die Netzanbindung läuft. Unter „Handbook" finden Sie Informationen zur Bedienung des Programms. Empfehlenswert ist die regelmäßig auf den neusten Stand gebrachte „Frequently Asked Questions"-Seite: Selbst wenn Sie gerade keine Fragen zu Netscape haben, sind die Fragen anderer und die Antworten dazu interessant.

3.4.5 Das Kontextmenü der rechten Maustaste

Mit der rechten Maustaste können Sie in Netscape zusätzlich ein Fenster mit einer Anzahl nützlicher Funktionen öffnen. Der Abschnitt „Open this Link" ist nur verfügbar, wenn der Mauszeiger gerade über einem Hyperlink steht, der Abschnitt „View this Image" nur bei Bildern.

Abbildung 3.26: Kontextmenü

Neben den Funktionen „Back", „Forward" und „Bookmarks", die es auch im Standard-Menü gibt, können Sie hier mit „Add Bookmark" ein Bookmark für den aktuellen Link speichern (im Gegensatz zu „Add Bookmark" aus dem „Bookmark"-Menü, wo ein Bookmark für die gerade angezeigte Seite erzeugt wird). „New Window with this Link" öffnet ein neues Netscape-Fenster und lädt dort den ausgewählten Link. „Copy this Link Location" kopiert den URL des ausgewählten Hyperlinks in die Windows-Zwischenablage, so daß man ihn in eine andere Anwendung (einen zweiten WWW-Browser oder ein Textverarbeitungsprogramm beispielsweise) einfügen kann.

„Save this Image as" erlaubt Ihnen das Abspeichern des Bildes, auf dem der Mauszeiger steht. „Copy this Image Location" kopiert den URL des Bildes in die Windows-Zwischenablage, und mit „Load this Image" können Sie das Bild in die Seite einfügen lassen, falls Sie die Option „Auto load Images“ abgeschaltet haben.

3.4.6 Bookmarks beim Netscape Navigator

Was bei Mosaic der „Hotlist Manager“ (vgl. Seite 56), ist bei Netscape der Editor, den man über „View Bookmarks“ aus dem „Bookmark“-Menü aufrufen kann. Zunächst erscheint nur ein schmales Fenster, das die bestehenden Bookmarks anzeigt; ein Klick auf „Edit“ zeigt dann aber das ganze in Abbildung 3.27 dargestellte Fenster.

Alle eingegebenen Bookmarks sind dabei in der Liste im linken Teil des Fensters untereinander angeordnet. Überschriftseinträge erkennt man an einem Symbol links neben dem Text: Ein „+“ steht neben Überschriften, wenn die darunter eingeordneten Einträge gerade nicht sichtbar sind. Auf Mausklick verwandelt es sich in ein „–“, und untergeordnete Einträge werden angezeigt.

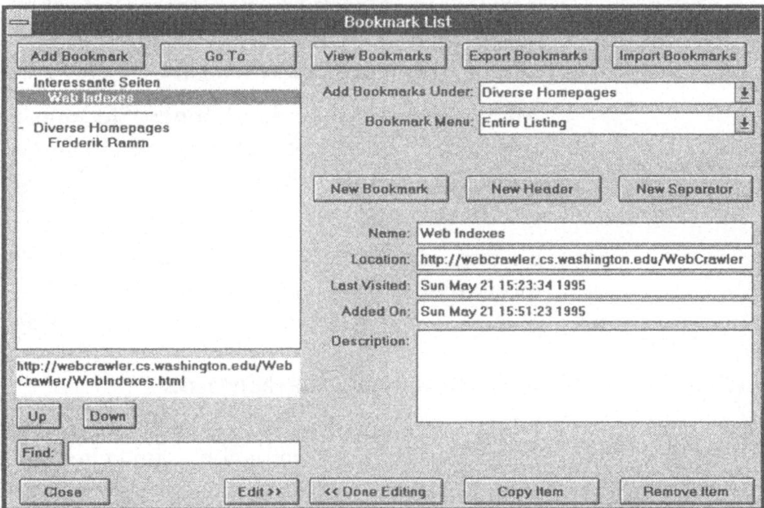

Abbildung 3.27: Der Bookmark Editor (Netscape Navigator Version 1.1)

Mit dem „New Bookmark“-Button können Sie ein neues Bookmark von Hand einfügen; mit „New Headline“ fügen Sie eine neue Überschrift und mit „New Separator“ eine Trennlinie in die Liste ein. Neue Bookmarks können entweder auf der obersten Ebene (linksbündig) oder aber unter einer vorher eingegebenen Überschrift eingefügt werden. Bookmarks unter einer Überschrift sind leicht eingerückt.

Die Knöpfe „Up" und „Down" verschieben den gerade hervorgehobenen Eintrag in der Hierarchie. Ein Klick auf „Up" im Beispiel würde den Eintrag „Web Indexes" auf die Hauptebene bewegen, so daß dieser Eintrag in Zukunft direkt im „Bookmarks"-Menü auftaucht und nicht erst das Anwählen von „Interessante Seiten" erforderlich ist.

Wenn Sie mindestens einen Überschriftseintrag (im Beispiel „Interessante Seiten" und „Diverse Homepages") in der Liste haben, können Sie im Auswahlfeld „Add Bookmarks Under" zwischen „Top Level of Heading" und diesen Überschriften wählen; unter der dort angegebenen Überschrift werden dann die neuen Bookmarks einaufgeführt, die Sie im laufenden Netscape-Betrieb mit [Strg][A] bzw. „Add Bookmarks" einfügen.

Unter „Bookmark Menu" geben Sie entweder „Entire Listing" an (dann enthält das Netscape-Bookmark-Menü alle Überschriftszeilen und alle direkt auf oberster Ebene eingefügten Bookmarks), oder Sie wählen hier einen Ihrer Überschrifteinträge aus – dann erscheinen im „Bookmarks"-Menü nur die Einträge, die unter dieser Überschrift zu sehen sind.

Mit „Import Bookmarks" können Sie eine Liste von Bookmarks aus einer beliebigen, lokal gespeicherten HTML-Seite einlesen; Netscape wandelt dann sämtliche dort gefundenen URLs in Bookmarks um.

In der Version 1.2 wird sich aller Voraussicht nach einiges am Bookmark-Editor ändern. Es wird dann möglich sein, eine Baumstruktur wie bei den Hotlists von NCSA Mosaic anzulegen.

3.4.7 Netscape Navigator als Newsreader

Wenn Sie Zugang zu einem Newsserver haben, können Sie mit Netscape relativ komfortabel sämtliche Internet-Newsgroups lesen. Netscape verhält sich dabei dem Newsserver gegenüber wie ein Newsreader-Programm, das das Protokoll NNTP verwendet, um mit dem Newsserver Informationen auszutauschen.

Abbildung 3.28 zeigt, was Sie sehen, wenn Sie den Menüpunkt „Go to Newsgroups" aus dem „Directory"-Menü wählen (möglicherweise unterscheiden sich die angezeigten Newsgroups ein wenig). Links neben den Newsgroup-Namen steht die Anzahl ungelesener Artikel in dieser Newsgroup. Ein Klick auf einen der Newsgroup-Namen bringt Sie in die Artikelübersicht (Abbildung 3.29). Sie können Newsgroups aus der Liste streichen, indem Sie

sie durch einen Mausklick in das Kästchen links neben dem Namen markieren und dann „Unsubscribe" drücken.

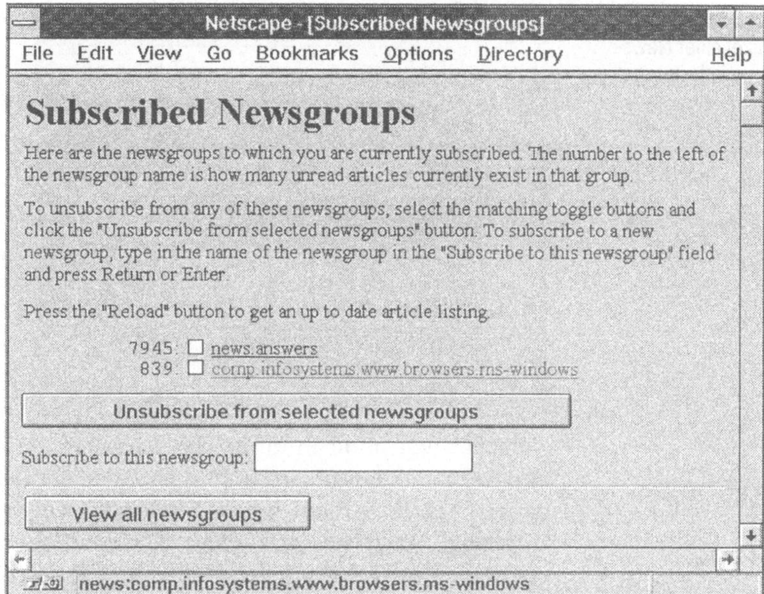

Abbildung 3.28: Newsgroup-Übersicht in Netscape

Neue Newsgroups fügt man hinzu, indem man den exakten Namen der gewünschten Gruppe in das Textfeld „Subscribe to this Newsgroup" einträgt. Kennt man keine genauen Namen, kann man mit „View all Newsgroups" eine Gesamtliste abrufen, die allerdings bei derzeit über 8.000 Newsgroups (vorausgesetzt, Ihr Newsserver führt alle) sehr umfangreich werden kann.

Lassen Sie sich übrigens nicht von dem Begriff „Subscription" verwirren: Daß Sie eine Newsgroup „subscribed", also abonniert, haben, bedeutet nichts weiter, als daß Netscape Ihnen die Gruppe stets sofort anzeigt und eine Liste darüber führt, welche Artikel darin Sie bereits kennen. Es ist nicht etwa so, daß eine Meldung in die Welt hinausgeschickt würde: „Frederik Ramm hat jetzt die Newsgroup de.alt.fan.helge-schneider abonniert!" – der Newsserver hält in der Regel ohnehin alle Newsgroups bereit, ob Sie sie nun lesen oder nicht.

In der Artikelübersicht aus Abbildung 3.29 können Sie einzelne Artikel anklicken, um sie zu lesen. Durch Einrücken der Folge-Artikel kennzeichnet Netscape, welche Artikel zum gleichen „Thread" (so nennt man einen Artikel mit allen Reaktionen darauf) gehören. Wieviele Artikel Netscape auf einmal in der Übersicht anzeigt, können Sie bei der Konfigurationsoption „Mail and News“ (siehe Seite 78) festlegen.

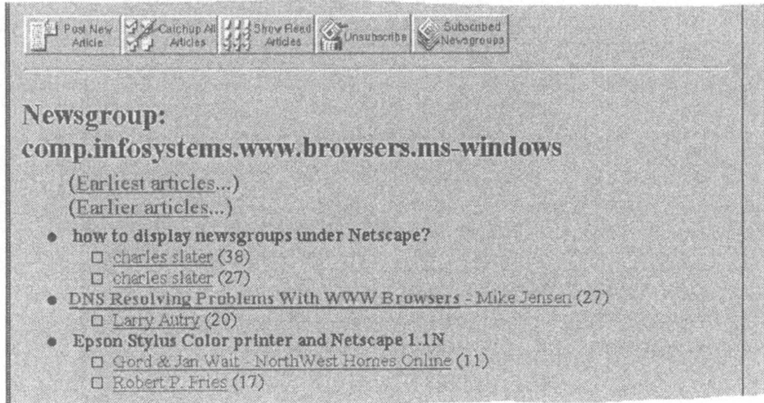

Abbildung 3.29: Artikel einer Newsgroup in Netscape

Netscape vermerkt in einer sogenannten „newsrc“-Datei, welche Gruppen Sie abonniert und welche Artikel Sie bereits gelesen haben; solche Artikel werden normalerweise später nicht mehr angezeigt. Wo Netscape diese Datei ablegen soll, können Sie ebenfalls bei der Konfiguration unter „Mail and News“ festlegen. Der Name „newsrc“ stammt aus der Unix-Umgebung; „rc“ ist die Abkürzung für „runtime commands“, und unter Unix haben viele Programme ihre eigene rc-Datei, so wie Windows-Programme eine eigene .INI-Datei haben.

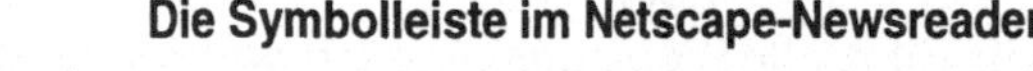

3.4.8 Die Symbolleiste im Netscape-Newsreader

In der Artikel-Ansicht können Sie hiermit zum nächsten oder vorherigen Thread springen. Im Beispiel aus Abbildung 3.29 würde ein Klick auf Sie direkt zum Artikel „Epson Stylus...“ bringen, wenn Sie gerade den Artikel „DNS Problems...“ lesen, denn der dazwischenliegende Beitrag von Larry Autry gehört zum gleichen Thread wie der DNS-Artikel.

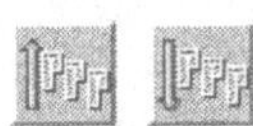

Diese Knöpfe schalten innerhalb eines Threads rück- bzw. vorwärts. Im genannten Beispiel kämen Sie damit zu Autrys Artikel.

Hiermit markieren Sie den gesamten Thread als gelesen, so daß die Artikel beim nächsten Mal nicht mehr angezeigt werden.

Der Button „Subscribed Newsgroups“ führt zurück zur Übersicht aus Abbildung 3.28.

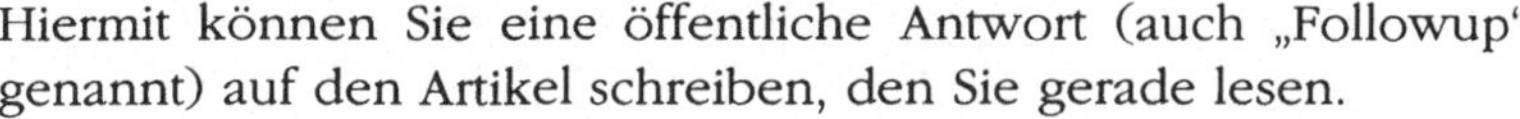

Hiermit können Sie eine öffentliche Antwort (auch „Followup" genannt) auf den Artikel schreiben, den Sie gerade lesen.

Dieser Button öffnet ebenfalls das Artikel-Eingabefenster, trägt jedoch zusätzlich die Mailadresse desjenigen, dessen Artikel Sie gerade lesen, ein, so daß Ihre Antwort nicht nur öffentlich in den News erscheint, sondern auch direkt per Mail an den Autor gesandt wird. Sie können im Artikel-Eingabefenster auch den Namen der Newsgroup löschen, wenn Sie Ihre Antwort nur als private Mail verschicken und nicht veröffentlichen möchten.

Mit „Post New Article" können Sie in der gerade angezeigten Newsgroup einen neuen Artikel schreiben.

Die Catchup-Funktion markiert sämtliche Artikel der gerade angezeigten Newsgroup als gelesen.

Mit „Show Read Articles" können Sie alle Artikel anzeigen lassen, die der Newsserver noch verfügbar hat, auch die, die Sie bereits gelesen oder mit „Catchup" als gelesen markiert haben. (Normalerweise werden Ihnen Artikel, die Sie bereits gelesen haben, ja nicht mehr angezeigt.) Die Button-Aufschrift ändert sich dann in „Hide Read Articles".

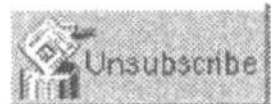

Wählen Sie diesen Button, wenn Sie einer Newsgroup überdrüssig sind – sie wird Ihnen dann in Zukunft nicht mehr angezeigt.

3.4.9 Konfiguration des Netscape Navigator

Alle Konfigurationsoptionen kann man über den Menüpunkt „Preferences" aus dem „Options"-Menü einstellen. Die meisten davon können auf die Standardwerte gestellt bleiben, nur für Mail und News sind einige Angaben zwingend erforderlich. Die Version 1.2 wird einen geringfügig anders gestalteten „Preferences"-Dialog aufweisen, die Einstellungen bleiben jedoch dieselben.

Im Abschnitt „Styles" können Sie unter anderem definieren, welche Seite beim Start von Netscape geladen werden soll.

Abschnitt „Fonts and Colors"

Hier können Sie die Schriftarten festlegen, die Netscape verwenden soll; allerdings können Sie nur die Basisgröße bestimmen, und Netscape selbst nimmt dann die Vergrößerungen (z.B. bei Überschriften) vor.

Abbildung 3.30: Der Netscape-Preferences-Dialog

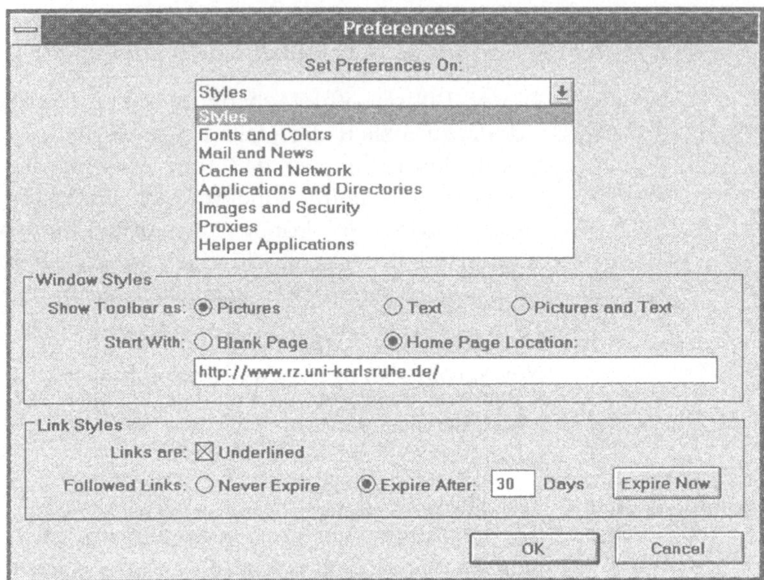

Abschnitt „Mail and News"

Im Abschnitt „Mail and News" müssen Sie Ihre eigene Mailadresse sowie den Namen eines SMTP-Mailhosts eintragen, bei dem Netscape Ihre Mail zur weiteren Verteilung einliefern kann (fragen Sie Ihren Provider). Außerdem kann ein „Signature File" angegeben werden, das dann standardmäßig an jede Ihrer Mails angehängt wird (z.B. mit Adresse und Telefonnummer).

Für den News-Betrieb müssen Sie hier einen NNTP-Newsserver angeben, bei dem Netscape Zugriff auf die Newsgroups hat.

Abschnitt „Cache and Network"

Unter „Cache and Network" legen Sie fest, wieviel Hauptspeicher Netscape benutzen darf, um Seiten zwischenzulagern, und wieviel Platz auf der Festplatte dafür zur Verfügung steht. Außerdem können Sie für den Festplatten-Cache angeben, ob Seiten, die Sie abrufen und die sich bereits im Cache befinden, zuvor per Netzwerk auf aktuelle Veränderungen geprüft werden sollen oder nicht. Schließlich kann die maximale Anzahl von Netzverbindungen, die Netscape gleichzeitig öffnen darf, eingestellt werden. Netscape schöpft dieses Limit zum Beispiel dann aus, wenn auf einer Seite mehrere Bilder sind und alle gleichzeitig geladen werden.

Abschnitt „Applications and Directories"

Hier legen Sie fest, welche Programme Netscape aufrufen soll, wenn eine Telnet-Verbindung aufgebaut oder der Quelltext eines Dokuments angeschaut wird. Das Ansehen von Quelltexten ist auch mit dem eingebauten Viewer möglich, wenn das Feld leergelassen wird. Verwendbare Telnet-Applikationen finden Sie auf Seite 89.

Abschnitt „Images and Security"

Unter „Images and Security" können Sie einige Details zur Bilddarstellung festlegen und bestimmen, in welchen Fällen Netscape Sie vor unsicheren Verbindungen warnen soll.

Abschnitte „Proxies" und „Helper Applications"

Im Abschnitt „Proxies" können Sie Proxy-Server für verschiedene Dienste angeben (siehe Seite 61).

Unter „Helper Applications" legen Sie fest, welche Programme aufgerufen werden sollen, um verschiedene Arten von Daten auszugeben, mit denen Netscape selbst nichts anfangen kann. Selbst darstellen kann Netscape nur Bilder in den Formaten GIF, JPG und XBM; für Audiodateien ist standardmäßig das mit Netscape gelieferte Programm `NAPLAYER.EXE` eingetragen. Für AVI-Dateien können Sie `MPLAYER.EXE` einstellen (das Programm ist im Windows-Lieferumfang enthalten). Für alle anderen Dateiformate müssen Sie entweder auch entsprechende Programme installieren (zum Beispiel „Ghostscript", um Postscript-Dateien aus dem Netz sofort ansehen zu können) oder aber festlegen, daß die Daten sofort auf der Festplatte gespeichert werden sollen, wenn Sie einen solchen Link anklicken. Anderenfalls fragt Netscape im Betrieb nach, was es mit den geladenen Daten tun soll.

3.4.10 Netscape – einige Extras

Neben der bereits mehrfach erwähnten Fähigkeit zur „sicheren" Datenübertragung (ein wenig mehr dazu in Anhang E) bietet Netscape einige weitere außergewöhnliche Funktionen. Vor allem stechen (wenn man eine entsprechende WWW-Seite erwischt) die HTML-Erweiterungen ins Auge. Netscape kann verschiedene Schriftgrößen, blinkende Schrift, Text neben Bildern und sogar farbigen oder gemusterten Fensterhintergrund darstellen.

All diese Erweiterungen kann man genießen, wenn die HTML-Seite, die man anzeigen läßt, speziell auf Netscape zugeschnitten ist – und die Benutzer aller andern Browser haben nichts davon oder leiden sogar darunter, weil die Seite bei ihnen ganz anders ankommt, als der Autor sich das vorgestellt hatte.

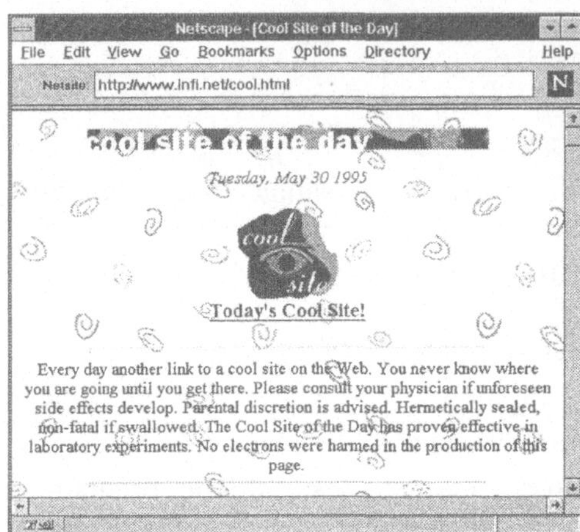

„Cool Site of the Day"[6]

Eine „coole" Homepage

Abbildung 3.31: Zwei WWW-Seiten, die die Netscape-Spezialitäten nutzen

Diejenigen WWW-Seiten, die sich in der (links abgebildeten) „Cool Site of the Day"-Übersicht finden, sind solche, die viel Gebrauch von den Netscape-Spezialitäten machen, reich bebildert sind und zum Teil *wirklich gut* aussehen. Eigentlich ist HTML nicht dafür gemacht, „coole" Seiten zu gestalten, sondern um Information darzustellen, und das möglichst vielseitig. Wenn man sich aber von diesen grundsätzlichen Vorbehalten und seinem langsamen Modem (zugunsten einer ISDN-Anbindung) erst einmal getrennt hat, ist es ein Augenschmaus, sich die Seiten anzusehen... (Man kann übrigens auch viel falsch machen mit Netscape, wie die „Enhanced for Netscape Hall of Shame"[7] und „Mirsky's Worst of the Web"[8] beweisen.)

Netscape unterstützt außerdem einige eigene Methoden, mit denen seitens des WWW-Browsers Programme auf dem lokalen (Ihrem) Rechner aufgerufen werden können. Da solche Methoden sich aber von Betriebssystem zu Betriebssystem unterscheiden und ein HTML-Autor sich dann mit allen Systemen auskennen müßte, ist die Unterstützung der Programmiersprache „Hot-

6 http://www.infi.net/cool.html
7 http://www.europa.com/~yyz/netbin/netscape_hos.html
8 http://mirsky.turnpike.net/wow/Worst.html

JAVA“ von SGI im Gespräch. Mit HotJAVA können dann kleine Programme, sogenannte „Applets“ (von Application, Anwendung) geschrieben und über den WWW-Server bereitgestellt werden, die jeder Netscape-Client abspielen kann.

Ein weiterer „Standard“, den bisher außer Netscape niemand unterstützt, sind sogenannte dynamische Dokumente. Dabei handelt es sich um WWW-Seiten, die regelmäßig aktualisiert werden, während Sie sie betrachten. So könnte z.B. ein Aktienkurs immer auf dem neusten Stand sein, auch wenn Sie die Seite schon seit Stunden angezeigt haben, oder eine Seite mit den aktuellen Nachrichten würde sich immer „von selbst“ weiterschreiben. Einige Beispiele dazu finden Sie in Kapitel 7.

3.4.11 Checkliste für Netscape Navigator unter Windows

Die Leistungsdaten des Netscape Navigator im Überblick:

getestete Version	1.1 N (Windows)
erhältlich	per FTP (z.B. ftp.ask.uni-karlsruhe.de)
Preis	ca. DM 75,– (für nichtgewerbliche Nutzung beliebig lange Probierzeit)
Betriebssysteme	Windows, Unix, Windows NT, Macintosh
lokaler Cache	ja
Proxy-Unterstützung	ja
Druckfunktion	nur quick & dirty-Qualität
HTML 2.0	vollständig unterstützt
HTML 3.0	nur ansatzweise (Zentrierung, Tabellen); vollständige Implementierung angekündigt; einige Extras
Inline-Bildformate	XBM, JPG, GIF
Hotlist-Funktion	ja (Bookmarks)
Anmerkungen	nein
Ansehen unfertig geladener Seiten	ja, sehr angenehmes Arbeiten möglich, schneller Seitenaufbau
News	ja, kann mit vollwertigem Newsreader konkurrieren
Mail	ja, aber keine Adreßbuchfunktion
FTP	schnell und übersichtlich

Hilfefunktion	Offline: keine. Online: ebenfalls nicht besonders umfangreich und vor allem unübersichtlich.

3.5 Quarterdeck Mosaic

Außer dem Namen hat Quarterdeck Mosaic mit NCSA Mosaic nichts gemein (es gibt noch einige weitere „Mosaics“ – offenbar hat das NCSA versäumt, den Namen rechtzeitig schützen zu lassen). Das Programm lag mir in der deutschen Version „Beta 3“ vor; es wird jedoch nach der endgültigen Fertigstellung Bestandteil eines Gesamtpakets namens „Quarterdeck Internet Suite“ und nicht mehr kostenlos erhältlich sein.

Abbildung 3.32: Quarterdeck Mosaic

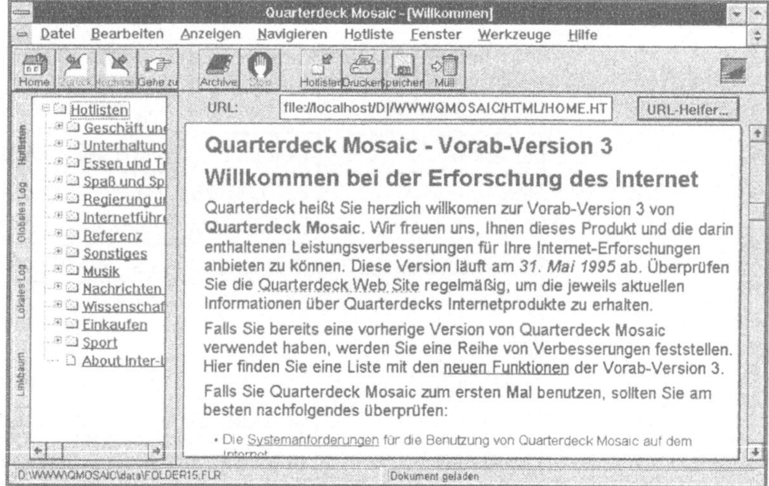

Da sich das Programm noch im Stadium einer Vorabversion befindet, entzieht es sich einer gründlichen Bewertung zum jetzigen Zeitpunkt. Es hebt sich jedoch vom Browser-Durchschnitt durch einige ambitionierte Eigenentwicklungen ab. Vor allem ist die in Abbildung 3.32 auf der linken Seite sichtbare „Library“ zu erwähnen. Hier kann man beliebige eigene Hotlists anlegen (die abgebildeten sind sogar im Lieferumfang enthalten). Außerdem kann im gleichen Stil die „History“, die Liste aller abgerufenen Dokumente, angezeigt werden, und schließlich ist auch ein „Linkbaum“ möglich, der alle Hyperlinks des Dokumentes sauber untereinander auflistet.

Quarterdeck Mosaic kann beliebig viele Dokumentenfenster öffnen, so daß man mehrere Hyperlink-Äste parallel verfolgen kann. Seiten werden schon während des Ladens angezeigt, und man kann zu Hyperlinks einer Seite weiterverzweigen, selbst wenn sie noch nicht fertig geladen ist. Dabei wird jedoch das Laden der Seite nicht automatisch abgebrochen, sondern läuft im Hintergrund weiter, so daß man die Seite fertig geladen vorfindet, wenn man später in der „History" zurückblättert.

Die grafische Gestaltung ist angenehm und vielfältig beeinflußbar. HTML 3.0 wird bisher ebensowenig unterstützt wie die Tabellen, über die Netscape und Mosaic immerhin schon verfügen – aber all das ist für künftige Versionen geplant. Auch den Zugang zu News und eMail wird das Programm beherrschen.

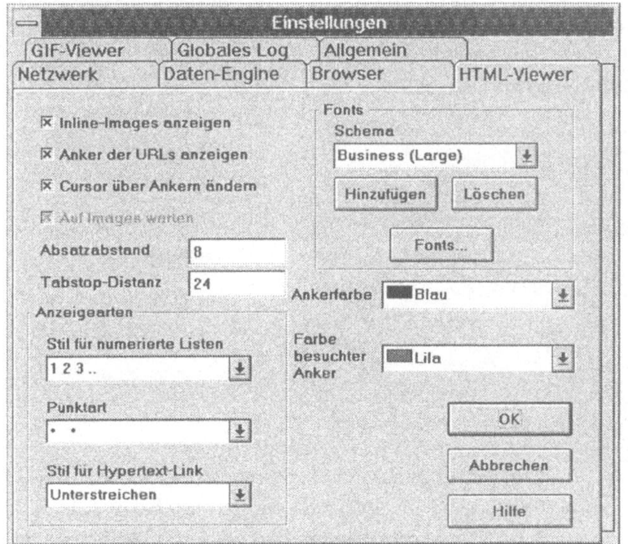

Abbildung 3.33: Konfiguration von QMosaic

Schon in der vorliegenden Vorab-Version verfügt Quarterdeck Mosaic über eine sehr gute, deutsche Anleitung und Hilfefunktion. Überhaupt bin ich von der Übersetzung beeindruckt. Im Computer-Business ist es ja meistens so, daß die Softwarehersteller die ulkigsten Stilblüten produzieren, wenn sie zu übersetzen anfangen – bloß kein englisches Wort mehr übrigbehalten! Quarterdeck ist da etwas gemäßigter vorgegangen, und das Ergebnis überzeugt.

Es bleibt abzuwarten, welchen Preis Quarterdeck für das fertige Produkt verlangen wird; wenn der Preis nicht zum k.o.-Kriterium wird, wird sich Quarterdeck Mosaic auch gegen die z.T. kostenlosen Konkurrenzprodukte gut schlagen.

3.6 Arena

Arena ist eine Entwicklung des W3-Konsortiums und der einzige Browser, der schon jetzt einen Großteil der HTML 3.0-Erweiterungen verarbeiten kann. Einer der Autoren von Arena ist Dave Raggett, der die HTML 3.0-Spezifikation ausgearbeitet hat und unter dessen Federführung sie weiter verfeinert wird.

Arena ist derzeit nur für Unix (z.B. Solaris, SunOS, HP-UX, Linux) erhältlich. Eine Windows-Version ist jedoch geplant, und ein erstes `ARENA.EXE` hat auch schon seinen Weg in die Öffentlichkeit gefunden, allerdings ohne vernünftig zu funktionieren.

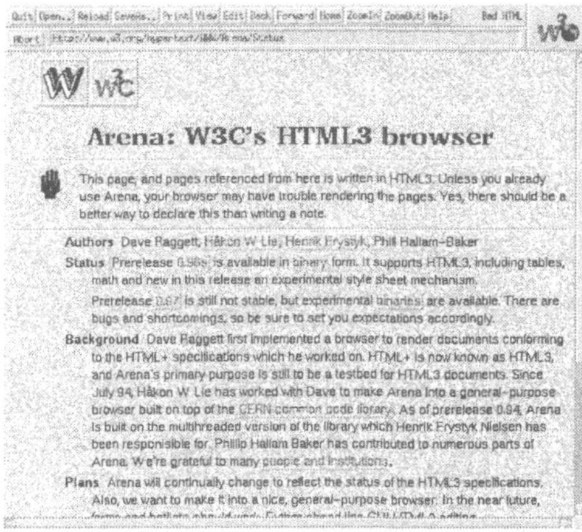

Die Arena-Homepage (X Window System)

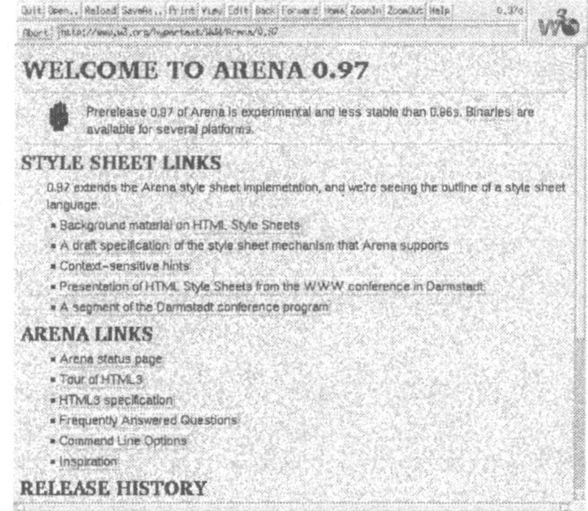

von mir getestet: Version 0.97

Abbildung 3.34: Screenshots vom Arena-Browser

Der Arena-Browser wird, zumindest in der mir vorliegenden Version 0.97, offiziell nicht als „Browser", sondern nur als HTML 3.0-„Testanwendung" bezeichnet. Das ist insofern gerechtfertigt, als der Entwicklungsschwerpunkt bei Arena auf der perfekten Darstellung von HTML 3.0-Seiten liegt und nicht auf komfortabler Bedienung. Funktionen wie „History" oder „Hotlists" und auch die Verarbeitung von Mail und News läßt Arena noch vermissen; nur die wichtigsten Bedienelemente sind vorhanden.

Da es erklärtes Ziel der Arbeitsgruppe beim W3-Konsortium ist, Arena zu einem vollwertigen Browser weiterzuentwickeln, lohnt sich von Zeit zu Zeit der Blick auf den Stand des Projekts[9]. Arena wird (zumindest für die nichtgewerbliche Anwendung) kostenlos erhältlich sein. Da auch die Quelltexte veröffentlicht werden, ist die Verbreitung auf vielen Plattformen sicher.

9 `http://www.w3.org/hypertext/WWW/Arena/Status.html`

3.7 WinWeb

Vom WWW-Browser WinWeb lag mir die Version „1.0 Alpha 2“ vor. Das Programm ist für persönliche oder wissenschaftliche Anwendung kostenlos erhältlich, wurde aber seit 1994 nicht mehr weiterentwickelt und kann daher insgesamt mit Mosaic oder Netscape nicht mithalten.

Die Funktionen aus Menüs und Symbolleiste entsprechen etwa dem Leistungsumfang der anderen Browser. Das Anlegen einer eigenen Hotlist ist zwar möglich, nicht aber eine Strukturierung derselben wie etwa bei Netscape und Mosaic.

WinWeb ist nicht in der Lage, Seiten und Bilder schon während des Ladens anzuzeigen. Einige Tags aus der HTML 2.0-Spezifikation werden nicht unterstützt. WinWeb besitzt keine Schnittstelle zu News und eMail. Die Konfiguration muß durch manuelle Änderungen an der Datei `WINWEB.INI` vorgenommen werden, wobei die notwendigen Handgriffe allerdings gut dokumentiert sind.

Abbildung 3.35: WinWeb

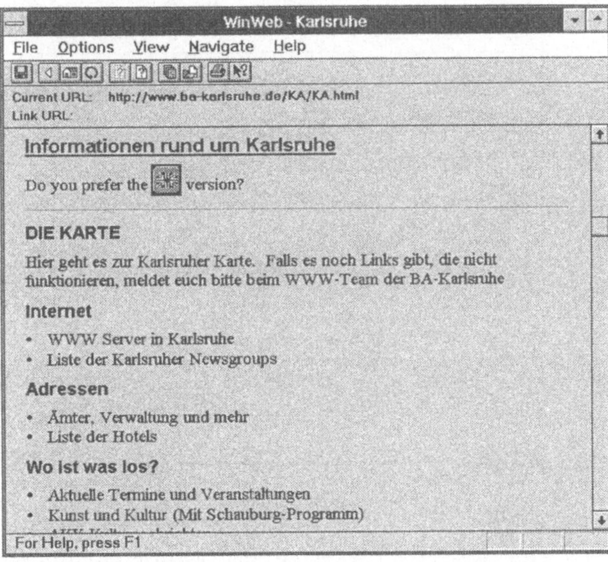

Das einzige, was an WinWeb außergewöhnlich ist, ist der fest eingebaute Suchzugriff auf die „EINet Galaxy“ (vgl. Kapitel 4). Praktisch ist die Möglichkeit, auf Knopfdruck (der Disketten-Button oben links) sämtliche angezeigten WWW-Seiten auf der Festplatte abspeichern zu lassen.

WinWeb kann geladene Seiten auf der lokalen Festplatte zwischenspeichern (Cache). Im Lieferumfang von WinWeb ist ein relativ gutes Programm zur Anzeige und Nachbearbeitung von JPG-Bildern enthalten („LView“, vgl. Seite 90).

3.7.1 Checkliste für WinWeb

getestete Version	1.0 Alpha 2
erhältlich	per FTP (z.B. ftp.ask.uni-karlsruhe.de)
Preis	kostenlos für persönliche und wissenschaftliche Nutzung
Betriebssysteme	Windows, Macintosh („MacWeb“)
lokaler Cache	ja
Proxy-Unterstützung	nein
Druckfunktion	ja, bescheiden
HTML 2.0	nicht vollständig unterstützt
HTML 3.0	nur ansatzweise (Zentrierung, Tabellen); Weiterentwicklung fragwürdig
Inline-Bildformate	XBM, GIF
Hotlist-Funktion	ja
Anmerkungen	nein
Ansehen unfertig geladener Seiten	nein
News	nein
Mail	nein
FTP	ja, rudimentär
Hilfefunktion	Offline: keine (offenbar vorgesehen, aber Help-Datei nicht mitgeliefert). Online: so gut wie nicht erreichbar.

3.8 Cello

Cello

Der WWW-Browser „Cello“ wurde an der Cornell Law School (Cornell University) entwickelt und war unter Windows lange Zeit der einzige Konkurrent von NCSA Mosaic. Inzwischen hat sich Mosaic weiterentwickelt – bei Cello heißt die aktuelle Version leider immer noch 1.0 (und ist auf den Februar 1994 datiert). Gemessen am damaligen Standard ist Cello sicherlich nicht schlecht. Das Programm unterstützt News-Zugriffe, wenn auch nicht besonders komfortabel, und kann Mail versenden.

Die Art, wie Cello HTML-Seiten darstellt, ist zuweilen etwas eigenwillig und hebt sich vom Durchschnitt der Windows-Browser ab. Daher habe ich im Kapitel 6 einige Cello-Beispiele verwendet, um zu illustrieren, wie es „auch aussehen könnte". Im täglichen Betrieb sind jedoch einige optische Mängel zu vermerken; insbesondere verwendet Cello ungleiche, oft zu große Abstände und kann kein „ß" anzeigen.

Als einer der wenigen getesteten WWW-Browser verfügt Cello über eine ausgezeichnete Hilfe-Funktion, die auf fast jede Frage eine Antwort weiß. Sogar eine vollständige Auflistung aller HTML-Tags, die Cello versteht, ist vorhanden (Umfang etwa HTML 2.0). Eine Hilfe wie bei Cello zusammen mit einem der großkalibrigen Browser Netscape oder Mosaic – das wäre ein unschlagbares Team. Es heißt, daß die Cello-Autoren schon seit einger Zeit an einer Nachfolgeversion arbeiten. Man darf gespannt sein, was dabei herauskommt.

Abbildung 3.36: Die Homepage der Cornell University, von Cello angezeigt

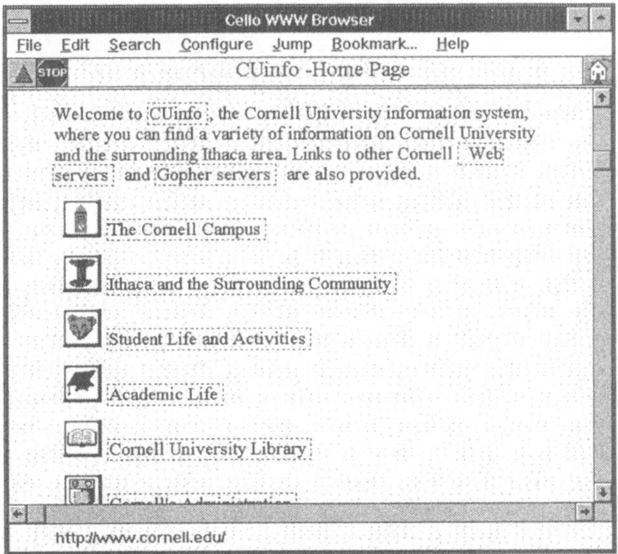

Cello ist nicht in der Lage, WWW-Seiten oder Bilder schon während des Ladens anzuzeigen. Auch der Fortgang der Übertragung wird nicht angezeigt. Eine einfache Bookmark-Funktion ist vorhanden.

3.8.1 Checkliste für Cello

getestete Version	1.0
erhältlich	per FTP (z.B. `ftp.ask.uni-karlsruhe.de`)
Preis	kostenlos
Betriebssysteme	Windows
lokaler Cache	ja
Proxy-Unterstützung	nein
Druckfunktion	ja, bescheiden
HTML 2.0	ja, aber unterstützt keine Formulare
HTML 3.0	nein
Inline-Bildformate	XBM, GIF
Hotlist-Funktion	ja
Anmerkungen	nein
Ansehen unfertig geladener Seiten	nein
News	ja, rudimentär
Mail	ja
FTP	ja
Hilfefunktion	Offline: exzellent, Online: keine

3.9 Helper Applications

Die „gewöhnlichen" Bildformate JPG und GIF können die meisten Browser selbst verarbeiten, und Mosaic besitzt sogar eine eigene Routine, um einfache Geräuschdaten abzuspielen. Dennoch kommt man häufig um „Helper Applications" nicht herum. Dabei handelt es sich um kleine Programme, die der WWW-Browser aufrufen kann, um bestimmte Daten darzustellen oder Hyperlinks einer bestimmten Form zu aktivieren.

Insbesondere ergänzen den WWW-Browser gut:

- ein Programm, um URLs der Form `telnet://rechnername` nutzen zu können (Telnet-Software);
- ein Programm zum Abspielen von Animationssequenzen (z.B. im MPEG-Format);
- zuweilen auch ein Programm, das in der Lage ist, Postscript-Dateien am Bildschirm anzuzeigen (einige Texte im WWW sind als Postscript-Dateien abgelegt).

Im folgenden eine kurze Auflistung geeigneter Programme mit deutscher FTP-Bezugsquelle. Wenn Sie keine Möglichkeit haben, die Programme von einem FTP-Server zu beziehen, besorgen Sie sich am besten eines der zahlreichen „Internet-Pakete", die bei Shareware-Händlern erhältlich sind (manchmal auch als Beilage zu Computerzeitschriften). Die Chancen stehen gut, daß alle benötigten Programme sich auf einer CD-ROM finden.

3.9.1 Telnet-Software

Ein gutes kostenloses Telnet-Programm ist EWAN („Emulator without a good Name") von Peter Zander. Es beherrscht eine VT100-kompatible Terminalemulation und kann auch unabhängig vom WWW-Betrieb eingesetzt werden; häufig benutzte Rechner können in eine Liste eingetragen werden.

Zur Installation legen Sie ein Verzeichnis für EWAN an und entpacken die ZIP-Datei dorthin.

Quelle:

```
ftp.uni-stuttgart.de
pub/systems/pc/win3-cica/winsock/ewan105.zip
```

Etwas einfacher ist TELW.EXE von Peter R. Tattam, dem Autor von Trumpet Winsock; leider beherrscht es nur den Zeilenmodus und ist daher nicht für alle Telnet-Sitzungen geeignet.

Quelle:

```
ftp.uni-augsburg.de
/pub/msdos/tcpip/driver/tia/shareware/windows/telw.exe
```

Weitere Programme – darunter auch `VT220`, ein Telnet-Programm mit gleichnamiger Terminalemulation – findet man im SIMTEL-Archiv; dort (der FTP-Server in Heidelberg führt eine 1:1-Kopie) ist auch Trumpet Winsock selbst erhältlich:

```
ftp://ftp.uni-heidelberg.de/pub/simtel_win3/winsock/
```

3.9.2 Software zum Abspielen von Ton und Bild

Neben dem Programm `MPLAYER.EXE`, das im Windows-Lieferumfang enthalten ist, leistet `MPEGW32` für MPEG-komprimierte Animationen gute Dienste:

```
ftp.uni-stuttgart.de
/pub/systems/pc/win3-cica/desktop/mpegw32g.zip
```

Im gleichen Verzeichnis findet sich auch `qtw11.zip` (QuickTime for Windows), ein Programm zum Abspielen von Animationen im QuickTime-Format.

Sound-Dateien lassen sich mit dem im Netscape-Paket enthaltenen `NAPLAYER.EXE` oder auch mit `WPLANY.EXE` („Windows Play Any File") abspielen:

```
ftp.uni-stuttgart.de
/pub/systems/pc/win3-cica/desktop/wplny09b.zip
```

Das Programm LView (`lviewp1b.zip`, im gleichen Verzeichnis) kann als Helper Application für Browser eingesetzt werden, die selbst keine JPG-Bilder anzeigen können. Wer Wert auf maximale Qualität legt, wird selbst bei JPG-fähigen Browsern wie Netscape und Mosaic eine solche Applikation verwenden, da das JPG-Bild hier nach einem aufwendigeren Algorithmus zur Anzeige gebracht wird. Die in den Browsern eingebauten JPG-Dekomprimierer sind auf möglichst hohe Geschwindigkeit ausgelegt, und bei JPG-Kompression wird die Darstellungsqualität maßgeblich vom Anzeigeprogramm bestimmt.

3.9.3 Postscript-Dateien anzeigen

Einige Hyperlinks im WWW zeigen auch auf Postscript-Dateien. Da man mit Postscript wesentlich mehr Gestaltungsmöglichkeiten hat als mit HTML, findet man solche Dateien oft, wenn ein ganz bestimmtes Aussehen einer Seite wichtig ist oder es sich um Daten handelt, die eigentlich für den Ausdruck bestimmt sind.

Mit dem Programm „Ghostscript" für Windows können Postscript-Dateien am Bildschirm angezeigt werden. Obwohl das Programm mit über 2 MB der Bezeichnung „Helper Application" spottet, kann man es auf gewöhnlichem Wege als Betrachtungsprogramm für Postscript-Dateien in die Konfiguration des Browsers eintragen.

Quelle:

```
ftp.rz.uni-sb.de
/pub/Infosystems/WWW/Cello/gswin.zip
```

3.9.4 Sonstige Zusatzprogramme

Manche Programme, die man im Netz findet, sind mit dem auf DOS-Ebene wenig verbreiteten Packer „gzip" komprimiert (Dateiendung „gz"). Das Programm `gzip` für DOS (und noch eine Reihe weiterer Hilfsprogramme) ist beispielsweise zu finden auf:

```
ftp.uni-mannheim.de
/systems/msdos/tools
```

3.10 Alternativen ohne SLIP

Wenn Sie keinen SLIP- oder PPP-Zugang ins Internet haben, ist das noch kein Grund zum Verzweifeln. Zunächst einmal ist es möglich, durch Installation eines SLIP-Emulationsprogramms (z.B. TIA oder Slirp, siehe Seite 50) auch auf einem Online-Account SLIP-Programme zu benutzen.

Aber selbst dann, wenn Sie auf einen Zugang im Textmodus angewiesen sind, können Sie auf das WWW zugreifen:

3.10.1 Lynx

Lynx ist ein Public-Domain-WWW-Browser unter Unix, der keine Grafik benutzt. Sämtliche Seiten werden als ASCII-Text angezeigt; Bilder erscheinen nur als `[IMAGE]`.

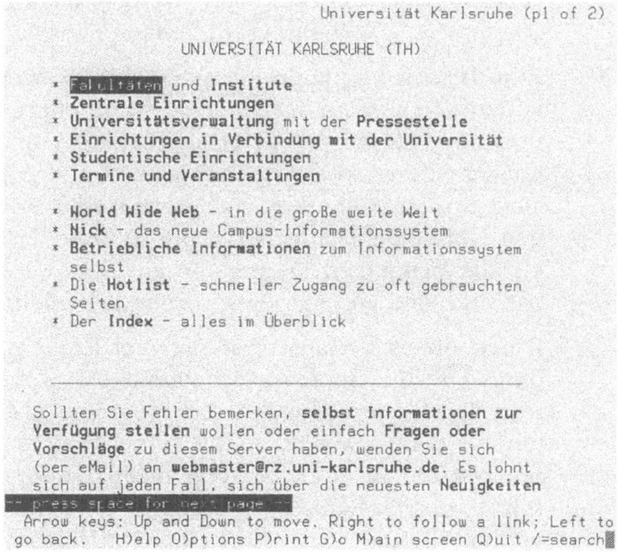

Abbildung 3.37: Lynx (unter Unix)

```
                                   Universität Karlsruhe (p1 of 2)
                        UNIVERSITÄT KARLSRUHE (TH)

   * Fakultäten und Institute
   * Zentrale Einrichtungen
   * Universitätsverwaltung mit der Pressestelle
   * Einrichtungen in Verbindung mit der Universität
   * Studentische Einrichtungen
   * Termine und Veranstaltungen

   * World Wide Web - in die große weite Welt
   * Nick - das neue Campus-Informationssystem
   * Betriebliche Informationen zum Informationssystem
     selbst
   * Die Hotlist - schneller Zugang zu oft gebrauchten
     Seiten
   * Der Index - alles im Überblick

   ______________________________________________________

  Sollten Sie Fehler bemerken, selbst Informationen zur
  Verfügung stellen wollen oder einfach Fragen oder
  Vorschläge zu diesem Server haben, wenden Sie sich
  (per eMail) an webmaster@rz.uni-karlsruhe.de. Es lohnt
  sich auf jeden Fall, sich über die neuesten Neuigkeiten
-- press space for next page --
  Arrow keys: Up and Down to move. Right to follow a link; Left to
 go back.  H)elp O)ptions P)rint G)o M)ain screen Q)uit /=search
```

Wenn es nur um das gezielte Abrufen einiger Informationen geht, ist das kein Nachteil: Man sieht das Wesentliche meistens sogar schneller, wenn die Bilder fehlen.

Wenn Sie also einen Online-Account verwenden, prüfen Sie einmal, ob Lynx installiert ist. Falls nicht, können Sie sich beim Systemverwalter erkundigen oder aber Lynx gleich in Eigenregie beschaffen und kompilieren.

Es existiert auch eine DOS-Version von Lynx (DOSLynx), die allerdings für SLIP-Betrieb nicht einfach zu installieren ist, da man die standardisierte Winsock-Schnittstelle nicht verwenden kann.

3.10.2 SlipKnot und iComm

Niemand weiß, warum das Programm SlipKnot so heißt, wie es heißt – mit SLIP hat es nämlich nichts zu tun. Stattdessen stellt es für Leute, die nur über einen Online-Account verfügen und dort keine SLIP-Emulation betreiben wollen oder können, einen außergewöhnlich trickreichen Zugang zum WWW her. Es verhält sich dem Unix-Betriebssystem gegenüber wie ein menschlicher Benutzer, lädt mittels eines Textmodus-WWW-Browsers (z.B. Lynx) unter Unix Seite um Seite aus dem WWW und sendet diese dann mit einem gebräuchlichen Übertragungsprotokoll (z.B. Xmodem oder Zmodem) über die Modemleitung. Auf dem Windows-Rechner angekommen, werden die Daten wie bei einem „normalen“ WWW-Browser in einem Fenster dargestellt.

Zum Betrieb von SlipKnot ist es nicht notwendig, Winsock oder andere Treiber zu installieren. Unix-seitig werden nur „Lynx“ und ein Programm, um Daten mit dem Zmodem- oder einem ähnlichen Protokoll zu übertragen, benötigt. SlipKnot steuert das Unix-System völlig fern, so daß man im Normalfall keinen einzigen Unix-Befehl eingeben muß. Es testet bei jedem Einwählen, ob alle benötigten Programme auf dem Online-Account verfügbar sind, und gibt ggf. entsprechende Fehlermeldungen aus.

Durch dieses Verfahren ist SlipKnot leicht zu installieren. Allerdings läßt die Betriebsgeschwindigkeit zu wünschen übrig. Das liegt vor allem daran, daß das Programm die angeforderten Seiten aus dem WWW auf den Online-Account holen muß (in dieser Zeit ist die Modemleitung nicht benutzt) und sie erst dann selbst abholen kann. Wegen dieser etwas aufwendigen Prozedur verliert SlipKnot gegenüber einem „richtigen“ WWW-Browser an Geschwindigkeit.

Abbildung 3.38: SlipKnot-Konfiguration

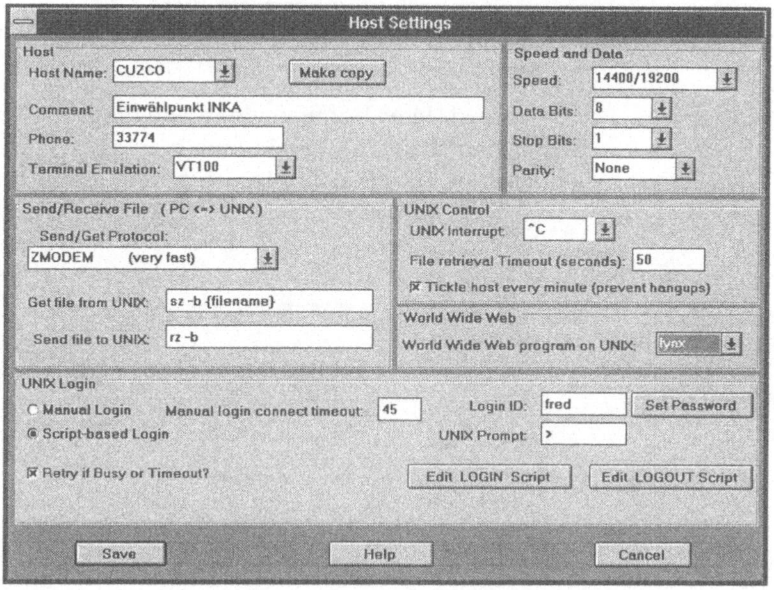

SlipKnot besteht aus zwei Teilen, dem Terminalprogramm SNTERM und dem HTML-Anzeigeprogramm SNWEB. SNTERM ist dafür zuständig, die Modemverbindung zum Online-Account aufzubauen; dazu müssen die Daten der Modemleitung, die des Rechners, Benutzerkennung und Paßwort eingegeben werden.

Abbildung 3.39: SlipKnot-Terminalfenster

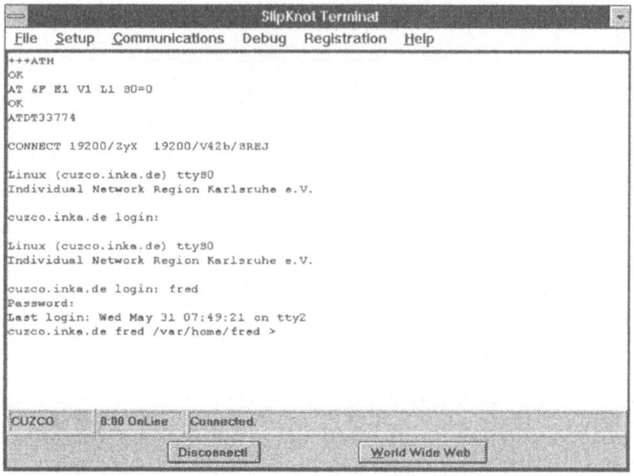

SNTERM muß auch wissen, welches Programm es auf dem Online-Account benutzen kann, um WWW-Seiten zu laden und mittels welcher Programme und welches Protokolls diese dann über die Modemleitung geschickt werden. Die in Abbildung 3.38 dargestellte Konfiguration würde auf Unix-Seite also die Programme „Lynx“ und „sz“ verwenden.

Nach erfolgter Konfiguration genügt ein Klick auf „Connect“, und SlipKnot baut die Verbindung zum Unix-Rechner auf. Man kann dann im Terminal-Fenster ganz normal mit dem Online-Account arbeiten (SlipKnot bietet eine VT100-Terminalemulation) oder mit dem „World Wide Web“-Button zum anderen Programmteil, SNWEB, umschalten.

Abbildung 3.40: SlipKnot-Homepage (Beispiel für WWW-Anzeige)

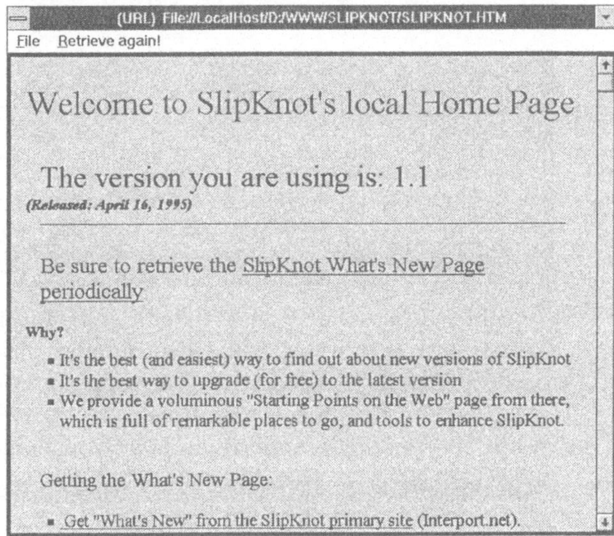

Während SNWEB aktiv ist, wird das SNTERM-Fenster ausgeblendet – hier werkelt ja nun SNWEB und ruft diverse Programme auf. SNWEB selbst ist ein mittelmäßig komfortabler WWW-Browser. Man kann mehrere Fenster gleichzeitig geöffnet haben, aber prinzipbedingt ist zu jedem Zeitpunkt nur eine Übertragung möglich. SlipKnot lädt auf Wunsch selbstverständlich auch alle Bilder, die auf einer HTML-Seite stehen; allerdings wird die Seite erst angezeigt, wenn der ganze Text und alle enthaltenen Bilder geladen sind.

Die Seitenanzeige ist passabel, und ein Ausdruck ist möglich. SlipKnot kann allerdings nicht (bzw. nur durch einen umständlichen Rückgriff auf Lynx) benutzt werden, um WWW-Formulare auszufüllen, und auch FTP- und News-URLs beherrscht es (im Gegensatz zu den meisten anderen Browsern) nicht. Für Telnet-URLs wird hingegen nicht einmal ein zusätzliches Programm benötigt; SlipKnot schaltet einfach auf die Terminalemulation zurück und startet auf der Unix-Seite das Telnet-Programm.

Das Programm „iComm" funktioniert nach genau dem gleichen Prinzip wie SlipKnot; es kann sogar eine Seite anzeigen, während die darauf enthaltenen Bilder noch geladen werden. Im wesentlichen gelten jedoch die gleichen Kritikpunkte, und in der Bedienung unterscheidet sich iComm nicht wesentlich.

Checkliste für SlipKnot

getestete Version	1.10
erhältlich	per FTP (z.B. `ftp.uni-heidelberg.de`, `/pub/simtel_win3/internet/slnot110.zip`)
Preis	Shareware; Registrierung ca. 30 US-$
Betriebssysteme	Windows
lokaler Cache	ja („History")
Proxy-Unterstützung	(hängt vom Online-Account ab)
Druckfunktion	ja
HTML 2.0	größtenteils (Formulare umständlich)
HTML 3.0	nein
Inline-Bildformate	XBM, GIF
Hotlist-Funktion	ja („Bookmarks")
Anmerkungen	nein
Ansehen unfertig geladener Seiten	nein
News	nein
Mail	nein
FTP	nein
Hilfefunktion	Offline: vorhanden, Online: einige Seiten

3.11 Nutzung der vorgestellten Browser ohne Netzzugang

Wenn Sie eigene HTML-Seiten erstellen möchten, benötigen Sie natürlich einen oder am besten gleich mehrere Browser, um die gerade in Arbeit befindlichen Seiten „probezulesen".

Da die Programme in der Regel nicht gestartet werden können, wenn keine Netzverbindung besteht, muß man zu einigen Tricks greifen. Die einfachste Möglichkeit, die hier vorgestellten Browser „auf dem Trockenen" zu betreiben, ist, das Winsock-Paket wie ab Seite 44 beschrieben zu installieren. Sie verzichten lediglich auf die Verbindung zu einem SLIP-Einwählpunkt, und alle Programme funktionieren normal (bis Sie versuchen, Verbindung zu einem auswärtigen Rechner herzustellen – bei den meisten Browsern können Sie also nicht einmal die Hilfe abrufen).

Bei Cello gibt es eine Konfigurationsoption „LocalOnly"; wenn Sie diese in `CELLO.INI` eintragen, versucht Cello nicht, eine Netzverbindung zu öffnen. Für den Netscape Navigator ist ein Programm namens `MOZOCK.DLL` erhältlich, das unter dem Namen `WINSOCK.DLL` eingespielt werden kann, um Netscape davon abzuhalten, Netzverbindungen zu öffnen.

Wenn Sie eine WWW-Datei von der lokalen Festplatte laden möchten und der verwendete Browser dafür keine spezielle Funktion zur Verfügung stellt, können Sie den normalen „Open URL"-Dialog mit sogenannten *File-URL* benutzen. Hier gibt es allerdings zwei Varianten, und Sie müssen durch Probieren herausfinden, welche Ihr Browser verwendet. Die Datei „e:\seiten\test.htm" kann auf folgende Weisen angesprochen werden:

```
file://localhost/e:/seiten/test.htm
file:///e|seiten/test.htm
```

3.12 Software für Linux und andere Unix-Systeme

Unter Unix, exakter gesprochen unter dem X-Window-System X11, das die Standard-Grafikoberfläche bei Unix darstellt, sind vor allem die Browser Netscape und Mosaic verbreitet. Von beiden findet man vorkompilierte ausführbare Dateien auf zahlreichen FTP-Servern (z.B. `ftp.ask.uni-karlsruhe.de`). Von Mosaic sind auch die Quelltexte erhältlich, so daß man leicht Anpassungen für eigene Informationssysteme vornehmen kann, solange man im Rahmen der Lizenzbedingungen bleibt.

Den Browser „Arena" habe ich bereits vorgestellt. Das Programm ist im Quelltext oder als vorkompilierte Binärdatei für verschiedene Unix-Varianten erhältlich.

3.12.1 Netscape Navigator für Unix

Der Netscape Navigator wird für Unix parallel zu den Windows-Versionen weiterentwickelt. Man kann also davon ausgehen, daß neue Versionen für beide System etwa zeitgleich veröffentlicht werden und ungefähr den gleichen Funktionsumfang aufweisen.

3.12.2 Mosaic für Unix

Die Unix-Version von Mosaic wird relativ unabhängig von Mosaic für Windows weiterentwickelt und hinkt diesem in der Regel etwas hinterher; die Benutzerschnittstelle ist nicht ganz so ansprechend. Einstellungen müssen alle direkt in die Konfigurationsdatei geschrieben werden, da es noch kein komfortables Dialogfenster dafür gibt. Die unter Unix derzeit aktuelle Version unterstützt weder Tabellen noch das JPG-Bildformat.

3.13 Software für den Apple Macintosh

Für den Apple Macintosh gibt es ebenfalls die „großen" Browser Netscape und Mosaic sowie einige Konkurrenzprodukte.

3.13.1 Netscape für Macintosh

Netscape für den Macintosh wird parallel zu den Unix- und Windows-Versionen entwickelt; Windows-spezifische Tags können natürlich auch hier nicht verwendet werden. Eine spezielle PowerMac-Version ist erhältlich.

3.13.2 MacMosaic

Auch beim Macintosh hinkt Mosaic hinkt der Windows-Version etwas hinterher; die „offizielle" aktuelle Version ist immer noch 1.0.3 vom Januar 1994, während für risikofreudige Benutzer bereits die „2.0.0 Beta 9" (Mai 1995) erhältlich ist, die erstmalig auch JPG-Bilder, Tabellen und mailto:-URLs sowie einen lokalen Cache unterstützt.

3.13.3 MacWeb

Die mir vorliegende Version von MacWeb heißt 1.00 Alpha 3.2 (wie kommen die nur immer auf solche Nummern!) und bietet weit mehr als die Windows-Variante WinWeb. Auf dem Macintosh kann MacWeb durchaus mit Mosaic und dem Netscape Navigator konkurrieren, insbesondere, da Bilder und HTML-Seiten schon während des Ladens angezeigt werden können.

In die weite Welt

Nun haben Sie endlich einen Internetzugang über SLIP, haben einen Browser installiert... und was dann? Die ersten Schritte sind immer die schwierigsten; Anfängerinnen und Anfänger in WWW-Kursen sitzen, nachdem man alles erklärt hat, oft da und fragen: „Was soll ich denn jetzt anklicken?"

Am wichtigsten ist es zweifelsohne, selbst genau zu wissen, was man will. Informationen zu einem Thema beschaffen? Eine CD in den USA bestellen? Die Anschrift einer Universität in Australien ermitteln? Oder einfach nur die Zeit totschlagen? (Letzteres ist am einfachsten. Sie werden selbst erleben, wie leicht eine geplante kurze WWW-Recherche zur Endlos-Sitzung ausufert, weil man zufällig auf so viele interessante Dinge stößt.)

Das nun folgende Kapitel bringt ein bißchen Ordnung in das WWW-Chaos. Ich bemühe mich dabei, eine Übersicht über Such-Ansatzpunkte zu geben und nicht seitenweise URLs aufzulisten, die sich vielleicht längst geändert haben, bis Sie das Buch lesen. Ein WWW-Dauerbenutzer kann nur staunen über die Unmengen von Artikeln und Büchern, die sich allein mit dem Thema „tolle WWW-Seiten" beschäftigen, denn diese Informationen findet man am aktuellsten und vor allem dem Medium gemäß im WWW selbst und nicht auf bedrucktem Papier.

4.1 Eine gute Startseite...

...ist das A und O. Sie können entweder eine lokale Startseite (auf der eigenen Festplatte) oder eine beliebige WWW-Seite aus dem Netz als „Homepage" in Ihren Browser eintragen.

Die Verwendung einer lokalen Seite hat den Vorteil, daß sie sehr schnell zu laden ist; wenn Sie aber die Möglichkeit haben, eine ordentlich gewartete Startseite im Netz zu verwenden, ist das auf jeden Fall vorzuziehen. Die WWW-Übersichtsseiten der Universitäten werden z.B. häufig von engagierten WWW-Kennern gepflegt, so daß Sie relativ sicher sein können, daß Sie neue Entwicklungen (wie z.B. neue Suchdienste) schon nach kurzer Zeit auf der eigenen Startseite finden. Wenn Ihr Provider selbst einen

WWW-Server betreibt, ist man dort vielleicht auch bemüht, immer auf dem neuesten Stand zu sein. Eine Startseite vom WWW-Server in der eigenen Region hat den Vorteil, daß die Chancen gut stehen, auch Informationen über lokale Ereignisse ohne langes Suchen zur Hand zu haben.

In der Regel werden Sie auf einer sorgfältig gepflegten Seite Verweise auf die meisten Suchdienste finden, die ich hier vorstelle – und wenn nicht, ist das gleich eine Gelegenheit für eine eMail an den „Webmaster", den Verwalter des WWW-Servers.

Wie ich bei der Beschreibung der verschiedenen Browser in Kapitel 3 erwähnt habe, ist bei den meisten Browsern eine WWW-Seite als Startseite eingestellt, die auf dem Server des Browser-Herstellers liegt. Auch dort geben sich die Leute natürlich viel Mühe, eine möglichst gute Übersicht über das aktuelle WWW anzubieten, aber die Seiten befinden sich selten auf einem deutschen WWW-Server, und das Laden bei jedem Aufruf des Browsers kann dann schon einige Zeit kosten. Außerdem bieten Ihnen diese Homepages in der Regel keine deutschen und erst recht keine lokalen Informationen an.

4.2 Such- und Katalogsysteme im WWW

Es gibt im wesentlichen zwei Ansätze, die unzähligen Informationsreserven des WWW für eine gezielte Suche aufzubereiten. Keiner von beiden kann „perfekt" sein. Im WWW passiert es täglich, daß man eher durch Zufall auf eine Seite stößt und sich denkt: „Warum habe ich die noch nicht früher gefunden?", denn es gibt nun einmal keine zentrale Datenbank, bei der jede Seite angemeldet werden müßte, und also auch niemanden (ob Mensch oder Maschine), der das ganze WWW kennen kann.

Robots: Automatische Web-Übersicht

Auf der einen Seite gibt es die Suchdienste, die nach Eingabe eines Suchwortes (sofern der Server, auf dem das Programm läuft, nicht unter Überlastung leidet) eine Anzahl von URLs zu passenden Seiten aus ihrer Datenbank preisgeben. Die meisten dieser Suchdienste akquirieren ihre Daten durch sogenannte *Robots*. Das sind Programme, die sich wie ein überaktiver WWW-Benutzer verhalten und am laufenden Band WWW-Seiten aus der ganzen Welt laden, analysieren und zu katalogisieren versuchen. Nach Verarbeitung einer Seite wählt der Robot gleich einen anderen Hyperlink aus und macht weiter. Einige Robots laufen ununterbrochen, die meisten aber nur in regelmäßigen Abständen.

In der Vergangenheit gab es einige Schwierigkeiten mit Robots im WWW, denn der Ansturm eines auf Wanderschaft befindlichen Such-Robots kann ohne weiteres einen kleineren WWW-Server lahmlegen. Die Robots von heute sind daher relativ rücksichtsvoll programmiert[1] , was zwar ihre Leistungsfähigkeit etwas vermindert (z.B. Betrieb nur, während der Programmierer anwesend ist), ihre Akzeptanz im Netz aber wesentlich erhöht.

Die Robots unterscheiden sich nicht nur in der Art, wie sie die gefundenen WWW-Seiten untersuchen, sondern auch im Such-Algorithmus. In der Regel wird eine Breitensuche angewendet, d. h. der Robot „frißt" sich nicht tief in die Hierarchie von Seiten auf einem einzelnen Server, sondern ruft möglichst viele verschiedene Dokumente von verschiedenen Servern ab.

Neben den Suchdiensten, die ihre Daten durch Robots zusammentragen, existieren auch solche, bei denen WWW-Benutzer oder Seitenanbieter ihre Seiten „von Hand" anmelden müssen, damit sie in die Datenbank des Suchprogramms aufgenommen werden. Diese Dienste besitzen zwar in der Regel wesentlich weniger Datenmaterial, sind dafür aber, wenn man fündig wird, aussagekräftiger – welcher Robot könnte schon den Inhalt einer gefundenen Seite in zwei Sätzen prägnant zusammenfassen?

Auf der anderen Seite gibt es den klassischen Bibliotheksansatz: Kataloge mit geordneten Verweisen ins gesamte WWW. Eigentlich hat jeder WWW-Benutzer, der sich für ein bestimmtes Thema besonders interessiert oder engagiert, irgendwo seine Seite mit dazu passenden URLs. Das allein nützt dem Suchenden wenig; kommt aber ein übergreifender Index hinzu, der auf all diese Schwerpunktseiten verweist, wird das ganze schon wesentlich besser nutzbar. Diese Indizes sind zwar nicht so streng strukturiert wie z.B. eine Bibliothekssignatur, aber wenn man sich ein wenig damit beschäftigt, kommt man schnell an die gesuchten Informationen, sofern sie überhaupt im Index eingetragen sind.

Beide Suchhilfen stehen und fallen mit dem Engagement der Betreiber; nicht alle Listen, Indizes und Suchprogramme werden ständig gewartet. Manche sind nur Überbleibsel eines Wochenend- oder Ferienprojekts und von der aktuellen Entwicklung im Netz längst überholt. Andererseits gibt es immer wieder neue Dienste, neue Ideen und Verbesserungen.

1 Martijn Koster hat eine recht ausführliche WWW-Seite über Robots und die Probleme, die es damit geben kann, geschrieben: `http://web.nexor.co.uk/mak/doc/robots/guidelines.html`

4.2.1 Der WebCrawler

Der „WebCrawler" ist eine WWW-Datenbank, deren Inhalt in regelmäßigen Abständen von einem Robot-Programm aktualisiert wird. Der Service wird von Brian Pinkerton an der Universität Washington betrieben.

Die Benutzung des WebCrawlers ist einfacher kaum möglich: In das Suchformular[2] trägt man einen oder mehrere Suchbegriffe ein, und daraufhin erhält man eine Liste von passenden WWW-Seiten. In einem Auswahlfeld kann man angeben, wieviele Antworten maximal gesucht werden sollen. Klickt man „AND words together" an, werden nur Dokumente gesucht, die alle angegebenen Worte enthalten (während ansonsten auch Dokumente ausgegeben würden, die z.B. nur drei von vier angegebenen Worten enthalten).

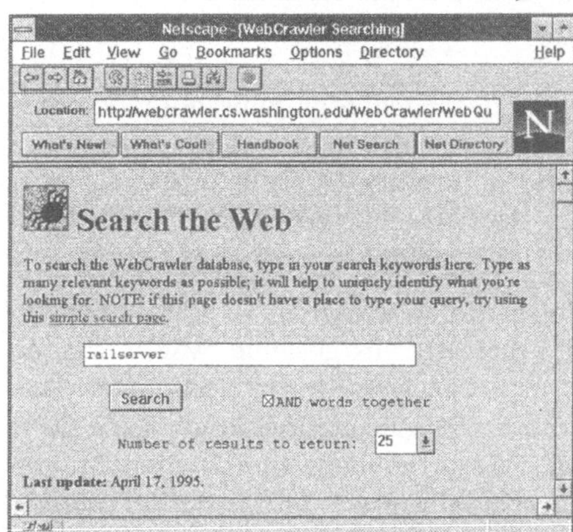

WebCrawler: Suchseite...

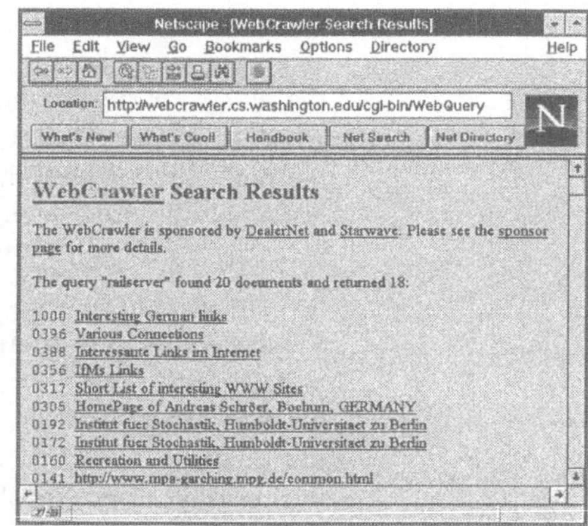

...und (bewertete) Ergebnisse

Abbildung 0.1: Der WebCrawler

Der WebCrawler versucht, die Relevanz der gefundenen Seiten in bezug auf das Suchwort festzustellen. Kommt das Suchwort z.B. in Überschriften vor, so hat das Dokument eine höhere Relevanz, als wenn der gesuchte Begriff nur im Text auftaucht. Das Dokument mit der höchsten Relevanz erhält 1000 Punkte, und alle anderen werden relativ dazu bewertet. Da auch Hyperlinks einen hohen Relevanzfaktor haben, findet man mit dem WebCrawler bestimmte Dinge oftmals nicht direkt, sondern man stößt auf Seiten, die auf die gesuchte Information verweisen – ein Klick mehr, aber kein schlechtes Konzept.

---

2 `http://webcrawler.cs.washington.edu/WebCrawler/WebQuery.html`

4.2.2 Die JumpStation (II)

Die „JumpStation" wird seit 1993 von Jonathon Fletcher in Stirling (Schottland) betrieben. Im Laufe des Jahres 1994 wurden zahlreiche Verbesserungen implementiert, und das aktuelle Projekt heißt jetzt „JumpStation II"[3] .

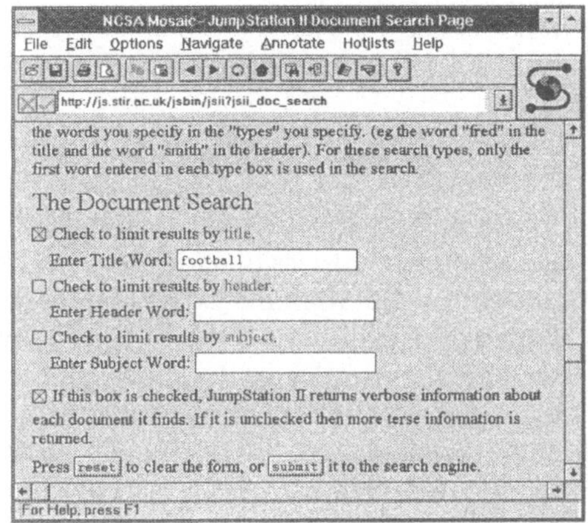

Abfragedialog

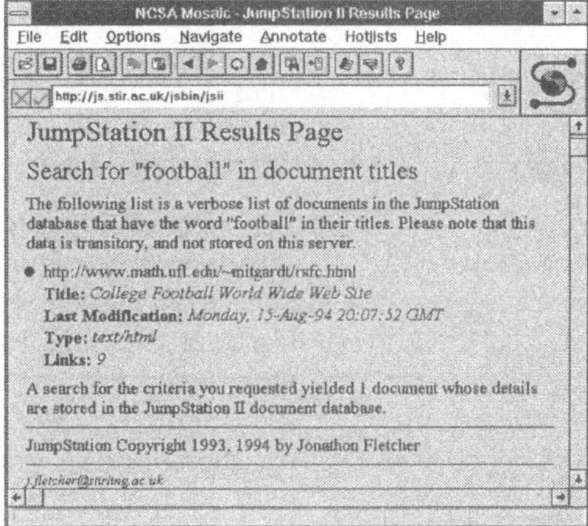

Suchergebnis zu „Football"

Abbildung 0.2:
Die JumpStation II

Wie auch der WebCrawler und andere Suchdienste basiert die JumpStation auf einem Robot, der selbständig durchs WWW streift und alles, was er dabei findet, aufschnappt. Die JumpStation II wertet alle gefundenen Dokumente in bezug auf drei Kriterien aus:

- *Titel* – Der Inhalt des im Header der HTML-Seite befindlichen <TITLE>-Feldes wird gespeichert.
- *Überschriften* – Die verschiedenen mit den Tags <H1> bis <H6> markierten Überschriften der HTML-Seite werden gespeichert.
- *Schlüsselworte* – Die JumpStation erstellt eine nach Anzahl des Auftretens sortierte Liste aller Wörter, die auf der HTML-Seite vorkommen, versucht, alle unbedeutenden Wörter („and", „not", „sometimes"...) zu eliminieren und speichert die häufigsten der übrigbleibenden Wörter. Derzeit funktioniert das aber nur mit englischen Seiten gut; auf einer deutschen Seite würden die entsprechenden deutschen Füll- und Verbindungswörter ja am häufigsten auftreten.

[3] http://js.stir.ac.uk/jsbin/jsii

In allen drei dadurch entstehenden Verzeichnissen kann man die JumpStation suchen lassen. Zusätzlich bietet die JumpStation auch eine Suche nach Servernamen und (Mitte 1995 war dies noch in Planung) nach URLs an; dabei werden einfach sämtliche Server- und URL-Namen, auf die der Robot während seiner Suche trifft, gespeichert, und eine Teilstring-Suche ist möglich. Diese Funktion kann eine große Hilfe sein, wenn man einen URL nur noch „so ungefähr" im Kopf hat – anstatt zu probieren, fragt man die JumpStation.

4.2.3 WWW Virtual Library

Die vom W3-Konsortium federführend betriebene „Virtual Library" versucht sich an einer inhaltlichen Klassifikation der WWW-Seiten. Im Gegensatz zu anderen solchen thematischen Übersichten (z.B. Nova-Links) hat man hier allerdings die Last gleich auf viele Schultern verteilt: Für jedes der im Haupt-Index aufgelisteten Themengebiete gibt es irgendwo auf der Welt jemanden, der für die Wartung der Einträge zuständig ist. In der Regel landet man auch auf einem anderen WWW-Server, sobald man in eines der Themengebiete verzweigt.

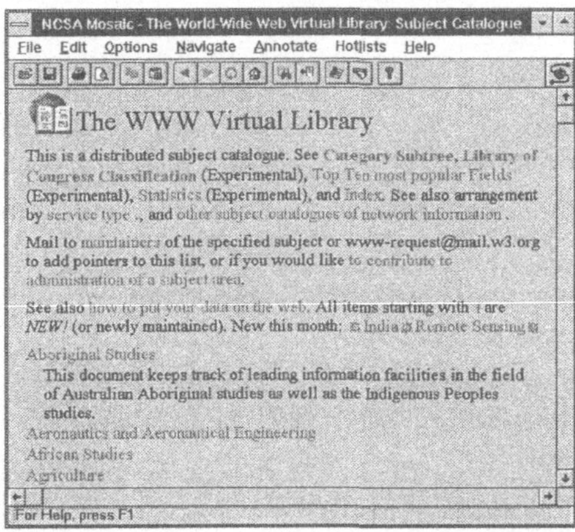

Eingangsseite

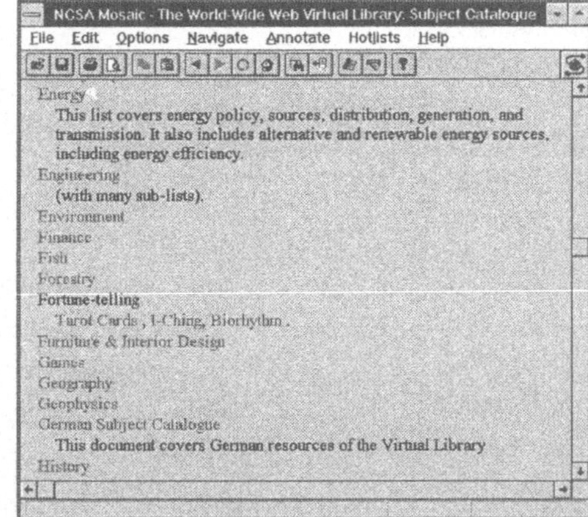

...sogar einen „German Subtree" gibt's

Abbildung 0.3: WWW Virtual Library

Das Vorgehen hat Vor- und Nachteile. Ein Vorteil ist sicherlich, daß auf diese Weise gewährleistet ist, daß die einzelnen Abschnitte der Virtual Library von Leuten gewartet werden, die sich für dieses Gebiet auch interessieren und kompetent sind. Auf der anderen Seite leidet natürlich die Einheitlichkeit; man merkt der Virtual Library deutlich an, daß sie nicht aus einem Guß ist. Die Betreiber scheinen ein wenig nach der Devise „Wir nehmen, was kommt" zu handeln. So findet man inmitten von ehrwürdigen

Kategorien wie „History“ oder „Science“ auch Humbug („Fortune telling“), der eigentlich eher unter „Entertainment“ gehört.

Die Virtual Library[4] bietet neben der Katalogisierung nach Themenbereichen auch noch einige experimentelle Suchmöglichkeiten und eine Hitliste der am häufigsten abgefragten Gebiete an.

4.2.4 Lycos

Lycos ist zweifelsohne der Goliath unter den Suchdiensten. Allein schon von der Finanzierung her hat man hier ganz andere Mittel: Das Projekt ist an der renommierten Carnegie Mellon University beheimatet und wird u.a. von der ARPA (Advanced Research Projects Agency, einer militärischen Forschungseinrichtung) unterstützt. Es wurden bereits Nutzungslizenzen an verschiedene Unternehmen (darunter Microsoft) verkauft. Langfristig soll die Finanzierung durch Werbung gesichert werden.

Startseite

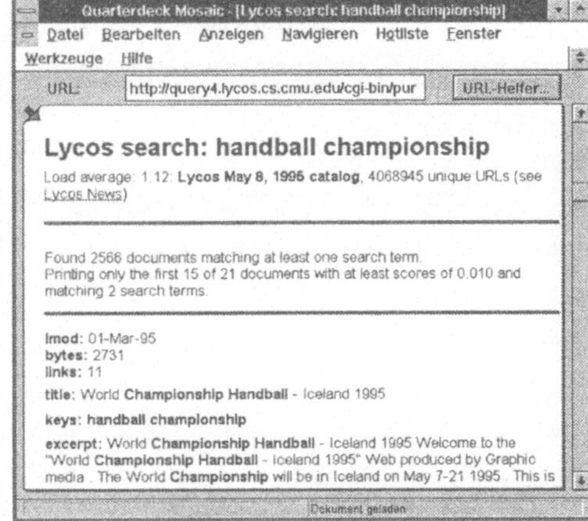

Suchergebnis Handball-Weltmeisterschaft

Abbildung 0.4: Lycos

Lycos basiert auf mehreren Robots, die täglich rund 15.000 Dokumente aus dem WWW inspizieren. Von allen werden die Titel-Informationen, Überschriften, 100 Schlüsselwörter und die ersten Zeilen des Textes gespeichert. Die Relevanz der Schlüsselwörter wird anhand der Häufigkeit und der Position innerhalb der Seite ermittelt. Zusätzlich können WWW-Teilnehmer weitere Seiten von Hand registrieren.

Schon jetzt (Mitte 1995) hat Lycos[5] eine Datenbasis von über vier Millionen WWW-Seiten, Tendenz steigend. Leider gibt es

[4] `http://www.w3.org/hypertext/DataSources/bySubject/Overview.html`

noch keine Mirrors der Lycos-Datenbank, so daß man immer auf das Original in den USA zugreifen muß. Obwohl dort derzeit gleich sieben Rechner auf einmal die Anfragen beantworten, ergeben sich lange Wartezeiten durch die Datenübertragung oder die Überlastung der Abfrageserver..

4.2.5 Joel's Hierarchical Subject Index (JSHI)

Dieser Index wird von der „Association of Computer Machinery" an der Universität Illinois (der Heimat des NCSA) betrieben und im wesentlichen von einer einzigen Person (Joel Jones) koordiniert. Stärker als bei anderen Indizes versucht man hier, eine strenge Bibliotheks-Struktur einzuhalten; es werden sogar ursprünglich für Literatur erstellte, standardisierte Gliederungen auf das WWW übertragen. Man kommt relativ gut und direkt zum Ziel, indem man aus den wenigen auf jeder Ebene zur Verfügung stehenden Menüpunkten immer den auswählt, der dem Suchobjekt am nächsten kommt.

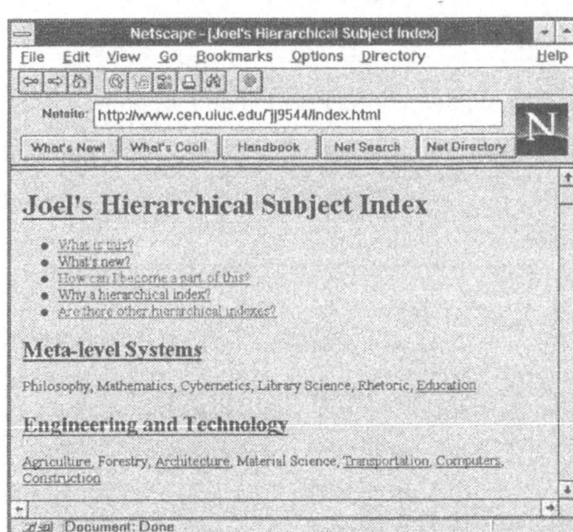

Startseite

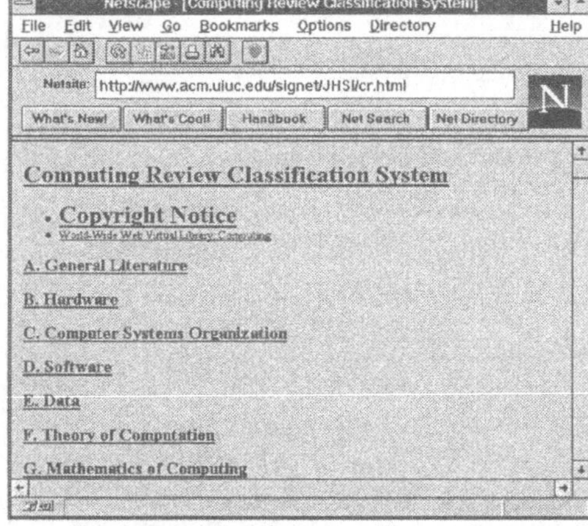

Durchstrukturiert: Seite zum Thema „Computer"

Abbildung 0.5: Joel's Hierarchical Subject Index

Leider ist der Gesamtumfang des Index[6], offenbar wegen fehlender „Manpower", derzeit nicht besonders groß; es bleibt abzuwarten, wie sich das Projekt weiterentwickelt.

4.2.6 Yahoo

„Yahoo" ist ein äußerst umfangreicher, hierarchischer WWW-Index, der in der Hauptsache von zwei engagierten Bastlern

5 http://lycos.cs.cmu.edu
6 http://www.cen.uiuc.edu/~jj9544/index.html

(David Filo und Jerry Yang) in Gang gehalten wird. Als Sponsor steht die Firma Netscape dahinter. Ähnlich wie beim Konstanzer „Sammelsurium“ (vgl. Seite 112) kann hier jeder nach Belieben eigene Links hinzufügen. Allerdings haben die Betreiber schon ein Auge darauf, daß kein Unsinn mit Yahoo getrieben wird.

Eingangsindex

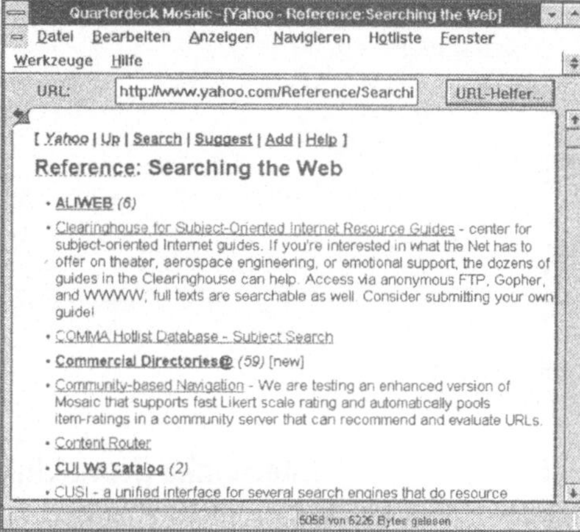

Übersicht über WWW-Suchdienste

Abbildung 0.6: Yahoo

Auf der Eingangsseite[7] sind alle Themenbereiche mit der Anzahl an Links, die sich dahinter befinden, aufgelistet. Die Übersicht über die Suchdienste im WWW[8] ist ausgesprochen umfangreich; Sie werden dort sicherlich die meisten hier beschriebenen Angebote wiederfinden. Die Yahoo-Datenbank besitzt außerdem ein Suchprogramm, mit dem per Stichworteingabe einzelne Einträge aus dem Index gefischt werden können.

4.2.7 EINet Galaxy

„EINet Galaxy“ ist ein Such- bzw. Übersichtsdienst, der von der Firma EINet vor allem als Einstiegspunkt für die Benutzer der eigenen WWW-Browser (MacWeb bzw. WinWeb) gedacht ist. Alle Themenbereiche sind auf der Eingangsseite kompakt aufgelistet, aber zuweilen finden sich hinter einem Bereich nur wenige Links, so daß die „Galaxy“ größer erscheint, als sie ist.

---

[7] http://www.yahoo.com/
[8] http://www.yahoo.com/Reference/Searching_the_Web

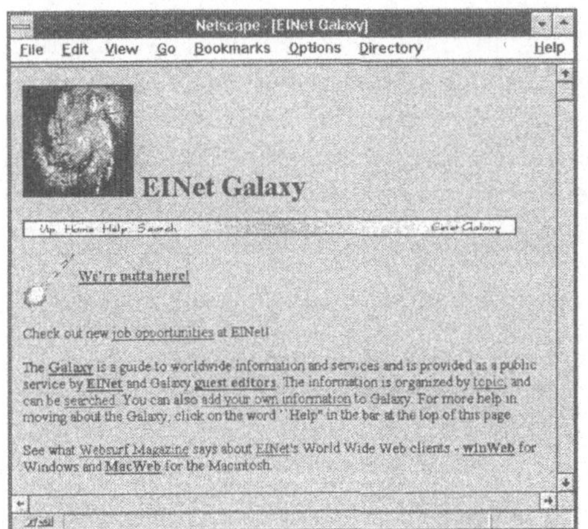

Eingangsseite

die gleiche Seite etwas weiter unten

Abbildung 0.7:
Die EINet Galaxy

4.2.8 Inter-Links (Nova-Links)

Inter-Links, früher unter dem Namen Nova-Links bekannt, ist ebenfalls ein thematischer Internet-Katalog[9] , der von Rob Kabacoff an der Nova Southeastern University (Florida) betrieben wird. Er ist nicht besonders umfangreich, besitzt aber eine gut geordnete Hierarchie. Über ein kleines Programm kann man den gesamten Katalog nach einem Stichwort durchsuchen – so stellt Inter-Links ein Mittelding zwischen Katalog und Suchdienst dar.

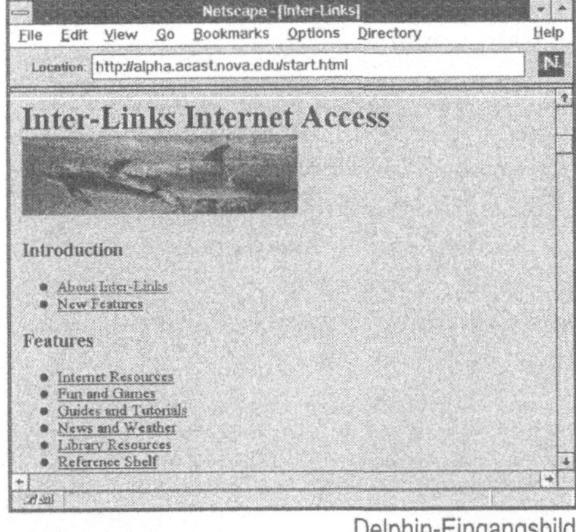

Delphin-Eingangsbild

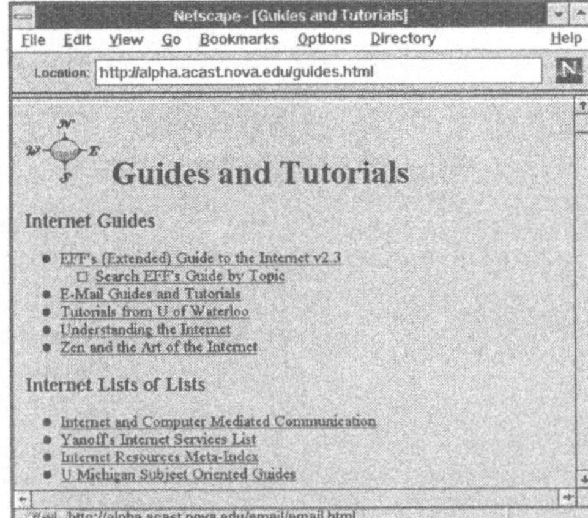

Der Abschnitt über Lernprogamme und Info-Texte

Abbildung 0.8:
InterLinks

9 `http://www.nova.edu/Inter-Links/`

4.2.9 The Whole Internet Catalog/Global Network Navigator

Beim „Whole Internet Catalog“ handelt es sich um ein Projekt des gewerblichen Anbieters GNN (dahinter steckt der Verlag O'Reilly & Associates), das sich aber vorbildlich von reinen „Werbekatalogen“ abhebt. GNN[10], der „Global Network Navigator“, stellt eine Reihe von Übersichtsseiten, Hitlisten, Ankündigungen von Neuigkeiten usw. bereit. Vieles davon kann jedoch erst nach einer Anmeldung genutzt werden, die kostenlos ist. Das ganze Projekt dient dem Anbieter dazu, einerseits den eigenen WWW-Server als Werbeplattform zu etablieren und auf der anderen Seite einen potentiellen Kundenstamm für Online-Einkäufe zu gewinnen.

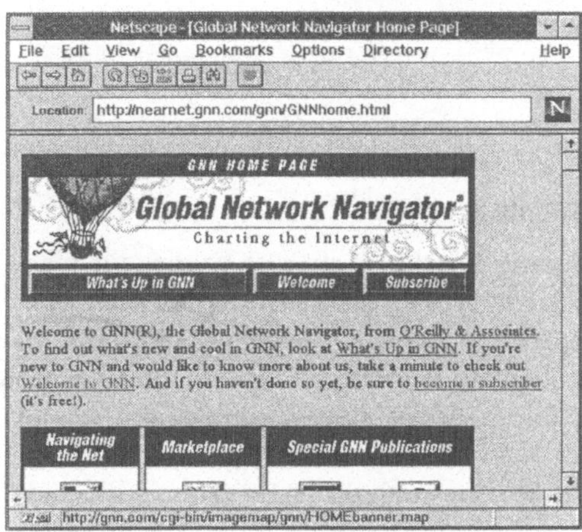

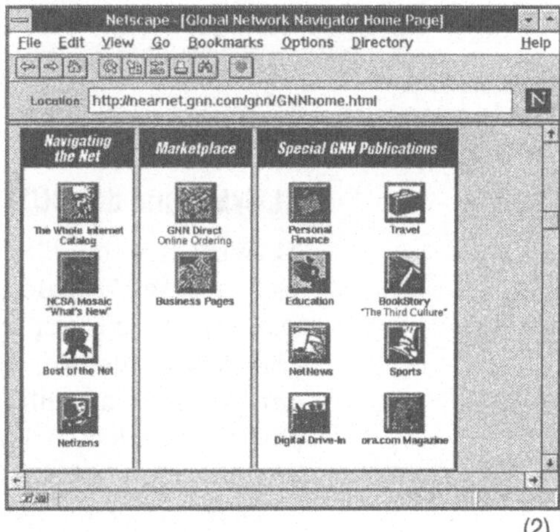

Die GNN-Homepage (1) (2)

Abbildung 0.9: Global Network Navigator

Der zentrale Index des Whole Internet Catalog[11] – fast etwas zu reich bebildert für eine einfache SLIP-Verbindung – besteht aus rund zehn Seiten für wichtige Teilgebiete (z.B. Computer, Regierung, Sport, Reisen, Internet), die dann (noch einmal nach Unterklassen geordnet) die Verweise in die weite Welt enthalten.

Die Anzahl der Einträge ist recht hoch, doch da die Liste zentral verwaltet wird, ist sie in Teilen sehr USA-spezifisch.

10 `http://nearnet.gnn.com/GNNhome.html`
11 `http://nearnet.gnn.com/gnn/wic/newrescat.toc.html`

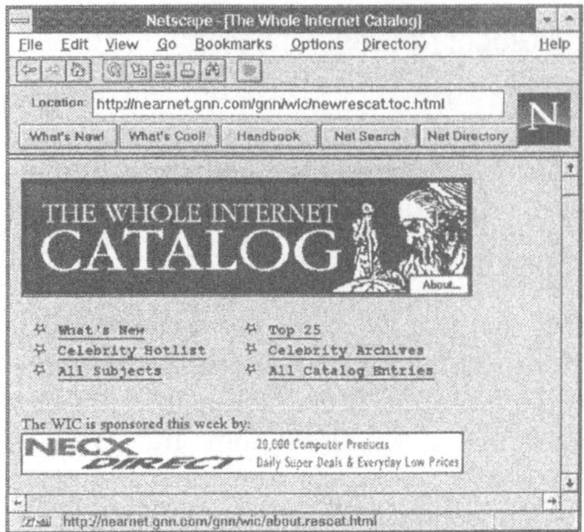

Whole Internet Catalog: Startseite...

...und als Beispiel das Regierungskapitel

Abbildung 0.10: Whole Internet Catalog

4.2.10 ALIWEB und der CUI W3 Catalog

ALIWEB („Archie-like indexing for the Web") ist weder ein klassischer WWW-Katalog noch ein typischer Robot. ALIWEB ist eine Datenbank, die nur angemeldete Einträge enthält. Die Betreiber von WWW-Servern, die an ALIWEB teilnehmen, erzeugen an einer definierten Stelle auf ihrem WWW-Server eine Datei, die in einem festgelegten Format Informationen über alle Dienste und bedeutenden Seiten dieses Servers enthält. ALIWEB ruft alle diese Dateien täglich ab und ordnet sie in die Datenbank ein.

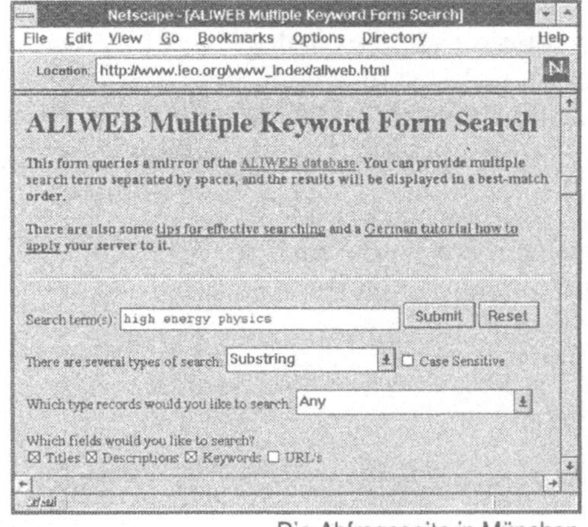

Die Abfrageseite in München

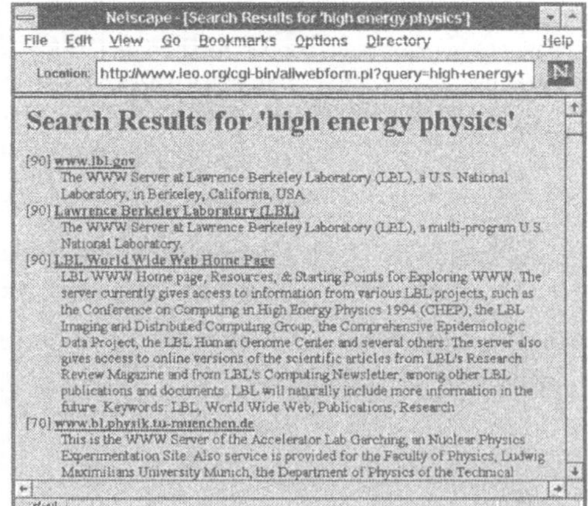

Suchergebnis zum Thema Kernphysik

Abbildung 0.11: ALIWEB

Durch das ungewöhnliche Verfahren der Informationssammlung kann ALIWEB immer die aktuellsten Informationen aus erster Hand – nämlich der der Server-Betreiber – bereitstellen.

Wie sein Autor, Martijn Koster, richtig feststellt, hat dieses Konzept einen Nachteil: Den Huhn-Ei-Effekt. Anfangs ist die Datenbank noch nicht besonders groß, daher suchen wenige Leute mit ALIWEB, und deshalb haben auch wenige Leute Interesse daran, ihren Server dort zu registrieren. Um aus diesem Kreis auszubrechen, wurde der Schweizer „CUI W3 Catalog" mit ALIWEB verknüpft. Dadurch, daß sich nun alle ALIWEB-Einträge nun in diesem Katalog wiederfinden, ist die Attraktivität einer Registrierung größer geworden.

Wegen der nicht ganz trivialen Eintragung findet man in ALIWEB eher „ernsthafte" Datenquellen (Wissenschaft, Technik, Gewerbe); mein Beispiel „Kernphysik" kommt nicht von ungefähr. Zum Stichwort „Football" hatte ALIWEB nichts zu bieten.

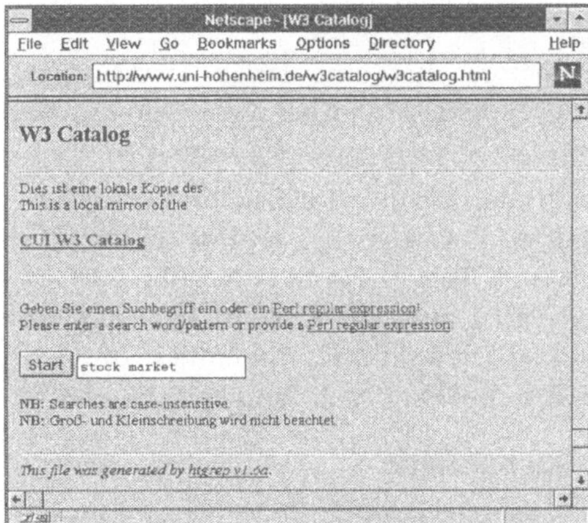

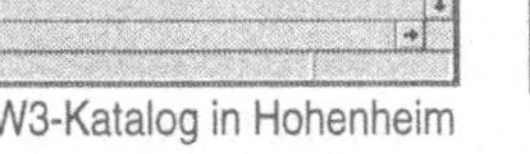
W3-Katalog in Hohenheim

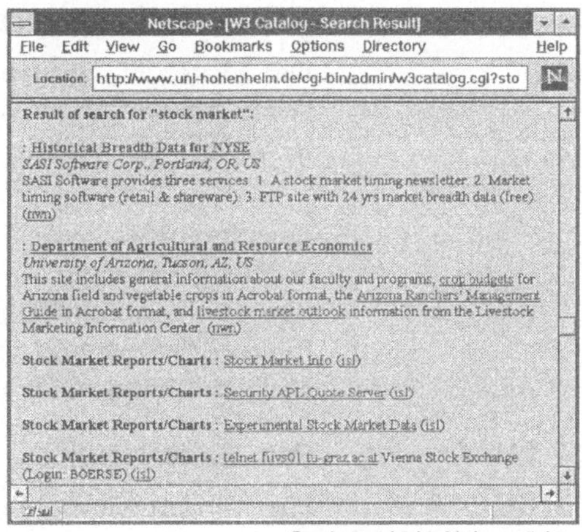

Suchergebnis Aktienmärkte

Abbildung 0.12:
CUI W3 Catalog

Ein großer Vorteil von ALIWEB ist, daß es nicht nur die zentrale Datenbank, sondern auch eine Anzahl auf der Welt verstreuter „Mirrors" gibt, also Server, die täglich die gesamte Datenbank übernehmen und für ihre nähere Umgebung zur Verfügung stellen. Der deutsche ALIWEB-Mirror befindet sich in München[12] und reagiert auf Anfragen aus Deutschland wesentlich schneller als die meisten Suchdienste in den USA.

12 http://www.leo.org/www_index/aliweb.html

Auch für den CUI W3 Catalog gibt es einen deutschen Mirror[13], was die Zugriffszeit enorm verkürzt. Neben den Einträgen aus der ALIWEB-Datenbank werden auch folgende, hier bereits erwähnte Informationsquellen automatisch aufgenommen:

- Die Neuigkeiten-Seite und die „Starting Points" vom NCSA;
- Einträge aus der Hauptübersicht der Virtual Library am CERN;
- Das „Internet Services Directory" von Scott Yanoff.

Generell gilt sowohl für ALIWEB als auch für den CUI W3 Catalog: Man findet zwar nicht unbedingt so viele Einträge wie bei anderen Suchdiensten, aber wenn man fündig wird, dann gibt es wesentlich mehr Details.

Obwohl sich theoretisch alle ALIWEB-Daten auch im CUI W3 Catalog finden müßten, empfiehlt sich die Einzelanfrage bei ALIWEB – in der Praxis sind die Datenbanken nicht kongruent.

4.2.11 Scott Yanoff's Internet Services Directory

Das „Internet Services Directory" hat eine lange Tradition im Netz; schon lange vor der explosionsartigen Verbreitung des WWW veröffentlichte Scott Yanoff es regelmäßig in den News.

Inzwischen finden sich auf der Liste[14] buchstäblich hunderte einzelner Informationsdienste, Verweise auf andere Listen und ähnliche Einträge, zum größten Teil in Form von URLs und daher direkt „anklickbar" – vorbei also die Zeit, in der man die Fundstellen einzeln aus einem Newsartikel entnehmen und per FTP oder Telnet ausprobieren mußte...

4.2.12 Das „Sammelsurium" der Uni Konstanz

Hier dürfen Sie nicht auf einen gut geordneten Index hoffen – in das „Sammelsurium" darf nämlich jeder überall alles eintragen, was er für sinnvoll hält. Wie in einem Dateisystem können auf jeder Ebne weitere Unterverzeichnisse oder aber direkte Verweise auf WWW-Seiten eingebaut werden. Das „Sammelsurium"[15] kommt damit dem Wesen des WWW sehr entgegen, denn jeder kann es mitgestalten.

Natürlich birgt das einige Probleme; es gibt immer wieder Leute, die ihr Hobby oder ihre Weltanschauung für so wichtig halten, daß ihnen gleich auf der obersten Ebene ein Verweis gebührt.

---

[13] `http://www.uni-hohenheim.de/w3catalog/w3catalog.html`
[14] `http://www.uwm.edu/Mirror/inet.services.html`
[15] `http://www.uni-konstanz.de/cgi-bin/sammel.pl`

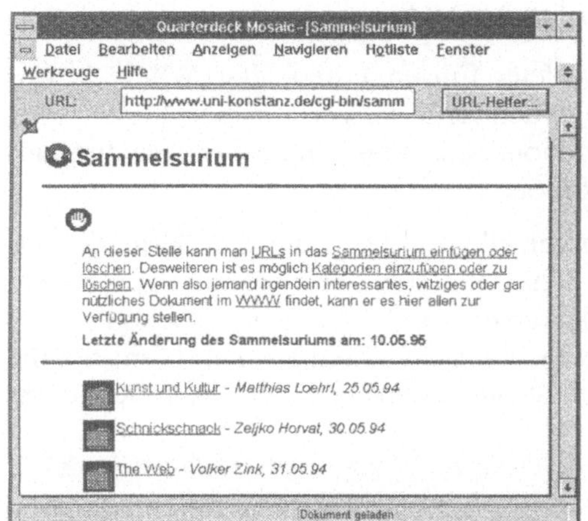

Titelseite

Freizeit-Abschnitt

Abbildung 0.13: Das „Sammelsurium" in Konstanz

Dennoch ist das Sammelsurium eine gute Quelle für Neues und vor allem auch eine Gelegenheit, eigene Angebote schnell unter die Leute zu bringen.

4.2.13 Nur für Software: ASK-SINA

Die „Akademische Software Kooperation" in Karlsruhe betreibt mit ASK-SINA[16] einen FTP-Suchdienst, der ähnlich wie „Archie" (vgl. Kapitel 2) funktioniert, aber schwerpunktmäßig Informationen von deutschen FTP-Servern beinhaltet.

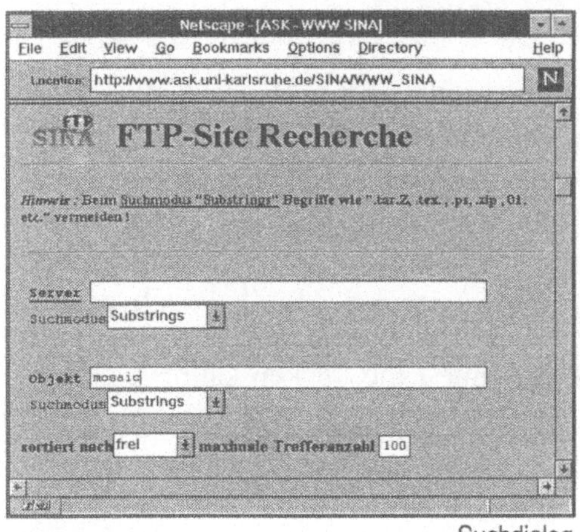

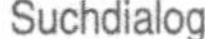
Suchdialog

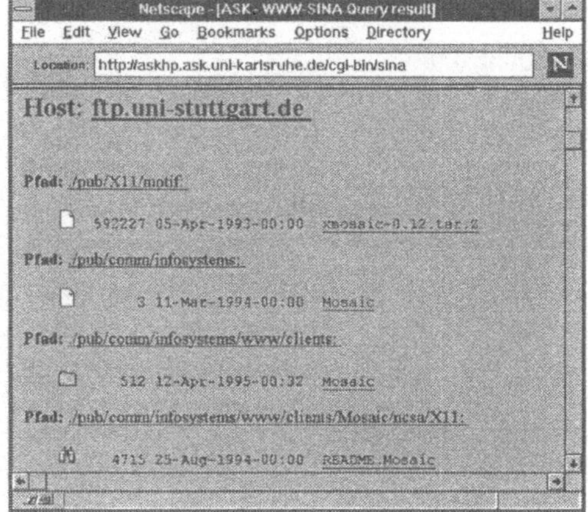

Ergebnis zu „Mosaic"

Abbildung 0.14: ASK-SINA

[16] `http://www.ask.uni-karlsruhe.de/SINA/WWW_SINA`

4.2.14 Verzeichnisse von WWW-Servern

Verschiedene WWW-Anbieter führen Listen aller WWW-Server. In die meisten davon werden neue Server auf eine kurze Notiz des Betreibers hin aufgenommen, aber einige Systeme funktionieren auch hier über Robots.

Für deutsche WWW-Server gibt es die „offizielle" Liste der FU Berlin[17] und an der Uni München eine daraus aufgebaute Deutschlandkarte als Clickable Map[18]. Auf dem gleichen Server kann man auch eine etwas übersichtlichere Liste abrufen, die die Server nicht strikt nach Städtenamen, sondern nach Regionen einteilt[19].

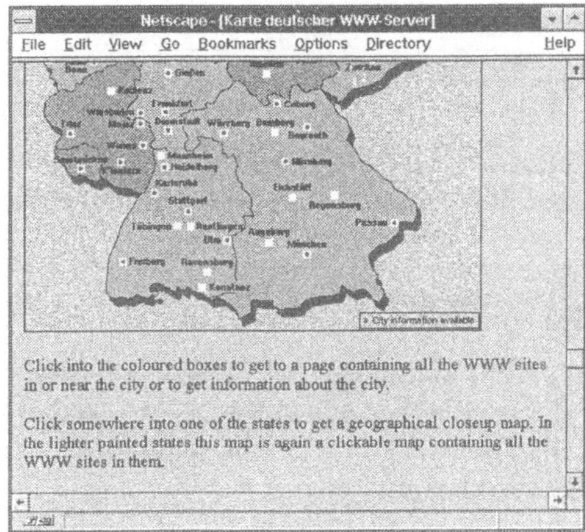

Deutschlandkarte bei leo.org

Liste der WWW-Server an der FU Berlin

Abbildung 0.15: Listen und Karten von WWW-Servern

Die Liste an der FU Berlin verfügt auch über eine Suchfunktion, mit der man eine Einschränkung auf einzelne Bundesländer oder Serverbetreiber (gewerblich, Bildungseinrichtungen usw.) vornehmen kann.

Am CERN wird eine internationale Liste aller WWW-Server geführt[20]. Wesentlich angenehmer ist der Zugriff jedoch grafisch über den „Virtual Tourist"[21], bei dem man sich ausgehend von einer Weltkarte in das gewünschte Land klicken kann.

---

17 `http://www.chemie.fu-berlin.de/outerspace/www-german.html`
18 `http://www.leo.org/demap/`
19 `http://www.leo.org/demap/cities/index.html`
20 `http://www.w3.org/hypertext/DataSources/WWW/Servers.html`
21 `http://wings.buffalo.edu/world/`

4.3 Effektives „Browsen"

Im WWW die Zeit totzuschlagen, ist kein Problem; man startet einfach bei „The Cool Site of the Day" oder bei „Mirsky's Worst of the Web" (vgl. Kapitel 3) und läßt sich ein wenig treiben.

Die gezielte Suche nach Information ist da schon weniger einfach. Wie geht man vor?

4.3.1 Suchen nach Information mit lokalem Bezug

Wenn Sie nach einer „lokalen" Information suchen (zum Beispiel Unterkunftsmöglichkeiten in einer Stadt, Kontaktadresse einer Universität, lokales Verkehrssystem...), versuchen Sie es am besten über die Liste aller WWW-Server. Machen Sie einen Server im gesuchten Ort oder seiner Nähe ausfindig und durchblättern Sie dessen Seiten – meist ist darunter auch eine Seite mit Informationen zum Ort selbst.

Ein weiterer Ansatzpunkt für die Suche nach Informationen mit lokalem Bezug ist der bereits erwähnte „Virtual Tourist" (siehe Seite 114), mit dem man sich bis hinunter auf die Stadt-Ebene „klicken" kann.

4.3.2 Suchen mit Themenschwerpunkt

Wenn Sie nach Informationen zu einem bestimmten Thema – zum Beispiel einem Hobby – suchen, sind Sie mit den bereits vorgestellten Suchdiensten gut bedient. Wenn Sie sich nicht für einen Suchdienst entscheiden können, gibt es auch „CUSI"[22], das „Configurable Unified Search Interface", mit dem Sie fast alle Dienste auf einmal befragen können.

Wichtig ist für die Suche, daß Sie die richtige Übersetzung treffen. Wenn sie ein bestimmtes deutsches Wort einfach auf gut Glück anhand des Wörterbuchs übersetzen, kann es passieren, daß in dem Kontext, den Sie meinen, im Englischen ein ganz anderes Wort gebräuchlich ist. Ein nach Schlüsselworten indiziertes Datenbanksystem kommt mit solchen etwas unpassenden Worten meist zurecht, aber ein Suchdienst, dem nur die Worte vorliegen, die die Autoren im Text selbst gebraucht haben, nicht.

Sollten Sie im WWW selbst keinen Erfolg haben, bleiben immer noch die News: Stellen Sie anhand der Liste aller Newsgroups (kann mit dem WWW-Browser vom Newsserver geladen werden) fest, ob es eine Gruppe gibt, die in etwa dem gesuchten

---

22 `http://amber.biophys.uni-duesseldorf.de/gateways/cusi.html`

Thema entspricht. Lesen Sie die Artikel dort wenn möglich für eine oder zwei Wochen; in vielen Gruppen wird regelmäßig ein „Frequently Asked Questions"-Dokument veröffentlicht, das Ihnen eventuell weiterhilft. Wenn das allein nichts bringt, fragen Sie die Netzgemeinde eben in einem eigenen Artikel um Rat.

4.3.3 Suchen nach wissenschaftlicher Information

Wie bei der Suche nach Themenschwerpunkten können Sie hier natürlich die WWW-Suchdienste oder die News in Anspruch nehmen. Da aber Wissenschaft eher von Organisationen als von Privatleuten betrieben wird, sind die Chancen groß, eine Institution zu finden, die auf dem betreffenden Fachgebiet tätig ist. Das kann eine spezielle Forschungseinrichtung sein oder einfach eine Universität mit einer passenden Fakultät.

Wenn Sie einige in Frage kommende Institutionen kennen, sollten Sie auf jeden Fall anhand der Liste aller WWW-Server (die man ja bei allen Browsern auch nach einem Stichwort durchsuchen kann) feststellen, ob eine davon einen eigenen WWW-Server betreibt. Dann rufen Sie die Startseite dieses Servers ab und finden dort sicherlich Informationen über die Tätigkeitsfelder der Organisation, vielleicht auch mit Verweisen auf andere, themenverwandte WWW-Quellen.

4.3.4 Suchen nach Software

Wenn Sie auf der Suche nach Software für Ihren Rechner sind, ist das WWW nicht unbedingt das richtige. Verwenden Sie stattdessen FTP. Natürlich können Sie FTP-Server auch mit Ihrem WWW-Browser ansprechen.

Das WWW können Sie im Vorfeld benutzen, um herauszufinden, welche FTP-Server Sie probieren wollen. ASK-SINA (siehe Seite 113) oder das in Kapitel 2 erwähnte Archie-Gateway sind gute Mittel dazu. Wenn Sie noch keine Informationen über den Namen der gesuchten Software haben, ist es ratsam, sich mit einer Themensuche zunächst einen Überblick über die verfügbaren Programme zu verschaffen (z.B. kann Suche nach den Stichworten „CAD" und „Software" einige Programm-Rezensionen ausspucken, aus denen man dann die Namen der Programme entnehmen kann).

4.3.5 Speed!

Als Computerbenutzer ist man ja schon daran gewöhnt, daß immer irgendwie alles „zu langsam" ist. Spitze Zungen behaupten, die Software verschwende absichtlich mit jeder neuen Version mehr Ressourcen, damit die Hardware-Hersteller am allgemeinen Willen zum Upgrade verdienen können.

Als WWW-Benutzer müssen Sie nur ganz selten einmal warten, weil *Ihr Rechner* zu langsam ist. Stattdessen haben Sie es mit einer Vielzahl von anderen Flaschenhälsen zu tun. Die schwerwiegendsten sind

- Ihre Modemleitung, die auch bei bester Modemtechnik nicht mehr als 3 KB (komprimiert) in der Sekunde übertragen kann;
- die Auslandsverbindungen der deutschen Provider. Grob geschätzt kann ganz Deutschland bei Ausnutzung aller bestehenden Verbindungen derzeit in einer Sekunde nur etwa ein halbes MB „importieren";
- die Rechenlast auf fremden Systemen, die neben Ihnen auch noch hundert andere Leute benutzen möchten.

Daher die folgenden Tips:

Ausnutzung der Modemstrecke

Versuchen Sie, den Festplattencache des verwendeten Browsers intensiv zu nutzen. Wenn Sie den Speicherplatz erübrigen können, erlauben Sie dem Browser ruhig, 20 MB oder mehr zwischenzuspeichern. Besonders schnell können Sie damit arbeiten, wenn Sie einstellen, daß bei Auswahl einer Seite, die im Cache steht, *nicht* erst im Netz geprüft wird, ob die Seite sich inzwischen verändert hat. Sie können ja über die Reload-Funktion jederzeit veranlassen, daß die Seite neu geladen wird, wenn Sie auf dem aktuellen Stand sein möchten.

Stellen Sie sicher, daß die Übertragungsgeschwindigkeit Ihres Modems durch die Modems Ihres Einwählpunktes auch ausgenutzt wird, und verwenden Sie cSLIP statt SLIP, wenn möglich.

National geht's schneller

Wann immer Sie die Möglichkeit haben, Daten von einem in Deutschland (bzw. dem Land, in dem Ihr Provider ist) liegenden Server abzurufen, sollten Sie das tun. Die innerdeutschen Internet-Verbindungen sind, von Ausnahmen abgesehen, um ein Vielfaches schneller als jede Auslandsverbindung. Häufig finden Sie auf amerikanischen WWW-Seiten Hinweise auf „Mirrors", also andere Server, die die gleichen Daten führen. Wenn unter ihnen einer in Deutschland ist, wählen Sie diesen anstatt des Originalservers. Da ein Datenabgleich zwischen Server und Mirror in der Regel täglich stattfindet, entstehen keine Aktualitätsverluste.

Das „Mirroring" ist insbesondere bei FTP-Servern üblich. Bevor Sie also ein mehrere MB großes Programm von einem FTP-Server in Amerika laden, schauen Sie in einen Suchdienst wie „ASK-SINA" (vgl. Seite 113), und prüfen Sie, ob es dasselbe nicht auch bei der Universität um die Ecke gibt.

Wo sich ein Rechner befindet, sieht man schon am vollständigen Rechnernamen: Enden sie auf „mil", „gov", „edu", „com", „net" und „us", liegen die Rechner in den USA (Ausnahme: ein paar über die Welt verstreute „com" und „net"-Domains). Alle anderen verwenden die ISO-Länderkennung; „au" ist Australien, „ca" Kanada, „de" Deutschland. „fr", „ch", „at", „pl", „dk", „nl" und „be" sind unsere europäischen Nachbarn usw.

Eine Ausnahme für die Regel „nationale Datenquellen zuerst" besteht dann, wenn Ihr Provider grundsätzlich alle Daten zunächst in die USA befördert, weil er nur dort einen Internet-Anschluß besitzt. Dann ist es natürlich wenig sinnvoll, sich um deutsche Datenquellen zu bemühen, denn das würde ja sogar eine zweifache Überquerung des Atlantik erfordern. Man sagt, einige deutsche Dependancen amerikanischer Provider wählten diese seltsame Art der Anbindung; im Zweifel sollten Sie sich in diesem Falle vielleicht einfach nach einem anderen Provider umsehen.

Schließlich ist noch festzustellen, daß die Netzverbindungen nachts weniger ausgelastet sind. Da die Leitungen von Europa nach Übersee in der Regel von Europäern, die Daten aus Amerika laden, vollgestopft werden (und weniger von Amerikanern, die sich bei uns bedienen), haben Sie schnellere Verbindungen, während Europa schläft. Wenn Sie also nicht früh aufstehen müssen, lohnt es sich durchaus, eine WWW-Sitzung auf den späteren Abend zu verlegen.

Auslastung der Rechner, die Sie nutzen

Eine Ausnahme gibt es auch von der Abend-Regel: Wenn Sie einen Suchdienst oder etwas ähnliches nutzen wollen, der an den Zielrechner mehr Anforderungen stellt als die bloße Herausgabe einer WWW-Seite, dann spielt es natürlich auch eine Rolle, wie belastet der Rechner ist. In den Abendstunden kann es zum Beispiel durchaus vorkommen, daß ein amerikanischer FTP-Server

Sie mit der Meldung „zu viele Benutzer gleichzeitig" abweist, denn in den USA ist dann natürlich gerade eine Menge los.

Auch einem großen Suchdienst wie Lycos (vgl. Seite 105) macht die Last der Anfragen durchaus zu schaffen; in solchen Fällen kann es sinnvoll sein, lieber die überlastete Netzleitung am Vormittag in Kauf zu nehmen und dafür auf der anderen Seite einen kaum belasteten Rechner vorzufinden.

4.4 Ausgewählte Stops im WWW

Ich fasse mich kurz, denn vor ein paar Seiten habe ich ja noch doziert, ein Buch sei kein Medium, um seitenweise URLs abzudrucken. Im folgenden nur ein paar Beispiele, die ich aus dem WWW gepickt habe, um einen Eindruck dessen zu vermitteln, was es gibt.

4.4.1 Wissenschaft, Nachrichten, Presse

Fast schon eine Institution im Internet ist das CIA World Factbook[23], in dem man demografische und ökonomische Daten über alle Länder dieser Erde findet. Da es einer der ersten umfassenden Informationsdienste im Internet war (vor dem WWW schon über FTP und Gopher zu erreichen), mußte es bei jeder zweiten Präsentation als Demonstrationsobjekt herhalten.

Die NASA[24], die National Science Foundation[25] und sogar das deutsche Bundesministerium für Bildung, Wissenschaft, Forschung und Technologie[26] sind im WWW präsent.

Nachrichten findet man im Videotext-Gateway[27] oder auf den „German News"-Seiten der Uni Karlsruhe[28] (dort gibt es auch eine Anzahl von Verweisen zu anderen Nachrichtenseiten).

Die deutsche Presse ist beispielsweise in Form der Computerzeitschriften c't und iX[29] oder des SPIEGEL[30] im Netz anzutreffen. Es gibt auch schon eine deutsche Zeitschrift, die ausschließlich im WWW erscheint: die „iWay News"[31].

---

23 für 1994: `http://www.odci.gov/94fact/fb94toc/fb94toc.html`
24 `http://www.gsfc.nasa.gov/NASA_homepage.html`
25 `http://stis.nsf.gov/`
26 `http://www.dfn.de/bmbf/`
27 `http://www.tu-chemnitz.de/~gfi/teletext.html`
28 `http://www.uni-karlsruhe.de/misc/germnews/`
29 `http://www.ix.de/ct/` bzw. `http://www.ix.de/ix/`
30 `http://bda.de/bda/int/spiegel/`
31 `http://www.iway.de/`

4.4.2 Reisen und Hobby

Touristen finden im CityNet[32] Informationen über mehr als 630 Städte; der „Subway Navigator“[33] entwirrt das U-Bahn-System einiger hundert Städte (aus Deutschland sind u.a. Berlin, Hamburg, Frankfurt und München darunter). Eine französische Erfindung übrigens, dieser Dienst – wer schon einmal in Paris war, den wundert's nicht.

Mitfahrer können die Mitfahrzentrale an der Uni Stuttgart[34] nutzen, und Bahnfahrern liefert der RailServer[35] die Fahrpläne der Deutschen Bahn AG per eMail. (Bei letztgenanntem handelt es sich übrigens um meinen kleinen Beitrag zum WWW.)

Nicht nur für den nächsten Urlaub kann man sich im WWW auch über eine Anzahl von Sprachen[36] informieren – zum Teil gibt es sogar die wichtigsten Touristenphrasen aus dem PC-Lautsprecher.

Für die Cineasten unter uns führt die Universität München eine Kopie einer amerikanischen Filmdatenbank[37] mit über 45.000 Einträgen und teilweise auch Rezensionen; außerdem haben bereits die Firmen Walt Disney[38] und Paramount Pictures[39] eigene WWW-Server installiert.

Musikliebhaber laden die Seite der BMG Ariola[40] mit rund 1.000 Werken zur Ansicht (und teilweise auch zum Anhören); das „Internet Underground Music Archive“[41] versteht sich als eine Art alternatives Plattenlabel, während sich das „Metaverse“[42] eher mit Mainstream beschäftigt.

Wer dem Hörgenuß die Gaumenfreuden vorzieht, der findet eine deutsche Rezeptsammlung[43] und alles über Wein[44] .

---

[32] http://www.city.net/
[33] http://metro.jussieu.fr:10001/bin/cities/english
[34] http://www.uni-stuttgart.de/Mfg/mfg.html
[35] http://www.uni-karlsruhe.de/~rail
[36] http://insti.physics.sunysb.edu/~mmartin/languages/languages.html
[37] http://www.leo.org/Movies/
[38] http://www.disney.com/
[39] http://www.paramount.com/
[40] http://www.classicalmus.com
[41] http://www.iuma.com/IUMA-2.0/home.html
[42] http://metaverse.com/
[43] http://zaphod.cs.uni-sb.de/rezepte.html
[44] http://www.wines.com/

4.4.3 Kunst

Mehr und mehr beginnen auch Künstlerinnen und Künstler, das Netz für sich zu entdecken; einige Beispiele künstlerischen Schaffens findet man in der „Art Gallery"[45] (nicht ganz ohne gewerbliche Ambitionen). Eine unfangreichere Übersicht über verschiedene Kunst-Seiten gibt es auf dem Server der Missouri State University[46] .

4.4.4 Gewerbe

Die „Internet Shopping Malls" sprießen derzeit überall aus dem Boden, aber noch sind viele Anbieter speziell auf den amerikanischen Markt ausgerichtet. Wenn Sie eine Kreditkarte besitzen, können Sie jedoch bei einer ständig wachsenden Zahl von Versandgeschäften (dem Dollar sei Dank) z. Zt. äußerst preisgünstig und vor allem bequem einkaufen. Bücher gibt es bei „books.com"[47] , CD-ROMs bei „cdrom.com"[48] , und mit dem „Virtual Vineyard"[49] sind sogar die Winzer am Netz.

Die Zahlung mit Kreditkarte kann auf verschiedene Arten erfolgen. Unsicher und nicht ratsam ist es, die Nummer der Kreditkarte in einer eMail oder einem einfachen WWW-Formular zu übermitteln. Eine Möglichkeit ist die Verwendung des Netscape Navigator als Browser; findet man einen Händler, der den passenden Netscape-Server gekauft hat, ist eine sichere Übertragung der Daten auch über ein WWW-Formular möglich. Andere Versandhäuser bieten diverse „Workarounds" an; so kann man bei vielen z.B. seine Kreditkartennummer nur einmal per Briefpost, Fax oder Telefon übermitteln und erhält dann eine Kundennummer, die man für künftige Transaktionen verwenden kann.

[45] `http://www.lightside.com/ArtGallery/ArtGallery.html`
[46] `http://www.msstate.edu/Fineart_Online/art-resources.html`
[47] `http://www.books.com/`
[48] `http://www.cdrom.com/`
[49] `http://www.virtualvin.com/`

Wie man WWW-Seiten schreibt

Um vom einfachen WWW-Benutzer zum WWW-Mitgestalter zu werden und eigene Seiten zu veröffentlichen, bedarf es zweierlei: Sie müssen zunächst die Seiten erstellen – davon handeln dieses und das folgende Kapitel – und dann einen WWW-Server finden, auf dem Sie sie für die Öffentlichkeit zugänglich ablegen können.

5.1 HTML-Grundlagen

Eine WWW-Seite (oder auch HTML-Seite) kann mit jedem beliebigen ASCII-Editor[1] erstellt werden. Man verwendet ganz gewöhnlichen Text und streut Anweisungen an den WWW-Browser in Form von sogenannten „HTML-Tags" (Tag = Markierung) ein. Der HTML-Browser erkennt an diesen Tags, wie er das Dokument auf dem Bildschirm darzustellen hat. Vorgeschrieben ist dabei zunächst nur folgendes Gerüst:

Beispiel:
Schablone für HTML-Seiten

```
<HTML>
<HEAD>
<TITLE>Dies ist der Seitentitel</TITLE>
</HEAD>
<BODY>
Hier steht der Inhalt der Seite.
...
...
</BODY>
</HTML>
```

In diesem Beispiel sehen Sie bereits die Tags <HTML>, <HEAD>, <BODY> und <TITLE>. Die Tags werden immer in spitze Klammern (Größer- und Kleinerzeichen) eingeschlossen – wenn man diese Zeichen im normalen Text verwenden will, muß man sie gesondert markieren (mehr dazu später). Zu jedem Tag gibt es ein zugehöriges Ende-Tag, das mit einem Schrägstrich beginnen muß. Da einige Tags aber gar keinen Inhalt haben und in ande-

[1] Es gibt auch spezielle Programme dafür – siehe Kapitel 8.

ren Fällen aus dem Kontext klar hervorgeht, an welcher Stelle der Inhalt zu Ende ist, kann man auf das abschließende Tag oft verzichten (zum Beispiel bei <P>, das man verwendet, um einen neuen Absatz zu beginnen).

Grundsätzlich gilt, daß bei HTML keine Rücksicht auf Zeilenumbrüche und mehrere aufeinanderfolgende Leerzeichen genommen wird. Der Browser zeigt so viele Worte in einer Zeile an, wie die Fensterbreite es zuläßt und kümmert sich nicht um die Zeilenumbrüche im HTML-Text (stattdessen fügt er ggf. ein Leerzeichen ein). Die beiden hier dargestellten HTML-Quelltexte würden also genau gleich angezeigt werden:

```
<HTML><HEAD>
<TITLE>Hallo </TITLE></HEAD>
<BODY>
HTML-Quelltext zu schreiben
ist gar nicht schwer, wenn
man erst einmal ein paar
          Prinzipien
verstanden hat.
</BODY>
```

```
<HTML><HEAD><TITLE>Hallo
</TITLE><BODY>
                   HTML-Quelltext
zu schreiben
ist gar nicht
schwer, wenn
man erstmal
ein paar Prinzipien
verstanden hat.</BODY>
```

Es wäre auch gar nicht sinnvoll, wenn den Zeilenumbrüchen im Dokument Beachtung geschenkt würde; schließlich kann jeder WWW-Benutzer bei seinem Browser die Fenster- und Schriftgröße frei einstellen, und das Programm muß dann versuchen, die Seite optimal aufzubereiten.

5.1.1 Keine Formatierungs-, sondern Inhaltsanweisungen

Sehr viele HTML-Autoren haben Schwierigkeiten mit dem wichtigsten Prinzip der HTML-Sprache, deshalb möchte ich gleich damit anfangen: HTML ist keine Sprache für Formatierungs- oder Darstellungsanweisungen. Wie eine HTML-Seite in der Browser-Darstellung aussieht, ist im wesentlichen dem Browser überlassen. Sie als Autor beschränken sich darauf, inhaltliche Angaben über Ihr Dokument zu machen. Sie sagen „jetzt folgt eine Aufzählung", doch wie der Browser die Aufzählung darstellt, darauf haben Sie keinen Einfluß. Sie sagen: „dieses Wort ist wichtig", aber ob der Browser die Wichtigkeit letztlich durch Fettdruck, Kursivschrift oder farbige Lettern hervorhebt, bestimmen Sie in der Regel nicht.

Im Zeitalter des Desktop Publishing erfordert dieses Konzept einiges an Selbstdisziplin. Die meisten Menschen sind es gewohnt, daß sie an einer Druckseite so lange herumspielen können, bis ihnen das Ergebnis gefällt, und probieren dasselbe auch bei HTML-Seiten. Sie laden ihren Lieblingsbrowser und feilen an den HTML-Tags; dabei scheuen Sie nicht davor zurück, zum Beispiel mit dem <ADDRESS>-Tag eine ganze Textpassage als Adresse zu markieren, nur weil der Browser dann eine so hübsche Schrift auswählt (auf jedem anderen Browser sieht die Seite wahrscheinlich katastrophal aus), oder die fertige Seite besteht fast nur aus eingebetteten Bildern, weil man da mit dem bekannten Malprogramm operieren konnte – untragbare Ladezeiten sind die Folge.

Die Standardisierung, das muß man zugeben, schränkt natürlich die persönlichen Gestaltungsmöglichkeiten ein. Auf der anderen Seite erlaubt erst ein so enger Standard automatische Verarbeitung; wenn alle HTML-Autoren z.B. die Adressen in ihren HTML-Dokumenten als <ADDRESS> markieren, kann jederzeit jemand ein Programm entwickeln, das alle Adressen aus dem ganzen Internet zusammenträgt. Denkt sich aber jeder seine eigene Formatierung aus, ist das ein Ding der Unmöglichkeit. Das gleiche gilt für automatisch erstellte Schlagwort- und andere Verzeichnisse: eine feste Struktur ist Grundlage für automatische Verarbeitung.

Einige Browser, allen voran der Netscape Navigator, stellen spezielle Tags oder Erweiterungen zu bestehenden Tags zur Verfügung, die es eben doch erlauben, Formatierungsanweisungen (z.B. für die Schriftgröße) zu verwenden. Das ist eine Sackgasse, solange sich nicht alle Browser-Programmierer einigen. Daher weise ich in der HTML-Komplettbeschreibung in Kapitel 6 bei jedem Tag darauf hin, wenn es nur von wenigen Browsern unterstützt wird.

5.1.2 Verschiedene Versionen von HTML

Auch die HTML-Sprache hat sich weiterentwickelt. Es gibt die Versionsbezeichnungen HTML 1.0, HTML 2.0, HTML+ und HTML 3.0.

Die Grenze zwischen HTML 1.0 und HTML 2.0 verliert sich irgendwo im Dunkel der Vergangenheit; beide Spezifikationen sind noch nicht vollständig verabschiedet und doch schon wieder überholt. HTML 1.0 heißt eigentlich nur HTML – die damals vom CERN erstellte Spezifikation sah gar keine Versionsnummer vor. Die darauf aufbauenden Weiterentwicklungen (insbesondere die Unterstützung von Formularen, vgl. Kapitel 7) werden unter dem Namen HTML 2.0 zusammengefaßt; fast jeder Browser beherrscht den vollen HTML 2.0-Funktionsumfang. Wesentliche Gestaltungselemente bei HTML 2.0 sind Überschriften, Listen und Aufzählungen sowie in den Text eingebettete Bilder.

Die Firma Netscape hat selbständig einige Erweiterungen an HTML 2.0 vorgenommen und in ihren Browsern implementiert; zugleich arbeitet das W3-Konsortium an der Fertigstellung des HTML 3.0-Standards. HTML 3.0, früher noch unter dem Arbeitstitel „HTML +“, soll vor allem Tabellen, bessere Integration von Bildern in den Text, mathematische Formeln und erweiterte Gestaltungsmöglichkeiten durch sogenannte „Stylesheets“ ermöglichen.

Offiziell befindet sich HTML 3.0 noch „in der Diskussion“, der Funktionsumfang steht jedoch praktisch fest, und daher enthält dieses Buch auch schon große Teile des HTML 3.0-Standards. Einige Merkmale von HTML 3.0 – allen voran die Tabellendarstellung – werden heute schon von vielen Browsern beherrscht. Auch die Firma Netscape kündigte an, eigene Weiterentwicklungen auf den werdenden neuen Standard auszurichten. Bis HTML 3.0 offiziell „verabschiedet“ wird, wird indes noch einige Zeit ins Land gehen.

5.2 Grundelemente eines HTML-Dokuments

5.2.1 Tags

Aus dem HTML-Gerüst am Anfang des Kapitels kennen Sie bereits einige Tags mit Inhalt (z.B. <TITLE>....</TITLE>). Daneben gibt es auch Tags ohne Inhalt (z.B.
 für einen Zeilenumbruch). Zu diesen wird dann kein mit / beginnendes Gegenstück benötigt.

Ferner können Tags noch mit *Attributen* versehen werden (z.B. <H1 SEQNR=5>). Welche Attribute für welche Tags zulässig sind, bestimmt die HTML-Spezifikation; in der Praxis hängt es natürlich vom Browser ab, mit dem die Seite angesehen wird, ob er ein bestimmtes Attribut erkennt oder nicht. Normalerweise ignoriert ein Browser einfach alles, was er nicht versteht; wenn Sie also z. B. ein Attribut verwenden, das nur HTML 3.0-Browser verstehen, sollten es ältere Browser einfach übergehen.

Die Groß- und Kleinschreibung spielt bei Tags keine Rolle.

Während dieses Kapitel nur einige ausgewählte Beispiele beinhaltet, werde ich im nachfolgenden alle Tags und die zulässigen Attribute der Reihe nach vorstellen. Zusätzlich befindet sich im Anhang D eine alphabetische Übersicht über alle HTML-Tags.

5.2.2 Entities

Neben den Tags gibt es noch die „Entities", das sind Steuersequenzen für Sonderzeichen. Nur gewöhnliche Buchstaben, Interpunktion und Ziffern dürfen im Text ohne spezielle Auszeichnung verwendet werden. Für alle Umlaute und auch für die Zeichen <, > und & müssen Sie Entities benutzen (ausführliche Liste im Anhang C). Entities beginnen immer mit & und enden mit einem Semikolon:

ä, Ä	ä bzw. Ä
ö, Ö, ü, Ü	analog (ö usw.)
ß	ß
&	&
<, >	< bzw. > („less than", „greater than")

Wie Sie sehen, ist die Groß- und Kleinschreibung bei den Entities (im Gegensatz zu Tags) durchaus von Bedeutung.

5.3 Willkommen daheim – die eigene Homepage

Die erste Seite, die die meisten Leute erstellen, ist die eigene „Homepage". Auf der Homepage einer Person finden sich idealerweise ein paar persönliche Daten, vielleicht ein Bild, und außerdem Informationen darüber, wie und wo die Person erreichbar ist. Viele Organisationen führen auf ihrem zentralen WWW-Server eine Liste aller Homepages der dort beschäftigten Personen, so daß sich eine Art Personalverzeichnis ergibt, in dem jeder seinen Eintrag selbst bestimmen kann.

Viele Benutzer versehen ihre Homepage zusätzlich mit einigen Verweisen auf (aus ihrer Sicht) interessante fremde WWW-Seiten oder auf Informationen über ihren Wohnort, ihr Arbeitsgebiet und anderes.

Als lockeren Einstieg in HTML drucke ich hier drei völlig unterschiedliche Homepages mit kommentiertem Quelltext ab. Details zu allen erwähnten Tags finden Sie im nächsten Kapitel. Bis auf die Hyperlinks sind sämtliche Daten fiktiv – versuchen Sie also nicht, bei einer der angegebenen Telefonnummern anzurufen...

5.3.1 Der Purist

Mein „Purist" hat eine Homepage, die nur die wichtigsten Informationen enthält. Die Gestaltung ist übersichtlich, aber schlicht und ohne jede Spielerei.

Abbildung 5.1: einfache Homepage

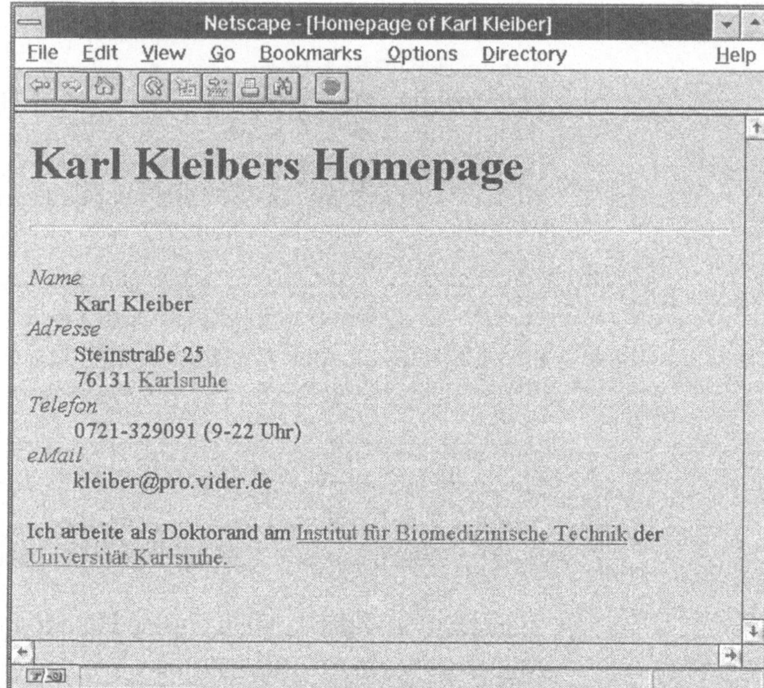

Die Seite enthält nur drei Hyperlinks. Einer befindet sich in der Adresse (ein Verweis auf eine Seite mit Informationen über die Stadt Karlsruhe), und die beiden anderen verweisen auf den WWW-Server des Institutes und den der Universität, an der der Autor arbeitet.

Hier nun der kommentierte Quelltext für diese Seite:

```
<HTML>
<HEAD>
<LINK REL="MADE" HREF="mailto:kleiber@pro.vider.de">
<TITLE>Homepage of Karl Kleiber</TITLE>
</HEAD>
```

Dies ist der „Header" der Seite. Er enthält einen Titel, der vom <TITLE>-Tag umschlossen wird, und außerdem die Mailadresse des Autors der Seite. Einige Browser können anhand dieses <LINK>-Feldes dem Benutzer die Funktion „Autor anschreiben" anbieten. Danach beginnt der „Body“, also der eigentlich anzuzeigende Text:

```
<BODY>
<H1>Karl Kleibers Homepage</H1>
<HR>
```

Vom <H1>-Tag wird eine Überschrift umschlossen, und <HR> sorgt für eine Linie darunter.

```
<DL>
<DT><EM>Name</EM>
<DD>Karl Kleiber
<DT><EM>Adresse</EM>
<DD>Steinstra&szlig;e 25
```

Mit <DL> beginnt eine spezielle Art von Liste, die aus je einer kurzen Überschrift und einer u.U. längeren Information dazu besteht. <DT> steht vor einer Überschrift, <DD> vor dem eigentlichen Inhalt. Durch die Verwendung dieser Art von Liste wird die Einrückung erzielt, die auf der Abbildung zu sehen ist.

Am Ende der Liste muß </DL> folgen, aber das dauert noch ein paar Zeilen. <EM> kann für eine Hervorhebung – in der Abbildung kursiv – benutzt werden.

```
<BR>76131
<A HREF="http://www.ba-karlsruhe.de/KA/KA.html">
Karlsruhe</A>
```

Mit <BR> wird hier eine neue Zeile begonnen, damit die Postleitzahl nicht direkt hinter der Hausnummer folgt. <A> und </A> umschließen das Wort „Karlsruhe“ und machen es so zu einem Hyperlink, der, wenn aktiviert, die Seite `http://www.ba-karlsruhe.de/KA/KA.html` lädt.

```
<DT><EM>Telefon</EM>
<DD>0721-329091 (9-22 Uhr)
<DT><EM>eMail</EM>
<DD>kleiber@pro.vider.de
</DL>
```

Die letzten beiden Aufzählungselemente der Liste sind wieder Standard, und mit </DL> wird sie abgeschlossen.

```
Ich arbeite als Doktorand am <A HREF="http://www-
ibt.etec.uni-karlsruhe.de/">Institut f&uuml;r
Biomedizinische Technik</A> der
<A HREF="http://www.uni-karlsruhe.de/">
Universit&auml;t Karlsruhe.
</BODY>
</HTML>
```

Es folgt noch ein einzelner Satz mit zwei eingebetteten Hyperlinks, dann wird der Body mit </BODY> und die HTML-Seite mit </HTML> beendet. Das war alles – wie gesagt, eine sehr nüchterne Seite.

5.3.2 Der Humorist

Bei weitem nicht alle Homepages sind so bierernst wie die, die ich zuerst vorgestellt habe. Es geht auch anders, wie Abbildung 5.2 (folgende Seite) zeigt.

Diese Seite unterscheidet sich von der letzten nicht nur durch den Stil. Es sind vier Bilder auf der Seite enthalten – eines offensichtlich, und die drei anderen sind die Aufzählungspunkte unter „Sonstiges". Es handelt sich dabei um rote Kugeln mit 3D-Effekt, die etwas ansprechender aussehen als die Standard-Aufzählungszeichen, die jeder Browser selbst erzeugt.

Der Quelltext sieht so aus:

```
<HTML>
<HEAD>
<LINK REL="MADE" HREF="mailto:Bert.Backmann@stud.uni-
karlsruhe.de">
<TITLE>Homepage of Bert Backmann</TITLE>
</HEAD>
<BODY>
<H1>Willkommen bei Bert Backmann</H1>
<HR>
```

Soviel ist schon aus dem ersten Beispiel bekannt – nur Name und eMail-Adresse haben sich geändert. Die Neuerung folgt hier:

```
<IMG SRC="ich.gif">
Das bin ich!<BR>(Schon ein bi&szlig;chen &auml;lter,
das Bild, aber das macht ja nichts... oder?)
```

Ein Bild (das in der Datei „ich.gif" vorliegen muß) wird mit dem <IMG>-Tag eingebunden. Im danebenstehenden Text wird mit <BR> eine neue Zeile begonnen. Die Hintergrundfarbe des Bildes ist transparent gemacht worden, damit es nicht rechteckig, sondern „ausgeschnitten“ erscheint.

Abbildung 5.2: Homepage mit Bildern

Weiter im Quelltext dieser Seite:

```
<H2>Pers&ouml;nliches</H2>
Ich studiere im 13. Semester Bauingenieurwesen an der
Uni Karlsruhe, und ein Ende ist nicht abzusehen.
Mein Geburtstag ist der 23.5., wer mir also
Gl&uuml;ckw&uuml;nsche schicken m&ouml;chte, kann das
<A HREF="mailto:Bert.Backmann@stud.uni-karlsruhe.de">
gerne tun!</A>
```

Dieser Abschnitt beginnt mit einer Überschrift <H2>, also eine Nummer kleiner als <H1>. Die Worte „gerne tun!" bilden einen Hyperlink, der das Absenden einer Mail veranlaßt, wenn man ihn aktiviert.

```
<H2>Hobbies</H2>
Ich bin ein begeisterter Rollenspieler und gerade
dabei, ein paar Links zusammenzutragen. Wer will,
kann mal einen <A HREF="frp.htm">Blick darauf
werfen</A> - ansonsten m&uuml;ssen die Seiten von
<a href="http://www.oat.ts.astro.it/marcucci/sr2/
index.html">Paolo Marcucci</A> ausreichen.
```

Hier findet sich ein Link auf eine lokale Seite: Der Text „Blick darauf werfen" verweist auf die Seite „frp.htm", die im gleichen Verzeichnis wie die Homepage liegen muß. Der zweite Hyperlink (Zeilenumbruch hier nur der Darstellung halber) verweist wieder auf eine externe Seite.

```
<H2>Sonstiges</H2>
Ein paar ulkige Seiten im WWW:
<BR><IMG SRC="p-red.gif" ALT="*">
<A HREF="http://www.cl.cam.ac.uk/coffee/coffee.html">
Die WWW-Kaffeemaschine</A>
```

Ein normaler Hyperlink, dem allerdings das eingebundene Bild „p-red.gif" vorangestellt wird; es handelt sich dabei um einen kleinen roten Punkt. Solche Symbole finden Sie an vielen Stellen im WWW. Es gibt auch ganze Sammlungen, aus denen Sie sich für eigene Zwecke bedienen können[2]. Die Angabe `ALT= "*"` bedeutet, daß auf nicht grafikfähigen Browsern statt des Bildes ein Sternchen angezeigt werden soll.

```
<BR><IMG SRC="p-red.gif" ALT="*">
<A HREF="http://www.infi.net/cool.html">
Cool Site of the Day</A>
<BR><IMG SRC="p-red.gif" ALT="*">
<A HREF="http://www2.netscape.com/fishcam/
fishcam.html>
The amazing Fishcam (Aquarium live!)</A>
<P>
Viel Spa&szlig; damit!
```

[2] z.B. `http://www.uncg.edu:80/~bucknall/uncg/icons/`

Noch zwei weitere Hyperlinks dieser Art (der Umbruch im „fishcam"-URL dient nur der Darstellung hier). Das <P> am Ende beginnt einen neuen Absatz, läßt also etwas mehr Platz als <BR>.

```
<HR>
<EM>Bert Backmann (zuletzt ge&auml;ndert am
2.7.1995)</EM>
</BODY>
</HTML>
```

Ganz zum Schluß finden sich hier eine „Signatur" des Autors sowie das Datum der letzten Änderung. Dieses Datum kann zwar auch der WWW-Server feststellen und angeben, aber es ist nicht unüblich, es direkt auf der Seite unterzubringen.

5.3.3 Der Artist

Ich mag den wahren Künstlern unter Ihnen mit dieser Überschrift unrecht tun – eigentlich ist diese Seite nicht Produkt eines Künstlers, sondern eher eines etwas egozentrischen Menschen, der mit den Erweiterungsmöglichkeiten des „Netscape Navigator"-Browsers herumgespielt hat:

Abbildung 5.3: Netscape-verspielte Homepage

Auf dieser Seite finden sich keine Informationen – nur Links auf drei andere Seiten, deren Layout Ihrer Vorstellungskraft überlassen bleibt. Entsprechend kurz ist auch der Quelltext:

```
<HTML>
<HEAD>
<TITLE>Jojo's Home</TITLE>
</HEAD>
```

Nichts Neues bis hier.

```
<BODY BACKGROUND="brick.jpg" TEXT="#f0ff00"
LINK="#f0ff30">
```

Durch diese Attribute beim <BODY>-Tag wird dem Netscape-Browser mitgeteilt, daß er als Bildhintergrund die (im gleichen Verzeichnis wie die Homepage vorhandene) Datei „brick.jpg" benutzen soll. Auch solche Dateien – Textures genannt – sind zuhauf im WWW zu finden[3]. Die zusätzlichen Angaben müssen gemacht werden, um die Textfarbe vom Standard (blau) auf einen Farbton umzustellen, den man auf diesem Hintergrund noch erkennen kann.

```
<CENTER>
<FONT SIZE=+4>
JoJo's Home
<BR>
<IMG SRC="gr_ban03.gif">
```

Mit <CENTER> teilt man dem Netscape Navigator mit, daß alles folgende (bis </CENTER>) zentriert werden soll. Die zweite Zeile sorgt für eine größere Schrift, und das <IMG>-Tag wird benutzt, um die Linie unter der Überschrift anzuzeigen (liegt ebenfalls als Grafikdatei vor).

```
<A HREF="person.htm">Ich,</A>
<BR><A HREF="freunde.htm">meine Freunde</A>
<FONT SIZE="+2">und
<BR><FONT SIZE="+4"><A HREF="seiten.htm">meine
Lieblingsseiten</A>
</CENTER>
```

Drei Hyperlinks verweisen auf die lokalen Seiten „person.htm", „freunde.htm" und „seiten.htm". Für das Word „und" wird kurzzeitig auf eine kleinere Schrift zurückgeschaltet, und nach dem dritten Link ist Schluß mit der Zentrierung.

---

[3] z.B. `http://www.europa.com/~yyz/textures/textures.html`

```
<FONT SIZE="+0"><P>
<B>JoJo, 5.7.1995</B>
</BODY>
</HTML>
```

Am Ende wird in normaler Schriftgröße noch eine kurze Signatur angebracht.

Es ist beeindruckend, wieviel Show-Effekt man mit so wenig Aufwand erzielen kann. Während aber die ersten beiden Homepages in diesem Abschnitt auf allen Browsern etwa gleich angezeigt werden, sieht die eben gezeigte Seite auf allen Browsern außer Netscape etwa so aus:

Abbildung 5.4: Dasselbe ohne Netscape

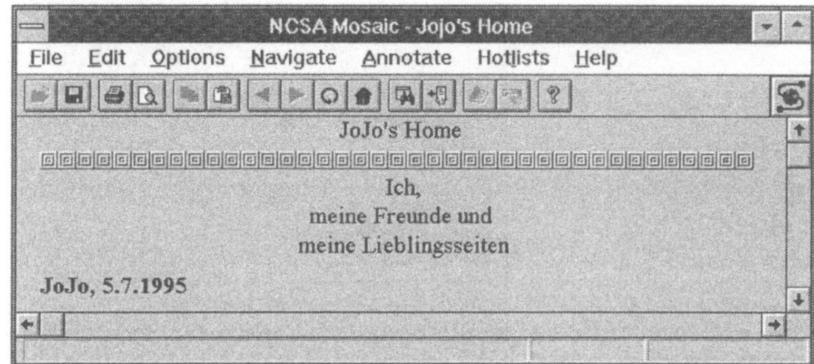

Daher sollten Sie sich genau überlegen, ob Sie beim Entwurf Ihrer eigenen Homepage so stark auf Netscape-Spezialitäten zurückgreifen wie ich in diesem Beispiel – im Zweifel testen Sie die Seite stets noch mit anderen Browsern!

Als Vorgeschmack soll das genügen. Es gibt eine Vielzahl weiterer Gestaltungsmöglichkeiten mit HTML, die ich im folgenden Kapitel alle vorstelle.

HTML komplett

In diesem Kapitel erfahren Sie alles über die Verwendung der einzelnen HTML-Tags. Anstatt sie von A bis Z abzuhandeln – eine solche Übersicht finden Sie in Anhang D –, beginne ich mit den Tags, die man am häufigsten benötigt. Je weiter Sie sich dem Kapitelende nähern, desto spezieller werden die Tags, die ich vorstelle.

Damit das Kapitel sich auch zum Nachschlagen gut eignet, findet sich bei jedem Tag eine kleine Tabelle, die eine Übersicht über Namen, Verwendbarkeit und Unterstützung durch die verschiedenen Browser gibt:

Tag:	<BEISPIELTAG> (Name des Tags)
erlaubt:	im Body („im Header", „im Body", oder manchmal auch „zwischen <XXX> und </XXX>")
Inhalt:	beliebiger HTML-Text („beliebiger HTML-Text" bedeutet: alle im Body erlaubten Tags sind zulässig; manchmal auch „leer", d.h. es gib kein abschließendes </BEISPIELTAG>, oder weitere Einschränkungen)
Unterstützung:	alle Browser (Angabe der HTML-Version oder Sonderwege einzelner Browser)

Ich habe mich allerdings bemüht, das Kapitel so zu gestalten, daß es sich auch einfach durchlesen läßt. Sicherlich ist es keine schlechte Idee, zumindest einmal durchzublättern, um eine Übersicht über die HTML-Möglichkeiten zu erlangen.

6.1 Überschriften

Das HTML-Gerüst vom Anfang des 5. Kapitels enthielt die Tags, die jedes HTML-Dokument besitzen *muß*. Der Text, den man im <TITLE>-Tag angibt, wird bei den meisten Browsern in die Titelleiste des Fensters geschrieben. Eine Seite, die so konstruiert ist...

```
<HTML><HEAD><TITLE>Test f&uuml;r Formulare</TITLE>
</HEAD<BODY>...</BODY></HTML>
```

...führt beispielsweise im „Netscape Navigator" zu einer Titelzeile wie dieser:

Abbildung 6.1: Titelleiste

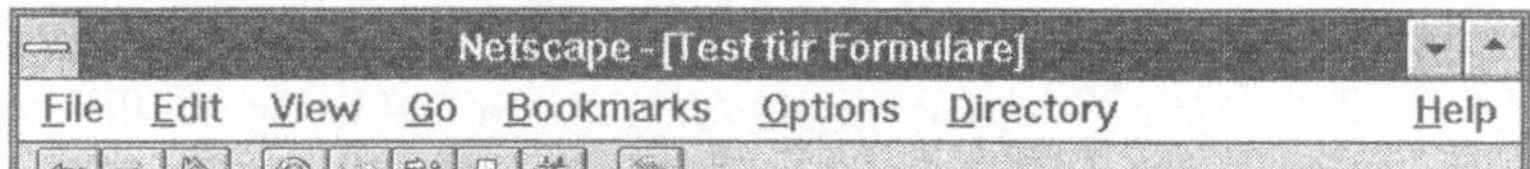

Es kann aber auch geschehen, daß ein Browser diesen Titel gar nicht anzeigt. Daher muß man die Darstellung von Überschriften mit anderen Mitteln sicherstellen.

6.1.1 <H>

Um im Dokument selbst Überschriften einzubauen, verwendet man die Tags <H1>...</H1> (Überschrift der höchsten/wichtigsten Ebene) bis <H6>...</H6> (unterste Ebene).

Tag:	<H1> bis <H6>
erlaubt:	im Body
Inhalt:	beliebiger HTML-Text
Unterstützung:	alle Browser

Mit dem folgenden HTML-Quelltext wurden die Browser-Darstellungen in Abbildung 6.2 erzeugt:

Beispiel: <H> auf verschiedenen Ebenen

```
<H1>So spielt man Billard</H1>

<H2>Der Queue</H2>
Kaufen Sie sich einen Queue, und achten Sie darauf,
da&szlig; er nicht allzu krumm und schief ist - das
beeinflu&szlig;t die Spieleigenschaften.

<H2>Der Tisch</H2>
Wenn Sie im Partykeller Platz f&uuml;r einen
Billardtisch haben - umso besser. Dabei kommt es
jedoch auf viele Feinheiten an:
```

```
<H3>Ebener Stand</H3>
Achten Sie darauf, daß der Tisch absolut gerade
steht; verwenden Sie notfalls einige Bierdeckel, um
den gew&uuml;nschten Effekt zu erzielen.

<H3>Filz</H3>
...

<H2>Die Billardkugeln</H2>
...
```

6.1.2 Erweiterungen zu <H>

Ab HTML 3.0 werden die Standard-Attribute ID, LANG, CLASS und CLEAR (s. Seite 206) unterstützt. Außerdem gibt es ab dieser Version die Attribute

ALIGN=left/right/justify/center
: ALIGN=left: die Überschrift wird linksbündig angezeigt.
: ALIGN=right: die Überschrift wird rechtsbündig angezeigt
: ALIGN=center: die Überschrift wird zentriert
: ALIGN=justify: die Überschrift wird im Blocksatz angezeigt, wenn möglich

SEQNUM=zahl
: Wenn der Browser so eingestellt ist, daß Überschriften durchnumeriert werden, kann hiermit eine andere als die vom Browser berechnete Nummer gewählt werden. Der Browser beginnt am Anfang des Dokuments mit 1 und zählt dann auf allen sechs Überschriftsebenen bei jeder Überschrift weiter. Jede Überschrift einer höheren Ebene setzt alle Zähler der darunterliegenden Ebenen auf 1 zurück.

SKIP=zahl
: Gilt auch nur für automatische Numerierung; der eigentlich für diese Überschrift ermittelte Zähler wird noch einmal um die angegebene Zahl weitergestellt (für Auslassungen).

DINGBAT=symbolname
: Vor der Überschrift wird das angegebene Symbol angezeigt (vgl. die Liste der Symbole in Anhang D).

Abbildung 6.2:
Überschriften mit den Tags <H1>, <H2> und <H3>, dargestellt mit verschiedenen Browsern

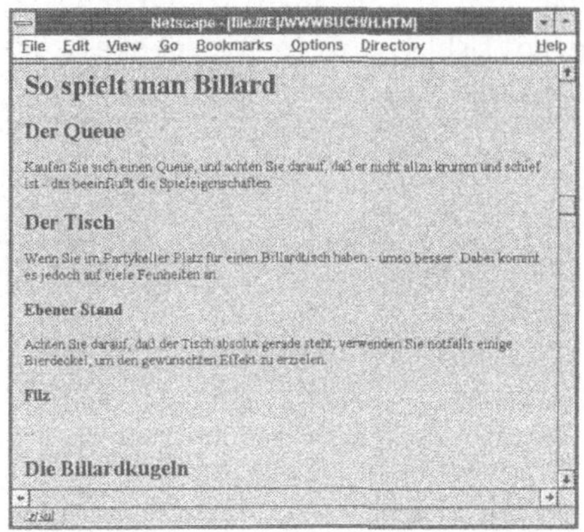

Netscape Navigator

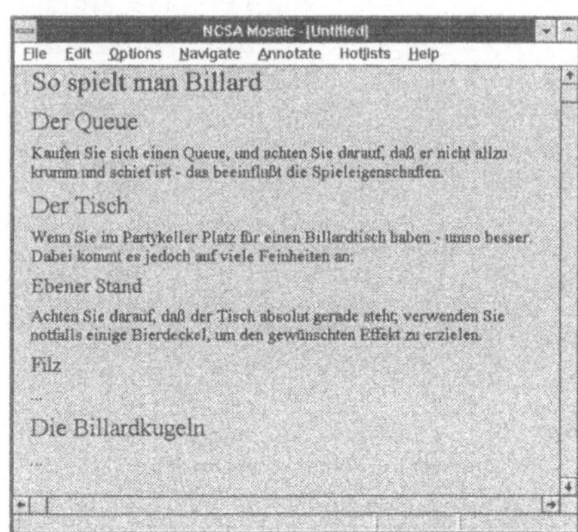

NCSA Mosaic

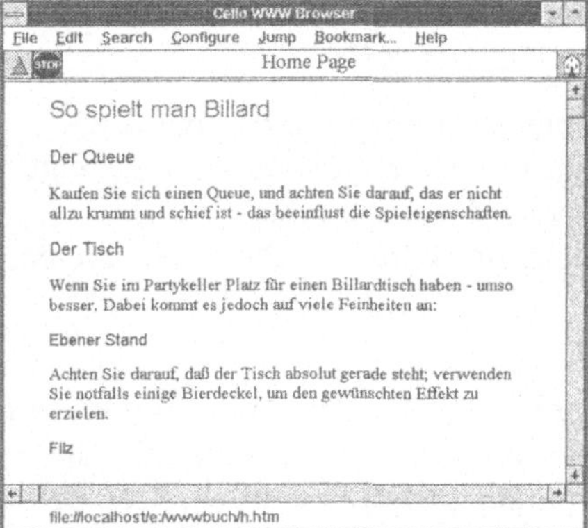

Cello

Quarterdeck Mosaic

Lynx

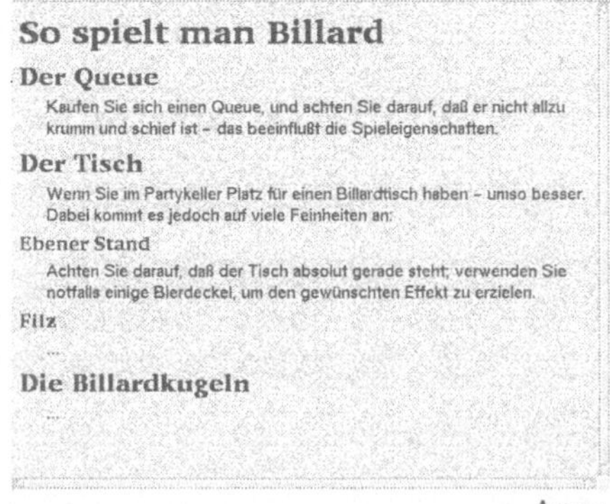

Arena

SRC="url"

Das durch den URL angegebene Bild wird vor die Überschrift gesetzt. Zusätzlich kann das Standard-Attribut MD (vgl. Seite 206) verwendet werden, um eine Prüfsumme anzugeben.

NOWRAP

Für die Überschrift soll kein automatischer Umbruch erfolgen.

6.1.3 Bemerkungen

Wenn Sie ohne HTML 3.0 ein Symbol oder Bild vor eine Überschrift setzen wollen, verwenden Sie ein Konstrukt wie:

```
<H1><IMG SRC="xxx.gif">Titelzeile</H1>
```

(Mehr zu <IMG> später).

Explizite Zeilenumbrüche (<BR>) in Überschriften sind zulässig.

Es ist erlaubt, einzelne Hierarchie-Ebenen auszulassen. Man kann sein Dokument also mit einer <H1> beginnen und für die Zwischenüberschriften dann schon <H3> verwenden; dies ist jedoch kein guter Stil.

Explizite Zeilenumbrüche (<BR>) oder Absatzmarkierungen (<P>) unmittelbar vor oder nach Überschriften entsprechen nicht der Spezifikation (d.h. manche Browser reagieren recht seltsam darauf). Jeder Browser muß für Überschriftselemente eine neue Zeile beginnen und selbständig genügend Platz darüber und darunter lassen.

6.2 Absätze und Unterteilungen

Da HTML die Zeilenumbrüche in einem Text grundsätzlich ignoriert, müssen Sie spezielle Tags benutzen, um neue Zeilen oder Absätze zu beginnen.

6.2.1 <P>

Mit <P> beginnt man einen neuen Absatz; die meisten Browser fangen dabei eine neue Zeile an und lassen eine halbe oder ganze Zeile leer.

Tag:	<P> (Paragraph)
erlaubt:	im Body
Inhalt:	leer (oder beliebiger HTML-Text)
Unterstützung:	alle Browser

Ab HTML 3.0 sind die Standard-Attribute ID, LANG, CLEAR und CLASS erlaubt (s. Seite 206), ferner gibt es dort das Align-Attribut:

ALIGN=left/right/center/justify

ALIGN=left: Der Absatz wird linksbündig angezeigt (Standard)
ALIGN=right: Der Absatz wird rechtsbündig angezeigt
ALIGN=justify: Der Absatz wird, wenn möglich, im Blocksatz angezeigt
ALIGN=center: Der Absatz wird zentriert angezeigt

Die aktuellen Versionen der meisten Browser unterstützen ALIGN bereits.

Um ganz korrekt zu sein, müßte man einen Absatz mit <P> beginnen und mit </P> beenden; standardmäßig geht ein Browser jedoch davon aus, daß ein Absatz so lange weitergeht, bis ein neuer begonnen wird oder eine Überschrift folgt, so daß man sich das </P> sparen kann.

6.2.2

Das Tag <BR> kann verwendet werden, um einen Zeilenumbruch zu erzwingen. Im Gegensatz zu <P>, das auch eine neue Zeile beginnt, wird üblicherweise kein zusätzlicher Zeilenabstand eingefügt. Außerdem ist <P>, wenn man es genau nimmt, eine inhaltliche Unterteilung, während <BR> eher optischen Zwecken dient.

Tag:	 (Break)
erlaubt:	im Body
Inhalt:	leer
Unterstützung:	alle Browser

Ab HTML 3.0 werden die Attribute ID, LANG, CLEAR und CLASS akzeptiert. Der Netscape-Browser kennt CLEAR=left, CLEAR=right und CLEAR=all, nicht aber die anderen CLEAR-Varianten (vgl. Seite 206).

6.2.3 <HR>

Mit <HR> wird eine horizontale Linie gezogen. Davor und danach beginnt der Browser eine neue Zeile.

Tag:	<HR> (Horizontal Rule)
erlaubt:	im Body
Inhalt:	leer
Unterstützung:	alle Browser, Netscape mit Sonder-Attributen

Ab HTML 3.0 sind die Standard-Attribute ID, LANG und CLEAR erlaubt (vgl. Seite 206); ferner

SRC="url"
: Das durch den URL angegebene Bild wird als Linie angezeigt; zusätzlich kann das Standard-Attribut MD verwendet werden, um eine Prüfsumme anzugeben.

Der Netscape Navigator unterstützt folgende Sonderattribute:

SIZE=zahl
: Einstellung der Linienstärke; 2 ist die normale Stärke, bis zum Wert 10 erhält man noch vernünftige Resultate.

WIDTH=zahl oder WIDTH=zahl%
: Ohne % wird die absolute Breite der Linie in Pixel angegeben, mit % kann man die Breite relativ zur Fenstergröße definieren.

ALIGN=left/right/center
: Gibt an, ob die Linie linksbündig, rechtsbündig oder zentriert sein soll; letzteres ist der Standard.

NOSHADE
: Normalerweise verwendet Netscape einen Schatten, um der Linie 3D-Aussehen zu geben; NOSHADE stellt das ab.

6.2.4 Bemerkungen

Mehrere aufeinanderfolgende <P>- oder
-Tags können von Browsern ignoriert werden, d.h. es kann nur eine Zeile Abstand eingefügt werden, auch wenn Sie eine Anzahl solcher Tags hintereinander verwenden.

<P> und <BR> vor und nach Überschriften, Aufzählungen oder Zitaten mit <BLOCKQUOTE> sind in der Regel überflüssig, da Browser hier selbständig ausreichend Leerraum einfügen sollten.

6.2.5 Beispiel und Abbildung zu <BR>, <P>, <HR>

```
<H1>Test f&uuml;r Abs&auml;tze &amp; Co.</H1>
<HR>
Dies ist eine Textzeile in gew&ouml;hnlicher
Formatierung.
<P ALIGN=CENTER>
Hier folgt ein Absatz, dessen Zeilen zentriert
dargestellt werden sollen; allerdings ist das ein
HTML-3.0-Feature und daher noch nicht &uuml;berall
implementiert.
<P>Back to normal...
<BR>
Das war ein Zeilenumbruch; bei den meisten Browsern
wird der Abstand &uuml;ber "Back to normal" etwas
gr&ouml;&szlig;er sein als der &uuml;ber "Das war ein
Zeilenumbruch".
<HR WIDTH=25%>
&Uuml;ber diesem Absatz sollte eine Linie stehen, die
bei Netscape ein Viertel der Seite einnimmt und bei
allen anderen normale Breite hat, da das Attribut
"width" Netscape-spezifisch ist. Und auch das
folgende ist Netscape-Schnickschnack:
<HR WIDTH=50% ALIGN=LEFT>
<HR WIDTH=50% ALIGN=RIGHT NOSHADE>
```

Abbildung 6.3:
Überschriften mit den Tags <H1>, <H2> und <H3>, dargestellt mit verschiedenen Browsern

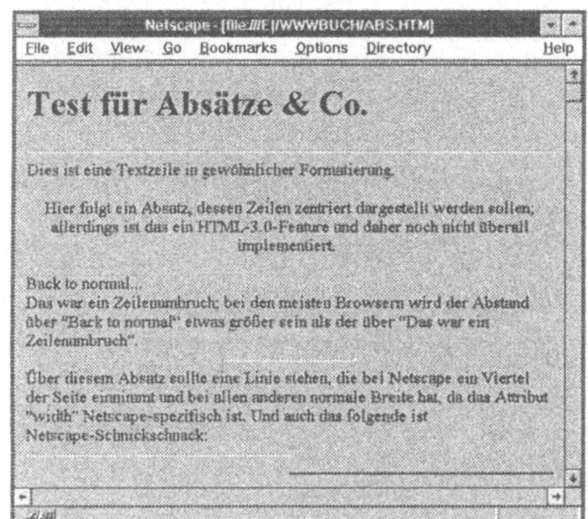

Netscape Navigator

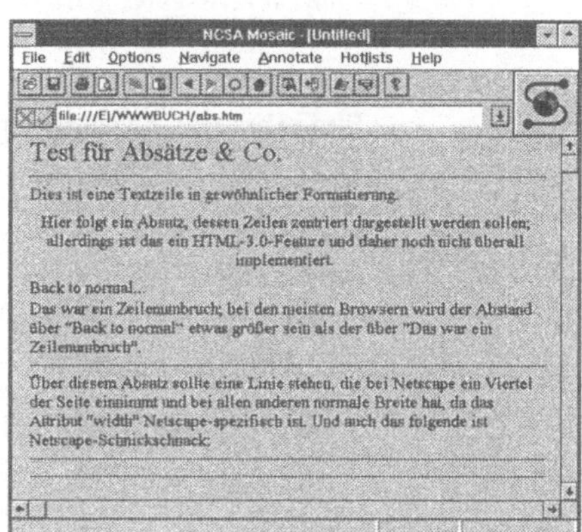

NCSA Mosaic

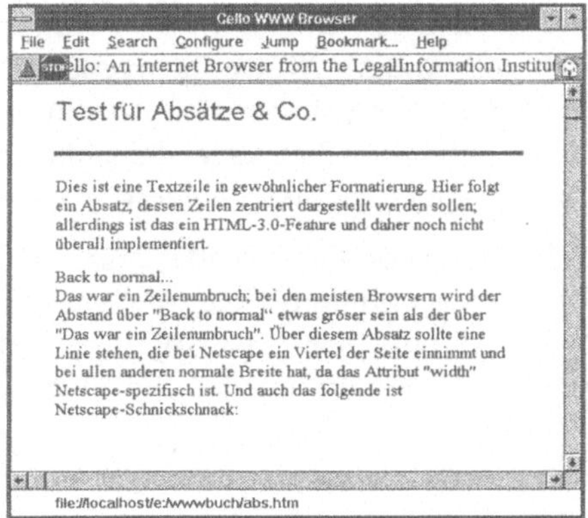

Cello

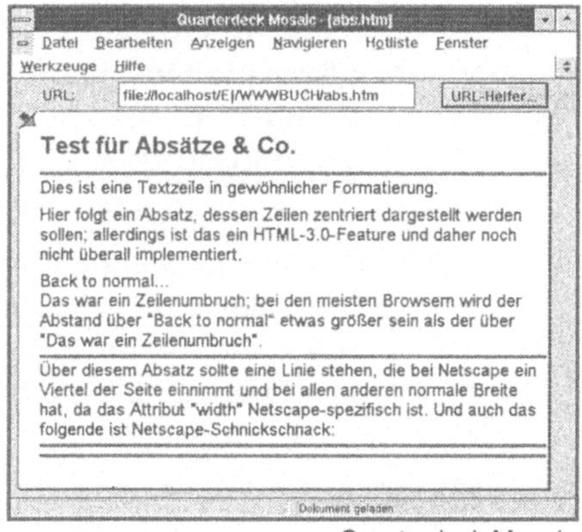

Quarterdeck Mosaic

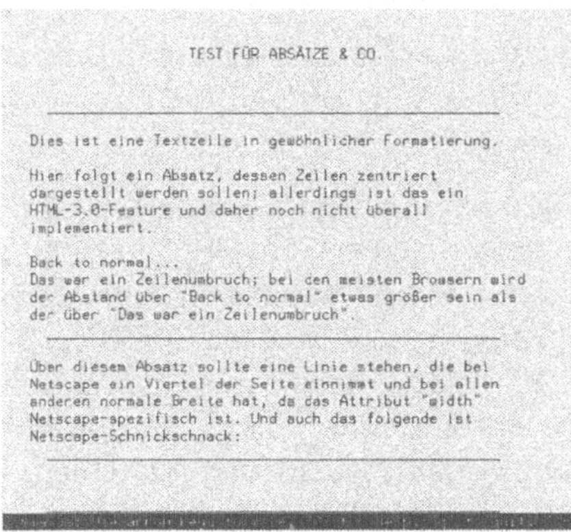

Lynx

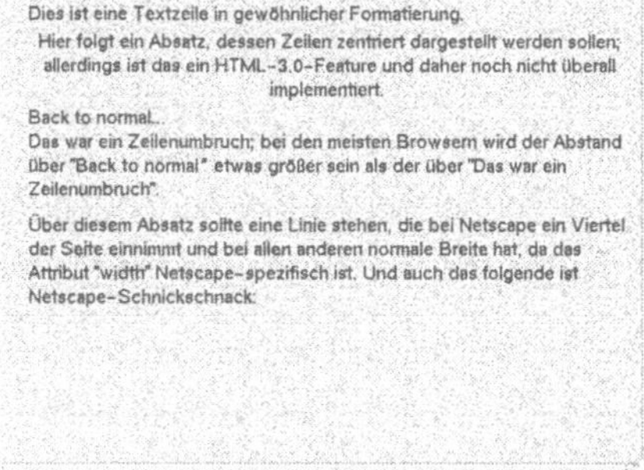

Arena

6.3 Hyperlinks und Anker

Das wichtigste (und vielseitigste) HTML-Tag ist zweifellos <A> (für „Anchor", Anker).

6.3.1 Einfache <A>-Anwendungen

In der Hauptsache wird <A> benutzt, um Hyperlinks auf andere Dokumente zu erstellen; die Tags <A> und </A> umschließen dabei die Worte (oder auch Bilder), auf die der Benutzer klicken kann, um den Link zu aktivieren. Den URL des Zieldokuments gibt man mit dem HREF-Attribut an („Hypertext Reference"):

Beispiel: Einfache (lokale) Hyperlinks

```
Sie k&ouml;nnen auch eine <A HREF="preisliste.html">
Preisliste</A> oder unsere <A HREF="kundinfo.html">
aktuellen Kundeninformationen</A> abrufen.
```

Die HREF-Verweise sind für den Benutzer unsichtbar. Der Browser stellt lediglich die Worte „Preisliste" und „aktuellen Kundeninformationen" farblich oder auf andere Weise hervorgehoben dar und lädt die angegebenen Seiten, wenn der Benutzer auf die Worte klickt (bzw., falls es sich um einen Browser ohne Mausbetrieb handelt, den Hyperlink auf andere Weise aktiviert).

Das Beispiel enthielt zwei lokale Hyperlinks (URLs ohne Rechnernamen), d.h. die Zieldokumente befinden sich auf demselben WWW-Server im gleichen Verzeichnis wie das Dokument, das die Links enthält. Verweise auf fremde Dokumente sind natürlich ebenso möglich:

Beispiel: Hyperlink mit komplettem URL

```
<A HREF="http://www.uni-karlsruhe.de/~rail">
Bahnverbindungen</A> stehen im WWW ebenfalls zur
Verf&uuml;gung.
```

Zeilenumbrüche zwischen <A> und </A> werden wie üblich durch Leerzeichen ersetzt.

Weiterhin kann ein Hyperlink auch auf eine bestimmte Stelle einer WWW-Seite verweisen, indem hinten an den Namen der Seite noch ein Doppelkreuz gefolgt vom Namen der Sprungstelle angefügt wird (bei einem Sprung an eine andere Stelle im *gleichen* Dokument kann der URL sogar gleich mit dem Doppelkreuz beginnen). Eine solche Sprungstelle muß im entsprechenden Dokument dann mit dem NAME-Attribut des <A>-Tags definiert werden.

Beispiel:
Sprungstellen im Dokument

```
<H1>Wie man Tee zubereitet</H1>
Inhaltsübersicht:
<A HREF="#kap1">Auswahl der Sorte</A><BR>
<A HREF="#kap2">Hilfsmittel</A><BR>
<A HREF="#kap3">Das Wasser</A><BR>
...
<A NAME="kap1"><h2>Teesorten</H2></A>
...
<A NAME="kap2"><h2>Hilfsmittel</H2></A>
...
```

Hier sehen Sie einen Ausschnitt aus einem längeren HTML-Dokument, das es dem Leser ermöglicht, per Mausklick aus der kleinen Übersicht am Anfang direkt in die einzelnen Abschnitte zu springen. Die Sprungziele sind mit dem NAME-Attribut markiert; in diesem Beispiel umschließen die Tags die mit <H2> markierten Überschriften, aber das ist nicht notwendig. Angenommen, dieses Beispieldokument heiße „tee.html“ und liege auf dem WWW-Server „irgend.ein.rechner.de“ im Verzeichnis „wichtig“, dann könnte man in einem ganz anderen Dokument einen Hyperlink wie diesen konstruieren:

Beispiel:
URL mit Sprungziel

```
Einige Details &uuml;ber <A HREF="http://irgend.ein.
rechner.de/wichtig/tee.html#kap3">Wasser zum
Teekochen</A> können Sie bei Frederik Ramm nachlesen.
```

(Der Zeilenumbruch mitten im Rechnernamen ist ausnahmsweise *nicht* erlaubt, aber die Seite war nicht breit genug.) Wenn jemand hier „Wasser zum Teekochen“ anklickt, landet er mitten im entsprechenden Dokument anstatt, wie üblich, an dessen Anfang.

6.3.2 Weitere Attribute des <A>-Tags

Zusammen mit einem HREF-Attribut können auch die Attribute REL und REV verwendet werden. REL zeigt an, in welcher Beziehung das Dokument, in dem sich der Anker befindet, zu demjenigen steht, auf das der URL zeigt; REV wird für die umgekehrte Beziehung benutzt.

Durch die Angabe von Beziehungen können Programme, die mehrere HTML-Seiten automatisch verarbeiten, sie besser einordnen. So bedeutet die Beziehung REL=„ToC“ in einem Verweis aus dem Dokument A in das Dokument B, daß B ein Inhaltsverzeichnis (Table of Contents) ist, in dem auch A vorkommt. In B wäre ein Verweis auf A dann mit REV=„ToC“ zu kennzeichnen, und eine Software, die B ausdrucken soll, könnte z.B. automatisch alle so angegebenen Seiten laden, ausdrucken und die entsprechenden Seitenzahlen in B einfügen.

Leider hat sich die Verwendung von REL und REV bisher kaum durchgesetzt, und so sind auch die im folgenden genannten Beziehungsnamen in der Regel ohne praktischen Nutzen:

Annotation
: Wenn A einen REL=„Annotation“-Verweis auf B hat, ist B eine zusätzliche, weniger wichtige Information zu A. Ein Browser könnte das speziell hervorheben.

Precedes oder Next, Previous
: Bei „Precedes“ oder „Next“: A steht in einer gewissen vom Autor festgelegten Ordnung „vor“ B. Die Beziehung könnte benutzt werden, um verschiedene Kapitel oder Untereinheiten in die richtige Reihenfolge zu bringen. Jede HTML-Seite darf maximal eine „Precedes“-Beziehung haben. Die „Previous“-Beziehung ist genau das Gegenteil (eigentlich unnötig, da man statt REL=Previous ja auch REV=Precedes nehmen könnte...)

UseGlossary oder Help
: Dokument B soll zur Klärung von Begriffen aus A herangezogen werden.

Up, Subdocument
: Bei „Up“: A ist Teil einer vom Autor definierten Hierarchie, und B ist das direkt darüberliegende Dokument. „Subdocument“ ist genau das Gegenteil und kann zusammen mit „Precedes“ gut benutzt werden, um ein Buch zu strukturieren.

Made
: B ist der Autor von A. Einige Browser benutzen einen derartigen Verweis, um dem Benutzer die Möglichkeit zu geben, einen Kommentar an den Autor zu schicken. Die Verweisadresse ist dann meistens nicht eine HTML-Seite über den Autor, sondern eine Mailadresse, unter der er zu erreichen ist („mailto:irgendwer@irgendein.rechner.de“).

Eine jeweils aktuelle Aufzählung der gültigen Beziehungen finden Sie in der am CERN gewarteten Liste[1] – leider sagt diese Aufzählung noch nichts darüber aus, welche Programme die auf

1 `http://www.w3.org/hypertext/WWW/MarkUp/Relationships.html`

diese Weise zusätzlich eingegebenen Informationen auch wirklich nutzen. Einige für HTML 3.0 neu vorgeschlagene Beziehungsnamen finden Sie auf Seite 196.

Abbildung 6.4: Relationen

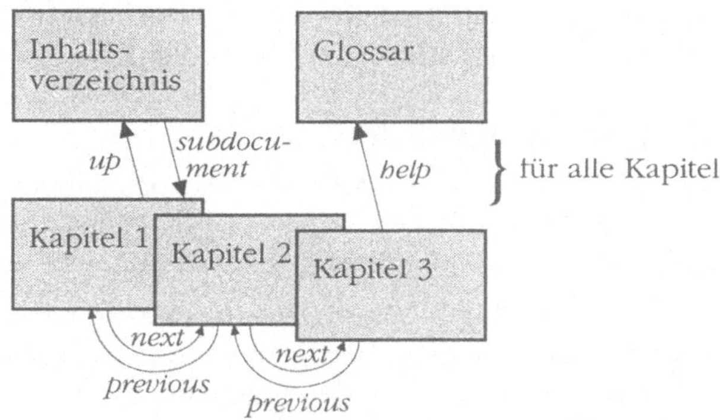

Neben REL und REV existiert noch das Attribut TITLE, mit dem man einen Titel für das referenzierte Objekt angeben kann. Das ist nur sinnvoll, wenn es sich nicht um eine HTML-Seite handelt (denn diese definieren ja mit <TITLE> einen eigenen Titel).

6.3.3 Verschiedene Protokolle und Datenformate in einem URL

Mit einem durch <A> eingeleiteten Hyperlink können Sie auf eine Vielzahl verschiedener Daten verweisen. Um welche Daten es sich handelt, wird durch die Art des verwendeten Protokolls und beim HTTP-Protokoll auch durch die Headerzeilen, die der WWW-Server den Daten voranschickt, bestimmt. Eine Übersicht über Protokolle und Datentypen finden Sie in Anhang E.

6.3.4 Bemerkungen

Wenn Sie Sprungmarken mit dem NAME-Attribut des <A>-Tags setzen, heben manche Browser den Text innerhalb der Sprungmarken-Tags genauso wie einen Hyperlink hervor. Das führt dann u.U. dazu, daß in einem Text wie

```
Kommen wir nun zu einem anderen <A NAME="thema5">
Thema:</A>
```

das Wort „Thema“ den Anschein erweckt, man könne daraufklicken und es würde eine spezielle Seite geladen werden, was effektiv gar nicht der Fall ist – die Stelle dient ja nur als Sprungmarke. Um diesen Effekt zu vermeiden, können Sie leere Sprungmarken definieren (kein Text zwischen <A> und </A>).

Bei HTML 3.0 kann den meisten Tags mit dem Attribut „ID“ ein Name zugeordnet werden, den man dann auch mit der beschriebenen Doppelkreuz-Notation direkt anspringen kann, so daß ein Leerkonstrukt wie `<A NAME="xxx"></A>` in HTML 3.0 obsolet wird. Außerdem bietet HTML 3.0 noch das Tag <SPOT>, das keinen Inhalt besitzt und mit dem ID-Attribut als Sprungziel überall im HTML-Text auftauchen darf.

6.4 Symbole und Bilder

Bilder auf einer HTML-Seite sind das Salz in der Suppe – nicht unbedingt erforderlich, aber doch auflockernd. Und viele bringen es fertig, ihre Seiten zu versalzen (siehe auch Kapitel 9).

Bei den Bildern unterscheidet man zwischen „Inline Images“ und „External Images“. Hier geht es um die „Inline Images“, um Bilder, die mitten auf der Seite angezeigt werden und von Text umgeben sein können. „External Images“ sind solche, die nur auf Anforderung über einen eigenen Hyperlink aufgerufen werden, zum Beispiel:

```
Am Strand habe ich ein <A HREF="urlaub.gif">Bild von
uns</A> aufgenommen.
```

6.4.1 Inline-Bilder in HTML 2.0 – <IMG>

HTML 2.0 bietet nur eine Möglichkeit der Bilddarstellung. Man verwendet das <IMG>-Tag und gibt im SRC-Attribut einen URL an, der auf die Bilddatei zeigt. (Das SRC-Attribut kann in Ausnahmefällen auch auf ein Programm verweisen, vgl. dazu Beispiel in Kapitel 7.)

Tag:	<IMG> (Image)
erlaubt:	im Body
Inhalt:	leer
Unterstützung:	alle Browser, aber unterschiedliche Darstellung; Netscape mit Sonder-Attributen, in HTML 3.0 etwas andere Verwendung

Wenn man keine Attribute außer SRC verwendet, wird die Grafik an der betreffenden Stelle in den Text eingebunden; sofern nicht explizit ein neuer Zeilenanfang gefordert wird (mit <BR> oder <P>), kann eine Grafik auch mitten in einer Textzeile stehen.

Als Datenformat für die Bilder wird in der Regel GIF benutzt; einen Vergleich zwischen verschiedenen Formaten finden Sie in Anhang E.

Beispiel:
IMG-Tag

```
Unten sehen Sie eine grafische Darstellung des
Programmablaufs.<BR>
<IMG SRC="ablaufplan.gif"><BR>
Die durch das Symbol <IMG SRC="stern.gif">
gekennzeichneten Stellen bezeichnen die
Programmteile, die zum Absturz gef&uuml;hrt haben.
```

Das Beispiel zeigt beide Varianten: Das Bild „ablaufplan.gif" wird auf einer eigenen Zeile eingefügt, während „stern.gif" mitten im fließenden Text steht.

Neben dem SRC-Attribut gibt es folgende weiteren:

ALT="text"
: Browser, die nicht in der Lage sind, ein <IMG>-Bild anzuzeigen, ignorieren es völlig oder schreiben nur [IMAGE] an die betreffende Stelle. Gibt man aber einen Text im ALT-Attribut (ALT von „alternativ") an, wird dieser Text anstelle des Bildes gezeigt. Auch Browser, bei denen das Laden von Bildern möglich, aber abgeschaltet ist, zeigen zumeist den ALT-Text an,* so daß der Benutzer anhand des Textes entscheiden kann, ob er das Bild laden will oder nicht. Der Text darf keine HTML-Tags enthalten.

ALIGN=top/middle/bottom
: Wenn sich Text in der gleichen Zeile wie das Bild befindet (im Beispiel bei „stern.gif"), kann mit dem ALIGN-Attribut angegeben werden, ob der Text in der Mitte des Bildes (middle), am oberen (top) oder unteren (bottom) Bildrand angezeigt werden soll. Standard ist „bottom".

ISMAP
: Dieses Attribut wird für sogenannte *Clickable Images* verwandt (siehe nächster Abschnitt).

HTML 2.0 enthält *keine* Möglichkeit, Text in mehreren Zeilen neben einem Bild anzeigen zu lassen („floating images"). Da das aber immer wieder gefordert wurde, hat die Firma Netscape folgende zusätzlichen Attribute für das IMG-Tag in ihren „Navigator" eingebaut:

ALIGN=left/right/texttop/baseline/absmiddle/absbottom
: Wenn ein Bild mit ALIGN=*left* oder *right* ausgestattet ist, dann wird es am linken bzw. rechten Rand dargestellt, und der Text fließt auf der rechten bzw. linken Seite daran vorbei, sofern der Platz ausreicht.

Die anderen vier Werte sind für Bilder gedacht, an denen kein Text „vorbeifließt" und unterscheiden sich nur geringfügig von den bekannten Einstellungen *top/middle/bottom,* indem sie teils die Grundlinie des Textes und teils seine Höhe zur Berechnung der richtigen Position berücksichtigen (Abbildung 6.5). *bottom* ist identisch mit *baseline,* und *texttop* unterscheidet sich von *top* nur dann, wenn in derselben Zeile noch weitere Abbildungen stehen; *texttop* berücksichtigt immer die Oberkante des Textes, während *top* die Oberkante des höchsten Elements auf der Zeile zur Ausrichtung verwendet.

Abbildung 6.5:
ALIGN bei Netscape

WIDTH=x, HEIGHT=y

Gibt man die Bildgröße (in Pixel) mittels der Attribute HEIGHT und WIDTH an, so kann Netscape die Seite etwas schneller anzeigen, da die Größe dann nicht erst aufgrund der Bildinformationen bestimmt werden muß. Die aktuelle Version von NCSA Mosaic für Windows macht ebenfalls Gebrauch von diesen Angaben.

BORDER=breite

Hiermit kann (in Pixel) angegeben werden, wie breit der um das Bild gezeichnete Rahmen sein soll.

HSPACE=x, VSPACE=y

Mit diesen Attributen kann für „floating images" *(*ALIGN*=left* oder *right)* angegeben werden, wieviel Pixel links und rechts *(*HSPACE*)* bzw. oberhalb und unterhalb *(*VSPACE*)* des Bildes frei bleiben sollen; eine Einstellung im Bereich 5 bis 10 ist sinnvoll, damit das Bild nicht zu nahe am Text steht.

6.4.2 Clickable Images in HTML 2.0

Ein Bild kann auch innerhalb eines Ankers vorkommen; das wird oft angewendet, wenn man keine einfachen Hyperlinks, sondern hübsche kleine Knöpfe zum Anklicken auf einer Seite anbieten möchte. Das Knopf-Bild wird mit <IMG> zwischen <A> und </A> gesetzt – statt

```
klicken Sie <A HREF="test.html">hier</A>
```

heißt es dann:

```
klicken Sie <A HREF="test.html"><IMG
SRC="knopf.gif"></A>
```

Nun gibt es aber auch eine ganze Anzahl von Seiten im WWW, auf denen nicht viele einzelne Buttons, sondern ein großes Bild zu sehen ist, das trotzdem unterschiedlich auf Klicks reagiert. Bestes Beispiel ist der „Virtual Tourist“ (vgl. Kapitel 4), bei dem man auf einer Weltkarte verschiedene Länder anklicken kann und dann entsprechende vergrößerte Kartenausschnitte erhält.

Der Schlüssel dazu sind sogenannte „Clickable Images“ oder auch „Clickable Maps“. Dazu muß sich ein mit <IMG> eingebundenes Bild innerhalb eines Ankers (<A>) befinden und das Attribut ISMAP besitzen. Der Benutzer kann mit der Maus auf einen beliebigen Punkt innerhalb des Bildes klicken, und die Koordinaten werden dann an den WWW-Server übermittelt. Der URL, der beim <A>-Tag angegeben ist, muß auf den Namen eines CGI-Skripts zeigen, das entscheidet, welche Seite als Antwort auf den Mausklick angezeigt wird (mehr zu CGI im Kapitel 7).

Beispiel:
Clickable Image

```
<A HREF="/cgi-bin/htimage/frosch.map">
<IMG SRC="menue.gif" ISMAP>
</A>
Bitte w&auml;hlen Sie durch einen Mausklick
auf das entsprechende Symbol eine Funktion aus.
```

Wenn nun an irgendeine Stelle im Bild geklickt wird, schickt der Browser eine Abfrage an den Server, die im Beispiel so aussähe:

```
/cgi-bin/htimage/frosch.map?x,y
```

Für x und y werden die Koordinaten, an denen sich der Mauszeiger zum Zeitpunkt des Klicks befand, eingesetzt (die obere linke Ecke ist der Ursprung des Koordinatensystems). Mit dieser Syntax könnte man ein beliebiges auf dem WWW-Server installiertes CGI-Programm aufrufen, das die Koordinaten verarbeitet; bei der weitverbreiteten WWW-Server-Software des CERN gibt es allerdings schon eine einfache Standardlösung für Clickable Images, nämlich das Programm „htimage“[2] .

Im Beispiel wird „htimage“ aufgerufen und lädt die Bildbeschreibungsdatei „frosch.map“ (die der Autor der HTML-Seite zuvor erzeugt und auf dem Server bereitgestellt hat). Anhand der übergebenen Koordinaten und der Hotzone-Beschreibungen aus

2 Bei der NCSA-Software tut das Programm `imagemap` das gleiche.

„frosch.map" findet es heraus, zu welchem URL verzweigt werden soll.

Eine solche „map"-Datei hat folgenden Aufbau:

```
default URL1
rectangle (x1,y1) (x2,y2) URL2
circle (x,y) r URL3
polygon (x1,y1) ... (xn,yn) URL4
```

Außer „default", das genau einmal vorkommen sollte, können alle anderen Zeilen gar nicht oder beliebig oft angegeben werden. Jede Zeile beschreibt einen bestimmten Teilabschnitt des Bildes – ein Rechteck, einen Kreis mit dem Radius r oder ein Polygon – und zusätzlich den URL der Seite, auf die verzweigt werden soll, wenn der Benutzer in diesen Bereich klickt. Der bei „default" angegebene URL wird ausgewählt, wenn der Punkt, auf den der Benutzer klickte, in keinem der angegebenen Bereiche liegt.

Es gibt spezielle Editoren, die das Erstellen solcher „map"-Dateien stark vereinfachen; mehr dazu in der Software-Übersicht in Kapitel 8.

6.4.3 Inline-Bilder in HTML 3.0 – <IMG>, <FIG> und Dingbats

In HTML 3.0 gibt es immer noch das <IMG>-Tag mit den zusätzlichen Standard-Attributen ID, LANG und CLASS (s. Seite 206); dem SRC-Attribut kann mit MD noch eine Prüfsumme beigefügt werden. Außerdem sind ALT und ISMAP wie bisher verwendbar, und folgende weiteren Attribute stehen zur Verfügung:

WIDTH=x, HEIGHT=y, UNITS=pixels/en

Hiermit kann die gewünschte Bildgröße angegeben werden. Dies geschieht standardmäßig in der Einheit „Pixel", aber wenn UNITS=*en* gesetzt wird, beziehen sich die Angaben auf die sogenannte „en-Einheit" (abgeleitet von der Breite des kleinen n), die etwa der halben Punktgröße der Schrift entspricht. Das Bild wird vergrößert oder verkleinert, wenn die hier gemachten Größenangaben es erfordern.

ALIGN=top/middle/bottom/left/right

Das ALIGN-Attribut hat in HTML 3.0 mit *left* und *right* die gleichen Möglichkeiten wie bei Netscape; allerdings wird explizit darauf hingewiesen, daß von dieser Möglichkeit nur für kleine Symbole und Bilder Gebrauch zu machen ist; für alles größere ist <FIG> zu verwenden.

<FIG> heißt ein ganz neues, vielseitig verwendbares Tag. Gegenüber <IMG> bietet es unter anderem verbesserten Textfluß (eine Bildunterschrift und Quellangabe können fest unter dem Bild verankert werden) und eine wesentlich bessere Verwaltung von „Clickable Images".

Tag:	<FIG> (Figure)
erlaubt:	im Body
Inhalt:	Bildunterschrift, Textinhalt, Overlays und Quellenangabe sind möglich
Unterstützung:	nur HTML 3.0

Ebenso wie bei <IMG> verwendet man bei <FIG> das SRC-Attribut, um den Namen der Bilddatei anzugeben. Der Text, der darzustellen ist, wenn das Bild nicht angezeigt werden kann, wird allerdings nicht als ALT-Attribut, sondern als „normaler" HTML-Text zwischen <FIG> und </FIG> angegeben.

Beispiel:
Vergleich von <IMG> und <FIG>

```
<IMG SRC="tollesbild.gif" ALT="Das hier ist ein
tolles Bild, aber Sie k&ouml;nnen es ja leider nicht
sehen.">

<FIG HREF="tollesbild.gif">
Das hier ist ein tolles Bild.<BR>
Leider k&ouml;nnen Sie es ja nicht sehen, aber
zumindest kann man bei HTML 3.0 in den Ersatztext
auch <EM>HTML-Tags</EM> einbetten und ihn so etwas
h&uuml;bscher gestalten.</FIG>
```

Beachten Sie, daß <FIG> im Gegensatz zu <IMG> unbedingt ein abschließendes Tag </FIG> benötigt. Da hier als „Ersatztext" beliebiger HTML-Text möglich ist, könnte man, wenn es sich bei der Abbildung beispielsweise um ein Firmenlogo oder ein kleines Symbol handelt, sogar versuchen, mittels ASCII-Zeichen in einem <PRE>-Block (siehe Seite 174) das Logo für die nicht-grafikfähigen Terminals nachzubilden.

Dem SRC-Attribut kann bei <FIG> noch ein MD-Attribut mit einer Prüfsumme beigegeben werden; außerdem gibt es die Standard-Attribute ID, LANG, CLASS und CLEAR (siehe Seite 206). Weitere <FIG>-Attribute sind:

NOFLOW
Um die Abbildung soll kein Text fließen.

ALIGN=bleedleft/left/center/justify/right/bleedright

Die Einstellungen *left* und *right* funktionieren wie von IMG bekannt; *bleedleft* und *bleedright* richten das Bild nicht am linken bzw. rechten Rand, sondern direkt am Rahmen des Fensters aus. *center*, die Standardeinstellung, zentriert die Abbildung, und bei *justify* versucht der Browser, die Abbildung so zu vergrößern oder zu verkleinern, daß sie genau den Platz zwischen linkem und rechtem Rand ausfüllt. Bei *justify* und *center* fließt kein Text um die Abbildung.

WIDTH=x, HEIGHT=y, UNITS=pixels/en

Wie bei <IMG>.

IMAGEMAP=url

Das Programm unter dem angegebenen URL soll aufgerufen werden, wenn Mausklicks oder auch Drag-and-Drop-Operationen (Ziehen und Loslassen von Objekten mit der Maus) auf die Abbildung ausgeführt werden. In welcher Form die Daten an das Skript übergeben werden, ist noch Gegenstand der Diskussion.

Die wirklich bedeutenden Neuerungen gegenüber <IMG> sind bei <FIG> nicht die Attribute, sondern die Tags <CAPTION>, <CREDIT> und <OVERLAY>, die innerhalb von <FIG>...</FIG> benutzt werden können.

Tag:	<CAPTION>
erlaubt:	innerhalb von <FIG>...</FIG>
Inhalt:	Ein beliebiger HTML-Text als Bildunterschrift.
Unterstützung:	nur HTML 3.0

Beim <CAPTION>-Tag können die Standard-Attribute ID, CLASS und LANG (s. Seite 206) angegeben werden, außerdem:

ALIGN=top/left/right/bottom

Gibt an, ob die Beschriftung ober- oder unterhalb der Abbildung, links oder rechts davon angezeigt werden soll.

Tag:	<CREDIT> (Quellenangabe)
erlaubt:	innerhalb von <FIG>...</FIG>
Inhalt:	Beliebiger HTML-Text als Quellenangabe; wird typischerweise rechtsbündig unterhalb des Bildes angezeigt.
Unterstützung:	nur HTML 3.0

Mit <CREDIT> sind ebenfalls die Standardattribute ID, CLASS und LANG erlaubt.

Beispiel:
<FIG>, <CREDIT>, <CAPTION> und Ersatztext

```
<FIG SRC="organigramm.gif">
<CAPTION>Organisationsstruktur der Meier AG vor
1935</CAPTION>
<CREDIT>Kuckucksheimer Stadtarchiv</CREDIT>
Auf grafikf&auml;higen Browsern sehen Sie hier ein
Organigramm mit Vorstand, zwei Stabsstellen (Personal
und Finanzierung) sowie drei Hauptabteilungen, die
nach Sparten gegliedert sind.
</FIG>
```

Neben den in diesem Beispiel verwandten Tags gibt es noch eine weitere Besonderheit innerhalb von <FIG>: Overlays. Mittels eines Overlays kann man über das im <FIG>-Tag angegebene Bild ein zweites Bild einblenden.

Tag:	<OVERLAY>
erlaubt:	innerhalb von <FIG>...</FIG>
Inhalt:	leer
Unterstützung:	nur HTML 3.0

Das <OVERLAY>-Tag hat die Attribute SRC und MD, mit denen man den Namen des Bildes und eine etwaige Prüfsumme angibt; ferner UNITS, WIDTH, HEIGHT und IMAGEMAP, wie schon vom <FIG>-Element selbst bekannt. Die einzigen neuen Attribute sind

X=zahl1, Y=zahl2
: Angabe, wieviele Pixel (bzw. „en"-Einheiten, wenn units=en eingestellt ist) von der oberen linken Ecke der bei <FIG> angegebenen Grafik entfernt die <OVERLAY>-Grafik eingeblendet werden soll.

Was ist der Vorteil dieses Einblendungsverfahrens? Nun, stellen Sie sich vor, Sie verfaßten einen Touristenführer über Berlin mit 50 HTML-Seiten zu 50 verschiedenen Sehenswürdigkeiten. Auf jeder Seite soll ein verkleinerter Stadtplan mit einem Pfeil darin angezeigt werden, der auf den jeweiligen Ort weist.

Wenn Sie für jede Seite den Stadtplan mit fest eingezeichnetem Pfeil als eigenes GIF-Bild erzeugen und einbauen würden, müßte ein Benutzer (der womöglich nur über eine langsame Netzanbindung verfügt) das gesamte Stadtplan-Bild bei jeder Seite aufs neue laden, nur, weil sich ein kleiner Pfeil verändert hat.

Verwenden Sie stattdessen die Overlay-Technik und erzeugen nur eine Stadtplan-Grafik, in die jeweils an der richtigen Stelle ein Pfeil eingeblendet wird, dann braucht der Benutzer diese Grafik nur beim ersten Mal zu laden. Danach ist sie im lokalen Cache vorhanden, und der Browser muß für die 49 weiteren Seiten nur noch das kleine Pfeil-Bild nachladen (im Idealfall ist sogar der Pfeil immer derselbe, und es verändert sich nur die Position, dann ist gar kein Laden mehr erforderlich).

6.4.4 Clickable Images mit <FIG>

Ein großer Nachteil der Clickable Images unter HTML 2.0, wie ich sie auf Seite 152 beschrieben habe, ist ihre Nichtdarstellbarkeit auf Systemen ohne Grafik. So müssen HTML-Autoren unter jedem Clickable Image eine Liste der einzelnen URLs in „gewöhnliche" Hyperlinks verpackt anbringen, wenn sie nicht einen beträchtlichen Teil der WWW-Nutzer ausschließen wollen.

HTML 3.0 geht hier einen ganz anderen Weg. Für Clickable Images wird in der Regel kein Programm auf dem *WWW-Server* mehr benötigt, sondern der *Browser* entscheidet, zu welchem URL bei welchem Mausklick zu verzweigen ist. Dazu werden die Hyperlinks, die hinter dem Bild versteckt sein sollen, einfach wie gewöhnliche Hyperlinks in den Ersatztext zwischen <FIG> und </FIG> eingearbeitet und mit dem zusätzlichen Attribut SHAPE versehen.

Beispiel:
Clickable Image mit <FIG> und SHAPE

```
<FIG SRC="menue.gif">
<A HREF="hilfe.html" SHAPE="default">Hilfe zum
Men&uuml;</A><BR>
<A HREF="bestell.html" SHAPE="rect 0.3, 0.3, 0.2,
0.2">Bestellung aufgeben</A><BR>
<A HREF="support.html" SHAPE="rect 0.2, 0.6, 0.2,
0.2">Kontakt zu unserem Support-Team</A>
</FIG>
```

Der Browser erhält hier selbst alle Informationen, die er braucht, um einen Mausklick im Bild zu verarbeiten: Es gibt zwei „Hotzones", also zwei Bereiche, in denen ein Mausklick eine bestimmte Aktion auslöst; beide sind hier durch Rechtecke im SHAPE-Attribut angegeben. Klickt der Benutzer an eine Stelle im Bild, die nicht in einer der Hotzones liegt, wird der URL mit SHAPE="default" aufgerufen.

Dieses Konzept hat deutliche Vorteile gegenüber den Clickable Images bei HTML 2.0. Zunächst einmal hat der Browser die Möglichkeit, die Darstellung des Mauscursors zu ändern, während er über Hotzones im Bild bewegt wird. Außerdem entfällt die Übermittlung der Klickposition zum Server, eine unnötige Netzbelastung; und schließlich ist auch die Textdarstellung kein Problem mehr, da zu jedem der drei über das Bild ansprechbaren Hyperlinks auch eine Textform vorliegt. Diese Texte („Hilfe zum Menü", „Bestellung aufgeben" usw.) werden nur dann angezeigt, wenn die Grafik („menue.gif") nicht dargestellt werden kann.

Das SHAPE-Attribut kann folgenden Inhalt haben:

default
: Der angegebene URL wird aufgerufen, wenn der Benutzer auf eine Stelle im Bild klickt, die von keiner der Hotzones dieser Abbildung abgedeckt ist.

rect x, y, w, h
: Definiert eine rechteckige Hotzone, die bei den Koordinaten (x,y) beginnt, h Einheiten hoch und w Einheiten breit ist. Wenn alle Werte ganze Zahlen sind, wird angenommen, daß es sich um Pixelkoordinaten (beginnend bei der oberen linken Ecke des Bildes) handelt. Ansonsten (wie im Beispiel) werden die Angaben als Bruchteile der Gesamtbreite bzw. Gesamthöhe genommen (sie müssen dann zwischen 0.0 und 1.0 liegen; 0.0,0.0 ist die linke obere, 1.0,1.0 die rechte untere Ecke).

circle x, y, r
: Definiert eine runde Hotzone mit Mittelpunkt bei (x,y) und Radius r.

polygon $x_1, y_1, \ldots, x_n, y_n$
: Definiert ein Polygon als Hotzone.

Wenn mehrere derart definierte Bereiche sich überschneiden, soll der Browser bei einem Mausklick im Überschneidungsbereich denjenigen Bereich als angeklickt annehmen, dessen Flächenschwerpunkt dem Punkt des Mausklicks am nächsten liegt. Das sagt zumindest die Spezifikation; es ist durchaus denkbar, daß die Browser-Programmierer es hier nicht so genau nehmen.

6.5 Aufzählungen und Listen

Die verschiedenen Tags für Aufzählungen und Listen sind wichtige Gestaltungselemente einer HTML-Seite. Für alle Listen außer <DIR> gilt, daß sie beliebig ineinander verschachtelt werden dürfen. Jede Liste wird von dem jeweils öffnenden und schließenden Listen-Tag umgeben und enthält einzelne, mit <LI> (List Item) gekennzeichnete Elemente.

Beispiel:
Einfache, nicht numerierte Liste.

```
Wichtigste Elemente eines Fr&uuml;hst&uuml;cks sind
<UL>
<LI>Croissants (selbstverst&auml;ndlich frisch
gebackene, der B&auml;cker um die Ecke gibt gern
Auskunft)
<LI>Honig
<LI>Tee.
</UL>
```

Um die HTML-Syntax streng einzuhalten, müßten die einzelnen Listenelemente noch mit </LI> beendet werden, doch da das Ende des einen durch den Beginn des nächsten Elements eindeutig erkennbar ist, kann man sich das schließende </LI> sparen.

Abbildung 6.6:
Liste mit <UL>

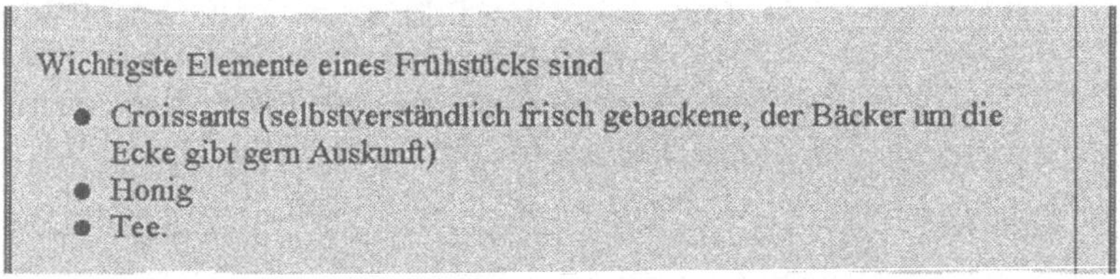

Wichtigste Elemente eines Frühstücks sind

- Croissants (selbstverständlich frisch gebackene, der Bäcker um die Ecke gibt gern Auskunft)
- Honig
- Tee.

Innerhalb der Listeneinträge darf beliebiger HTML-Text verwendet werden, insbesondere auch <P> und <BR>. Wird mit diesen Tags innerhalb einer Liste eine neue Zeile angefangen, sorgt der Browser automatisch für den richtigen Abstand vom linken Rand.

6.5.1 <UL>

Mit <UL> erstellt man eine nicht numerierte Liste, in die der Browser in der Regel sogenannte „Bullets" (Aufzählungszeichen) einfügt. Bei mehreren ineinander verschachtelten Listen wechseln die meisten Browser zur besseren Übersichtlichkeit das Aufzählungszeichen.

Als einziges Attribut zu <UL> ist COMPACT zugelassen. Die Verwendung von <UL COMPACT> teilt dem Browser mit, daß er diese Liste möglichst platzsparend (d.h. ohne unnötige Abstände und Zwischenräume) anzeigen soll, aber viele Browser machen keinen Unterschied zwischen einer Liste mit COMPACT und einer ohne.

Tag:	<OL> (Ordered List)
erlaubt:	im Body
Inhalt:	strenggenommen nur <LI>-Elemente, i.d.R. aber auch beliebiger HTML-Text.
Unterstützung:	alle Browser; Netscape mit speziellen Erweiterungen

6.5.2 <OL>

Eine <OL>-Liste ist von der Verwendung und den Attributen her dasselbe wie eine <UL>-Liste, jedoch werden die Listeneinträge vom Browser automatisch durchnumeriert.

Tag:	<UL> (Unordered List)
erlaubt:	im Body
Inhalt:	strenggenommen nur <LI>-Elemente, i.d.R. aber auch beliebiger HTML-Text.
Unterstützung:	alle Browser; Netscape mit speziellen Erweiterungen

Das folgende Beispiel zeigt die Verwendung von Listen des Typs <OL> und <UL>.

Beispiel:
<OL>- und <UL>, Verschachtelung

```
Listen-Beispiele
<OL>
<LI>Dies ist der erste Eintrag einer &lt;OL&gt;-
    Liste, absichtlich l&auml;nger als eine Zeile, um
    den korrekten Zeilenumbruch zu pr&uuml;fen.
<LI>Hier ein weiterer Eintrag, in den ich ein
    &lt;BR&gt; einstreue:
    <BR>Oh Wunder, die Zeile wurde richtig
    einger&uuml;ckt.
<LI>Der dritte Eintrag ist etwas k&uuml;rzer.
</OL>
Dies ist wieder ein normaler Text, au&szlig;erhalb
jeder Liste;
```

```
<UL>
<LI>Hier der erste Eintrag einer &lt;UL&gt;-Liste,
   und jetzt probiere ich mal die Verschachtelung:
   <UL>
   <LI>Voil&agrave;, dies ist der erste Eintrag in
      der Unter-Liste,
   <LI>einen zweiten gibt es auch noch, dann ist sie
      zu Ende.
   </UL>
<LI>und hier noch ein zweiter Eintrag in der Ober-
   Liste.
</UL>
```

Die Tatsache, daß ich als HTML-Autor die Listeneinträge im Beispiel mit Leerzeichen eingerückt habe, beeinflußt die Darstellung überhaupt nicht (mehrere Leerzeichen und auch Zeilenumbrüche werden ja ignoriert); die Einrückung dient lediglich der besseren Lesbarkeit des HTML-Textes für den, der ihn bearbeitet.

Beachten Sie auch, daß ich für die Größer- und Kleinerzeichen jeweils die Entities `>` und `<` verwenden mußte, da der Browser sonst fälschlicherweise HTML-Tags vermutet hätte.

Abbildung 6.7: <OL> und <UL>, Verschachtelung

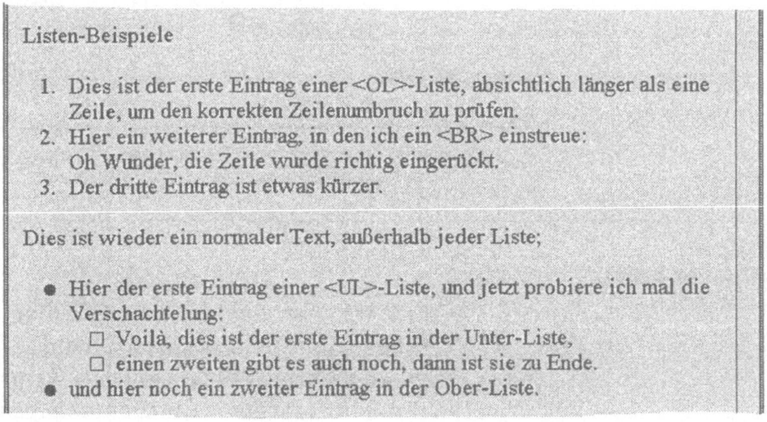

Listen-Beispiele

1. Dies ist der erste Eintrag einer <OL>-Liste, absichtlich länger als eine Zeile, um den korrekten Zeilenumbruch zu prüfen.
2. Hier ein weiterer Eintrag, in den ich ein <BR> einstreue:
   Oh Wunder, die Zeile wurde richtig eingerückt.
3. Der dritte Eintrag ist etwas kürzer.

Dies ist wieder ein normaler Text, außerhalb jeder Liste;

- Hier der erste Eintrag einer <UL>-Liste, und jetzt probiere ich mal die Verschachtelung:
  - Voilà, dies ist der erste Eintrag in der Unter-Liste,
  - einen zweiten gibt es auch noch, dann ist sie zu Ende.
- und hier noch ein zweiter Eintrag in der Ober-Liste.

6.5.3 <MENU>

Der Listentyp <MENU> entspricht im wesentlichen der nicht numerierten Liste <UL>, ist jedoch speziell für Listen gedacht, deren Einträge jeweils nur eine Zeile haben, und wird daher oft etwas kompakter dargestellt. <MENU>-Listen sollen ohne Aufzählungszeichen dargestellt werden, aber die meisten Browser halten sich nicht daran.

Tag:	<MENU>
erlaubt:	im Body
Inhalt:	strenggenommen nur <LI>-Elemente, i.d.R. aber auch beliebiger HTML-Text.
Unterstützung:	alle Browser; ab HTML 3.0 nicht mehr in der verbindlichen Spezifikation

Zusätzlich existiert auch hier noch das Attribut COMPACT, mit dem man (in der Theorie) die Liste noch weiter komprimieren kann. Einige Browser verwenden bei Listen mit COMPACT-Attribut eine kleinere Schriftart.

6.5.4 <DIR>

Eine <DIR>-Liste kann für Aufzählungen besonders kurzer Elemente (maximal 20 Buchstaben pro Eintrag) benutzt werden; die Browser können die Einträge dann z. T. nebeneinander darstellen, wenn die Fensterbreite es erlaubt.

Tag:	<DIR>
erlaubt:	im Body
Inhalt:	strenggenommen nur <LI>-Elemente, i.d.R. aber auch beliebiger HTML-Text.
Unterstützung:	alle Browser; ab HTML 3.0 nicht mehr in der verbindlichen Spezifikation

In der Praxis hat keiner der von mir getesteten WWW-Browser Gebrauch von der Möglichkeit gemacht, <DIR>-Listen mehrspaltig darzustellen.

Auch <DIR> unterstützt das COMPACT-Attribut.

6.5.5 Glossar-Listen (<DL>)

Listen, die mit <DL> erstellt werden, verhalten sich im Prinzip wie die unnumerierten Listen (<OL>), allerdings hat bei <DL> jeder Listeneintrag statt eines Aufzählungszeichens eine eigene Überschrift. Daher auch die Bezeichnung „Glossar-Liste".

Innerhalb von <DL>...</DL> befinden sich abwechselnd die in <DT>...</DT> (Definition List/Term) eingeschlossenen Begriffe (Überschriften) und die in <DD>...</DD> (Definition List/Definition) eingeschlossenen Einträge dazu.

Tag:	<DL> (Definition List)
erlaubt:	im Body
Inhalt:	beliebige Anzahl von <DT>-Elementen mit zugehöriger Anzahl <DD>-Elemente.
Unterstützung:	alle Browser

Ursprünglich war vorgesehen, daß der Eintrag auf der gleichen Zeile wie der Begriff beginnen sollte, aber die meisten Browser wählen eine Darstellung wie im gleich folgenden Beispiel.

<DL> kann ebenfalls mit dem COMPACT-Attribut versehen werden, um die Browser zur Platzeinsparung anzuhalten.

Beispiel:
<MENU> und <DL>

```
Listen-Beispiele
<MENU COMPACT>
<LI>Hier sehen Sie eine &lt;MENU COMPACT&gt;-Liste.
<LI>Solche Listen sind f&uuml;r einzeilige
    Eintr&auml;ge gedacht.
<LI>Der Unterschied zu &lt;UL&gt; ist bei den meisten
    Browsern gering.
</MENU>

Unten eine Liste, die mit &lt;DL&gt; erstellt wurde:
<DL>
<DT>Bumerang</DT>
<DD>Ein Bumerang ist, wo wenn man es wegwirft, und es
    nicht wiederkommt, es kein Bumerang gewesen ist.
   <EM>(Stilbl&uuml;te aus Sch&uuml;leraufsatz)</EM>
   </DD>
<DT>Glossarliste</DT>
<DD>Bezeichnung f&uuml;r die Art der Aufz&auml;hlung,
    die Sie hier gerade sehen.</DD>
<DT>Wurfger&auml;t</DT>
<DD>siehe <EM>Bumerang.</EM></DD>
</DL>
```

(Details zum hier verwendeten <EM>-Tag auf Seite 171.)

Abbildung 6.8:
<MENU> und <DL>

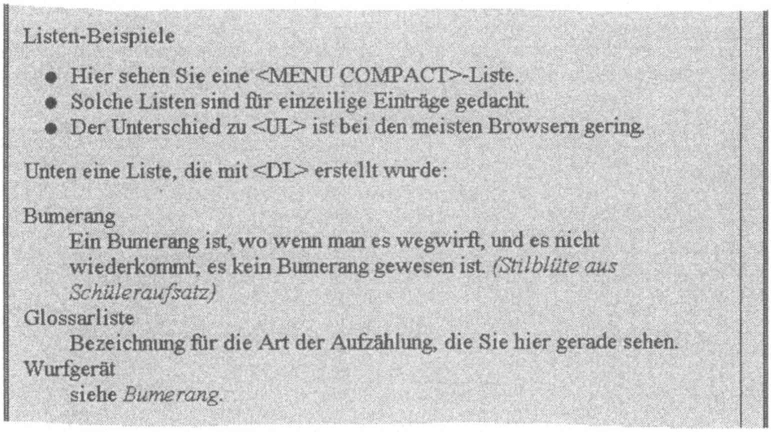

Listen-Beispiele

- Hier sehen Sie eine <MENU COMPACT>-Liste.
- Solche Listen sind für einzeilige Einträge gedacht.
- Der Unterschied zu <UL> ist bei den meisten Browsern gering.

Unten eine Liste, die mit <DL> erstellt wurde:

Bumerang
: Ein Bumerang ist, wo wenn man es wegwirft, und es nicht wiederkommt, es kein Bumerang gewesen ist. *(Stilblüte aus Schüleraufsatz)*

Glossarliste
: Bezeichnung für die Art der Aufzählung, die Sie hier gerade sehen.

Wurfgerät
: siehe *Bumerang.*

6.5.6 Netscape-Erweiterungen zu Listen und Aufzählungen

Der Netscape Navigator erkennt einige zusätzliche Attribute bei <OL>, <UL> und <LI>.

TYPE=disc/circle/square/A/a/I/i/1
: In nicht numerierten Listen (<UL>) können Sie mit einem TYPE-Attribut *disc, circle* oder *square* die Art des Aufzählungszeichens festlegen. Dabei steht *disc* für einen ausgefüllten Punkt, *circle* und *square* für einen Kreis bzw. ein ausgefülltes Rechteck.
: Die Typen *A, a, I, i* und *1* können in numerierten Listen (<OL>) benutzt werden, um die Art der Numerierung festzulegen. Sie stehen (in dieser Reihenfolge) für große und kleine Buchstaben, große und kleine römische Zahlen und (normale) arabische Numerierung.
: Das TYPE-Attribut kann auch beim <LI>-Tag benutzt werden, um die Art der Numerierung bzw. Auszeichnung ab dem betreffenden Listenelement zu verändern; so kann man z.B. eine Liste erstellen, deren Einträge abwechselnd mit Kreisen und Rechtecken als Aufzählungszeichen beginnen.

START=zahl
: Das START-Attribut kann bei einer <OL>-Liste angegeben werden, so daß die Einträge bei *zahl* statt bei 1 beginnend durchnumeriert werden. Dabei sind arabische Zahlen auch dann zu verwenden, wenn man mittels *type* eine andere Repräsentation gewählt hat.

VALUE=zahl

Das VALUE-Attribut kann bei <LI> angegeben werden, um die Numerierung für dieses und alle folgenden Listenelemente zu verändern.

Beispiel:
Netscapismen bei <OL> und <UL>

```
<UL>
<LI TYPE=square>Rechteck,
<LI TYPE=disc>Scheibe,
<LI TYPE=square>nochmal ein Rechteck,
<LI TYPE=circle>und ein Kreis - wobei die aktuelle
    Windows-Version von Netscape circle und disc
    gleich behandelt.
</UL>
<OL TYPE=a>
<LI>Eintrag eins in einer mit Kleinbuchstaben
    numerierten Liste,
<LI>Eintrag zwei (oder b),
<LI VALUE=4>und hier ist schon d.
</OL>
```

6.5.7 HTML 3.0-Erweiterungen zu Listen und Aufzählungen

In der HTML 3.0-Spezifikation sind die Listentypen <MENU> und <DIR> nicht mehr enthalten. <MENU> wurde von den meisten Browsern ohnehin genau wie <UL> behandelt, und kaum ein Browser stellt <DIR> wirklich als mehrspaltige Liste dar. Mehrspaltige Listen werden nun mit dem WRAP-Attribut zu <UL> erzeugt; außerdem kann man in HTML 3.0 durch die Tabellen-Tags (vgl. Seite 185) nahezu beliebig strukturierte Listen erstellen.

Tag:	<LH> (List Header)
erlaubt:	als erstes Element in <OL>, <UL>, <DL>
Inhalt:	beliebiger HTML-Text
Unterstützung:	nur HTML 3.0

Die verbleibenden Listen <OL>, <UL> und <DL> können jetzt alle eine Listenüberschrift erhalten, indem man gleich hinter dem öffnenden Listen-Tag ein <LH>...</LH> mit dem gewünschten Titel einfügt. Außerdem unterstützen alle drei Listenarten die Standardattribute ID, LANG, CLASS und CLEAR (s. Seite 206).

Folgende Attribute sind für nicht numerierte Listen (<UL>) neu hinzugekommen:

PLAIN
Sorgt dafür, daß keine Aufzählungssymbole verwendet werden.

SRC=url
Der URL muß auf eine Grafikdatei verweisen, die dann als Aufzählungssysmbol verwandt wird. Zusätzlich kann das MD-Attribut mit einer Prüfsumme angegeben werden.

DINGBAT=symbolname
Hier kann als Aufzählungssymbol eines der fest eingebauten Symbole (siehe Anhang C) verwendet werden; solche Symbole müssen nicht erst aus dem Netz geladen werden.

WRAP=horiz/vert
Wenn dieses Attribut angegeben wird, kann der Browser die einzelnen Listenelemente in mehreren Spalten anordnen. Spaltenbreite und -anzahl bleiben dem Browser überlassen. Der Wert des Attributes bestimmt die Reihenfolge der Elemente: Bei WRAP=*vert* werden die Einträge untereinander angeordnet, bis ein Umbruch in die nächste Spalte erfolgt. Die Einstellung WRAP=*horiz* füllt zuerst alle freien Positionen in der ersten Zeile, bevor die zweite Zeile begonnen wird.

Numerierte Listen (<OL>) verfügen über die folgenden neuen Attribute:

CONTINUE
Die Numerierung der Einträge soll nicht wieder von vorn beginnen, sondern fortgesetzt werden, wo die letzte Liste aufhörte (beispielsweise, um eine Liste für eine Zwischenüberschrift zu unterbrechen).

SEQNUM=zahl
Die Liste soll mit der Nummer *zahl* begonnen werden (z.B., um eine Liste von einer anderen HTML-Seite fortzusetzen).

Das <LI>-Element verfügt in HTML 3.0 über die zusätzlichen Attribute SRC und DINGBAT (wie bei <UL> kann damit das Aufzählungszeichen bestimmt werden). Zusätzlich existiert:

SKIP=zahl
Bei der Numerierung sollen *zahl* Nummern übersprungen werden, d.h. zu der eigentlich für diesen Listenpunkt ermittelten Nummer wird *zahl* addiert (um Auslassungen zu ermöglichen).

Andere Merkmale wie z.B. die von den Netscape-Erweiterungen her bekannte Art der Numerierung, werden in HTML 3.0 über „Stylesheets“ (s. Seite 206) gesteuert.

6.6 Verschiedene Arten der Zeichenformatierung

Bei der Zeichenformatierung zeigt sich der Einfluß der „Desktop-Publishing-Fraktion“ auf HTML am deutlichsten: Tags, die ganz klar die Form und nicht den Inhalt betreffen, zum Beispiel <I> für kursiven Satz, wurden in HTML 1.0 eingeführt, in HTML 2.0 als „überkommen und eigentlich unerwünscht“ deklariert, und in HTML 3.0 gibt es sie immer noch – sogar einige neue dazu.

6.6.1 Optische Zeichenformate

Eine Anzahl von Tags bestimmt auf direktem Weg die gewünschte Zeichenformatierung. Dabei ist immer zu beachten, daß es sich um „Tips“ für den Browser handelt – wenn der Browser nicht über die Mittel (Schriftarten) verfügt, die Anzeige entsprechend anzupassen, erscheinen die Zeichen als ganz normaler Text.

HTML 2.0 unterstützt drei direkte Schriftanweisungen:

<B>...</B> (Boldface)
: Der Browser stellt die Zeichen fettgedruckt dar. Es wird empfohlen, stattdessen <STRONG> zu benutzen.

<I>...</I> (Italics)
: Der Browser wählt eine kursive Schrift. Es wird empfohlen, stattdessen <EM> zu benutzen.

<TT>...</TT> (Teletype)
: Der Browser wählt eine nichtproportionale Schrift, in der Regel dieselbe, die auch innerhalb von <PRE>...</PRE> verwendet wird.

Tags:	<B>, <I>, <TT>
erlaubt:	im Body
Inhalt:	beliebiger HTML-Text
Unterstützung:	alle Browser, aber von Fähigkeiten (Schriftarten) des Terminals abhängig

Erweiterungen beim Netscape Navigator

Beim Netscape Navigator kann man darüber hinaus die Schriftgröße in Grenzen frei einstellen:

<FONT SIZE=zahl>

Netscape kennt die Schriftgrößen 1 (kleinste Schrift) bis 7 (größte Schrift). Schriftgröße 3 ist die Standardgröße für Fließtext. Für *zahl* kann man die Ziffern 1 bis 7 einsetzen, oder man kann durch Voranstellen eines + oder – eine Änderung relativ zur Standard-Schriftgröße einstellen.

<BASEFONT SIZE=zahl>

Definiert die Schriftgröße *zahl* als Standard-Schriftgröße, auf die sich alle folgenden <FONT SIZE>-Angaben mit relativer Größenänderung beziehen.

<BLINK>

Text zwischen <BLINK> und </BLINK> wird blinkend dargestellt. Ein Netscape-Mitarbeiter hat einmal gesagt, <BLINK> sei als Scherz gedacht gewesen – dafür, daß es ein Scherz ist, wird es aber ziemlich häufig benutzt. Wenn Sie sich mißgünstige eMail von den Lesern Ihrer Seiten ersparen möchten, verzichten Sie lieber auf die Verwendung von <BLINK>.

<CENTER>

Text zwischen <CENTER> und </CENTER> wird zentriert; in HTML 3.0 wird dies durch das ALIGN-Attribut bei <P> oder <H> erreicht. Viele Browser, die zentrieren können, erkennen <CENTER> und verarbeiten es entsprechend.

Tags:	<FONT>, <BASEFONT>, <BLINK>, <CENTER>
erlaubt:	im Body
Inhalt:	beliebiger HTML-Text
Unterstützung:	nur beim Netscape Navigator

Erweiterungen in HTML 3.0

In HTML 3.0 gibt es kein <FONT> und <BASEFONT>, dafür aber folgende weiteren Zeichenformatierungen:

<U>...</U> (underline)

Der Browser soll den Text unterstreichen (Verwechslungsgefahr mit Hyperlinks, die auch oft unterstrichen werden).

<S>...</S> (strikethrough)
Der Text wird durchgestrichen dargestellt. <S> kann angewendet werden, um Veränderungen an Dokumenten darzustellen.

<BIG>...</BIG>
Der Browser soll eine etwas größere Schrift wählen.

<SMALL>...</SMALL>
Die Schriftart soll im Vergleich zu normalem Text verkleinert werden.

_{...} (subscript)
Wenn möglich, soll der Text tiefgestellt und in einer kleineren Schrift formatiert werden.

^{...} (superscript)
Wenn möglich, soll der Text hochgestellt und in einer kleineren Schrift formatiert werden.

Tags:	<U>, <S>, <BIG>, <SMALL>, <SUB>, <SUP>
erlaubt:	im Body
Inhalt:	beliebiger HTML-Text
Unterstützung:	HTML 3.0 (<S>, <U>, <SUB>, <SUP> bereits von NCSA Mosaic für Windows unterstützt); von den Fähigkeiten des Terminals (Schriftarten) abhängig

Für alle hier erwähnten Zeichenformate ist die Verschachtelung erlaubt (z.B. <B><I>...</I></B> für fetten und kursiven Text), allerdings ist nicht vorgeschrieben, daß ein Browser sie beachten muß.

6.6.2 Semantische Zeichenformate

Mit semantischen Zeichenformaten legen Sie nicht direkt das Aussehen der Zeichen fest, sondern vielmehr die Rolle, die die Zeichen auf Ihrer HTML-Seite spielen. In einer solchen Formatierung steckt in der Regel mehr Information als in einer Auszeichnung wie „kursiv“. Auch wenn Sie beim Schreiben noch nicht wissen, wozu diese zusätzliche Information dienen soll, lohnt sich die Mühe – vielleicht wollen Sie (oder irgendein Leser) die Seiten irgendwann mit speziellen Programmen weiterverarbeiten, ausdrucken, verändern, und je mehr ein Programm über die Daten, die es verarbeiten soll, weiß, desto besser kann es damit umgehen.

<EM>..</EM> (Emphasis)
Eine leichte typografische Hervorhebung des Textes ist gewünscht; meist wird kursive Schrift verwendet.

<STRONG>..</STRONG>
Eine starke typografische Hervorhebung soll verwendet werden (meistens Fettdruck).

<CITE>...</CITE>
Es handelt sich um ein Zitat. Die meisten Browser verwenden kursive Schrift. Längere Zitate können mit <BLOCKQUOTE> (Seite 174) formatiert werden.

<CODE>...</CODE>
Es handelt sich um Text in einer Programmiersprache (z.B. kurze Programmbeispiele oder Namen von Funktionen); meist wird eine nichtproportionale Schrift verwendet (vgl. auch <TT>, Seite 168, und <PRE>, Seite 174).

<SAMP>...</SAMP> (Sample)
Es handelt sich um ein wörtliches Beispiel (etwas, das *genau so* gesagt oder eingegeben wird).

<KBD>...</KBD> (Keyboard)
Text, der genau so vom Benutzer einzugeben ist (z. B. in der Anleitung zu einem Programm). Meistens wird auch hier eine nichtproportionale Schrift verwandt.

<VAR>...</VAR> (Variable)
Der Name einer Variablen (meist kursiv dargestellt).

Tags:	<EM>, <STRONG>, <CITE>, <CODE>, <SAMP>, <KBD>, <VAR>
erlaubt:	im Body
Inhalt:	beliebiger HTML-Text
Unterstützung:	alle Browser, nicht notwendigerweise unterschiedliche Darstellung (vieles einfach kursiv)

Für alle hier vorgestellten Formatierungsarten gilt, daß die meisten Browser eine freie Einstellung der Schriftarten für die unterschiedlichen Tags erlauben; daher verzichte ich auch auf eine Bebilderung mit verschiedenen Browsern. Die folgende Abbildung zeigt, wie der Netscape Navigator die Tags standardmäßig formatiert.

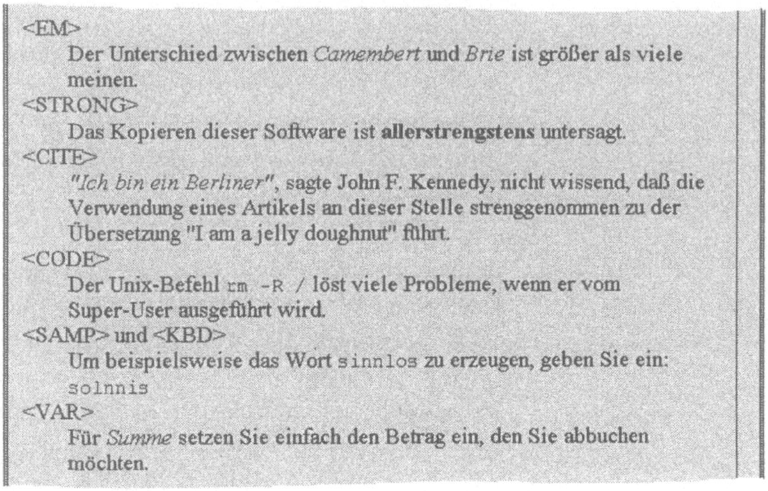

Abbildung 6.9:
Inhaltliche Zeichenformate in Netscape

<EM>
Der Unterschied zwischen *Camembert* und *Brie* ist größer als viele meinen.
<STRONG>
Das Kopieren dieser Software ist **allerstrengstens** untersagt.
<CITE>
"Ich bin ein Berliner", sagte John F. Kennedy, nicht wissend, daß die Verwendung eines Artikels an dieser Stelle strenggenommen zu der Übersetzung "I am a jelly doughnut" führt.
<CODE>
Der Unix-Befehl `rm -R /` löst viele Probleme, wenn er vom Super-User ausgeführt wird.
<SAMP> und <KBD>
Um beispielsweise das Wort `sinnlos` zu erzeugen, geben Sie ein: `solnnis`
<VAR>
Für *Summe* setzen Sie einfach den Betrag ein, den Sie abbuchen möchten.

Erweiterungen in HTML 3.0

Für HTML 3.0 sind eine Reihe weiterer Formatierungen vorgesehen, die fast alle nicht zu einer sichtbaren Hervorhebung der betreffenden Worte führen, sondern eher dazu gedacht sind, die automatische Verarbeitung zu vereinfachen:

<DFN>...</DFN> (Definition)

Markiert dasjenige Auftauchen eines Begriffs, an das seine Definition anschließt. Beispiel:

```
Das Protokoll <DFN>HTTP</DFN> (Hypertext Transfer
Protocol) wird verwandt, um Daten zwischen WWW-Server
und WWW-Client zu &uuml;bertragen.
```

Der Sinn von <DFN> ist, daß ein Browser beispielsweise bei einem Doppelklick auf das Wort „HTTP“ irgendwo im Text an die Stelle verzweigen könnte, an der HTTP definiert wurde, ohne daß man eigens für jedes Wort Hyperlinks setzen muß.

<Q>...</Q> (Quotation)

Kann anstelle von Anführungszeichen verwandt werden. Der Browser kann dann die Art von Anführungszeichen einsetzen, die der verwendeten Sprache angemessen sind. Verschachtelte <Q>-Elemente werden automatisch richtig behandelt (z.B. einfache Anführungszeichen innerhalb doppelter usw.). Die Sprache ergibt sich aus dem LANG-Attribut des Elements, in dem sich der Text befindet (vgl. Seite 206).

<LANG>...</LANG> (Language)

Kann benutzt werden, um die Sprache eines Wortes oder Textabschnitts zu definieren, wenn die Verwendung des LANG-Attributs ungeeignet ist. Der Browser kann diese Information beispielsweise zur korrekten Silbentrennung verwenden.

<AU>...</AU> (Author)

Umgibt den Namen eines Autors (nicht nur den des Autors der betreffenden Seite).

<PERSON>...</PERSON>

Umgibt den Namen einer Person. <AU> und <PERSON> werden nicht unbedingt in der Darstellung sichtbar, sind aber nützlich, um automatische Indizes und Suchdienste zu unterstützen.

<ACRONYM>...</ACRONYM>

Umgibt Akronyme.

<ABBREV>...</ABBREV> (Abbreviation)

Umgibt Abkürzungen. Mit Hilfe von <ACRONYM> und <ABBREV> kann ein Browser beispielsweise automatisches Nachschlagen in öffentlich zugänglichen Abkürzungslexika im WWW durchführen.

<INS>...</INS> (inserted)

Markiert Text, der (z.B. seit der letzten Veröffentlichung o.ä.) neu eingefügt wurde.

<DEL>...</DEL> (deleted)

Umgibt Text, der gelöscht wurde. <INS> und <DEL> sind besonders für Verträge, Gesetze usw. gedacht.

Tags:	<DFN>, <Q>, <LANG>, <AU>, <PERSON>, <ACRONYM>, <ABBREV>, <INS>, <DEL>
erlaubt:	im Body
Inhalt:	beliebiger HTML-Text
Unterstützung:	nur HTML 3.0

6.7 Textblöcke mit spezieller Auszeichnung

Alle bisher vorgestellten Formatierungen waren hauptsächlich zur Hervorhebung einzelner Worte oder kurzer Passagen innerhalb gewöhnlicher Absätze gedacht. Manchmal sind jedoch abweichende Formate auch für ganze Textbereiche sinnvoll.

6.7.1 <BLOCKQUOTE>, <BQ>

Das <BLOCKQUOTE>-Tag wird benutzt, um größere Zitate zu kennzeichnen. Im Gegensatz zu <CITE> wird vor und nach <BLOCKQUOTE> eine neue Zeile begonnen. Der Browser kümmert sich um einen geeigneten Abstand zum übrigen Text; oft wird BLOCKQUOTE-Text mit einem kleinen linken und rechten Einzug formatiert.

Abbildung 6.10: <BLOCKQUOTE> (vgl. auch Abb. 6.13)

Für Beispielsätze in Computerbüchern werden immer gerne Philosophen oder berühmte Dichter herangezogen. Ein klarer Fall - die Autoren meinen beweisen zu müssen, daß ihr Verstand nicht nur zum Verfassen technischer Literatur, sondern auch zum Konsumieren hochgeistiger ausreicht.
Da kommt mir zufällig ein Satz in den Sinn, den ich kürzlich las:

> Der gesunde Verstand ist die bestverteilte Sache der Welt, denn jedermann meint, damit so gut versehen zu sein, daß selbst diejenigen, die in allen übrigen Dingen sehr schwer zu befriedigen sind, doch gewöhnlich nicht mehr Verstand haben wollen, als sie wirklich haben.

(René Descartes, *Abhandlung über die Methode*)

In HTML 3.0 wurde <BLOCKQUOTE> in <BQ> umbenannt (die alte Bezeichnung kann aber weiter verwendet werden). Am Anfang oder am Ende kann ein <CREDIT>-Element (vgl. Seite 156) eingebaut werden, um Autor und Werk zu nennen. In der Beispiel-Abbildung 6.10, die HTML 2.0-kompatibel ist, mußte ich diese Daten als normale Textzeile hinter das <BLOCKQUOTE>-Element schreiben.

Darüber hinaus unterstützt HTML 3.0 auch das Attribut NOWRAP bei <BLOCKQUOTE>, um den automatischen Zeilenumbruch innerhalb des Zitats abzuschalten (für Lyrik usw). Man muß dann mittels <BR> selbst für korrekte Umbrüche sorgen.

Tag:	<BLOCKQUOTE> (HTML 3.0: <BQ>)
erlaubt:	im Body
Inhalt:	beliebiger HTML-Text
Unterstützung:	alle Browser; HTML 3.0 mit Zusatz-Attribut

6.7.2 <PRE>

Das Tag <PRE> wird benutzt, wenn man den Browser dazu bringen möchte, den Zeilenumbruch nicht völlig selbst zu gestalten, sondern den Text möglichst unangetastet zu lassen.

Innerhalb von <PRE>...</PRE> sind folgende Einstellungen wirksam:

- Der Browser beachtet die Zeilenumbrüche; jede Zeile wird am Schirm so dargestellt, wie sie im Text steht. Wird die Zeile zu breit für das Fenster, muß der Benutzer einen Rollbalken benutzen oder sieht im schlimmsten Fall (Textterminal) einfach den Rest der Zeile nicht.
- Mehrere aufeinanderfolgende Leerzeichen werden nicht, wie sonst, zu einem zusammengefaßt. Tabulatorzeichen (ASCII #9) werden als Sprung in die nächste durch 8 teilbare Spalte interpretiert.
- Wenn möglich, wird eine nichtproportionale Schrift zur Darstellung verwendet.
- HTML-Tags und -Entities werden wie üblich umgesetzt; komplexere Tags wie <H1> oder <BLOCKQUOTE> sollten jedoch vermieden werden.

Tag:	<PRE> („Preformatted“)
erlaubt:	im Body
Inhalt:	beliebiger HTML-Text
Unterstützung:	alle Browser

Wenn man HTML-Seiten schreiben will, ohne die speziellen Fähigkeiten von HTML 3.0 bzw. Netscape zu benutzen, ist <PRE> die einzige Möglichkeit, einigermaßen vernünftige Tabellen darzustellen.

Beispiel:
Tabelle mit <PRE>

```
Unsere Preise:
<PRE>
Produkt     |              |               |
    Menge   | unter 10kg   | 10kg-100kg    | &uuml;ber 100kg
-----------------------------------------------
  Zucker    |   31,--      |    29,--      |   25,--
  Mehl      |   15,--      |    14,--      |   13,--
</PRE><EM>Die Preise verstehen sich als Nettopreise
ab Werk Gr&uuml;nstadt.</EM>
```

<PRE> kann mit einem Attribut WIDTH=*zahl* versehen werden, wobei *zahl* die maximale Breite des eingeschlossenen Textes angibt. Die Angabe war gedacht, um dem Browser die Wahl einer passenden Schriftgröße zu ermöglichen (so, daß die breiteste Zeile noch ins Fenster paßt). Sie wird aber von keinem Browser

beachtet, da die meisten die Schriftgröße ohnehin nicht anpassen und die Breite außerdem ja einfach nachgeprüft werden kann.

In HTML 3.0 sind außerdem die Standardattribute ID, LANG, CLASS und CLEAR zugelassen (vgl. Seite 206).

Abbildung 6.11: Das <PRE>-Tag

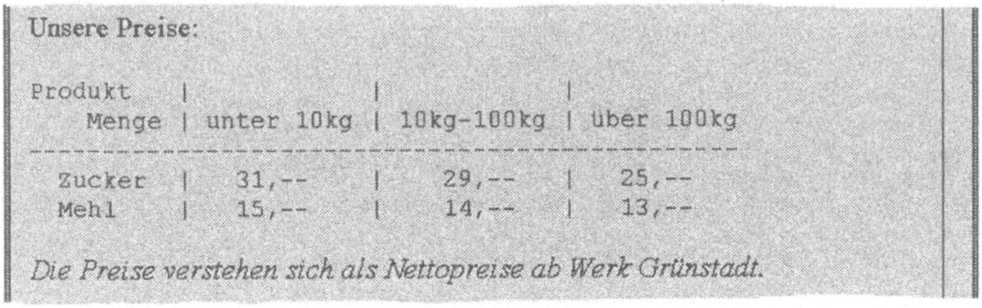

```
Unsere Preise:

Produkt   |              |               |
     Menge | unter 10kg  | 10kg-100kg  | über 100kg
------------------------------------------------------------
  Zucker  |   31,--     |    29,--    |    25,--
  Mehl    |   15,--     |    14,--    |    13,--

Die Preise verstehen sich als Nettopreise ab Werk Grünstadt.
```

Abbildung 6.11 zeigt eine <PRE>-Darstellung mit Netscape; das folgende Bild entsteht aus exakt dem gleichen HTML-Text, wenn man <PRE> entfernt:

Abbildung 6.12: ... und wie es ohne <PRE> aussähe

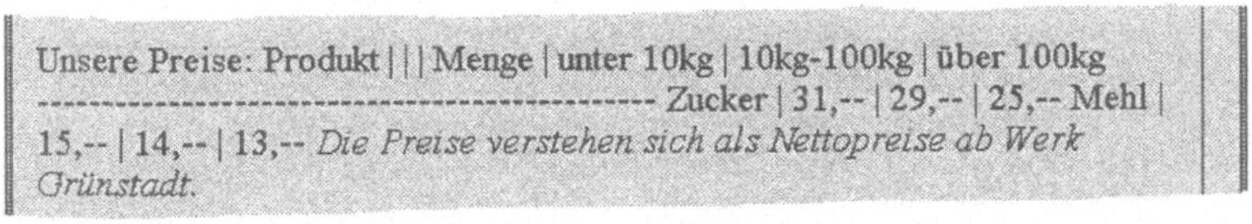

Unsere Preise: Produkt | | | Menge | unter 10kg | 10kg-100kg | über 100kg -- Zucker | 31,-- | 29,-- | 25,-- Mehl | 15,-- | 14,-- | 13,-- *Die Preise verstehen sich als Nettopreise ab Werk Grünstadt.*

6.7.3 <ADDRESS>

Das <ADDRESS>-Tag soll benutzt werden, um die Adresse des Autors einer HTML-Seite zu kennzeichnen. <ADDRESS> funktioniert im Prinzip wie <P> (mit dem Unterschied, daß bei <ADDRESS> das Abschlußtag </ADDRESS> nicht weggelassen werden darf).

Tag:	<NOTE>
erlaubt:	im Body
Inhalt:	beliebiger HTML-Text
Unterstützung:	nur HTML 3.0

Wenn der <ADDRESS>-Text überhaupt anders als normaler Text dargestellt wird, dann meistens kursiv und etwas eingerückt, mit leichtem Abstand darüber und darunter (vgl. Abbildung 6.13 auf Seite 178). In der Hauptsache dient das Tag aber nicht dazu, eine optische Hervorhebung zu erzeugen. Es soll vielmehr die automatische Verarbeitung eines Dokuments erleichtern.

Innerhalb <ADDRESS>...</ADDRESS> sind die üblichen HTML-Textformatierungen wirksam, das heißt insbesondere, daß Zeilenumbrüche nicht beachtet werden. Wenn man eine Adreßdarstellung mit eigener Zeile für Name, Straße usw. wünscht, muß man die Zeilenumbrüche mit <BR> erzwingen.

In HTML 3.0 kennt <ADDRESS> die Attribute ID, LANG, CLASS, CLEAR und NOWRAP.

6.7.4 Bemerkungen mit <NOTE>

Mit <NOTE> kann man Bemerkungen, Hinweise oder Warnungen formatieren. Der Text wird in der Regel etwas vom linken und rechten Rand abgesetzt, und links vom Text kann ein Symbol (z.B. ein Ausrufezeichen für Warnungen) erscheinen.

Tag:	<NOTE>
erlaubt:	im Body
Inhalt:	beliebiger HTML-Text
Unterstützung:	nur HTML 3.0

<NOTE> kann mit den Standard-Attributen ID, LANG, CLASS und CLEAR versehen werden. Mit dem SRC-Attribut kann ein URL für ein anzuzeigendes Bild oder Symbol angegeben werden und mittels MD eine Prüfsumme dafür.

Für das CLASS-Attribut sind die Werte „NOTE“, „CAUTION“ und „WARNING“ vorgesehen; wenn einer dieser Werte angegeben ist, soll der Browser selbständig ein passendes Symbol auswählen. (Die derzeitige Version 0.97 des Arena-Browsers verwendet noch das Attribut ROLE anstatt CLASS, um den Symboltyp festzulegen, aber der Standard sieht CLASS vor.)

6.7.5 <FN> für Fußnoten

Ebenfalls eine HTML 3.0-Spezialität ist die Möglichkeit, mit <FN> Fußnoten und kurze Erklärungen in eine Seite einzubauen. Dabei dient – wie auch bei einem normalen Hyperlink – ein bestimmtes Wort oder ein Satz im Text als „Anker“. Klickt der Benutzer die Stelle an, soll aber nicht zu einem anderen Dokument verzweigt, sondern ein kleines Extra-Fenster geöffnet werden, in dem die Fußnote zu lesen ist.

Abbildung 6.13:
<ADDRESS>, <BLOCKQUOTE> und <NOTE>, dargestellt mit verschiedenen Browsern

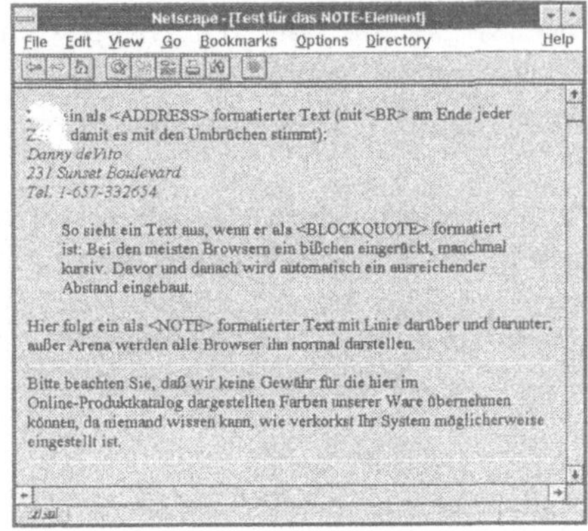

Netscape Navigator

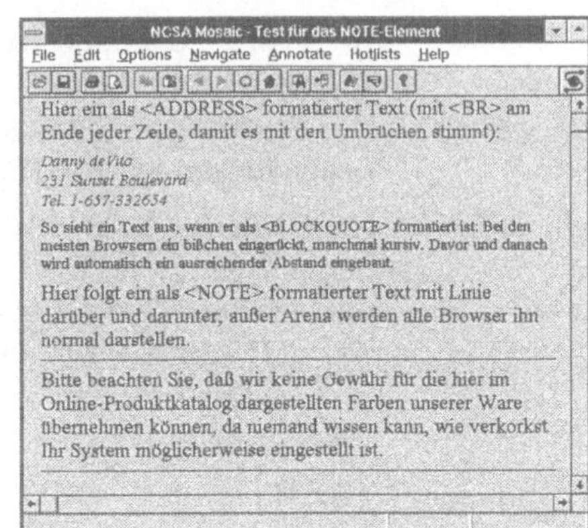

NCSA Mosaic

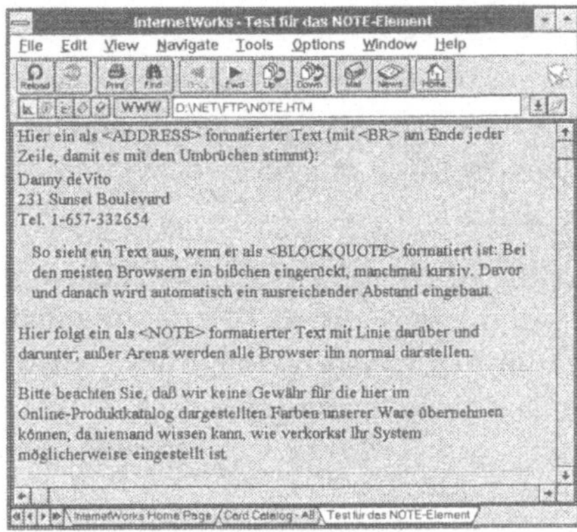

BookLink InternetWorks

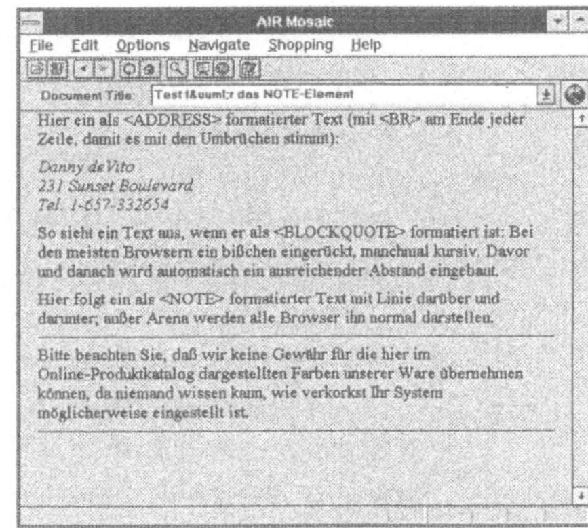

AIR Mosaic (von Spry)

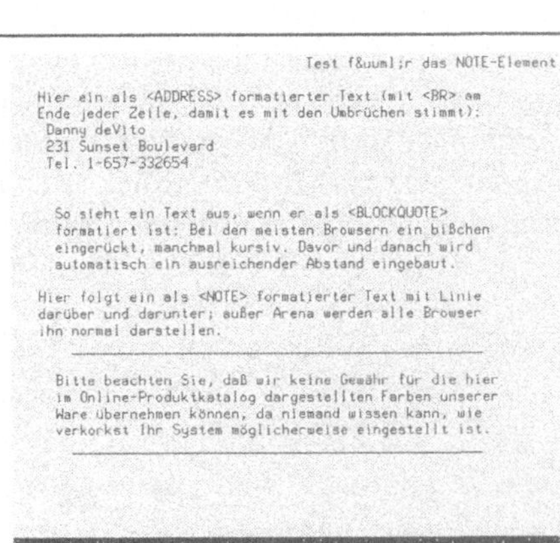

Lynx

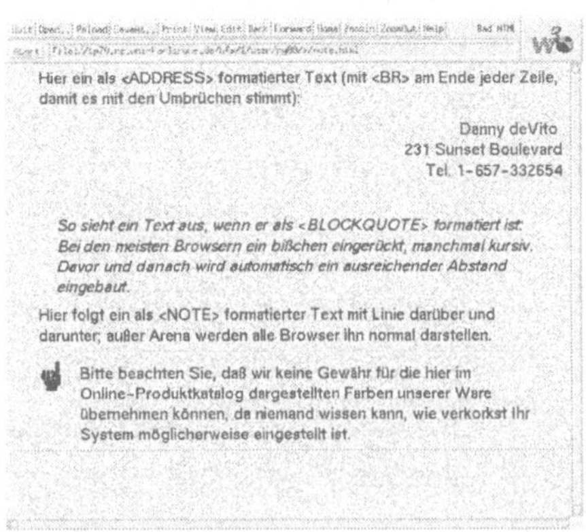

Arena

Beispiel:
Fußnoten

```
Die HTML 3.0-<A HREF="#FUSSN1">Spezifikation</A>
sieht auch die M&uml;glichkeit zur Formatierung von
Fu&szlig;noten vor.
<FN ID="FUSSN1">Offiziell noch keine Spezifikation,
sondern erst ein Diskussionspapier</FN>
```

Im Beispiel soll der Browser den Text „Offiziell..." zunächst verbergen und erst bei Anwählen des Wortes „Spezifikation" in einem kleinen Popup-Fenster anzeigen. Sie müssen jedoch damit rechnen, daß ein Browser, der HTML 3.0 nicht versteht, den Fußnotentext einfach so anzeigt, wie er da steht, also als eigenen Satz hinter „... Fußnoten vor". Durch geschickte Formulierung und Anordnung kann man allerdings erreichen, daß in beiden Fällen ein sinnvolles Ergebnis herauskommt:

Beispiel:
Fußnoten, die auch als normaler Text durchgehen

```
Die HTML 3.0-<A HREF="#FUSSN1">Spezifikation</A>
<FN ID="FUSSN1">(offiziell noch keine Spezifikation,
sondern erst ein Diskussionspapier)</FN>
sieht auch die M&uml;glichkeit zur Formatierung von
Fu&szlig;noten vor.
```

Ein Dokument kann beliebig viele Fußnoten haben, die anhand des HREF- bzw. ID-Attributs zugeordnet werden. Ein guter Browser oder ein spezielles Druckprogramm kann die Fußnoten beim Ausdruck als echte Fußnoten am unteren Seitenrand plazieren.

Tag:	<FN> (Fußnote)
erlaubt:	im Body
Inhalt:	beliebiger HTML-Text
Unterstützung:	nur HTML 3.0

6.8 Tabellen und Tabulatoren

Die Fähigkeit, Daten in Tabellenform darzustellen, ist im HTML 2.0-Standard nicht vorgesehen. Da kaum ein anderes Detail so oft nachgefragt wurde wie Tabellen, beherrschen heute schon viele Browser (darunter Mosaic und Netscape für Windows) im Vorgriff auf HTML 3.0 die Tabellen-Tags, auch wenn sie sonst noch nicht viel von HTML 3.0 verstehen.

6.8.1 Einfache Tabellen

Eine Tabelle wird stets vom <TABLE>-Tag umgeben. Innerhalb des <TABLE>...</TABLE> dürfen sich befinden:

- eine Tabellenüberschrift (<CAPTION>...</CAPTION>)
- beliebig viele Tabellenzeilen (<TR>...</TR>); innerhalb dieser Zeilen wiederum
- beliebig viele Zellen, die in <TH>...</TH> (für Überschriftszellen) oder <TD>...</TD> (für normale Zellen) eingeschlossen sind.

Die Tabelle hat so viele Zeilen, wie es <TR>-Elemente gibt, und die Spaltenzahl ergibt sich aus der maximalen Anzahl von <TD>- bzw. <TH>-Elementen in einer Zeile. Die Breite der Tabelle und der einzelnen Spalten kann nicht festgelegt werden – das macht der Browser automatisch.

Ich greife das Beispiel von Seite 175 (Tabelle mit <PRE>) noch einmal auf und formuliere es hier als „echte" Tabelle:

Beispiel: einfache Tabelle mit <TABLE>

```
<TABLE BORDER>
<CAPTION>Unsere Preise</CAPTION>
<TR><TH>Produkt<TH>unter 10kg<TH>10kg-100kg
    <TH>&uuml;ber 100kg</TR>
<TR><TD>Zucker<TD>31,-- <TD>29,--<TD>25,-- </TR>
<TR><TD>Mehl  <TD>15,-- <TD>14,--<TD>13,-- </TR>
</TABLE>
```

Das BORDER-Attribut bei <TABLE> wird benötigt, damit die Tabellenzeilen und -spalten mit Linien begrenzt werden. Ich habe im Beispiel auf die abschließenden </TD>- bzw. </TH>-Tags verzichtet. Ganz korrekt müßte es jedesmal `<TD>Zucker</TD>` usw. heißen. Da die Browser aber das Ende einer Zelle auch am Beginn der nächsten Zelle oder Zeile erkennen können, darf man </TD> und </TH> in der Regel weglassen – sonst geht vor lauter Tags die Übersicht im HTML-Text verloren.

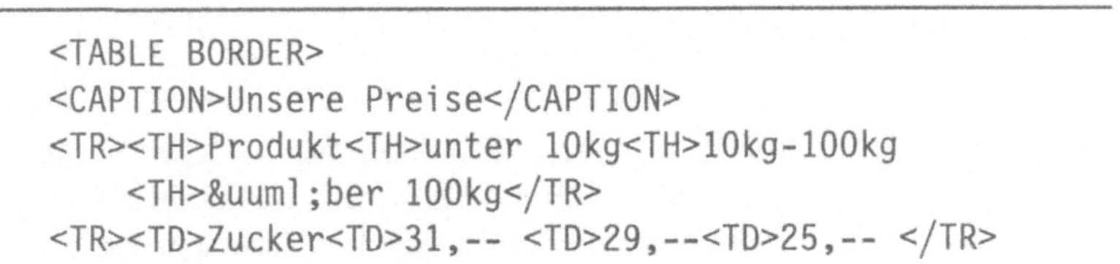

Unsere Preise

Produkt	unter 10kg	10kg-100kg	über 100kg
Zucker	31,--	29,--	25,--
Mehl	15,--	14,--	13,--

Abbildung 6.14: Die erste Version der Beispieltabelle

Wie bereits erwähnt, ermittelt der Browser automatisch eine geeignete Breite für die einzelnen Spalten. Wenn eine Zelle so viel

Text enthält, daß die Tabelle dadurch zu breit würde, wird der Text in mehrere Zeilen aufgeteilt, und die Zelle wird entsprechend höher.

Man kann auch Zeilenumbrüche oder neue Absätze (
, <P>) in einer Tabellenzelle erzwingen, und sämtliche HTML-Formatierungen sind in Tabellenzellen erlaubt.

Beispiel: Tabelle mit großer Textmenge

```
<TABLE BORDER>
<TR><TH>Protokoll<TH>Inhalt</TR>
<TR><TD>http, https<TD>Verweis auf Daten von einem
        WWW-Server; Datentyp wird den Daten voran
        &uuml;bermittelt.<BR>
        <TT>http://rechner/pfad/dateiname</TT><BR>
        bei <TT>http://rechner/</TT> Willkommensseite
<TR><TD>ftp, ftps<BR>
        (auch: file)<TD>Verweis auf Daten von einem
        FTP-Server; es wird kein Datentyp
        mit&uuml;bermittelt, aber manche Browser
        versuchen, anhand der Daten oder des
        Dateinamens zu erkennen, wie die Daten zu
        behandeln sind.
</TR></TABLE>
```

Das Beispiel ist eine HTML-Version eines Textabschnitts aus Anhang E. Da mehrere aufeinanderfolgende Leerzeichen in HTML ja keine Bedeutung haben, können Sie Ihren HTML-Quelltext nach Belieben mit Leerzeichen füllen; insbesondere bei Tabellen dient es sehr der eigenen Übersicht, wenn man versucht, einzelne Spalten auch im Quelltext untereinander anzuordnen.

Abbildung 6.15: Browser-Darstellung der Tabelle

Protokoll	Inhalt
http, https	Verweis auf Daten von einem WWW-Server; Datentyp wird den Daten voran übermittelt. `http://rechner/pfad/dateiname` bei `http://rechner/` Willkommensseite
ftp, ftps (auch: file)	Verweis auf Daten von einem FTP-Server; es wird kein Datentyp mitübermittelt, aber manche Browser versuchen, anhand der Daten oder des Dateinamens zu erkennen, wie die Daten zu behandeln sind.

6.8.2 Komplexe Tabellen

Mit den Attributen COLSPAN und ROWSPAN ist es möglich, einzelne Zellen einer Tabelle über mehrere Spalten oder Zeilen auszudehnen. Außerdem kann das ALIGN-Attribut benutzt werden, um die Ausrichtung ganzer Zeilen oder einzelner Zellen zu beeinflussen (vgl. Abbildung 6.19 auf Seite 188).

Beispiel:
ROWSPAN, COLSPAN, ALIGN

```
<TABLE BORDER>
<CAPTION>Unsere Preise</CAPTION>
<TR><TH ROWSPAN=2>Produkt<TH COLSPAN=3>Menge</TR>
<TR><TH>unter 10kg<TH>10kg-100kg
    <TH>&uuml;ber 100kg</TR>
<TR ALIGN=RIGHT><TD ALIGN=LEFT>Zucker
                <TD>31,-- <TD>29,--<TD>25,-- </TR>
<TR ALIGN=RIGHT><TD ALIGN=LEFT>Mehl
                <TD>15,-- <TD>14,--<TD>13,-- </TR>
</TABLE>
```

Im Beispiel habe ich wieder die Preistabelle aufgegriffen, diesmal aber eine sich über zwei Zeilen erstreckende Zelle für „Produkt" und eine drei Spalten umfassende für „Menge" eingefügt. Die zweite Tabellenzeile, die nur die drei Zellen mit den Mengenangaben „unter 10kg" usw. enthält, läßt der Browser dadurch automatisch erst in Spalte 2 beginnen, da Spalte 1 durch die herabhängende Zelle „Produkt" aus Zeile 1 belegt wird.

Die Zeilen mit den Preisangaben habe ich durch ALIGN=right auf rechtsbündige Ausrichtung umgestellt. Für die erste Zelle hebe ich das jeweils mit einem ALIGN=left wieder auf. Genausogut hätte man das ALIGN-Attribut bei <TR> und in der ersten Spalte sparen und dafür bei den drei Preis-Spalten explizit die Ausrichtung nach rechts fordern können – dazu hätte es aber sechsmal ALIGN=right bedurft, und so kommt man mit vier aus. Abbildung 6.16 zeigt das Ergebnis der Veränderungen.

Abbildung 6.16: Beispieltabelle, zweite Version

Unsere Preise

Produkt	Menge		
	unter 10kg	10kg-100kg	über 100kg
Zucker	31,--	29,--	25,--
Mehl	15,--	14,--	13,--

HTML 3.0 sieht zwar auch dezimale Ausrichtung vor, aber die ist bei den Browsern, die bisher Tabellen unterstützen, noch nicht implementiert.

6.8.3 Tabellen als Layoutwerkzeug

Tabellen müssen nicht durch Linien begrenzt sein. Wenn man das Attribut BORDER beim <TABLE>-Tag wegläßt, sind die Zellengrenzen „unsichtbar", und man kann Tabellen gut einsetzen, um Text und Bilder nach Wunsch auf einer Seite anzuordnen. Dabei verläßt man zwar den „Pfad der Tugend", weil man anfängt, HTML-Elemente zur optischen anstatt zur inhaltlichen Gestaltung zu verwenden, aber ein klein wenig Abwechslung im HTML-Einheitsdesign ist ja nicht unbedingt schlecht.

Abbildung 6.17: Tabelle zur Bild- und Textausrichtung

Ganz in der Nähe des Kyle of Lochalsh findet sich ein besonderes Exemplar einer Burg, das von vielen auch als das "Bilderbuchschloß" bezeichnet wird. Das Eilean Donan Castle wurde schon im 13. Jahrhundert auf einer kleinen Insel im Loch Duich errichtet und ist durch eine Steinbrücke mit dem Festland verbunden.

Das Eilean Donan Castle im Nordwesten Schottlands.

Am 10. Mai des Jahres 1719 wurde die Burg durch ein Bombardement dreier englischer Kriegsschiffe zerstört, weil sich dort spanische Soldaten einquartiert hatten, die die aufständischen Jakobiten in Schottland unterstützen wollten.

Abbildung 6.17 zeigt eine Textformatierung, die mit einer Tabelle bewerkstelligt wurde. Der zugehörige HTML-Quelltext (Textpassagen gekürzt) ist:

Beispiel: Tabelle zur Bild- und Textausrichtung

```
Ganz in der N&auml;he des Kyle of Lochalsh [...]
mit dem Festland verbunden.
<TABLE>
<TR><TD ALIGN=RIGHT VALIGN=BOTTOM>
<EM>Das Eilean Donan Castle im Nordwesten
Schottlands.</EM>
<TD><IMG SRC="EILDONAN.GIF"></TR>
</TABLE>
Am 10. Mai des Jahres 1719 wurde die Burg [...]
Jakobiten in Schottland unterst&uuml;tzen wollten.
```

Hier wurde eine Tabelle mit einer Spalte und zwei Zeilen verwendet; der Text im linken Feld ist mit ALIGN=right rechtsbündig angeordnet worden. VALIGN=bottom sorgt dafür, daß der

Zelleninhalt in der Vertikalen unten ausgerichtet wird (statt, wie sonst, zentriert – vgl. „Produkt“-Feld in Abbildung 6.16).

Ein weiteres Beispiel für Textformatierung durch Tabellen zeigt Abbildung 6.18. Für dieses Beispiel wurde eine zweispaltige Tabelle verwendet, bei der die Einträge in der linken Spalte mit VALIGN=top an den oberen Zellenrand gestellt wurden:

Beispiel: Randtexte mit Tabellen (Ausschnitt)

```
<TABLE>
<TR>
<TD VALIGN=TOP><EM>Leicht zu<BR>erlernen</EM>
<TD>Die Skriptsprache "PERL" [...]
<TR>
<TD VALIGN=TOP><EM>effizient</EM>
<TD>PERL ist eine sehr m&auml;chtige Sprache. [...]
</TABLE>
```

Wichtig ist das
-Tag bei „Leicht zu erlernen“; ohne diesen erzwungenen Zeilenumbruch hätte der Browser aller Wahrscheinlichkeit nach die erste Spalte so breit ausgelegt, daß der Text „Leicht zu erlernen“ in der ganzen Breite hineinpaßt, und das hätte die Optik empfindlich gestört.

Ein ähnliches Resultat wie in Abbildung 6.18 kann man auch mit einer Glossarliste (<DD>) erreichen. Dann stehen die Randtexte zwar nicht neben, sondern über dem Rest, aber dafür können es auch Browser ohne Tabellenfähigkeit vernünftig anzeigen.

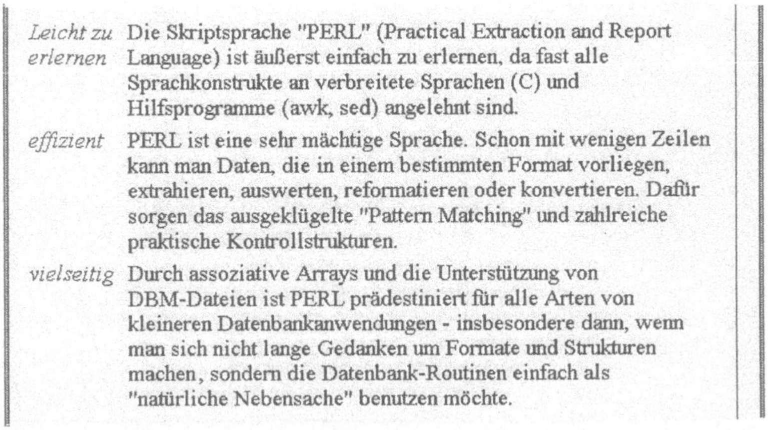

Abbildung 6.18: Randtexte mit Tabellen

Leicht zu erlernen	Die Skriptsprache "PERL" (Practical Extraction and Report Language) ist äußerst einfach zu erlernen, da fast alle Sprachkonstrukte an verbreitete Sprachen (C) und Hilfsprogramme (awk, sed) angelehnt sind.
effizient	PERL ist eine sehr mächtige Sprache. Schon mit wenigen Zeilen kann man Daten, die in einem bestimmten Format vorliegen, extrahieren, auswerten, reformatieren oder konvertieren. Dafür sorgen das ausgeklügelte "Pattern Matching" und zahlreiche praktische Kontrollstrukturen.
vielseitig	Durch assoziative Arrays und die Unterstützung von DBM-Dateien ist PERL prädestiniert für alle Arten von kleineren Datenbankanwendungen - insbesondere dann, wenn man sich nicht lange Gedanken um Formate und Strukturen machen, sondern die Datenbank-Routinen einfach als "natürliche Nebensache" benutzen möchte.

6.8.4 Übersicht über alle Tabellen-Attribute

Diese Übersicht zeigt die in HTML 3.0 vorgesehenen Tags und Attribute. Bisher sind es unter Windows erst der Netscape Navigator (auf allen Plattformen) und NCSA Mosaic für Windows, die diese Tags unterstützen – und auch das nur zum Teil. Es steht aber außer Frage, daß in naher Zukunft alle aktuellen Browser Tabellen darstellen werden.

Tag:	<TABLE> (Tabelle)
erlaubt:	im Body
Inhalt:	1 x <CAPTION>, beliebig viele Zeilen (<TR>)
Unterstützung:	HTML 3.0 plus einige HTML 2.0-Browser

<TABLE> kennt die Standard-Attribute ID, LANG, CLASS und CLEAR. Darüber hinaus sind erlaubt:

NOFLOW
: Wenn dieses Attribut angegeben ist, kann kein Text um die Tabelle herumfließen.

NOWRAP
: Der Browser nimmt innerhalb der Zelleninhalte keinen automatischen Zeilenumbruch vor. Ein solcher muß dann explizit mit <BR> oder <P> erzeugt werden.

ALIGN=bleedleft/left/center/justify/right/bleedright
: Legt den Textfluß um die Tabelle herum fest. Standard ist *center* (kein Textfluß); die anderen Einstellungen entsprechen denen des ALIGN-Attributs bei <IMG> in HTML 3.0 (vgl. Seite 154).

UNITS=en/pixels/relative
: Legt fest, welche Einheiten für die Attribute COLSPEC und WIDTH Anwendung finden sollen (siehe dort).

COLSPEC="liste"
: Mit diesem Attribut kann die Breite der einzelnen Spalten „von Hand" eingestellt werden, anstatt dem Browser die Berechnung der optimalen Breite zu überlassen. Außerdem kann für jede Spalte die Standardausrichtung angegeben werden. Der Inhalt von *liste* besteht aus mehreren durch Leerzeichen getrennten Kombinationen aus Großbuchstaben und Zahlen, wobei der Großbuchstabe (L, C, J, R, D für linksbündig, zentriert, Blocksatz, rechtsbündig, dezimal) die Ausrichtung und die Zahl die Breite der Spalte angibt. Je nach der Einstellung des UNITS-Attributs handelt es sich um eine Angabe in en-Einheiten, in Pixel oder um eine relative Breite. Bei UNITS=relative werden alle Werte aufaddiert; die

Spaltenbreite verhält sich dann zur jeweils angegebenen Zahl wie die Tabellenbreite zur Summe.
Die bei COLSPEC angegebene Spaltenausrichtung hat Vorrang vor einer eventuell bei <TR> angegebenen Zeilenausrichtung, kann aber durch eine Ausrichtungsangabe direkt bei <TD> oder <TH> übersteuert werden.

DP="zeichen"

Legt fest, welches Zeichen als Dezimalpunkt gewertet werden soll. Zellen mit dezimaler Ausrichtung (über COLSPEC oder ALIGN) werden so ausgerichtet, daß das angegebene *zeichen* jeweils auf einer Linie liegt.

WIDTH=zahl

Gibt die Breite der Tabelle in Pixel, en-Einheiten oder in Prozent der Gesamtbreite des Fensters (je nach Einstellung von UNITS) an.

BORDER

Wenn BORDER angegeben wird, werden Linien um die einzelnen Zellen gezogen.

Tag:	<TR> (Table Row – Tabellenzeile)
erlaubt:	innerhalb <TABLE>...</TABLE>
Inhalt:	beliebig viele <TH> oder <TD>-Tags
Unterstützung:	HTML 3.0 plus einige HTML 2.0-Browser

<TR> beschreibt eine Zeile einer Tabelle. Das Tag unterstützt die Standard-Attribute ID, LANG und CLASS. Für das CLASS-Attribut gilt hier die Sonderregel, daß eine Zeile mit CLASS=Header bei der Aufteilung der Tabelle auf mehrere Seiten (beispielsweise beim Ausdruck) auf jeder Seite über der Tabelle wiederholt wird. Ebenso wird eine Zeile mit CLASS=Footer vor jeden Seitenumbruch innerhalb der Tabelle gesetzt.

Außerdem können die Attribute ALIGN, DP und NOWRAP im gleichen Sinne wie bei <TABLE> benutzt werden; ihre Werte haben dann für diese Zeile Vorrang vor den in <TABLE> getroffenen. Als zusätzliches Attribut kann verwendet werden:

VALIGN=top/middle/bottom/baseline

Mit VALIGN (vertical alignment) kann bestimmt werden, wie der Zelleninhalt in der Vertikalen anzuordnen ist (vgl. Seite 183), wenn nicht alle Zelleninhalte die gleiche Höhe aufweisen. Die Einstellung *top* ordnet den Inhalt am oberen, *bottom* am unteren Rand an. Bei *middle* wird der Inhalt zentriert, und VALIGN=*baseline* kann – nur bei einzeiligem Zelleninhalt – benutzt werden, um sicherzustellen, daß der Text in allen Zellen die gleiche Grundlinie besitzt (bei unterschiedlichen Schriftgrößen ist das nicht identisch mit VALIGN=*bottom*).

Auf das abschließende </TR> kann ausnahmsweise verzichtet werden, da am nächsten <TR> bzw. am mit </TABLE> gekennzeichneten Tabellenende ebenfalls das Ende einer Zeile erkennbar ist.

Tags:	<TH>, <TD> (Table Header, Table Data)
erlaubt:	innerhalb <TABLE>...</TABLE>
Inhalt:	beliebig viele <TH> oder <TD>-Tags
Unterstützung:	HTML 3.0 plus einige HTML 2.0-Browser

<TH> und <TD> werden benutzt, um den Inhalt einer Zelle anzugeben. Auch hier können die Abschluß-Tags </TH> und </TD> in der Regel weggelassen werden. <TH> soll für Überschriftszellen verwendet werden, <TD> für normale Zellen. Viele Browser wählen für <TH> automatisch eine fette Schrift oder richten den Zelleninhalt zentriert aus.

Neben den Standard-Attributen ID, LANG und CLASS können ALIGN, DP und NOWRAP benutzt werden, um die in <TR> oder <TABLE> gesetzten Einstellungen für diese eine Zelle zu ändern (siehe dort). Das VALIGN-Attribut kann wie bei <TR> benutzt werden, um die vertikale Ausrichtung für die Zelle zu definieren.

Zusätzlich gibt es folgende Attribute:

COLSPAN=zahl
: Mit *zahl* wird angegeben, über wieviele Spalten sich die Zelle erstrecken soll. Die Zeile, in der eine solche „breite“ Zelle vorkommt, muß entsprechend weniger Zellen als die anderen Zeilen haben.

ROWSPAN=zahl
: Mit *zahl* wird angegeben, wieviele Zeilen die Zelle einnehmen soll. Die *zahl*–1 folgenden Zeilen müssen entsprechend weniger Zellen haben. Die Zelle nimmt in den folgenden Zeilen die Position ein, die sie auch in der aktuellen hat: Wenn die 3. Zelle der Zeile 1 mit ROWSPAN=2 ausgestattet ist, werden die ersten beiden Zellen der Zeile 2 normal dar-

gestellt, dann folgt die „hängende" Zelle, und rechts davon erst die dritte Zelle der Zeile 2.

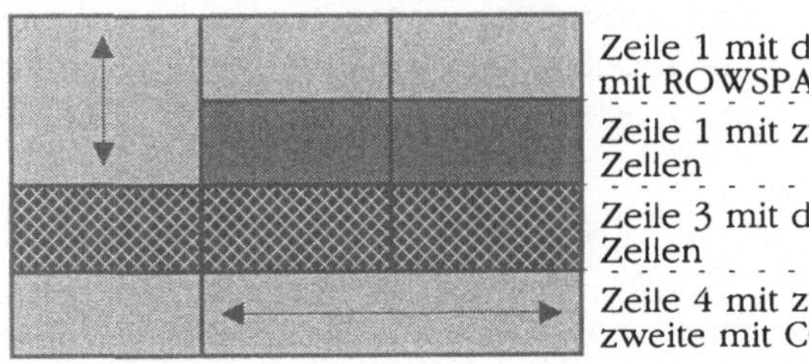

Abbildung 6.19: ROWSPAN und COLSPAN

AXIS="text"

Nur für <TH>-Zellen. Mit *text* kann eine Abkürzung für die Spalte oder Zeile angegeben werden, die durch die Zelle überschrieben wird. Diese Abkürzung kann beispielsweise bei der Umsetzung von HTML in natürliche Sprache Anwendung finden, wenn zu jeder Zelle der Tabelle noch einmal kurz Zeilen- und Spaltenbezeichnung „angesagt" werden.

AXES="zeile, spalte"

Nur für <TD>-Zellen. Gibt die Inhalte des AXIS-Attributs der Zeile oder Spalte, zu der diese Zelle gehört, an. In der Regel überflüssig, da der Browser diese Zugehörigkeit auch dem Tabellendesign entnehmen kann.

6.8.5 Übersicht über die Implementierungen des <TABLE>-Tags

Ich habe bereits erwähnt, daß Tabellen eigentlich eine HTML 3.0-Einrichtung sind, aber schon jetzt von Mosaic und Netscape unterstützt werden. Es ist sogar möglich, daß noch vor der endgültigen Verabschiedung von HTML 3.0 eine „Zwischenstufe" (HTML 2.1 oder ähnlich) geschaffen wird, nur um dem ganzen einen „offiziellen" Rahmen zu geben. Die Browser-Hersteller können dann sagen „unterstützt HTML 2.1", was besser klingt als „unterstützt HTML 2.0 mit einigen Erweiterungen aus HTML 3.0".

Der Netscape Navigator 1.1N und NCSA Mosaic für Windows verarbeiten die vorgestellten Tags in diesem Maße:

<TABLE>

Nur NOWRAP und BORDER werden als Attribute unterstützt. Der Netscape Navigator kennt die erweiterte Form BORDER=*zahl* (Angabe der Linienstärke in Pixel) und außerdem die Attribute CELLSPACING=*zahl* und CELLPADDING=*zahl*, mit denen der Abstand zwischen benachbarten Zellen bzw. der Abstand zwischen Rahmen und Zelleninhalt festgelegt werden können. Das WIDTH-Attribut wird nur vom Netscape

Navigator benutzt; die angegebene Breite wird als Pixelzahl interpretiert, wenn ihr kein %-Zeichen folgt.

<CAPTION>
Wird inklusive ALIGN von Mosaic und Netscape unterstützt.

<TR>
Wird mit den Attributen ALIGN, VALIGN und NOWRAP unterstützt; NCSA Mosaic kennt jedoch VALIGN=baseline nicht.

<TD> und *<TH>*
Werden mit den Attributen ROWSPAN, COLSPAN, ALIGN, VALIGN und NOWRAP unterstützt. Der Netscape Navigator 1.1N kennt zusätzlich WIDTH=*zahl,* womit die Breite der Spalte eingestellt werden kann, in der sich die Zelle befindet (absolut in Pixel oder mit % in Prozent der Tabellenbreite).

6.8.6 Tabulatoren (<TAB>)

Neben den Tabellen sind in HTML 3.0 auch Tabulatoren vorgesehen, die benutzt werden können, um den Fließtext besser zu strukturieren. Im Gegensatz zu Tabellen werden die Tabulatoren bisher von keinem Browser außer Arena unterstützt.

Tag:	<TAB>
erlaubt:	im Body
Inhalt:	leer
Unterstützung:	HTML 3.0

Man setzt einen Tabulator, indem man an der betreffenden Textstelle ein <TAB ID=tabname> einfügt. Später kann jederzeit mit <TAB TO=tabname> an genau diese horizontale Position gesprungen werden. Ein Beispiel:

```
Dies ist ein Tab-<TAB ID=tab1>Test.<BR>
<TAB TO=tab1>^ Genau hier beginnt das Wort "Test".
```

Die erste Zeile setzt einen Tabulator, die zweite benutzt ihn.

Zusätzlich kann man das ALIGN-Attribut mit den Werten *center, right* oder *decimal* (mit dem DP-Attribut wird dabei das Dezimalpunktzeichen festgelegt) angeben, wenn der Text nicht linksbündig am Tabulator ausgerichtet werden soll:

```
Dies ist ein Tab-Test<TAB ID=tab1>.<BR>
<TAB ALIGN=right TO=tab1>Das Wort "Test" endet hier^.
```

Wenn ALIGN ohne TO benutzt wird, kann der Rest der Zeile ausgerichtet werden; bei

```
Links<TAB ALIGN=right>Rechts
```

werden die beiden Wörter so auseinandergezogen, daß „Links" am linken und „Rechts" am rechten Rand des Fensters steht.

Abbildung 6.20: Tabulatoren

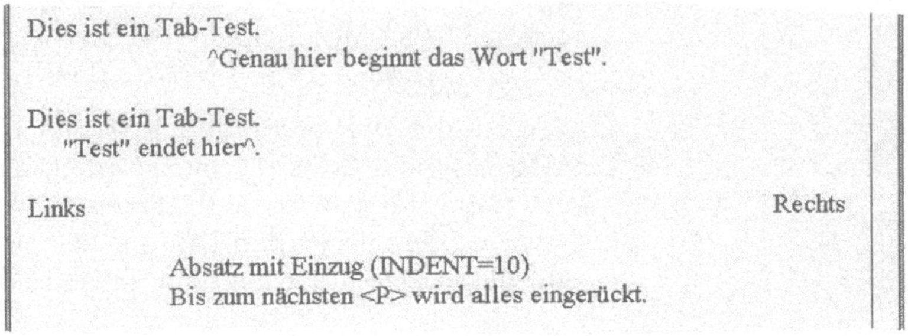

Dies ist ein Tab-Test.
^Genau hier beginnt das Wort "Test".

Dies ist ein Tab-Test.
"Test" endet hier^.

Links Rechts

Absatz mit Einzug (INDENT=10)
Bis zum nächsten <P> wird alles eingerückt.

Mit dem INDENT-Attribut ist eine exakte Angabe der gewünschten Tabposition (in en-Einheiten) möglich:

```
<TAB INDENT=10>Absatz mit Einzug
```

6.9 Mathematische Formeln

Die Darstellung mathematischer Formeln ist ab HTML 3.0 möglich. Obwohl derzeit nur Arena Formeln darstellt, wird diese Fähigkeit wohl schon in den nächsten Versionen der gängigen Browser zu finden sein. Ein ähnlicher Vorgriff hat ja bei den Tabellen-Tags bereits stattgefunden.

Ich werde die Mathematik-Tags nur sehr knapp erläutern, da es durchaus denkbar ist, daß sich in diesem Feld noch einige Änderungen ergeben, bis die Spezifikation endgültig verabschiedet wird – ein Überblick soll genügen.

6.9.1 Allgemeines

Mathematische Formeln werden von $...$ umgeben. Alle hier vorgestellten Tags sind nur innerhalb eines solchen Blocks gültig. Die bekannten Tags für HTML-Text sind innerhalb von $...$ bis auf wenige Ausnahmen unwirksam.

Prinzipiell sind alle Tags rekursiv anwendbar, das heißt, wenn ich schreibe, daß man mit <SQRT> die Wurzel eines Ausdrucks erzeugen kann, dann spielt es keine Rolle, ob zwischen <SQRT> und </SQRT> eine Konstante, ein Bruch oder ein Doppelintegral über eine gebrochen rationale Funktion steht.

Zeichenabstände und Schriftarten sollten vom Browser automatisch richtig eingestellt werden. Namen von Funktionen und Konstanten werden normal dargestellt, Variablennamen kursiv.

Als Attribute des <MATH>-Tags sind die Standardattribute ID und CLASS erlaubt; BOX sorgt dafür, daß ein Rahmen um die Formel gezeichnet wird. Die Sondereinstellung CLASS=CHEM für chemische Formeln kann benutzt werden, um eine Kursivstellung der Buchstaben zu verhindern, wie es für chemische Formeln üblich ist.

6.9.2 Spezielle Mathematik-Tags

<BOX>

Das wichtigste Tag für mathematische Formeln ist <BOX>. Es wird benutzt, um Brüche, Binomialkoeffizienten und sichtbare oder unsichtbare Klammern um Ausdrücke zu erzeugen.

Innerhalb von <BOX> sind die besonderen Tags <OVER> (Bruchstrich), <ATOP> (gleiche Wirkung, aber ohne Strich) und <CHOOSE> (Binomialkoeffizient, also Klammern um die übereinandergestellten Ausdrücke) erlaubt. Beispiel:

$\frac{1}{n}$ `<BOX>1<OVER>n</BOX>`

$\binom{1+n}{m+1}$ `<BOX>1+n<CHOOSE>m+1</BOX>`

Das <BOX>-Element kann auch benutzt werden, wenn ein links oder rechts eines Ausdrucks B stehender Ausdruck A in der Größe (Höhe) dem Ausdruck B angepaßt werden soll. Dazu gibt man innerhalb des <BOX>-Tags noch <LEFT> bzw. <RIGHT> an. Die Wirkung dieses „Streckoperators" veranschaulicht das folgende Beispiel:

$\textstyle\sum \frac{1}{n}$ `∑<BOX>1<OVER>n</BOX>`

$\displaystyle\sum \frac{1}{n}$ `<BOX>∑<LEFT>1<OVER>n</BOX>`

In der ersten Zeile steht das Summenzeichen ohne weiteren Bezug einfach vor dem Bruch; die zweite Zeile teilt dem Browser mittels <LEFT> mit, daß das Summenzeichen nach Bedarf gestreckt werden muß.

Für <BOX> und </BOX> können als Kurzbezeichnung die offene bzw. geschlossene geschweifte Klammer verwendet werden; `<BOX>1<OVER>n</BOX>` und `{1<OVER>n}` sind also äquivalent.

<SUB> und <SUP>

Mit <SUB> und <SUP> können tiefgestellte Indizes und hochgestellte Exponenten dargestellt werden. Wenn diese Tags auf ein Symbol folgen, das obere und untere Grenzen kennt (z.B. Summen- oder Integralzeichen), werden die in _{...} bzw. ^{...} angegebenen Termini als Grenzen eingesetzt. Folgen <SUB> oder <SUP> hinter einem binären Operator (Pfeile, Gleichheitszeichen o.ä.), so wird der enthaltene Text über bzw. unter den Operator geschrieben und der Operator ggf. entsprechend gestreckt. Beispiele:

x^{2a+b}	`x<SUP>2a+b</SUP>`
$\sum_{i=1}^{2a+b} i$	`∑<SUP>2a+b</SUP><SUB>i=1</SUB>i`
$x \xrightarrow{2a+b} y$	`x→<SUP>2a+b</SUP>y`

Zur Abkürzung kann für <SUP> ein Dachsymbol (^) und für <SUB> ein Unterstrich (_) benutzt werden; diese Zeichen sind dann sowohl als öffnendes wie auch als schließendes Tag zu benutzen (z.B. `∑^2a+b^_i=1_i`).

<ABOVE> und <BELOW>

Mit diesen Tags können Symbole über oder unter einem Ausdruck eingefügt werden. Wenn nichts weiter angegeben ist, wird eine Linie verwendet, ansonsten kann mit dem Attribut SYM=*symbolname* ein Symbol spezifiziert werden. Beispiele:

$\overline{x+2y}$	`<ABOVE>x+2y</ABOVE>`
$\xrightarrow{x+2y}$	`<BELOW SYM=rarr>x+2y</BELOW>`

Folgt hinter </ABOVE> noch ein <SUP>- oder hinter <BELOW> noch ein <SUB>-Element, wird der darin angegebene Ausdruck noch über bzw. unter das mit <ABOVE> bzw. <BELOW> erzeugte Symbol gesetzt.

<SQRT> und <ROOT>

Diese Tags dienen zur Darstellung von (Quadrat)-Wurzeln. Bei der Verwendung von <ROOT> ist zwischen Exponenten und Radikanden <OF> einzufügen. Beispiele:

$\sqrt{2a-b}$	`<SQRT>2a-b</SQRT>`
$\sqrt[3]{a^3+b^3+c^3}$	`<ROOT>3<OF>a^3^+b^3^+c^3^</ROOT>`

<ARRAY>

Das <ARRAY>-Element dient zur Darstellung verschiedener Arten von Matrizen. Die Anwendung ist zunächst einmal vergleichbar mit dem <TABLE>-Tag im „nichtmathematischen" HTML-Code. Innerhalb von <ARRAY>...</ARRAY> wird jede Zeile mit <ROW> (bei Tabellen: <TR>) und innerhalb derer jedes Element mit <ITEM> (bei Tabellen: <TH>) eingeleitet. Eine einfache Matrix ist die folgende:

$$\begin{matrix} 1 & 2 & i \\ a & b & j \\ 3 & 4 & k \end{matrix}$$

```
<ARRAY><ROWS><ITEM>1<ITEM>2<ITEM>i
<ROW><ITEM>a<ITEM>b<ITEM>j
<ROW><ITEM>3<ITEM>4<ITEM>k</ARRAY>
```

Mit den Attributen LDELIM=*"zeichen"* oder RDELIM=*"zeichen"* können Symbole angegeben werden, die links oder rechts der Matrix anzuzeigen sind. Das Attribut COLDEF kann benutzt werden, um die Ausrichtung der Spalten und eventuelle Trennzeichen anzugeben. Für die Ausrichtung werden die Buchstaben L, R und C (linksbündig, rechtsbündig, zentriert) verwendet. COLDEF="LLR" erzeugt eine Tabelle mit zwei links- und einer rechtsbündigen Spalte; COLDEF="C+C=C" erzeugt auch drei Spalten, aber zentriert und mit Plus- bzw. Gleichheitszeichen dazwischen. Die Ausrichtung kann mit dem ALIGN-Attribut beim <ITEM>-Tag für einzelne Elemente der Matrix übersteuert werden.

Das Attribut LABELS beim <TABLE>-Tag sorgt dafür, daß die erste Spalte und Zeile vom Rest der Matrix abgesetzt werden. Falls die Matrix mit LDELIM/RDELIM von Klammern o.ä. umschlossen wird, werden die erste Zeile und Spalte außerhalb dieser Symbole angezeigt.

Mit dem Attribut ALIGN kann bei <TABLE> angegeben werden, ob die erste (top) oder letzte (bottom) Zeile der Matrix mit den anderen Elementen in der Formelzeile bündig sein soll; ALIGN=center zentriert die Matrix vertikal.

Bei den einzelnen Elementen (<ITEM>) einer Matrix sind, genau wie bei Tabellen, die Attribute ROWSPAN und COLSPAN erlaubt, um Elemente über eine Zeile bzw. Spalte hinaus auszudehnen.

Beispiele (unter Verzicht auf Aufzählung der einzelnen Elemente mit <ROW> und <ITEM>):

$$\begin{array}{c} \\ i \\ j \\ k \end{array} \begin{array}{c} \begin{array}{ccc} a & b & c \end{array} \\ \begin{pmatrix} 1 & 2 & 3 \\ 4 & x+5 & 6 \\ 7 & 8 & 9 \end{pmatrix} \end{array}$$

```
<ARRAY LABELS LDELIM="(" RDELIM=")">
```

$$\begin{array}{ccccc} 1 & + & x & = & a \\ 2 & + & y & = & b \\ 3 & + & z & = & c \end{array}$$

```
<ARRAY COLDEF="C+C=C">
```

Weitere Tags

Neben den bisher besprochenen Mathematik-Tags stehen die folgenden zur Verfügung:

<TEXT>...</TEXT>
: Erlaubt kurze Texte innerhalb des $-Tags. Für längere Texte sollte man den Formelmodus mit$ beenden.

<B>, <T>, <BT>
: Legt die zu verwendende Schriftart fest: <B> ist fett, <T> ist nicht-kursiv, <BT> eine Kombination aus beidem.

<VEC>, <DOT>, <DDOT>, <BAR>, <HAT>, <TILDE>
: Zeichnet über den angegebenen Inhalt (alle Tags benötigen das zugehörige Abschlußtag!) einen Vektorpfeil (VEC), einen Punkt (DOT), zwei Punkte (DDOT), eine Linie (BAR), ein Dach (HAT) oder eine Tilde (~).

6.9.3 Mathematik-Symbole

Für mathematische Symbole, griechische Zeichen usw. sind jeweils die entsprechenden Entities (vgl. Anhang C) zu verwenden. Die wichtigsten jedoch gleich an Ort und Stelle:

← und →	Pfeil nach links/rechts *(left/right arrow)*
∑	Summenzeichen (Σ)
∫	Integralzeichen (∫)
&inf;	Unendlich-Zeichen (∞)
{ und }	geschweifte Klammern *(curly brackets)*
&dots;	Auslassungspunkte (...)

6.10 Weitere Tags innerhalb von <HEAD>...</HEAD>

Eine Anzahl von Tags dient dazu, allgemeine Festlegungen über das Dokument zu treffen, und befindet sich daher im Header der HTML-Seite.

6.10.1 <BASE>

Das <BASE>-Tag wird mit einem URL im HREF-Attribut angegeben, der als Basis für die Auswertung relativer URLs auf der Seite benutzt werden soll. Üblicherweise wird dazu der URL der Seite selbst herangezogen. Befindet sich beispielsweise auf einer Seite mit dem URL

```
http://irgendein.rechner.de/home/fred/test.html
```

ein Hyperlink wie

```
<A HREF="hallo.html">Hallo!</A>
```

so konstruiert der Browser daraus bei Aktivierung des Hyperlinks den folgenden neuen URL :

```
http://irgendein.rechner.de/home/fred/hallo.html
```

Wenn aus irgendeinem Grund erwünscht ist, daß ein anderer URL als der der Seite selbst verwendet wird, benutzt man <BASE>. Im Kontext

```
<HEAD><BASE HREF="http://anderer.rechner.de/mirror/">
</HEAD> <A HREF="hallo.html">Hallo!</A>
```

würde die Aktivierung des Hyperlinks also folgenden URL laden:

```
http://anderer.rechner.de/mirror/hallo.html
```

Tag:	<BASE>
erlaubt:	im Header
Inhalt:	leer
Unterstützung:	alle Browser

6.10.2 <ISINDEX>

Wenn im Header das Tag <ISINDEX> auftaucht, bedeutet das, daß hinter diesem Dokument ein Suchmechanismus steckt. Der Browser kann den URL dieses Dokuments mit einem angehängten Fragezeichen und einem Suchbegriff vom Server anfordern, und dieser wird daraufhin eine Suche durchführen und das Ergebnis liefern. Der Browser zeigt dem Benutzer dann eine Meldung wie „This is a searchable index. Enter Keyword:" an.

<ISINDEX> ist nur sinnvoll, wenn am Server auch ein passendes Suchprogramm implementiert ist – einfach <ISINDEX> in ein Dokument einzubauen, bringt nichts.

Ein Beispiel für die Verwendung von <ISINDEX> finden Sie im Kapitel 7.

Der Netscape Navigator kennt das Attribut PROMPT, mit dem man den Text angeben kann, den der Browser zur Eingabeaufforderung anzeigen soll:

```
<ISINDEX PROMPT="Geben Sie die Strasse ein:">
```

PROMPT ist auch Teil der HTML 3.0-Spezifikation. Diese enthält außerdem ein HREF-Attribut, mit dem man den URL angeben kann, der zum Absenden der Suche benutzt werden soll – üblicherweise wird der URL des aktuellen Dokuments benutzt.

Tag:	<ISINDEX>
erlaubt:	im Header
Inhalt:	leer
Unterstützung:	alle Browser

6.10.3 <LINK>

Mit dem LINK-Tag kann das Verhältnis eines Dokuments zu bestimmten anderen Dokumenten oder URLs gekennzeichnet werden. Es sind die gleichen Attribute zulässig wie für <A>; insbesondere sind REL, REV und HREF von Bedeutung. Eine typische Anwendung wäre beispielsweise

```
<LINK REL=made HREF="mailto:person@rechner.de">
```

Hierdurch wird ausgesagt, daß die Person mit der Mailadresse `person@rechner.de` Autor der vorliegenden Seite ist.

HTML 3.0 sieht vor, daß ein Browser eine Standard-Symbolleiste für die Navigation in größeren Dokumenten (Bücher mit mehreren Kapiteln usw.) bereitstellen soll; mit <LINK> und den entsprechen Werten für das REL-Attribut wird dann festgelegt, wohin die Symbole verzweigen:

Home
: Der angegebene URL zeigt auf die Hauptseite des Werkes, zu dem die aktuelle Seite gehört.

ToC, Index
: Der angegebene URL zeigt auf ein Inhaltsverzeichnis (Index: auf ein Schlagwortregister) des Werkes, zu dem die aktuelle Seite gehört.

Glossary, Copyright
: Der angegebene URL zeigt auf ein Glossar (Copyright: eine Urheber-Notiz) des Werkes, zu dem die aktuelle Seite gehört.

Up, Next, Previous
: Der angegebene URL zeigt auf das der aktuellen Seite übergeordnete, folgende bzw. vorgelagerte Dokument.

Help
: Der angegebene URL zeigt auf eine Hilfe zu dem Werk, dessen Teil die aktuelle Seite ist.

Bookmark
: Der angegebene URL zeigt auf einen interessanten oder herausragenden Punkt innerhalb des Werkes, dessen Teil die aktuelle Seite ist. Im TITLE-Attribut ist eine Beschreibung angegeben. Mehrere LINK-Tags mit REL=BOOKMARK können vorhanden sein.

Banner
: Die Seite, auf die der angegebene URL zeigt, soll geladen und vor dem im Body enthaltenen HTML-Text angezeigt werden. Hiermit kann z.B. ein Firmenlogo im Kopf jeder Seite angezeigt werden.

Stylesheet
: Der angegebene URL zeigt auf ein Stylesheet, das Darstellungsvorschriften für das aktuelle Dokument enthält (vgl. Seite 206).

Die meisten dieser „Relationships" (vgl. auch die Liste auf Seite 148) sind gedacht, um der Inflation selbstgestalteter Symbolleisten am Ende einer Seite vorzubeugen. HTML 2.0 bot die Möglichkeit zwar auch schon, aber niemand wußte so recht, was mit <LINK> anzufangen war. HTML 3.0 legt den Browser-Programmierern nahe, die hier genannten „Relationship"-Werte zu beachten und in eine standardisierte Symbolleiste umzusetzen, was für den Benutzer des Browsers wesentlich angenehmer ist als ständig wechselnde, vom HTML-Autor erstellte Hyperlinks.

Tag:	<LINK>
erlaubt:	im Header
Inhalt:	leer
Unterstützung:	alle Browser, doch die wenigsten werten die Information aus

6.10.4 <META>

Das <META>-Tag kann benutzt werden, um beliebige zusätzliche Informationen über das Dokument zu speichern. Die Daten werden, mit der Ausnahme des HTTP-EQUIV-Attributs (s.u.), normalerweise weder vom Server noch vom Browser ausgewertet. Insbesondere dann, wenn Sie selbst Programme schreiben, die mit HTML-Seiten umgehen müssen, ist das <META>-Tag ein geeigneter Ort, um Zusatzinformationen unterzubringen und sie von eigener Software verarbeiten zu lassen.

Die Daten werden in Form von Paaren aus Name und Inhalt gespeichert. Für jedes Paar wird ein eigenes <META>-Tag mit den Attributen NAME und CONTENT benötigt. Beispiele:

```
<META NAME="pruefsumme" CONTENT="2646763">
<META NAME="autor-durchwahl" CONTENT="512">
```

Das Attribut HTTP-EQUIV kann anstelle von NAME gesetzt werden, wenn der Server eine zusätzliche Headerzeile in der HTTP-Mitteilung an den Browser, der die Seite angefordert hat, einbauen soll. Normalerweise sendet der WWW-Server als Antwort auf eine Anfrage erst einen Header mit einigen Informationen über die Seite, dann eine Leerzeile und dann die eigentliche HTML-Seite. Über normale HTML-Tags können Sie in den Header-Bereich nichts eintragen lassen. Findet der Server allerdings in der zu sendenden Seite ein <META>-Tag mit HTTP-EQUIV-Attribut, fügt er eine zusätzliche Headerzeile ein. Beispiel:

```
<META HTTP-EQUIV="Keywords" CONTENT="HTML, HTTP">
```

Dieses Tag würde die zusätzliche Headerzeile

```
Keywords: HTML, HTTP
```

an den Browser senden.

Tag:	<META>
erlaubt:	im Header
Inhalt:	leer
Unterstützung:	alle Browser (wird vom Browser ignoriert)

Dynamische Dokumente mit Netscape und <META>

Der Netscape Navigator ist in der Lage, einen „Refresh"-Header mit folgendem Format zu verarbeiten:

```
Refresh: sekunden [ ; URL=url ]
```

Die eckigen Klammern bedeuten, daß die zweite Angabe weggelassen werden kann. Wenn das Dokument einen Refresh-Header enthält, lädt der Browser nach der angegebenen Anzahl Sekunden die gleiche Seite erneut (wenn kein URL angegeben wurde) bzw. die durch *url* angegebene Seite. Auf diese Weise kann man dafür sorgen, daß eine Seite, die ständig aktualisiert wird, auch regelmäßig neu geladen wird. Besonders interessant ist diese Möglichkeit in Zusammenhang mit CGI-Skripten (vgl. Kapitel 7). Aber auch eine normale HTML-Seite kann den Refresh-Header haben. Über die URL-Angabe ist es beispielsweise möglich, 60 Sekunden nach Laden der Seite ein Geräusch ertönen zu lassen, indem man einen Header wie

```
Refresh: 60; URL=bell.au
```

erzeugt. Auf normalen HTML-Seiten macht man das mit dem <META>-Tag, im Beispiel also:

```
<META HTTP-EQUIV="Refresh" CONTENT="60; URL=bell.au">
```

Beachten Sie, daß diese Möglichkeit derzeit auf den Netscape Navigator beschränkt ist; andere Browser ignorieren den Refresh-Header.

6.10.5 <STYLE>

Mit dem <STYLE>-Tag können im Header direkt einige Stylesheet-Informationen gespeichert werden. Normalerweise wird ein Stylesheet über ein <LINK>-Tag angegeben, aber die Angaben innerhalb von <STYLE>...</STYLE> haben Vorrang und können daher benutzt werden, um besondere Darstellungsarten für dieses eine Dokument festzulegen.

Die Beschreibungssprache für Stylesheets ist noch nicht fertig entwickelt (vgl. Seite 206). Wenn es mehrere Arten (Formate) gibt, Stylesheets zu definieren, wird über das NOTATION-Attribut festgelegt, welche zu verwenden ist.

Tag:	<STYLE>
erlaubt:	im Header
Inhalt:	Stylesheet-Steuersprache
Unterstützung:	nur HTML 3.0

6.10.6 <RANGE>

Mit <RANGE> kann einem bestimmten Bereich des Dokuments ein CLASS- und ein ID-Wert zugewiesen werden. Dazu müssen zwei Elemente im Dokument, die bereits einen ID-Wert besitzen, als Grenzen angegeben werden:

```
<RANGE CLASS="xyz" FROM=marke1 UNTIL=marke2>
```

Mit einem solchen Tag würde der gesamte Dokumentenbereich von der Stelle, die mit ID=marke1 markiert ist, bis zu der mit ID=marke2 markierten den CLASS-Wert „xyz“ erhalten. So können ganze Bereiche einer HTML-Seite mit einem anderen CLASS-Wert (und, über ein Stylesheet, dadurch auch mit einem anderen Aussehen) ausgestattet werden.

Tag:	<RANGE>
erlaubt:	im Header
Inhalt:	leer
Unterstützung:	nur HTML 3.0

6.11 Weitere Tags innerhalb von <BODY>...</BODY>

6.11.1 Attribute des <BODY>-Tags

HTML 2.0 sieht keine Attribute bei <BODY> vor. Bei HTML 3.0 sind ID, LANG und CLASS erlaubt, darüber hinaus ein Attribut BACKGROUND=*url,* bei dem als *url* eine Bilddatei angegeben werden kann, die der Browser lädt und als Hintergrund für die HTML-Seite verwendet (in der Regel ein sehr kleines Muster, das dann mehrfach nebeneinander gesetzt wird). Ein Beispiel dazu findet sich am Ende von Kapitel 5. Zugleich empfiehlt HTML 3.0

jedoch den Verzicht auf dieses Attribut und stattdessen die Verwendung von „Stylesheets" (vgl. Seite 206).

Der Netscape Navigator 1.1 unterstützt das BACKGROUND-Attribut bereits. Alternativ kann bei diesem Browser mit BGCOLOR=*farbe* eine Hintergrundfarbe angegeben werden; *farbe* hat die Form „#rrggbb", wobei rr, gg und bb die hexadezimal codierten Rot-, Grün- bzw. Blauwerte (im Bereich 0 bis 255) für den gewünschten Farbton sind. Das Tag

```
<BODY BGCOLOR="#ffffff">
```

würde also den Body einer HTML-Seite mit weißem Hintergrund einleiten, da „ff" dezimal 255 bedeutet und die Farbe mit Rot-, Grün- und Blauwert 255 Weiß ist.

Die Veränderung der Hintergrundfarbe macht meist auch eine Änderung der Textfarbe erforderlich, um weiterhin Lesbarkeit zu garantieren. Daher kennt der Netscape Navigator zusätzlich die Attribute TEXT, LINK, VLINK und ALINK, die ebenso wie BGCOLOR verwendet werden und (in dieser Reihenfolge) die Farben für den normalen Text, für Hyperlinks, für bereits besuchte Hyperlinks und für gerade aktive (= durch Cursortasten angesteuerte) Hyperlinks angeben.

6.11.2 Kommentare

Kommentare auf einer HTML-Seite können durch <!-- und --> eingeschlossen werden. Genaugenommen handelt es sich dabei um die SGML-Kommentarnotation, d.h. es gibt gar kein spezielles Kommentar-Tag in HTML. Beispiel:

```
<!-- automatisch generiert von tex2html -->
```

Von den Programmiersprachen her ist man gewohnt, daß Kommentare die Lesbarkeit verbessern und keine Performance-Verluste bedeuten. In HTML ist es etwas anders. Die Kommentare werden mit dem übrigen Inhalt der HTML-Seite an den Browser übertragen, und erst dieser stellt fest, daß es sich um einen Kommentar handelt, der nicht zur Anzeige gebracht werden soll.

Strenggenommen stellen Kommentare in HTML-Seiten also eine Verschwendung von Bandbreite im Netz dar. Sie sollten Kommentare nur dort verwenden, wo sie zu Ihrer eigenen Übersicht als Autor notwendig sind oder wo Sie vermuten, daß viele Leser sich den Quellcode der Seite ansehen werden – dann sehen sie den Kommentar natürlich auch.

6.11.3 <BANNER>

Der Text innerhalb von <BANNER>...</BANNER> bleibt immer am oberen Rand des Fensters stehen, auch dann, wenn die Seite höher als das Fenster ist und der Benutzer „nach unten blättert". So können beispielsweise Firmenlogos oder Navigationshilfen ständig eingeblendet bleiben.

Tag:	<BANNER>
erlaubt:	im Body
Inhalt:	beliebiger HTML-Text
Unterstützung:	nur HTML 3.0

6.11.4 <DIV>

Das <DIV>-Tag dient dazu, einen Text in logische Einheiten zu unterteilen; der Benutzer sieht diese Grenzen normalerweise nicht. Es können die Standardattribute ID, LANG, CLASS und CLEAR benutzt werden, außerdem auch ALIGN und NOWRAP (wie beim <P>-Tag).

<DIV> kann beispielsweise verwendet werden, um einem Textabschnitt insgesamt mit LANG eine andere Sprache oder mir CLASS eine bestimmte Klassenbezeichnung zuzuordnen, ohne daß man diese Attribute bei jedem einzelnen <P>-Tag wiederholen müßte.

Tag:	<DIV>
erlaubt:	im Body
Inhalt:	beliebiger HTML-Text
Unterstützung:	nur HTML 3.0

6.11.5 <SPOT>

<SPOT> kann mit dem ID-Attribut benutzt werden, um einer bestimmten Stelle einen „Namen" (einen ID-Wert) zuzuordnen.

Tag:	<SPOT>
erlaubt:	im Body
Inhalt:	leer
Unterstützung:	nur HTML 3.0

Solche ID-Werte können als Sprungmarken bei Hyperlinks verwendet werden, oder um beim <RANGE>-Tag einen Bereich zu identifizieren.

6.11.6 <NOBR> und <WBR>

Der Netscape Navigator unterstützt die zusätzlichen Tags <NOBR> und <WBR>, mit denen man den Zeilenumbruch steuern kann. <NOBR> sorgt dafür, daß im gesamten Textabschnitt bis zum </NOBR> keine automatischen Zeilenumbrüche eingefügt werden (das muß man dann mit <BR> oder <WBR> manuell erledigen).

<WBR> kann innerhalb von <NOBR> benutzt werden, um eine Umbruchmöglichkeit anzuzeigen. Im Gegensatz zu <BR> wird an dieser Stelle nur dann ein Zeilenumbruch eingefügt, wenn es notwendig ist, d.h. wenn die Zeile ohne Zeilenumbruch über den Rand des Fensters hinausreichte.

Tag:	<NOBR>, <WBR>
erlaubt:	im Body
Inhalt:	beliebiger HTML-Text (NOBR); keiner (WBR)
Unterstützung:	nur Netscape Navigator

6.11.7 <EMBED>

Eine weitgehend undokumentierte Sonderfähigkeit des Netscape Navigator ist das <EMBED>-Tag. Es wird ähnlich angewandt wie <IMG>, kann jedoch mit dem SRC-Attribut auf alle möglichen Dateiarten verweisen. Es ist nur wirksam, wenn die Seite mit dem Netscape Navigator unter Windows betrachtet wird. Das Programm stellt dann über OLE (Object Linking and Embedding) eine Verbindung zu einer Anwendung her, die die im SRC-Attribut angegebene Datei bearbeiten kann, lädt die Datei und läßt sie durch die betreffende Anwendung innerhalb des Netscape-Fensters anzeigen.

So könnte beispielsweise mit

```
<EMBED SRC="skizze.cdr">
```

das Programm CorelDraw auf Seiten des Windows-Benutzers gestartet und mit den über das WWW übertragenen Daten aus der Datei „skizze.cdr“ gefüttert werden. (Natürlich ist dann auch eine Bearbeitung und evtl. Abspeicherung der Daten möglich, allerdings können eigene Änderungen nie zurück ins WWW gespielt werden, da dafür kein Mechanismus vorgesehen ist.)

Es handelt sich eher um ein experimentelles Tag; die Durchsetzung von <EMBED> scheitert daran, daß es nur Windows-Benutzern zur Verfügung steht und daß die passende Applikation stets korrekt installiert sein muß.

Tag:	<EMBED>
erlaubt:	im Body
Inhalt:	leer
Unterstützung:	nur Netscape Navigator unter Windows

6.12 HTML 3.0-Standardattribute

Bei HTML 3.0 darf eine Anzahl von Attributen bei nahezu jedem Element verwendet werden. Dies sind:

6.12.1 CLEAR

Das Attribut CLEAR gibt an, ob und in welchem Maße sich links und rechts des Objekts, bei dem es verwendet wird, „fließende" Elemente befinden dürfen. Bei den „fließenden" Elementen handelt es sich vor allem um Bilder (<IMG>, <FIG>) oder Tabellen (<TABLE>), die mit ALIGN=left oder ALIGN=right an den linken oder rechten Rand gestellt wurden.

CLEAR=left oder CLEAR=right bedeutet: Das Objekt (z.B. ein Textabsatz) soll so weit nach unten bewegt werden, bis links (bzw. rechts) kein anderes Objekt mehr steht. CLEAR=all ist eine Kombination aus beidem. Betrachten Sie folgendes HTML-Gerüst:

```
<IMG SRC="bild1.gif" ALIGN=LEFT>
... Text 1 ...
<P>
... Text 2 ...
<IMG SRC="bild2.gif" ALIGN=LEFT>
... Text 3 ...
```

In einem ungünstigen Fall, nämlich dann, wenn der Text zwischen den beiden Bildern kurz oder das Fenster sehr breit ist, kann das zu einer Bildschirmdarstellung wie dieser führen:

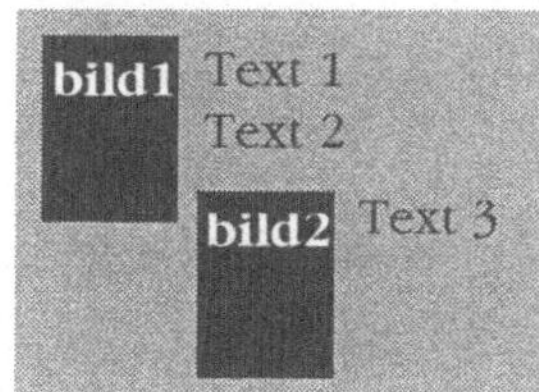

Abbildung 6.21: häßliches Entlein

Fügen Sie nun aber dem zweiten Absatz das Attribut CLEAR=left hinzu, ändert sich die Darstellung:

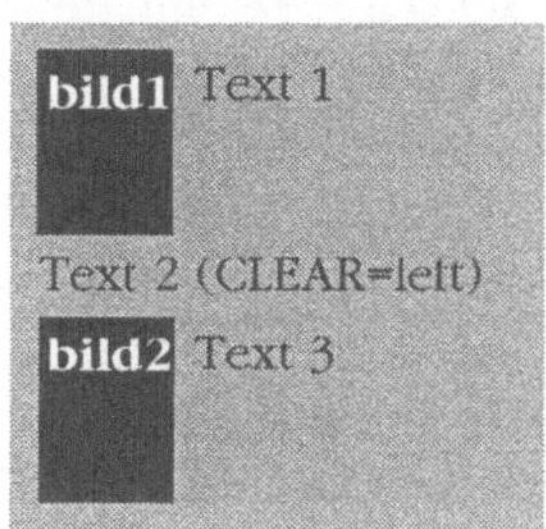

Abbildung 6.22: Schwan

Neben den einfachen Einstellungen left, right und all kann das CLEAR-Attribut auch Werte wie „30 en" oder „300 Pixel" annehmen. Auf diese Weise teilen Sie dem Browser mit, daß das jeweilige Objekt so lange nach unten bewegt werden soll, bis in der Breite mindestens der angegebene Raum zur Verfügung steht. (Die Einheit „en" ist die Breite eines kleinen „n".) Hierfür kann aber auch über ein Stylesheet eine Voreinstellung getroffen werden.

6.12.2 CLASS = "text"

Bei einigen wenigen Tags (z.B. MATH, ROW oder NOTE) hat CLASS bereits eine definierte Bedeutung; ansonsten kann man im Prinzip eine beliebige Liste frei wählbarer Namen als CLASS angeben. Gedacht ist CLASS dazu, eine genauere Beschreibung des Typs der Information zu ermöglichen – zum Beispiel CLASS= „Abstract", CLASS=„Overview" oder CLASS=„TechDescription".

In einem Stylesheet können dann besondere Darstellungsarten für verschiedene CLASS-Gruppen festgelegt werden. Außerdem ist, sofern sich eine gewisse Standardisierung bei den Werten für CLASS durchsetzt, eine vereinfachte automatische Bearbeitung der Daten möglich (z.B. Suche in allen Dokumenten, aber nur in den mit einer bestimmten CLASS bezeichneten Abschnitten).

Es existiert bisher noch kein Standard für die Vergabe von Werten für das CLASS-Attribut.

6.12.3 ID = "text"

Das ID-Attribut kann benutzt werden, um einem Element einen eindeutigen Namen zu geben, der als Sprungmarke für Hyperlinks dient. Mehr dazu im Abschnitt über Hyperlinks (Seite 146).

6.12.4 LANG = "text"

Mit dem Attribut LANG kann festgelegt werden, welche Sprache der Inhalt hat. Dabei werden die Standard-ISO-Abkürzungen verwendet („en" für englisch, „de" für deutsch, „fr" für französisch). Der Browser kann diese Information verwenden, um beispielsweise die Anführungszeichen (<Q>) richtig zu setzen oder ein geeignetes Wörterbuch zur automatischen Silbentrennung zu laden.

6.12.5 MD = "text"

In HTML 3.0 darf überall, wo ein SRC- oder HREF-Attribut verwendet wird, auch ein MD-Attribut angegeben werden. Dieses enthält dann eine Prüfsumme für die Daten, auf die verwiesen wird. Der Browser ist gehalten, das geladene Dokument mit dieser Summe zu vergleichen und auf irgendeine Weise kenntlich zu machen, wenn es sich nicht um genau die Daten handelt, auf die der Autor offenbar verweisen wollte.

Der angegebene „text" beginnt mit der verwendeten Berechnungsmethode, es folgen ein Doppelpunkt und die verschlüsselte Prüfsumme. Welche Prüf- oder Verschlüsselungsmethoden die Browser unterstützen werden, bleibt abzuwarten; das „MD5"-Verfahren scheint ein gewisser Standard zu sein.

6.13 Stylesheets

Mit zunehmender Verbreitung des WWW werden auch die Rufe nach erweiterten Gestaltungsmöglichkeiten lauter. Aber HTML ist nicht für Gestaltung gemacht, sondern für Strukturierung.

Die Entwickler von HTML 3.0 haben erkannt, daß man hier einen Ausweg finden muß, weil es sonst mehr und mehr neue HTML-Tags gibt, die keine Information, sondern nur „cooles Design" transportieren. Die Lösung dafür sind „Stylesheets", also Formatvorlagen, die außerhalb von HTML stehen.

Ein Stylesheet kann sehr allgemeine Festlegungen treffen („Standardschriftgröße 12 Punkt"), aber auch ins Detail gehen („Die erste Zeile jedes Absatzes, der vom Typ „Abstract" ist, drei Zeichen einrücken").

Sowohl der Autor als auch der Betrachter (Benutzer) einer WWW-Seite können auf die Darstellung Einfluß nehmen.

Der Autor kann mit dem <LINK>-Tag ein Standard-Stylesheet angeben, mit dem sein Dokument formatiert werden soll. Typischerweise würden alle HTML-Seiten einer Firma oder alle Seiten eines größeren zusammengehörigen Werkes das gleiche Stylesheet benutzen. Eine Änderung an diesem Stylesheet schlägt sich sofort in allen Dokumenten nieder, da es nur über einen URL eingebunden ist und bei jedem Anzeigen der Seite vom Browser neu geladen wird.

Ferner kann der Autor einer HTML-Seite mit Hilfe des <STYLE>-Tags einzelne Definitionen eigens für dieses eine Dokument modifizieren. (Man kann natürlich auch ein komplettes Stylesheet mittels <STYLE> in die HTML-Seite einbauen.)

Der Benutzer wiederum kann an seinem Browser ebenfalls Sondereinstellungen vornehmen, beispielsweise eine Mindestschriftgröße definieren oder die Anzeige an eine eventuell eingeschränkte Farbwahrnehmung anpassen.

Die exakte Syntax für Stylesheets ist noch in der Diskussion. Den aktuellen Entwurf finden Sie auf dem WWW-Server des W3-Konsortiums[3] .

6.14 Die HTML Document Type Definition

Mit letzter Sicherheit läßt sich klären, was laut Definition erlaubt ist und was nicht, indem man einen Blick in die „DTD“, die „Document Type Definition“, für HTML wirft. HTML ist nämlich keine „auf der grünen Wiese“ entstandene Sammlung von Tags, sondern eine Anwendung von SGML (Standardized General Markup Language). SGML ist eine Art „Meta-Sprache“, mit der man mittels einer DTD neue Sprachen oder eben „Dokumenten-Typen“ definieren kann.

In der DTD kann man ganz exakt – wie eben am Quelltext einer Programmiersprache – sehen, in welchem Kontext welche Art von Daten erlaubt sind. Speist man die DTD in ein Standard-SGML-Hilfsprogramm, kann man eine HTML-Seite schnell auf Korrektheit überprüfen. Die vollständige Korrektheit spielt allerdings in der WWW-Praxis selten eine Rolle, da die meisten Browser eine Seite auch dann darstellen, wenn kleine Fehler vorliegen. Ein WWW-Browser ist kein Compiler, der aus dem

[3] `http://www.w3.org/hypertext/WWW/Style/`

Quelltext ein Programm erzeugen muß und sicher sein kann, daß das Programm abstürzt, wenn etwas nicht stimmt. Es ist ja „nur" der Mensch., der auf den Bildschirm schaut – und wenn da einiges durcheinandergerät, weil der Autor der HTML-Seite z.B. zu einer Aufzählung das Abschluß-Tag vergessen hat, stürzt deswegen niemand ab. Wenn Sie sich dennoch gerne der hundertprozentigen Korrektheit Ihrer Seiten versichern wollen, probieren Sie „weblint" aus, ein Programm, das HTML-Seiten auf Fehler durchsieht[4] .

Auch die HTML-DTD ist auf dem WWW-Server des W3-Konsortiums zu finden[5] .

6.15 Veraltete Tags

Zum Abschluß des Kapitels noch eine kurze Liste veralteter Tags, die Sie nicht verwenden sollten – nur für den Fall, daß Sie auf Seiten treffen, in denen sie vorkommen:

<HP>
: Für „Highlighted Phrase"; eine überholte Art der Hervorhebung von Textpassagen.

<PLAINTEXT>
: Wurde früher benutzt, um den HTML-Text vollständig zu beenden und von der Stelle des Auftretens an alles als „normalen Text" zu behandeln. Daher gibt es auch kein abschließendes </PLAINTEXT>.

<LISTING> und *<XMP>*
: Diese und die zugehörigen schließenden Tags konnten benutzt werden, um eine größere Menge Text „unberührt" vom Browser einzubinden. Sie sind etwa mit <PRE> vergleichbar, allerdings konnten innerhalb der alten Tags auch beliebige andere HTML-Tags verwendet werden, ohne daß sie interpretiert worden wären, während beispielsweise ein <EM> innerhalb von <PRE>... </PRE> zu einer Hervorhebung führt.

---

4 `http://www.khoros.unm.edu/staff/neilb/weblint.html`
ein ähnlicher Dienst ist `http://www.halsoft.com/html-val-svc/`

5 `http://www.w3.org/hypertext/WWW/MarkUp/html3/html3.dtd`

HTML-Formulare und CGI-Programme

Ein CGI-Programm (auch: „CGI-Skript") ist ein Programm, das auf dem WWW-Server installiert wird und von außen, also von einem beliebigen WWW-Benutzer mit seinem Browser, aufgerufen werden kann. Auf unterschiedliche Weise können dem CGI-Skript von außen Daten zugeführt werden, und als Ausgabe liefert es in der Regel eine HTML-Seite oder andere Daten, die über einen URL geladen werden können.

Auf den ersten Blick haben die Formulare, auf die man im WWW immer wieder trifft (vgl. die zahlreichen Abbildungen zu Suchdiensten in Kapitel 4) und CGI-Programme wenig miteinander zu tun. Aber zu jedem Formular existiert ein zugehöriges CGI-Programm, das die Eingaben verarbeiten kann. Daher muß ich, bevor ich zu den Formularen komme, die CGI-Skripte beschreiben.

7.1 Einführung in CGI-Programme

CGI („Common Gateway Interface") ist ein Standard, nach dem ein WWW-Server Programme aufrufen kann. Der Standard definiert die Parameter und die Systemumgebung, in der der Aufruf des Programms stattfindet, und nicht das Programm selbst. Ein CGI-Programm kann also in einer beliebigen Programmiersprache abgefaßt sein – es muß sich lediglich an den CGI-Standard halten.

Welche Programmiersprache man wählt, um ein CGI-Programm zu schreiben, hängt natürlich auch von der Rechnerplattform ab, auf der der WWW-Server betrieben wird. Für einfache Aufgaben verwendet man meist auch die einfachste verfügbare Sprache – unter DOS könnte ein CGI-Skript eine Batchprozedur sein, und unter Unix ein Shellskript. Da die meisten WWW-Server unter Unix laufen, werden Sie in der Regel ein unter Unix lauffähiges Programm als CGI-Skript verwenden müssen. Es gibt zwar auch WWW-Server für DOS/Windows und eine Reihe weiterer Plattformen, doch sind diese wenig verbreitet.

Das ganze Kapitel hindurch werde ich Beispiele für CGI-Skripte in unterschiedlichen Programmiersprachen bringen. Ich habe jedoch nur solche gewählt, die einfach genug sind, um sie auch dann zu verstehen, wenn man die Sprache nicht beherrscht. Auf diese Weise haben Sie gute Chancen, im konkreten Fall für die Programmiersprache, die Sie verwenden möchten, auch ein Beispiel zu finden.

Ein häufiges Mißverständnis ist, daß auch ganz „normale" Programme als CGI-Skripte aufgerufen werden können – beispielsweise unter Unix das Programm „ls", um den Verzeichnisinhalt anzuzeigen – und daß der Benutzer sogar eine Befehlszeile („ls *.zip") an das Programm übergeben könne. Das stimmt nicht; zumindest müßte man um den „ls"-Aufruf herum noch einige Zeilen programmieren, die die Daten im für CGI-Skripte vorgesehenen Format entgegennehmen und auch zurücksenden.

7.1.1 Wie ein CGI-Programm aufgerufen wird

Ein CGI-Programm wird genau wie eine gewöhnliche HTML-Seite aufgerufen. Einige der URLs, die ich in Kapitel 4 angegeben habe, zeigen beispielsweise auf CGI-Skripte. Dazu muß dem WWW-Server in einer Konfigurationsdatei mitgeteilt werden, bei welchen URLs es sich um normale HTML-Seiten und bei welchen es sich um CGI-Skripte handelt. Anderenfalls würde der Server eventuell versuchen, eine HTML-Seite als Programm auszuführen oder aber den Programmcode eines Skripts an einen Benutzer zu senden, der eigentlich die Ausgabe des Skripts angefordert hatte. Meist sind die Server so eingestellt, daß alle URLs, deren Pfadangabe mit /cgi-bin/ beginnt, sich auf CGI-Skripte beziehen.

Angenommen, ein CGI-Skript namens „example" sei im Verzeichnis /cgi-bin auf dem Server irgendein.server.de installiert, dann würde es beispielsweise aufgerufen, wenn jemand folgende URLs in seinen Browser tippt:

```
http://irgendein.server.de/cgi-bin/example
http://irgendein.server.de/cgi-bin/example/english
http://irgendein.server.de/cgi-bin/example?search
```

Hinter dem Namen des Skripts können also noch ein Schrägstrich oder ein Fragezeichen gefolgt von zusätzlicher Information angegeben werden – mehr dazu später.

7.1.2 Die Ausgabe eines CGI-Skripts

Ein CGI-Skript kann zwei verschiedene Arten von Ausgabe produzieren: „Richtige" Daten oder eine sogenannte *Redirection*. Diese Ausgabe wird unter Unix generell einfach auf die „Standardausgabe" geschrieben (d. h. man kümmert sich nicht darum, eigens irgendwelche Ausgabedateien zu öffnen); unter DOS oder Windows setzt der WWW-Server, bevor er das Skript aufruft, die Umgebungsvariable OUTPUT_FILE, und das Skript muß seine Ausgaben dann in die dort genannte Datei schreiben.

Redirection

Wenn das Skript nicht selbst irgendwelche Daten erzeugt, sondern nur entscheidet, wohin der Benutzer verwiesen werden soll, gibt es eine Redirection aus. Dabei unterscheidet man zwischen einer lokalen Redirection (z.B. „/seiten/text25.html") und einem vollen URL (z.B. „http://irgendwo.de/text25.html"). Bei einer lokalen Redirection sucht der Server sofort die gewünschte Seite heraus (die sich ja auf der eigenen Festplatte befindet) und sendet sie an den Client zurück, der das Skript aufgerufen hat.

Gibt das Skript hingegen einen vollen URL aus, dann kümmert sich der Server nicht darum, die betreffende Seite zu laden, sondern schickt diese neue Adresse sofort an den Client zurück, der dann die neue Seite vom zuständigen Server (der ja mit demjenigen, auf dem das Skript läuft, in keiner Verbindung zu stehen braucht) holen muß.

Lokale Redirections können beispielsweise benutzt werden, wenn ein Skript den Mausklick auf einem Clickable Image (vgl. Kapitel 6) auswertet und daraufhin entscheidet, welche Seite angezeigt werden soll.

Ein Beispiel für Skripte, die ganze URLs ausgeben, sind die „URL-Roulette"-Skripte, die eine Liste von interessanten URLs besitzen und den Leser jedesmal, wenn er das Skript aufruft, an eine zufällig daraus ausgewählte Seite verweisen.

Ein Skript, das eine Redirection erzeugen will, muß genau zwei Zeilen ausgeben: Die erste Zeile muß das Wort „Location", gefolgt von Doppelpunkt, Leerzeichen und neuer URL bzw. neuer Pfadangabe enthalten, und die zweite muß leer sein.

Drei Beispiele für ein Skript, das nichts anderes tut, als den Benutzer, der es aufruft, automatisch auf die Hauptseite der Universität Karlsruhe weiterzuschicken:

Beispiel:
Unix-Shellskript

```
#!/bin/sh
echo Location: http://www.uni-karlsruhe.de/
echo
```

Beispiel:
PERL-Programm

```
#!/usr/local/bin/perl
print ("Location: http://www.uni-karlsruhe.de/\n\n");
```

Beispiel:
Batchprozedur
(unter DOS)

```
echo Location: http://www.uni-karlsruhe.de/ >
                                         %OUTPUT_FILE%
echo. >> %OUTPUT_FILE%
```

Während Unix-Programme ihre Ausgabe einfach auf die Standardausgabe schreiben, muß in DOS die Datei, deren Name in OUTPUT_FILE steht, erzeugt werden (Zeilenumbruch hier nur zur besseren Darstellung). Unter DOS muß hinter den echo-Befehl ein Punkt gesetzt werden, um eine Leerzeile auszugeben.

Datenausgabe

Statt einer Redirection kann ein CGI-Skript auch jede beliebige Art von Daten ausgeben; in der Regel wird es sich um eine HTML-Seite handeln, aber es sind z.B. auch Bilder oder Geräuschdaten möglich. Dazu wird in der ersten Zeile der Ausgabe der Datentyp angegeben, die zweite Zeile ist leer, und danach beginnen die eigentlichen Daten.

Der Datentyp ist in der Form

```
Content-type: typ/subtyp
```

anzugeben; „typ/subtyp" ist eine Typbezeichnung nach dem MIME-Standard (Multipurpose Internet Mail Extensions). Für eine HTML-Seite wird der Typ „text/html" verwendet. Eine Liste gängiger Datentypen finden Sie in Anhang E.

Ein Beispiel für ein CGI-Skript (diesmal nur als Unix-Shellskript), das eine HTML-Seite mit dem aktuellen Datum erzeugt:

Beispiel:
Shellskript zur
Datumsanzeige

```
#!/bin/sh
echo Content-type: text/html
echo
echo "<HTML><HEAD>"
echo "<TITLE>CGI-Beispiel</TITLE>"
echo "</HEAD><BODY>"
```

```
echo "<H1>Aktuelles Datum</H1>"
echo "Das aktuelle Datum ist: "
date
echo "</BODY></HTML>"
```

Hier wird einfach der Unix-Befehl `date` benutzt, um das Datum auszugeben. Alles Weitere dient nur zur Erstellung der „Umgebung“, also der notwendigen HTML-Tags und der Typenbeschreibung in der ersten Zeile.

7.1.3 Ein größeres CGI-Beispiel in C

Es folgt ein C-Programm, das als CGI-Skript aufgerufen werden kann und die Anzahl der Aufrufe protokolliert, indem ein Zähler in einer Datei bei jedem Aufruf aktualisiert wird:

Beispiel:
Aufrufzähler in C

```
#include <stdio.h>

main() {
  FILE *CounterFile;
  int Counter;

  printf("Content-type: text/html\n\n");
  printf("<HTML><HEAD><TITLE>Test-Skript</TITLE>");
  printf("</HEAD><BODY><H1>Hallo!</H1>");

  if (CounterFile = fopen("counter.dat", "r+")) {
    fscanf(CounterFile, "%d", &Counter);
    printf("Diese Seite wurde schon %d", ++Counter);
    printf("mal abgerufen.");
    rewind(CounterFile);
    fprintf(CounterFile, "%d", Counter);
    fclose(CounterFile);
  } else {
    printf("Fehler beim &Ouml;ffnen der Datei.");
  }
  printf("</BODY></HTML>\n");
}
```

Das Skript produziert eine gewöhnliche HTML-Seite mit Titel, Überschrift und einer Textzeile:

Hallo!

Diese Seite wurde schon 9mal abgerufen.

In der hier vorgestellten Form ist das Programm nur für Unix-Systeme geeignet, denn unter DOS müßte, wie auf Seite 212 erwähnt, die Ausgabe in eine Datei geschrieben werden, deren Name in der Umgebungsvariablen OUTPUT_FILE steht.

Um die Sache nicht unnötig zu komplizieren, habe ich auf ein „File Locking" verzichtet. In der Praxis darf man es sich nicht so leicht machen, denn es ist durchaus möglich, daß zwei Menschen völlig unabhängig voneinander gleichzeitig den URL abrufen, unter dem das Skript erreichbar ist. Das Skript würde dann zweimal gestartet werden, und beide Instanzen kämen sich beim Schreiben auf die Datei ins Gehege. Am Ende würde vermutlich nur einer der beiden Aufrufe gezählt werden; bei komplizierteren Skripten, die evtl. sogar auf eine Datenbank zugreifen, können die Folgen gravierender sein. Daher muß man einen Mechanismus einbauen, der dafür sorgt, daß immer nur eine Instanz des Skripts auf die Datei schreiben kann; andere müssen dann eben einen Augenblick warten.

Aufrufzähler-Skripte wie das hier vorgestellte werden im Alltag selten verwendet, da es vergleichsweise ineffizient ist, bei jedem Abruf einer Seite ein Skript zu starten. Vielmehr besteht häufig Zugriff auf die Logfiles des WWW-Servers, aus denen man entnehmen kann, wie oft eine Seite aufgerufen wurde.

7.2 CGI-Skripte mit Eingabe

Bisher habe ich nur CGI-Skripte behandelt, die von sich aus irgendeine Ausgabe erzeugen. Es ist aber durchaus auch möglich, Daten in das Skript einzuspeisen. Hierfür gibt es unterschiedliche Methoden.

7.2.1 Die Umgebungsvariable PATH_INFO

Normalerweise enthält ein URL, der auf ein Skript verweist, genau den Pfad, unter dem es zu erreichen ist: Wenn das Skript im Verzeichnis /cgi-bin/ auf dem Server irgendein.server.de liegt und „example" heißt, ist der URL „http://irgendein.server.de/cgi-bin/example"[1] .

[1] Ein WWW-Server kann hier einige Umsetzungen vornehmen, d.h. sich so verhalten, als lägen die Skripte alle in /cgi-bin/, obwohl sie in Wahrheit in /usr/local/lib/WWW/cgi-bin o.ä. liegen, aber das sind technische Details, die für das Verständnis nicht benötigt werden.

Es ist jedoch möglich, einen längeren, also über das Skript „hinauszeigenden", Pfad zu verwenden; im eben genannten Beispiel könnte man z.B. auch die URLs

```
http://irgendein.rechner.de/cgi-bin/example/english
http://irgendein.rechner.de/cgi-bin/example/simple/2
```

oder andere angeben. Die „überschüssige" Pfadinformation – in der ersten Zeile „/english", in der zweiten „/simple/2" – wird vom Server vor dem Aufruf des Skripts in die Umgebungsvariable PATH_INFO eingetragen. Das Skript kann aufgrund dieser Daten dann seine Ausgabe umstellen, beispielsweise eine andere Sprache verwenden.

Ein Skript namens „begruess.exe" könnte man also mit folgenden URLs aufrufen:

Beispiel:
Aufruf eines Skripts mit überlanger Pfadangabe

```
Das Begr&uuml;&szlig;ungsskript k&ouml;nnen Sie auf
<A HREF="/cgi-bin/begruess.exe/german">deutsch</A>
oder auf <A HREF="/cgi-bin/begruess.exe/english">
englisch</A> abrufen.
```

Das passende Skript, diesmal als BASIC-Quelltext und fertig für den Aufruf in einer DOS-Umgebung, folgt; es muß natürlich vor dem Einsatz kompiliert werden.

Beispiel:
BASIC-Programm mit Verarbeitung von PATH_INFO

```
Ausgabe$ = ENVIRON$("OUTPUT_FILE")
PathInfo$ = ENVIRON$("PATH_INFO")
OPEN Ausgabe$ FOR OUTPUT AS #1
PRINT #1, "Content-type: text/html"
PRINT #1, ""
PRINT #1, "<HTML><HEAD><TITLE>";
SELECT CASE PathInfo$
CASE "/german"
   PRINT #1, "Begr&uuml;&szlig;ungsskript";
   Text$ = "Willkommen zur gro&szlig;en CGI-Schau."
CASE "/english"
   PRINT #1, "Greeting Script";
   Text$ = "Welcome to our great CGI fair."
CASE ELSE
   PRINT #1, "Error";
   Text$ = "Please use /german or /english."
END SELECT
```

```
PRINT #1, "</TITLE></HEAD><BODY>";
PRINT #1, Text$; "</BODY></HTML>"
CLOSE #1
```

Bei diesem einfachen Beispiel besteht natürlich kein Anlaß, überhaupt ein Skript zu benutzen – genausogut könnte man ja zwei unterschiedliche HTML-Seiten angeben, da das Skript keine besondere Funktion erfüllt und immer den gleichen Text ausgibt.

In der Praxis muß man sich von Fall zu Fall überlegen, ob man lieber mehrere einzelne Skripte erstellt oder ein einziges, das alle Anfragen verarbeitet. Auf einem Unix-System kann man eine solche Entscheidung später auch noch ändern; im obigen Beispiel könnte ich mich später entschließen, lieber auf das Skript „begruess.exe" zu verzichten und stattdessen ein Verzeichnis „begruess.exe" anzulegen, in dem zwei Skripts „german" und „english" liegen. Unter DOS ist das nicht so einfach, da ein Skript hier nicht „english" heißen kann, sondern immer eine der Extensions .COM, .EXE oder .BAT haben muß.

7.2.2 Die Umgebungsvariable QUERY_STRING

Immer dann, wenn an einen URL ein Fragezeichen mit nachfolgendem Text angehängt wird, ruft der Server das angegebene Skript auf und schreibt den auf das Fragezeichen folgenden Text in die Umgebungsvariable QUERY_STRING. Natürlich kann man solche URLs fest in einem Hyperlink angeben:

```
Sie k&ouml;nnen in der Datenbank nach dem Text
"Froschk&ouml;nig" <A HREF="/cgi-
bin/suchprogramm?froschkoenig">suchen lassen.</A>
```

Dazu könnte man aber genausogut die Methode mit dem Schrägstrich und der PATH_INFO-Variablen benutzen. Das Fragezeichen-Verfahren findet vielmehr in drei anderen Fällen Anwendung, in denen der WWW-Browser von sich aus an einen gegebenen URL ein Fragezeichen und einen Text anhängt:

- Bei Dokumenten, in deren <HEAD>-Abschnitt <ISINDEX> vorkommt, erlaubt der Browser dem Benutzer die Eingabe eines Suchbegriffs und fordert danach den gleichen URL, gefolgt von Fragezeichen und Suchbegriff, erneut an.
- Bei <IMG>-Bildern mit dem Attribut ISMAP (Clickable Images) ruft der Browser den im umgebenden <A>-Element genannten URL mit angehängter Koordinatenangabe auf, sobald der Benutzer mit der Maus an eine Stelle im Bild klickt.

- Bei HTML-Formularen mit der Methode „GET" – mehr dazu im Abschnitt über Formulare – werden die vom Benutzer eingegebenen Daten hinter dem Fragezeichen an den im <FORM>-Tag enthaltene URL angefügt.

<ISINDEX>-Dokumente

Alles, was man mit <ISINDEX>-Dokumenten machen kann, geht – meist eleganter und stets vielseitiger – auch mit WWW-Formularen; daher fasse ich mich kurz. Ein <ISINDEX>-Dokument ist eine HTML-Seite, deren Inhalt von einem Suchbegriff abhängt, den man am Ende des URL durch ein Fragezeichen abgetrennt angibt. Typischerweise ruft der Benutzer die Seite zuerst einmal ohne Fragezeichen und Suchwort auf. Der Browser erkennt dann am Tag <ISINDEX> im Header, daß es erlaubt ist, den gleichen URL mit einem Suchwort zu versehen und noch einmal abzufragen. Der Benutzer kann einen Suchbegriff angeben, und der Browser fordert den nun um Fragezeichen und Suchbegriff erweiterten URL vom Server an. Auf der Serverseite wird daraufhin (meist) ein Suchvorgang ausgelöst, und das Ergebnis wird zurückgeschickt.

Da es sich immer um den gleichen URL handelt, der je nach angehängtem Suchtext verschiedene Ergebnisse anzeigt, muß der URL auf ein CGI-Skript zeigen, das die entsprechenden Auswertungen vornimmt. Das Skript erkennt am Inhalt der Umgebungsvariablen „QUERY_STRING", welchen Suchbegriff der Benutzer angegeben hat.

Das Beispielskript nimmt an, daß eine kleine Datenbank namens „adressen.dat" mit einem Inhalt dieser Form existiert:

```
Barney Geroellheimer, Hofgasse 23, 76213 Karlsdorf
Fred Feuerstein, Ginstergasse 8, 88182 Eibstadt
...
```

Angenommen, der Name des Skripts sei „index.sh" im Verzeichnis „/cgi-bin" auf „irgendein.server.de", dann führt der erste Aufruf des URL „http://irgendein.server.de/cgi-bin/index.sh" zu folgender Ausgabe:

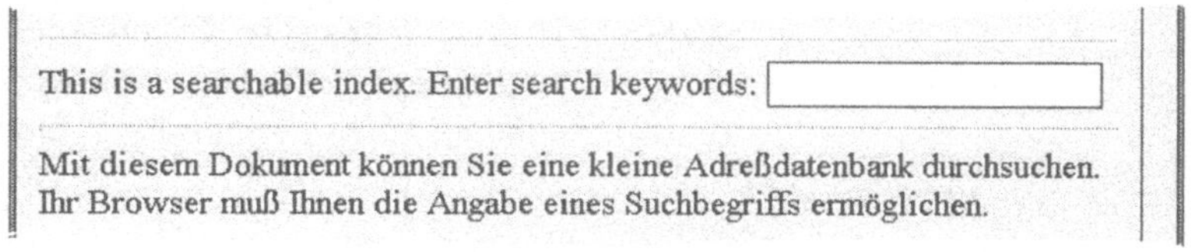

This is a searchable index. Enter search keywords: [ ]

Mit diesem Dokument können Sie eine kleine Adreßdatenbank durchsuchen. Ihr Browser muß Ihnen die Angabe eines Suchbegriffs ermöglichen.

Nach Eingabe des Suchwortes „Henrietta" wird der Browser den URL „http://irgendein.server.de/cgi-bin/index.sh?Henrietta" vom Server abrufen und erhält im Beispiel:

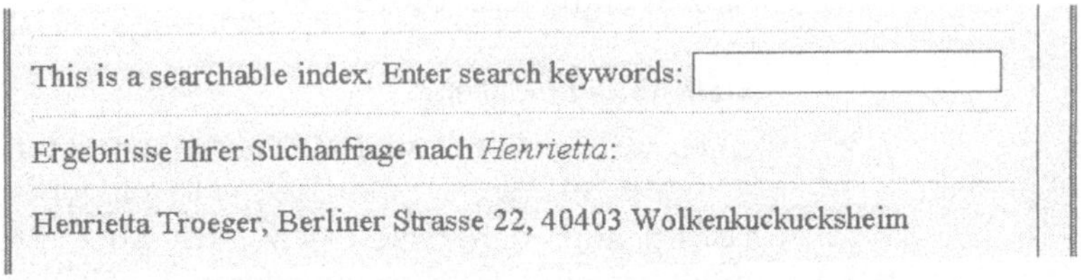

This is a searchable index. Enter search keywords: [ ]

Ergebnisse Ihrer Suchanfrage nach *Henrietta*:

Henrietta Troeger, Berliner Strasse 22, 40403 Wolkenkuckucksheim

Das klappt natürlich nur, wenn eine entsprechende Zeile in der Datei „adressen.dat" enthalten ist. Das Skript benutzt keine großartige Datenbankabfrage, sondern bedient sich einfach des Unix-Befehls grep, der anhand eines Suchbegriffs einzelne Zeilen aus einer Datei ausgibt.

Beispiel:
Shellskript zur <ISINDEX>-Verarbeitung

```
#!/bin/sh
echo Content-type: text/html
echo
echo "<HTML><HEAD><ISINDEX>"
echo "<TITLE>Indexsuche</TITLE></HEAD>"
echo "<BODY>"
# prüfen, ob überhaupt ein QUERY_STRING
# übergeben wird
if [ $QUERY_STRING ]
then
  # ja: suchen!
  echo -n "Ergebnisse Ihrer Suchanfrage nach"
  echo "<EM>$QUERY_STRING</EM>:<HR>"
  # die Zeile nach dem || wird nur ausgeführt,
  # wenn der grep-Befehl nicht erfolgreich war.
  # grep ist ein Unix-Befehl, der alle passenden
  # Zeilen aus der angegebenen Datei anzeigt.
  grep $QUERY_STRING adressen.dat ||
     echo "Leider nichts gefunden."
else
  # nein: Einführungsmeldung
  echo "Mit diesem Dokument k&ouml;nnen Sie eine"
  echo "kleine Adre&szlig;datenbank durchsuchen."
  echo "Ihr Browser mu&szlig; Ihnen die Angabe eines"
  echo "Suchbegriffs erm&ouml;glichen."
fi
echo "</BODY></HTML>"
```

Alternativ kann man das Skript auch so gestalten, daß es eine HTML-Ausgabe wirklich nur macht, wenn eine Suche durchgeführt wird, und ansonsten bloß eine „Location:"-Zeile ausgibt, mittels derer dann ein vorgefertigtes HTML-Dokument angezeigt wird. Das Dokument, auf das per „Location" verzweigt wird, muß allerdings <ISINDEX> enthalten, damit die Sache funktioniert.

Dieses Skript ist aus zwei Gründen nicht zur ernsthaften Anwendung geeignet: Einerseits kümmert es sich nicht um die Entschlüsselung von Sonderzeichen. Der Browser übergibt nur gewöhnliche Buchstaben und Ziffern so, wie sie sind; Leerzeichen werden durch Pluszeichen ersetzt, und die meisten anderen Zeichen werden nach der ISO 8859/1-Zeichensatztabelle in Hexadezimalcodes umgewandelt und mit einem vorangestellten Prozentzeichen übertragen. Die Eingabe „Löhne: 1000" würde beispielsweise beim CGI-Skript als „L%F6hne%3A+1000" ankommen. Das Pascal-Programm auf Seite 226 und das PERL-Skript auf Seite 227 nehmen die Rückkonvertierung vor.

Der zweite Grund, warum das Skript in der Praxis so nicht eingesetzt werden sollte, ist die Unsicherheit von Shell-Skripten unter Unix. Es ist nur sehr schwer sicherzustellen, daß Unbefugte nicht durch geschickte Einspeisung von unerwarteten Daten in ein Shellskript beliebige Unix-Befehle zur Ausführung bringen und so großen Schaden auf dem WWW-Server anrichten können. Programme, die auf irgendeine Weise mit von anonymen Benutzern eingegebenen Daten hantieren, sollten zur Sicherheit nie als Shellskripte ausgeführt werden.

Clickable Images

Wie bereits in Kapitel 6 erwähnt, ist ein Clickable Image ein gewöhnliches Bild, das mittels <IMG> und dem Attribut ISMAP innerhalb eines Hypertext-Ankers (<A>...</A>) eingebunden wird.

Wenn das Bild nur dazu dient, auf verschiedene Mausklicks hin verschiedene HTML-Seiten zu laden, kann man in der Regel eines der mit dem Server mitgelieferten Programme zur Auswertung der Klickposition verwenden. Diesen Programmen muß man nur noch in einer Map-Datei mitteilen, welches die „Hotzones" im Bild sind. Alles weitere übernehmen sie selbst.

Mit Clickable Images kann man allerdings auch andere Späßchen treiben – zum Beispiel:

Beispiel:
Clickable Image-Glücksspiel

```
Nehmen Sie an unserem tollen Gl&uuml;cksspiel teil!
Klicken Sie auf das Bild, und sie erfahren, ob schon
jemand anders auf der Welt den gleichen Punkt
angeklickt hat. <BR>
<A HREF="http://irgendwo.de/cgi-bin/klick.exe">
<IMG SRC="http://irgendwo.de/bilder/klick.gif" ISMAP>
</A>
```

Hier wird also als „klick.gif" ein beliebiges Bild zur Verfügung gestellt, und das Programm „klick.exe" muß die Mausklicks im Bereich des Bildes verarbeiten. Unter DOS könnte das etwa so funktionieren:

Beispiel:
Clickable Image-Verarbeitung mit BASIC unter DOS

```
DIM Koord AS STRING, Ausgabe AS STRING
DIM Datum AS STRING
DIM CompX AS INTEGER, CompY AS INTEGER
DIM Count AS INTEGER, x AS INTEGER, y AS INTEGER

Koord = ENVIRON$("QUERY_STRING")
Ausgabe = ENVIRON$("OUTPUT_FILE")

x = VAL(LEFT$(Koord, INSTR(Koord, ",") - 1))
y = VAL(MID$(Koord, INSTR(Koord, ",") + 1))

OPEN "PUNKTE.DAT" FOR INPUT AS #1
OPEN Ausgabe FOR OUTPUT AS #2
PRINT #2, "Content-Type: text/html"
PRINT #2, ""

DO UNTIL EOF(1)
  INPUT #1, CompX, CompY, Datum
  Count = Count + 1
  IF CompX = x AND CompY = y THEN
     PRINT #2, "Dieser Punkt wurde bereits ";
     PRINT #2, "besucht (erstmalig: "; Datum; ")."
     EXIT DO
  END IF
LOOP
CLOSE 1

IF CompX <> x OR CompY <> y THEN
   PRINT #2, "Gratulation! Sie haben einen noch "
   PRINT #2, "unbesetzten Punkt gefunden; nun ";
   PRINT #2, "sind"; Count + 1; "Punkte besetzt."
```

```
        OPEN "PUNKTE.DAT" FOR APPEND AS #1
        PRINT #1, x; ","; y; ","; DATE$
        CLOSE 1
    END IF
```

Das Programm liest die übergebenen Koordinaten aus der Umgebungsvariablen QUERY_STRING und prüft, ob dieses Koordinatenpaar bereits in der Datei `PUNKTE.DAT` enthalten ist. Wenn ja, erhält der Benutzer eine entsprechende Meldung; wenn nicht, wird das neue Paar an die Datei angehängt.

7.3 WWW-Formulare („Fill-out Forms“)

7.3.1 Einführung

Für viele Anwendungen reicht die Möglichkeit, ein einzelnes Suchwort mit dem <ISINDEX>-Verfahren an den WWW-Server zu übermitteln, nicht aus. Das beginnt schon bei den Suchdiensten, von denen ich einige in Kapitel 4 vorgestellt habe: Oftmals wird eben nicht nur ein Suchbegriff eingegeben, sondern man kann auch noch bestimmen, ob mehrere Worte mit UND verknüpft werden sollen, wieviele Ergebnisse maximal zurückgegeben werden sollen und vieles mehr.

Im Prinzip ist es auch kein großer Aufwand, auf einer Seite verschiedene Eingabefelder, Kontrollkästchen, Optionsfelder usw. anzuzeigen. Zumindest die grafischen Browser laufen alle auf Systemen, die die Fähigkeit zur Erzeugung solcher Elemente fest eingebaut haben – unter Windows, auf dem Macintosh, bei OS/2 und zum Teil auch im X Window System sind die Steuerelemente („Widgets“) standardisiert. Den Benutzern der jeweiligen Systeme muß man nicht lange erklären, wie sie zu bedienen sind, weil sie täglich damit zu tun haben.

Das Problem liegt in der Plattformunabhängigkeit von HTML. Diese verbietet es, mit den normalen Programmiermethoden einer grafischen Oberfläche irgendwelche Fenster zu entwerfen, die dann beim Benutzer des Browsers angezeigt werden, denn die einzelnen Systeme, die verwendeten Bildschirmauflösungen und andere wichtige Parameter sind zu unterschiedlich. Außerdem soll das ganze nach Möglichkeit auch noch im Textmodus bedienbar sein.

Daher hat man sich auf ein Verfahren beschränkt, das eine begrenzte Anzahl von einfachen Eingabeelementen unterstützt. Der

HTML-Autor definiert einen bestimmten Bereich seiner HTML-Seite als Formular und legt fest, an welches Skript auf dem WWW-Server die Eintragungen zu senden sind, die der Benutzer vornimmt. Innerhalb des Formulars werden verschiedene Eingabeelemente untergebracht und mit eindeutigen Namen versehen. Beim Abschicken eines ausgefüllten Formulars werden dem Skript, das die Eingaben zu verarbeiten hat, alle Daten in Feldname/Feldinhalt-Paaren übermittelt. Der Browser behandelt diesen Skript-Aufruf wie den Abruf einer ganz normalen HTML-Seite, das heißt, daß das Skript eine (*genau* eine) Antwortseite schicken muß – und sei es, daß nur „Ihre Bestellung wurde aufgenommen. Vielen Dank." darauf steht.

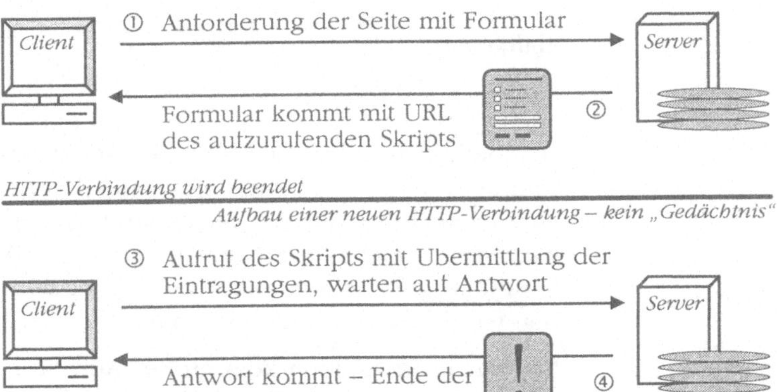

Abbildung 7.1: Informationsfluß bei WWW-Formularen

Das Programm, das die Daten des ausgefüllten Formulars erhält und verarbeitet, kann nicht direkt mit dem Benutzer kommunizieren, der an seinem WWW-Browser sitzt und wartet. Es ist also beispielsweise nicht möglich, eine grafische Anzeige „soundsoviel Prozent fertig" zu realisieren. Selbst eine einfache Meldung wie „Das System ist gerade überlastet, bitte warten Sie fünf Minuten, dann erhalten Sie die gewünschte Auskunft" ist nicht praktikabel, denn sobald das Skript diese Meldung gesendet hat (Schritt 4 in Abbildung 7.1), wird die Verbindung zwischen Server und Client abgebrochen. Die einzige Möglichkeit, länger mit dem Benutzer in Kontakt zu bleiben, ist ein Pingpong-Verfahren, bei dem der Benutzer immer wieder durch eine eigene Aktion (z.B. das Absenden eines veränderten Formulars) Kontakt mit dem Server aufnimmt. Mehr dazu im Abschnitt 7.3.8.

Bevor ich die Tags und Methoden im einzelnen erkläre, hier noch ein einfaches Beispiel für ein WWW-Formular mit nur einem Eingabefeld. Ausnahmsweise lasse ich die Standard-Header nicht aus und formuliere die HTML-Seite komplett:

Beispiel: Einfaches Formular

```
<HTML><HEAD><TITLE>Test f&uuml;r Formulare</TITLE>
</HEAD><BODY>
<H1>Ihr Traumauto</H1>
<FORM METHOD="POST" ACTION="http://irgendein.server.
de/cgi-bin/testskript">
Bitte geben Sie Hersteller und Typ Ihres Traumautos
ein. Mit etwas Gl&uuml;ck k&ouml;nnen Sie genau
diesen Wagen gewinnen, wenn Sie das Formular
absenden.
<P>Ihr Traumauto: <INPUT TYPE="TEXT" NAME="AUTOTYP">
<P><INPUT TYPE="SUBMIT" VALUE="Formular absenden">
<HR>
Vielen Dank f&uuml;r Ihre Teilnahme.
</FORM></BODY></HTML>
```

Es handelt sich um eine normale HTML-Seite, innerhalb derer sich ein <FORM>-Tag befindet. Es kommt darauf an, daß beide <INPUT>-Tags innerhalb des <FORM>...</FORM> liegen. Für den übrigen Text spielt es keine Rolle – die Zeile „Vielen Dank für Ihre Teilnahme" hätte genausogut erst nach </FORM> kommen können, und der „Bitte geben Sie..."-Text hätte auch schon vor <FORM> stehen dürfen.

Das Formular definiert zwei Eingabeelemente mit dem <INPUT>-Tag: Einen „Submit"-Knopf, der benötigt wird, um die Daten abzuschicken, und ein Texteingabefeld namens „AUTOTYP". Das NAME-Attribut muß bei allen Eingabefeldern bis auf „Submit"-Knöpfe vorhanden sein, da das Datenfeld gegenüber dem Skript mit diesem Wert identifizert wird. Abbildung 7.2 zeigt, wie das Beispiel im Netscape Navigator auf dem Bildschirm aussieht.

Abbildung 7.2: Einfaches Formular

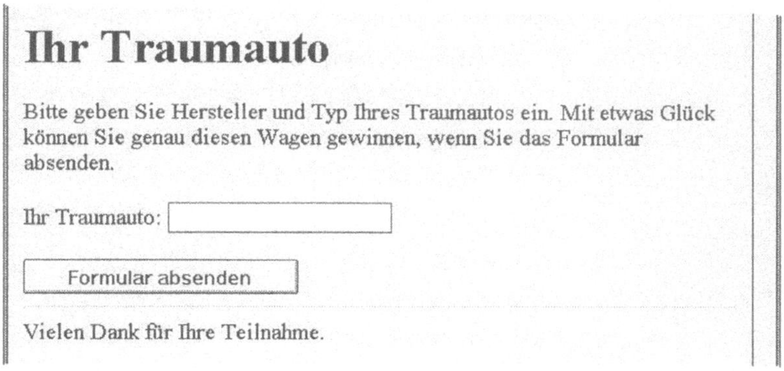

7.3.2 Datenübertragung an den WWW-Server

Wenn ein Formular ausgefüllt wurde und der Benutzer es durch Betätigen des „Submit"-Knopfes (vgl. Seite 231) abschickt, muß der WWW-Client die Daten an den Server übermitteln. Dazu gibt es zwei Möglichkeiten: die „GET"- und die „POST"-Methode. Welche der beiden im Einzelfall zur Anwendung kommen soll, entscheidet der Autor des HTML-Formulars, indem er das Attribut METHOD des <FORM>-Tags entsprechend setzt.

Ein Skript kann zwar an der Umgebungsvariablen REQUEST_METHOD erkennen, ob es mit „GET" oder „PUT" aufgerufen wurde, aber in der Regel wird man ein Skript nur für eine der beiden Methoden auslegen und dann dafür sorgen, daß es anders nicht aufgerufen wird.

Die GET-Methode

Bei der GET-Methode werden alle Daten, die in das Formular eingetragen wurden, zu einem langen URL in Fragezeichen-Notation zusammengefügt. Dabei wird jeweils der Name eines Feldes von einem Gleichheitszeichen und dem entsprechenden Feldinhalt gefolgt; mehrere solcher Paare werden mit dem kommerziellen Und (&) aneinandergehängt.

Im Beispiel von Seite 223 würde bei der Eingabe „Lamborghini Countach" folgender URL vom Browser aufgerufen werden (den Zeilenumbruch bitte ignorieren):

```
http://irgendein.server.de/cgi-bin/
testskript?AUTOTYP=Lamborghini+Countach
```

Hätte im Beispiel noch ein zweites Eingabefeld existiert, beispielsweise

```
<INPUT TYPE="TEXT" NAME="FARBE">
```

so könnte ein möglicher Skript-Aufruf so aussehen:

```
http://irgendein.server.de/cgi-bin/
testskript?AUTOTYP=Renault+Twingo&FARBE=lila
```

Die Eingabetexte werden genau wie bei <ISINDEX>-Dokumenten umgeformt (Leerzeichen werden zu „+", Sonderzeichen zu Hexadezimalcodes). Genau wie bei <ISINDEX> läuft auch die Verarbeitung durch das Skript über die Umgebungsvariable QUERY_STRING – die Details finden Sie auf Seite 217. Der einzige Unterschied zwischen <ISINDEX> und Formularen mit der GET-Methode ist der, daß bei Formularen mehrere Datenfelder auf einmal ausgefüllt werden können, während <ISINDEX> auf die Eingabe eines einzelnen Suchbegriffs beschränkt ist.

Der große Nachteil der GET-Methode ist, daß die Datenmenge, die übertragen werden kann, durch die maximale Länge eines URL nach oben beschränkt ist – es wird ja aus sämtlichen Eingaben ein einziger URL geschnürt. Insbesondere bei mehrzeiligen Textfeldern, in die ganze Mitteilungen, Filmkritiken usw. geschrieben werden können, kann es dabei zu Problemen kommen. In der Theorie kann der URL beliebig lang sein, doch in der Praxis sollte die Länge die 255 Zeichen nicht überschreiten, weil dann Probleme mit einigen Browser- oder Serverimplementierungen zu erwarten sind.

Die POST-Methode

Die POST-Methode wurde aus dieser Not geboren. Sie ermöglicht die Übertragung beliebig großer Datenmengen als Antwort auf ein Formular. Hier werden die Eingaben des Benutzers genauso verschlüsselt wie bei GET, aber es wird kein URL daraus konstruiert, sondern der Browser schickt die Information in einem zusätzlichen Feld – genauer: dem Body – der Anfrage mit.

Der Server seinerseits extrahiert die Daten aus der Anfrage und ruft das Skript auf. Bei der POST-Methode zwar auch die Umgebungsvariable QUERY_STRING mit den Anfragedaten gefüllt, um Kompatibilität zu alten Programmen zu gewährleisten, aber eigentlich ist eine andere Art der Datenübergabe an das Skript vorgesehen: Unter Unix können die Daten einfach von der Standardeingabe *(stdin)* eingelesen werden. Unter DOS/Windows wird vom Server eine temporäre Datei mit den übergebenen Daten angelegt und deren Name in die Umgebungsvariable CONTENT_FILE eingetragen. Zusätzlich dazu enthält die Umgebungsvariable Variable CONTENT_LENGTH bei beiden Betriebssystemen die Anzahl Bytes, die insgesamt in der Datei (Windows) bzw. der Standardeingabe (Unix) zur Abholung bereitliegen.

Als Beispiel hier einmal ein kleines Programm in Turbo Pascal, das für den Einsatz mit einem WWW-Server unter Windows gedacht ist. Es entnimmt den Namen der Ein- und Ausgabedatei aus den entsprechenden Umgebungsvariablen, öffnet die Eingabedatei und zerlegt die dort enthaltenen Daten in einzelne Variablennamen und -werte. Hexadezimalcodes, die mit % beginnen, und Leerzeichen, die als + dargestellt sind, werden korrekt konvertiert.

Beispiel:
Zerlegung der Eingabedatei bei METHOD=POST unter Turbo Pascal

```
PROGRAM CGIDemo; USES DOS;

VAR Input, Output: Text; ch: CHAR;
    HexCode: STRING[2]; Text: STRING[255];

(* ---- HexNum: Konvertiert 0-9/A-F in 0-15 ---- *)
(* benutzt ASCII-Code; für exotische Sonderzeichen
   fehlt noch eine Übersetzungstabelle *)
FUNCTION HexNum (Code: CHAR): BYTE;
BEGIN CASE Code OF
   '0'..'9': HexNum := ORD(Code);
   ELSE HexNum := ORD(UPCASE(Code)) - 55;
END; END;

(* -- ConvertHex: Konvertiert 00-FF in 0-255 --- *)
FUNCTION ConvertHex (Code: STRING): CHAR;
BEGIN
   ConvertHex :=
   CHR(HexNum(Code[1]) * 16 + HexNum(Code[2]));
END;

(* ------------ Hauptprogramm ---------------- *)
BEGIN
   (* Ein-/Ausgabedatei aus Umgebungsvariablen - *)
   ASSIGN (Output, GETENV('OUTPUT_FILE'));
   ASSIGN (Input, GETENV('CONTENT_FILE'));

   (* Dateien öffnen, HTTP-Header ausgeben ----- *)
   REWRITE (Output); RESET(Input);
   WRITELN (Output, 'Content-type: Text/plain');
   WRITELN (Output);

   Text := '';

   WHILE NOT EOF(Input) DO BEGIN
      (* Zeichen für Zeichen einlesen --------- *)
      READ (Input, ch);
      CASE ch OF
      '%': BEGIN (* mit % beginnender Hexcode -- *)
         READ (Input, HexCode);
         Text := Text + ConvertHex(HexCode);
      END;
      '&': BEGIN (* & trennt Variablenpaare ---- *)
         WRITELN (Output, ' Wert: ', Text, '<BR>');
         Text := '';
      END;
```

```
        '=': BEGIN (* = trennt Variable/Inhalt --- *)
           WRITE(Output, 'Variable: ', Text);
           Text := '';
        END;
        ELSE BEGIN
           IF (ch = '+') THEN ch := ' ';
           Text := Text + ch;
        END;
        END;
     END;
     WRITELN(Output, ' Wert: ', Text, '<BR>');
     CLOSE (Input); CLOSE (Output);
  END.
```

Bei einem Formular, das die Eingabefelder „AUTOTYP" und „FARBE" enthält und dieses Skript mit der Methode POST aufruft, sähe eine mögliche Ausgabe also so aus:

```
Variable: AUTOTYP Wert: Lamborghini Countach
Variable: FARBE Wert: rot
```

Es ist mir ein besonderes Vergnügen, an dieser Stelle ein PERL-Skript unter Unix vorzustellen, das trotz seiner Kompaktheit genau das gleiche leistet:

Beispiel:
Das gleiche wie eben, aber in PERL

```
#!/usr/local/bin/perl
print("Content-type: text/html\n\n");
read(STDIN, $input, $ENV{"CONTENT_LENGTH"});
foreach $paar(split (/&/, $input)) {
   ($name, $wert) = split (/=/, $paar);
   $wert =~ tr/+/ /;
   $wert =~ s/%([0-9A-F]{2})/pack (C, hex($1))/ieg;
   print("Variable: $name Wert: $wert <BR>\n");
};
```

Der Mechanismus ist geringfügig anders, da man unter Unix ja keine Ein- und Ausgabedatei öffnen muß, sondern einfach die Standardein- und -ausgabe benutzt. Allerdings muß man hier den Wert der Umgebungsvariablen CONTENT_LENGTH abfragen und kann nicht einfach bis zum Dateiende lesen.

Für Nicht-PERL-Kenner ganz kurz eine Erläuterung: In Zeile 3 wird die gesamte Eingabe in die Variable $input gelesen. Der String wird jeweils am „&"-Zeichen in einzelne Paare ($paar) geteilt, und die Schleife von Zeile 4 bis 9 wird für jedes einmal durchlaufen. Zeile 5 teilt das Paar am Gleichheitszeichen in $name und $wert. Zeile 6 ersetzt „+“ durch Leerzeichen, und Zeile 7 konvertiert mit „%“ beginnende Hexadezimalcodes in $wert und ersetzt sie durch die entsprechenden Zeichen. Zeile 8 erledigt die Ausgabe – voilà. Sie sehen: es lohnt sich, PERL zu lernen. Ein richtiger „PERL-Hacker“ kriegt das Programm sogar noch etwas kürzer hin. Es gibt auch eine unter DOS lauffähige Version von PERL, die allerdings nicht ganz so mächtig ist.

7.3.3 Das <FORM>-Tag

Jedes WWW-Formular wird von <FORM>...</FORM> eingeschlossen. Eine Seite kann durchaus mehrere Formulare enthalten, in jedem mehrere Eingabefelder und einen eigenen Knopf zum Abschicken; in der Regel begnügt man sich jedoch mit einem Formular pro Seite. Der Browser zeigt dem Benutzer die <FORM>-Grenze normalerweise nicht an.

Innerhalb von <FORM>...</FORM> darf neben den im folgenden vorgestellten Eingabeelementen auch jede Art von HTML-Text vorkommen; es ist jedoch nicht möglich, <FORM> zu verschachteln.

<FORM> kennt folgende Attribute:

METHOD="text"
: Kann entweder auf GET oder POST eingestellt werden und gibt an, welche Methode für die Übertragung der Daten zu verwenden ist.

ACTION="url"
: Gibt den URL des CGI-Programms an, das für die Verarbeitung der Formular-Datenpaare aufgerufen werden soll, wenn der Benutzer die Daten abschickt.

ENCTYPE="mime-typ"
: Gibt an, was im „Content-type“-Feld der Mitteilung angegeben werden soll, in der die Datenpaare an den Server gesandt werden; Standard ist „application/x-www-form-urlencoded“. Der Server wertet den Header aus und stellt diese Information dem CGI-Skript in der Umgebungsvariablen CONTENT_TYPE zur Verfügung. In der Regel ist eine Abweichung vom Standardwert nicht notwendig.

7.3.4 Die verschiedenen Typen des <INPUT>-Feldes

Schon HTML 2.0 kennt eine ganze Anzahl verschiedener Eingabeelemente, die ich im Anschluß an die Abbildung einzeln erläutere.

Abbildung 7.3: Verschiedene Eingabeelemente mit <INPUT>

TYPE=TEXT
Ihr Name: [ ] Geburtstag: [ ].[ ].[ ]
TYPE=PASSWORD
Die Losung lautet: [ ]
TYPE=CHECKBOX
Zusenden: □Katalog / □Angebot
TYPE=RADIO
Familienstand: ○ ledig ○ mit Lebensabschnittsgefährten/in ○ verheiratet ○ verwitwet/geschieden
TYPE=IMAGE
A C B D
TYPE=SUBMIT
Hier klicken zum Abschicken
TYPE=RESET
Oops- alles Retour!

Text

Der Typ „Text“ wird für einfache Texteingabefelder verwendet. Wenn keine weiteren Angaben gemacht werden, nimmt der Browser eine beliebige (aber einheitliche) Feldlänge. Es ist jedoch möglich, mit dem SIZE-Attribut eine Feldbreite (in Zeichen) anzugeben. Im Beispiel habe ich folgende Felder verwendet:

```
Ihr Name: <INPUT TYPE=TEXT NAME="NAME">
Geburtstag: <INPUT TYPE=TEXT NAME="TAG" SIZE=2>.
<INPUT TYPE=TEXT NAME="MONAT" SIZE=2>.
<INPUT TYPE=TEXT NAME="JAHR" SIZE=4>
```

Die Länge des Textes, den der Benutzer in ein Feld eingeben kann, ist normalerweise unbeschränkt (bei zu kleiner SIZE verschiebt sich der Feldinhalt am Bildschirm entsprechend). Mit dem Attribut MAXLENGTH kann man die maximale Eingabelänge bestimmen.

Im Normalfall sind Textfelder leer, wenn das Formular geladen wird. Das Attribut VALUE kann jedoch benutzt werden, um einen voreingestellten Text anzeigen zu lassen. Die Zeile

```
<INPUT TYPE=TEXT NAME="LAND" MAXLENGTH=3 VALUE="USA">
```

zeigt ein mit „USA“ vorbelegtes Textfeld an, in das maximal drei Zeichen eingegeben werden können.

Password

Eingabefelder vom Typ PASSWORD verhalten sich genau wie solche vom Typ TEXT, mit dem Unterschied, daß die hier eingegebenen Zeichen nicht am Bildschirm angezeigt werden (allenfalls Sternchen stattdessen). Im Beispiel verwendete ich:

```
Die Losung lautet: <INPUT TYPE=PASSWORD NAME="PASSW">
```

Wie bei TEXT sind die Attribute MAXLENGTH und SIZE zugelassen; VALUE ist nicht sinnvoll.

Checkbox

Der Typ „Checkbox“ wird benutzt, um Kontrollkästchen zu erzeugen, die markiert werden können (typischerweise mit einem Kreuz oder Häkchen). Die normale Anwendung ist

```
Zusenden: <INPUT TYPE=CHECKBOX NAME="KAT"> Katalog /
<INPUT TYPE=CHECKBOX NAME="ANG"> Angebot
```

Für jede angewählte „Checkbox“ wird ein Datenpaar generiert (der Standardwert ist „ON“, also würden im Beispiel KAT=ON und ANG=ON übergeben). Nicht angewählte Kontrollkästchen erzeugen auch keine Datenpaare in der Antwort.

Wenn ein anderer Wert als ON übergeben werden soll, falls das Kästchen angewählt ist, kann man das mit dem Attribut VALUE=*wert* einstellen. Das Attribut CHECKED kann verwendet werden, wenn das Kästchen von vornherein angewählt sein soll. Die Zeile

```
<INPUT TYPE=CHECKBOX VALUE="YES" CHECKED NAME="YN">
```

würde also eine Checkbox anzeigen, die bereits angekreuzt ist und, sofern der Benutzer die Markierung nicht entfernt, das Datenpaar „YN=YES“ zurückgibt.

Radio

„Radio Buttons“ sind Optionsschalter, von denen pro Gruppe immer nur einer ausgewählt sein kann. Sie werden in der Regel als (bei Auswahl ausgefüllte) Kreise dargestellt. Alle Radio Buttons, die zur gleichen Gruppe gehören, müssen das gleiche NAME- und je ein unterschiedliches VALUE-Attribut besitzen. Als

Ergebnis wird der Name und der Wert des VALUE-Attributs des ausgewählten Knopfes übergeben. Im Beispiel:

```
Familienstand:
<INPUT TYPE=RADIO VALUE="LED" NAME="FAM"> ledig
<INPUT TYPE=RADIO VALUE="LAG" NAME="FAM"> mit
Lebensabschnittsgef&auml;hrten/in <BR>
<INPUT TYPE=RADIO VALUE="VH" NAME="FAM"> verheiratet
<INPUT TYPE=RADIO VALUE="VW" NAME="FAM"> verwitwet
```

Wenn hier die Auswahl „ledig“ aktiv ist, würde nur das Datenpaar „FAM=LED“ an das Skript zurückgegeben.

Bei je einem Radio Button aus jeder Gruppe darf das Attribut CHECKED verwendet werden, um diese Auswahl als Voreinstellung zu setzen.

Hidden

Felder vom Typ HIDDEN sind nur sinnvoll, wenn Sie dasselbe Skript für mehrere verschiedene Formulare verwenden und bei bestimmten Formularen einige Wahlmöglichkeiten ausschließen möchten. Ein HIDDEN-Feld ist für den Benutzer nicht sichtbar, sondern sendet ein festgelegtes Name/Wert-Paar an das Skript, wenn der Benutzer das Formular abschickt.

Beispielsweise könnten Sie ein Fomular haben, das per Radio Button unter anderem eine Auswahl zwischen den Sprachen Deutsch und Englisch zuläßt:

```
<INPUT TYPE=RADIO NAME=LANG VALUE="E">Englisch
<INPUT TYPE=RADIO NAME="LANG" VALUE="D">Deutsch
```

Jetzt fertigen Sie ein zweites Formular an, das genau die gleiche Funktion erfüllt, aber immer fest auf „Englisch“ eingestellt sein soll. In diesem Formular geben Sie einfach

```
<INPUT TYPE=HIDDEN NAME="LANG" VALUE="E">
```

an. Das Formular wird dann immer das Datenpaar „LANG=E“ abschicken, ohne daß dem Benutzer irgendeine Auswahlmöglichkeit präsentiert wird.

Reset und Submit

Jedes Formular muß eine Möglichkeit zum Absenden der Daten an das im <FORM>-Tag genannte Bearbeitungs-Skript enthalten. Mit dem Betätigen dieses Eingabeelements beendet der Benutzer seine Eingabe und wartet danach auf die Antwort des Skripts, das die Daten verarbeitet.

Dazu kann entweder ein einfacher Text-Button (TYPE=SUBMIT) oder ein Clickable Image (s. nächster Abschnitt) verwendet werden.

Einen einfachen Text-Button erzeugt man (wie im Beispiel) mit

```
<INPUT TYPE=SUBMIT VALUE="Hier klicken zum Absenden">
```

wobei der in VALUE genannte Text innerhalb des Buttons angezeigt wird.

Außerdem gibt es noch den RESET-Knopf,

```
<INPUT TYPE=RESET VALUE="Oops - alles Retour!">
```

mit dem der Browser veranlaßt wird, alle Felder wieder auf die ursprüngliche Einstellung (meist also leer) zurückzusetzen.

Als einzige Eingabeelemente benötigen die SUBMIT- und RESET-Buttons kein NAME-Attribut, da sie keine Datenpaare erzeugen. Das VALUE-Attribut kann man sich ebenfalls sparen, dann wählt der Browser geeignete Standard-Beschriftungen.

Wenn Sie dennoch ein NAME- und ein VALUE-Attribut angeben, erzeugt der Knopf ein Datenpaar mit diesen Werten, wenn er benutzt wird, um das Formular abzuschicken. Das ist sinnvoll, wenn Sie mehrere verschiedene SUBMIT-Buttons auf einer Seite unterbringen möchten – nur so kann das Skript unterscheiden, welcher gedrückt wurde.

Image

Alternativ zum SUBMIT-Button kann auch ein Bild angegeben werden, auf das der Benutzer mit der Maus klickt, um das Formular abzusenden. Das Bild wird dabei (wie beim normalen <IMG>-Tag) im SRC-Attribut angegeben:

```
<INPUT TYPE=IMAGE SRC="abschick.gif">
```

Mit IMAGE kann das Attribut ALIGN verwendet werden, das die gleichen Werte annehmen darf wie bei <IMG> (vgl. Kapitel 6).

Wenn einem IMAGE-Eingabeelement mit NAME ein Name zugewiesen wird, werden zwei zusätzliche Datenpaare an das Skript übermittelt – NAME.x und NAME.y –, die die Koordinaten des Mausklicks relativ zur oberen linken Ecke des Bildes enthalten.

Im Beispiel

```
<INPUT TYPE=IMAGE NAME="BILD" SRC="abschick.gif">
```

würden also die Datenpaare „BILD.x=zahl" und BILD.y=zahl" zusätzlich an das Skript übermittelt, wo sie ausgewertet werden können, um beispielsweise verschiedene Funktionen mit den eingegebenen Daten auszuführen.

Nicht alle Browser unterstützen das IMAGE-Element, obwohl es schon im HTML 2.0-Standard enthalten ist; bei Mosaic und Netscape klappt es problemlos.

7.3.5 <SELECT> und <OPTION>

Mit dem <SELECT>-Tag können Auswahlfelder realisiert werden, bei denen der Benutzer (meist aus einer aufklappbaren Liste) eines aus einer Anzahl von Elementen auswählt. Die Elemente werden innerhalb von <SELECT>... </SELECT> durch <OPTION> markiert.

Beispiel: <SELECT> und <OPTION>

```
Bitte w&auml;hlen Sie eine Erm&auml;&szlig;igung:
<SELECT NAME=ERMAESSIGUNG>
<OPTION>Bahncard
<OPTION VALUE="MF">Mitfahrer sparen 50%
<OPTION VALUE="GAT">Guten-Abend-Ticket
<OPTION SELECTED VALUE="SW">Sch&ouml;nes Wochenende
</SELECT>
```

Das Attribut NAME ist bei <SELECT> erforderlich. Wenn VALUE bei <OPTION> angegeben wird, liefert der Browser den Wert des VALUE-Attributs zurück; ansonsten wird der Inhalt des <OPTION>-Feldes, zurückgegeben. Im Beispiel würde bei der Auswahl „Bahncard" das Datenpaar ERMAESSIGUNG=Bahncard erzeugt, bei der Auswahl „Guten-Abend-Ticket" aber ERMAESSIGUNG=GAT. Man sollte ein VALUE-Attribut verwenden, wenn der Auswahltext mehr als ein Wort umfaßt oder Sonderzeichen enthält.

Das Attribut SELECTED bei einem <OPTION>-Tag bedeutet, daß dieser Wert voreingestellt ist. Besitzt kein <OPTION>-Tag dieses Attribut, ist das zuerst genannte die Voreinstellung.

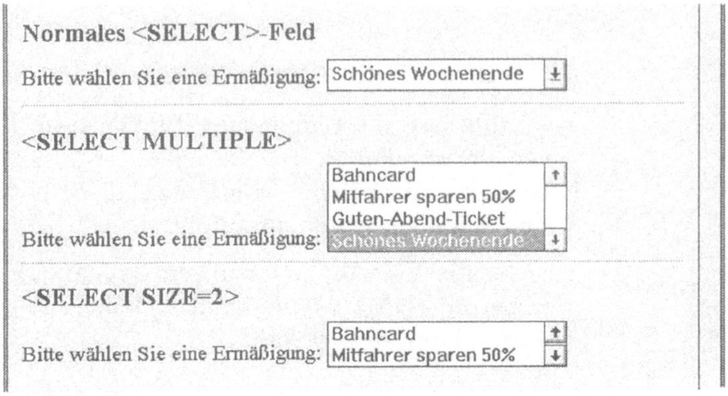

Abbildung 7.4: verschiedene Anwendungen für <SELECT>-

Normales <SELECT>-Feld

Bitte wählen Sie eine Ermäßigung: Schönes Wochenende

<SELECT MULTIPLE>

Bitte wählen Sie eine Ermäßigung: Bahncard / Mitfahrer sparen 50% / Guten-Abend-Ticket / Schönes Wochenende

<SELECT SIZE=2>

Bitte wählen Sie eine Ermäßigung: Bahncard / Mitfahrer sparen 50%

Zusätzlich können bei <SELECT> die folgenden Attribute angegeben werden:

MULTIPLE
: Das MULTIPLE-Attribut bedeutet, daß mehrere der angegebenen Möglichkeiten zusammen ausgewählt werden können. In diesem Fall wählen einige Browser automatisch eine Darstellung, bei der alle Elemente zugleich sichtbar sind (vgl. Abbildung 7.4). Wenn MULTIPLE gesetzt ist, werden beim Abschicken des Formulars u.U. mehrere Datenpaare mit gleichem Variablennamen, aber unterschiedlichem Inhalt abgeschickt – im Beispiel ERMAESSIGUNG=Bahncard, ERMAESSIGUNG=GAT usw., je nachdem, welche Möglichkeiten der Benutzer ausgewählt hat.

SIZE=zahl
: Mit dem Attribut SIZE kann angegeben werden, wieviele Elemente zugleich sichtbar sein sollen; Standardeinstellung ist 1.

7.3.6 <TEXTAREA>

Mit dem <TEXTAREA>-Tag kann ein Eingabefeld mit mehreren Zeilen erzeugt werden. Eine eventuelle Voreinstellung steht zwischen <TEXTAREA> und </TEXTAREA>; das abschließende Tag muß auch dann vorhanden sein, wenn die Voreinstellung leer ist. Innerhalb der Voreinstellung werden Zeilenumbrüche unberührt gelassen (also nicht, wie sonst üblich, vom Browser ignoriert).

Beispiel: <TEXTAREA>

```
Ihr Kommentar zu dieser WWW-Seite (es wurde bereits
eine sinnvolle Voreinstellung getroffen):<BR>
<TEXTAREA NAME="KOMMENTAR" ROWS=6 COLS=60>
```

```
Eine tolle Sache, etwas besseres habe
ich selten gesehen!
</TEXTAREA>
```

Die Attribute ROWS und COLS werden benutzt, um die Zeilen- und Spaltenzahl des Textfeldes einzustellen. Der eingegebene Text kann diese Grenzen aber durchaus überschreiten, da der Browser den sichtbaren Ausschnitt bei Bedarf verschiebt.

Die Zeilenumbrüche, die der Benutzer im Textfeld eingibt, werden als Kombination aus CR und LF (ASCII-Zeichen 13 und 10) übermittelt.

Abbildung 7.5: <TEXTAREA>

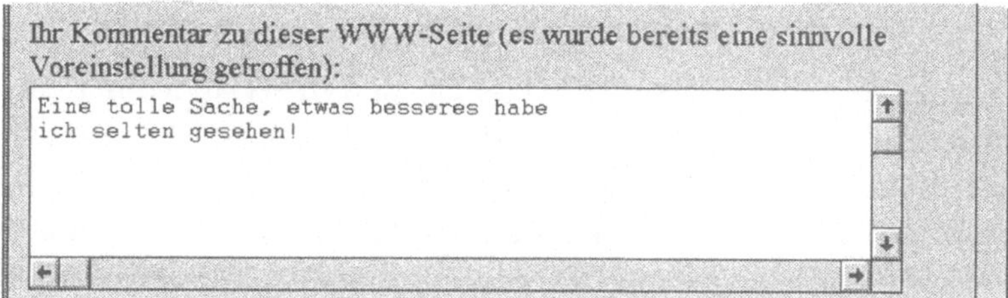

7.3.7 Formular-Erweiterungen in HTML 3.0

Der vorgeschlagene HTML 3.0-Standard definiert eine Reihe von Erweiterungen für den Formular-Betrieb. Da sie größtenteils noch nicht ganz ausgegoren sind, verzichte ich auf eine allzu detaillierte Darstellung.

Skriptsprache für Feldbearbeitung auf Client-Seite

Für HTML 3.0 ist eine eigene universelle Skriptsprache geplant, die in engen Grenzen eine Verarbeitung der eingegebenen Daten zuläßt, bevor sie an den Server abgeschickt werden. Mit dem SCRIPT-Attribut beim <FORM>-Tag kann der URL eines Skripts in dieser Sprache angegeben werden.

Die Sprache ist noch nicht genauer spezifiziert, aber es steht bereits fest, daß sie ereignisorientiert sein wird. Das heißt, man wird als Programmierer einzelne Prozeduren erstellen können, die aufgerufen werden, wenn ein bestimmtes Ereignis in Zusammenhang mit einem bestimmten Eingabefeld eintritt. Beispielsweise programmiert man Prüfungen auf die Gültigkeit eingegebener Daten gewöhnlich als Reaktion auf das „Lost Focus“-Ereignis, d.h. die Prüfroutine wird ausgeführt, wenn der Benutzer den Cursor aus dem betreffenden Eingabefeld herausbewegt.

Solche Skripte sind im Umfang beschränkt (da sie bei jedem Aufruf über das Netz übertragen werden), und der Befehlsumfang wird auf das reduziert, was keine Sicherheitsprobleme aufwirft. Die Skripte werden beispielsweise keine Netzwerkverbindungen öffnen können und keinen Zugriff auf Dateien haben. Sie werden in der Hauptsache dazu dienen, die Eingabe in Feldern auf Gültigkeit zu prüfen (z.B.: „Wurde auch wirklich ein Datum eingegeben?") oder bestimmte Dinge zu automatisieren (z.B. automatische Addition bestimmter Feldinhalte und Eintragen der Summe in ein anderes Feld oder automatisches Eintragen der Mailadresse des Benutzers).

Erweiterungen bei den bekannten Feldtypen

Das <INPUT>-Tag kann in HTML 3.0 mit den Standard-Attributen ID, LANG und CLASS ausgestattet werden; dasselbe gilt für <SELECT> und <TEXTAREA>.

Die Feldtypen SUBMIT und RESET können jetzt zusätzlich mit einem SRC-Attribut versehen werden, das den URL eines Bildes enthält; dann wird dieses Bild als Absende- bzw. Rücksetzknopf angezeigt.

Alle Eingabeelmente mit SRC-Attribut können nun MD verwenden, um eine Prüfsumme zu spezifizieren.

Alle Eingabeelemente, die über ein Bild verfügen – also IMAGE, SUBMIT, RESET und das noch zu beschreibende SCRIBBLE-Feld – können zusätzlich ein ALIGN-Attribut haben, das mit den Werten *left, right, top, middle* und *bottom* versehen werden kann (vgl. Kapitel 6). Auch bei <TEXTAREA> und <SELECT> kann ALIGN verwendet werden.

Bei jedem Eingabefeld sind jetzt die neuen Attribute DISABLED und ERROR=*text* erlaubt. DISABLED zeigt dem Browser an, daß dieses Eingabefeld zwar erscheinen soll, aber keine Veränderung daran möglich ist. Mit ERROR kann eine Fehlermeldung angegeben werden, die dem Benutzer mitteilt, warum die Eingabe in diesem Feld ungültig ist. Davon kann man Gebrauch machen, wenn man ein vom Benutzer abgeschicktes Formular als Antwort gleich wieder zurücksendet, mit den von ihm gemachten Angaben als Voreinstellung und Fehlermeldungen dort, wo Eingaben nicht akzeptiert werden konnten.

Das <SELECT>-Tag wurde erweitert und unterstützt in HTML 3.0 auch grafische Auswahlmenüs. Dabei wird statt einer Auswahlliste ein mit dem SRC-Attribut angegebenes Bild angezeigt. Alle

<OPTION>-Elemente müssen dann ein SHAPE-Attribut haben, das genauso wie bei den Hyperlinks innerhalb des <FIG>-Tags geformt ist (vgl. Kapitel 6). Der Benutzer kann bestimmte Bereiche des Bildes anwählen; der Text der OPTION-Elemente wird nur noch angezeigt, wenn der Browser nicht über einen Grafikmodus verfügt. Wie <IMG> erlaubt <SELECT> nun auch die Attribute WIDTH, HEIGHT und UNITS zur Größeneinstellung des angegebenen Bildes.

Neue <INPUT>-Typen SCRIBBLE, RANGE und FILE

Ein Eingabefeld vom Typ SCRIBBLE zeigt ein per SRC-Attribut angegebenes Hintergrundbild an und erlaubt dem Benutzer, mit einem Eingabestift oder der Maus auf diesem Bild etwas zu zeichnen.

Ein Feld vom Typ RANGE erlaubt die Eingabe einer Zahl, die innerhalb der durch die Attribute MIN und MAX angegebenen Grenzen liegt. Typischerweise wird dafür ein Einstellbalken angezeigt. Wenn MIN und MAX ganzzahlig sind, werden nur ganzzahlige Eingaben erlaubt, ansonsten sind auch Kommazahlen möglich.

Eingabefelder des Typs FILE ermöglichen dem Benutzer, ganze Dateien als Antwort auf das Formular einzuschließen. Dabei kann mit dem ACCEPT-Attribut eine Liste von durch Kommata getrennten erlaubten MIME-Datentypen angegeben werden. Ein Feld der Form

```
<INPUT NAME=SEITE TYPE=FILE ACCEPT="text/html">
```

würde also nur HTML-Seiten als Eingabe akzeptieren. Der Stern (*) als Jokerzeichen ist zulässig; die Angabe „text/*" würde also alle Text-Typen, „*/*" jede beliebige Datei akzeptieren.

7.3.8 Wie man mit Formularen Dialoge realisiert

Auf Seite 222 habe ich beschrieben, daß es über Formulare und CGI-Skripte nicht möglich ist, einen „Dialog" mit dem Benutzer zu führen. Ein CGI-Skript kann die empfangenen Daten zwar zum Beispiel auf Gültigkeit prüfen und im Fehlerfalle eine Meldung zurückschicken, aber alle Vorgänge, bei denen das Skript sich über mehrere Interaktionen hinweg einen Zustand merken müßte, sind nicht (so einfach) möglich. Wenn ein Skript auf eine Benutzer-Anfrage mit einem „Wollen Sie das wirklich" antwortet und der Benutzer darauf mit „Ja" oder „Nein" (oder gar nicht) reagiert, müßte das Skript sich in der Zwischenzeit merken, an welchen Benutzer es diese Frage gesandt hat, und wenn das „Ja" ankommt, müßte das Skript noch wissen, *was* er denn „wirklich will".

Es gibt jedoch einige Tricks, mit denen man einen Dialog zumindest ansatzweise durchführen kann. Bei komplizierten Formularen, bei denen zu erwarten ist, daß der Benutzer ein paar Anläufe braucht, um sie richtig auszufüllen, schickt man anstatt einer Fehlermeldung „Sie haben Feld 28 falsch ausgefüllt" einfach die ganze HTML-Seite, die das Formular enthält, zurück, wobei in alle korrekt ausgefüllten Felder als Standardvorgabe die Benutzereingabe vom letzten Mal übernommen wird. Nur hinter den fehlerhaft ausgefüllten Feldern wird, als ganz normaler HTML-Text, eine Bemerkung wie „Ihre Eingabe *blafasel* ist an dieser Stelle ungültig" eingefügt. So kann der Benutzer die fehlerhaften Eingaben korrigieren, ohne alles neu ausfüllen zu müssen.

Alternativ können alle beim früheren Durchlauf korrekt ausgefüllten Felder sogar als TYPE=HIDDEN in das neue Formular eingesetzt werden; dann schickt der Browser diese Werte zwar wieder mit zurück, aber der Benutzer hat gar keine Möglichkeit, die Daten noch einmal zu verändern.

Der Nachteil bei diesem Vorgehen ist, daß Ihr Formular einmal als HTML-Seite vorliegen muß (die vom Benutzer beim ersten Versuch aufgerufen wird) und andererseits auch das Skript in der Lage sein muß, das Formular (mit eingestreuten Fehlermeldungen) zu erzeugen. Wenn Sie eine Änderung am Formular vornehmen, müssen Sie immer Skript und HTML-Seite bearbeiten. Dieses Problem können Sie umgehen, indem Sie das Skript so konzipieren, daß es ohne Formulardaten einfach wie eine HTML-Seite aufgerufen werden kann und dann eben jene „Leerversion" des Formulars ausspuckt.

Für einige Fälle gehen alle bisher beschriebenen Möglichkeiten nicht weit genug. Ich möchte das an einer Beispielanwendung erläutern.

Riddle me this!

Nehmen wir einmal an, Sie wollen einem Benutzer, der Ihre HTML-Seite abruft, zunächst drei Rätselfragen stellen, bevor er auf eine gewisse Information zugreifen darf. Diese Information kann natürlich nicht als normale HTML-Seite gespeichert sein, sonst veröffentlicht jemand den URL, und aus ist's mit dem Rätselraten. Es handelt sich selbstverständlich auch um eine veränderliche Information, denn sonst könnte jemand sie ja einfach kopieren und veröffentlichen.

Stattdessen benötigen Sie ein Skript, das zu jedem Zeitpunkt „weiß", wieviele Fragen der Benutzer am anderen Ende schon korrekt beantwortet hat. Rein theoretisch könnte man, wenn der Benutzer das Skript zum ersten Mal aufruft (das erkennt man daran, daß noch keine Formular-Daten übergeben werden), ein Formular mit einer Rätselfrage und einem versteckten Eingabefeld wie diesem ausgeben:

```
<INPUT TYPE=HIDDEN NAME=GELOEST VALUE=0>
```

Wenn dieses Formular dann mit korrekter Lösung vom Benutzer abgeschickt wird, erhält er als Antwort ein neues, das diesmal GELOEST=1 voreingestellt hat usw.; in dem Moment, wo der Benutzer ein Formular mit GELOEST=2 und einer richtigen Antwort einschickt, hat er drei Fragen gelöst, und die Information wird angezeigt.

Rein theoretisch, schreibe ich, denn sobald der Benutzer die Sache durchschaut hat, baut er einfach ein eigenes Formular, das Ihrem Skript den Wert GELOEST=2 zuschickt, obwohl er noch gar nichts gelöst hat.

Die einzige Möglichkeit, ein solches Problem einigermaßen fälschungssicher zu lösen, ist die Simulation von „Sitzungen". Sobald Ihr Skript zum ersten Mal, also ohne irgendwelche Formulardaten, aufgerufen wird, erzeugt es einen relativ langen, zufälligen Text. Dieser Text dient als Sitzungsschlüssel, und das Skript trägt ihn mitsamt dem aktuellen Datum in eine Datei ein. Es erzeugt ein Formular mit einer Rätselfrage und dem Sitzungsschlüssel in einem Feld wie:

```
<INPUT TYPE=HIDDEN NAME=KEY VALUE="4Gq3:89Pwo45d">
```

Kommt dann irgendwann eine Antwort auf dieses Formular, kann anhand der Schlüssel-Datei festgestellt werden, in welchem Programmzustand der Benutzer ist, d.h. beispielsweise, wieviele Rätselfragen er bereits gelöst hat. Bei einer richtigen Antwort wird der dem Sitzungsschlüssel zugeordnete Zähler erhöht, und wenn die 3 erreicht ist, kann die Information herausgegeben werden. Danach wird der Datensatz gelöscht, und auch durch erneutes Absenden des zuletzt gesandten Formulars kann der Benutzer die Information nicht ein zweites Mal erhalten, da der Sitzungsschlüssel jetzt ungültig ist.

Mit derartigen Sitzungsprotokollen kann man auch kompliziertere Dialoge realisieren. Dabei sind jedoch einige Dinge zu beachten:

- Der Benutzer kann den Dialog jederzeit abbrechen. Nicht jeder wird, um beim Beispiel zu bleiben, alle drei Rätselfragen lösen. Daher müssen regelmäßig „alte" Sitzungsschlüssel aus der Datenbank geworfen werden.
- Prinzipiell kann es immer passieren, daß eine Übertragung, beispielsweise wegen einer Netzstörung, mißlingt. Daher sollte das Programm nicht ganz so streng und in einem gewissen Zeitrahmen bereit sein, die zuletzt gesandte Information noch einmal herauszugeben.
- Um das Verfahren noch besser gegen Leute abzusichern, die sich um die Beantwortung aller Fragen drücken wollen, kann man zusätzliche Daten über die Verbindung in der Datenbank speichern (vgl. nächster Abschnitt), beispielsweise, woher sie kommt oder welcher Browser verwendet wurde.
- Die Datenbank der Sitzungsschlüssel muß gegen „Überlauf" gesichert sein. Die Anzahl der Schlüssel kann – je nachdem, wie lange man sie behält – sehr hoch werden. Insbesondere dann, wenn jemand, der aufgebracht ist, weil er nicht alle Fragen beantworten konnte, sich mit einem kleinen Programm jede Sekunde einen neuen Sitzungsschlüssel zuteilen läßt...

7.4 Weiteres zur CGI-Schnittstelle

7.4.1 Umgebungsvariablen

Einige der Umgebungsvariablen, die der WWW-Server vor dem Aufruf eines CGI-Skripts einstellt, sind bereits erwähnt worden. Hier noch einmal eine Gesamtaufstellung.

Standard-Variablen

CONTENT_TYPE
: Enthält eine Angabe über den Typ der übermittelten Daten. Bei WWW-Formularen ist dies in der Regel „application/x-www-form-urlencoded"; man kann aber mit dem ENCTYPE-Attribut beim <FORM>-Tag eine andere Einstellung treffen.

CONTENT_LENGTH
: Bei der POST-Methode steht in dieser Variablen die Anzahl Bytes, die von der Standardeingabe oder aus der mit CON-

TENT_FILE bezeichneten Datei gelesen werden können. Bei GET ist sie leer.

GATEWAY_INTERFACE
Die CGI-Spezifikation, die dieser Server benutzt, in der Regel „CGI/1.1".

PATH_INFO
Information, die im Aufruf über den wirklichen Pfad des Skripts hinausging (enthält z.B. „/english", wenn das Skript „/cgi-bin/hello" mit dem URL „/cgi-bin/hello/english" aufgerufen wurde).

PATH_TRANSLATED
PATH_TRANSLATED enthält das, was herauskommt, wenn PATH_INFO mit denselben Regeln bearbeitet wird wie ein normaler URL. Diese „Regeln" sehen oft eine Umsetzung von Verzeichnisnamen vor, z.B. kann „/seiten/fred" in „/user/fred/html" umgesetzt werden o.ä.

QUERY_STRING
Wird bei <ISINDEX>-Dokumenten, bei Clickable Images und für Formulare mit der GET-Methode benötigt. Bei Formularen mit der POST-Methode wird QUERY_STRING zur Vereinfachung meist ebenfalls gesetzt. Näheres in Abschnitt 7.2.2.

REMOTE_HOST
Name des Rechners, von dem die Anfrage kam, die das Skript gestartet hat. Dies kann der Rechner sein, auf dem der Browser läuft, es kann sich aber auch um ein Gateway oder einen Proxy-Server handeln. Läuft der Zugriff über ein Gateway oder einen Proxy-Server, gibt es keine Möglichkeit, festzustellen, von woher der Aufruf genau kommt.

REMOTE_ADDR
IP-Adresse des Rechners wie bei REMOTE_HOST, jedoch ist REMOTE_ADDR auch dann belegt, wenn kein Nameserver-Eintrag zur Verfügung steht.

REMOTE_IDENT
Wenn auf der Gegenseite ein „Identd", ein Identifizierungsdaemon, läuft, kann der WWW-Server die Benutzerkennung des Benutzers feststellen und schreibt sie in diese Variable. Es gelten die gleichen Einschränkungen wie bei REMOTE_HOST. Außerdem kann der Systemverwalter des Rechners am anderen Ende den Identd beliebig manipulieren, der Angabe ist also nur dann zu trauen, wenn auch der Systemverwalter

vertrauenswürdig ist. Bei Heim-PCs, deren einziger Benutzer zugleich Verwalter ist, ist REMOTE_IDENT nutzlos.

REQUEST_METHOD
Die im METHOD-Attribut des <FORM>-Tags angegebene Methode (GET oder POST). Wenn ein Skript wie eine gewöhnliche HTML-Seite (nicht aus einem <FORM>-Tag heraus) aufgerufen wird, steht hier immer GET.

SCRIPT_NAME
Der Name des CGI-Skripts, das aufgerufen wurde, als „virtuelle" Pfadangabe. Es handelt sich also nicht um den echten Pfad auf der Festplatte, sondern um die Pfadangabe, wie sie im ACTION-Attribut des <FORM>-Tags angegeben ist (vgl. PATH_TRANSLATED).

SERVER_NAME
Der Name (oder die IP-Nummer) des Rechners, auf dem der WWW-Server installiert ist.

SERVER_PORT
Der Port, auf dem der Server die Anfrage entgegengenommen hat. Standard-Port für WWW ist 80.

SERVER_PROTOCOL
Das Protokoll, mittels dessen der Browser das Skript aufgerufen hat. Üblich ist „HTTP/1.0"; in späteren HTTP-Versionen können beispielsweise neue Methoden oder neue Standard-Header definiert werden.

SERVER_SOFTWARE
Diese Variable enthält den Namen und die Versionsnummer des verwendeten WWW-Servers in der Form *name/version.*

Spezielle Variablen bei WWW-Servern unter Windows

CONTENT_FILE
Der Name einer temporären Datei, in der die Daten einer mit der POST-Methode gestellten Anfrage stehen. Unter Unix wird hierfür die Standardeingabe verwendet.

OUTPUT_FILE
Der Name einer (noch nicht existenten) temporären Datei, in die die Ausgabe des CGI-Skripts geschrieben werden muß. Unter Unix wird hierfür die Standardausgabe verwendet.

Aus HTTP-Headern erzeugte Variablen

Über diese Standardvariablen hinaus setzt der WWW-Server alle Einträge im Header der HTTP-Nachricht, mit der das CGI-Skript aufgerufen wurde, in Umgebungsvariablen um. Dabei wird ein „HTTP_“ vorangestellt, und alle Bindestriche werden in Unterstriche umgewandelt. Aus dem HTTP-Header

```
Accept: */*
```

würde also die Umgebungsvariable HTTP_ACCEPT mit dem Wert */*. Theoretisch kann ein Browser ganz beliebige Headerzeilen angeben; die untengenannten sind allerdings recht weit verbreitet. Diese Headerzeilen werden, wenn der Browser sie unterstützt, nicht nur für CGI-Skripte erzeugt, sondern bei jeder HTTP-Übertragung vom Browser zum Server.

HTTP_ACCEPT
: Eine Aufzählung der MIME-Typen, die der Browser als Antwort auf die Anfrage akzeptiert (durch Kommata getrennt). Dabei kann ein * für beliebige Typen stehen. Wenn die Aufzählung beispielsweise „text/*, image/gif, image/x-xbitmap“ lautet, bedeutet das, daß der Browser keine JPEG-Bilder verarbeiten kann. Eine Liste häufiger Typen finden Sie in Anhang E.
Wird der WWW-Server unter Windows betrieben, enthält diese Variable den Namen einer temporären Datei, aus der die Liste der akzeptierten Typen ausgelesen werden kann. Das ist notwendig, weil die Liste so lang werden kann, daß sie die DOS-Längenbeschränkung für Umgebungsvariablen überschreitet.

HTTP_REFERER
: Enthält den URL der HTML-Seite, von der aus das Skript per Hyperlink aufgerufen wurde.

HTTP_USER_AGENT
: Enthält den Namen des Browsers, mittels dessen das Skript aufgerufen wurde.

7.4.2 Die CERN-CGI-Hilfsprogramme

Mit dem CERN-WWW-Server für Unix werden zwei Programme geliefert, die die Verarbeitung von Formularen mit einfachen Shellskripten sehr erleichtern.

cgiparse

Das Programm `cgiparse` kann benutzt werden, um die Daten eines ausgefüllten Formulars zu verarbeiten. Es zerlegt die Umgebungsvariable QUERY_STRING und führt auch die Dekodierung von Hexadezimalcodes und dem als Leerzeichen verwendeten Pluszeichen durch.

Die einfachste Art, das Programm zu benutzen, ist:

```
cgiparse -v feldname
```

Hierbei wird die QUERY_STRING-Variable nach einem Feld mit dem angegebenen Namen durchsucht, und der passende Wert wird ausgegeben.

Bei einem Formular wie dem von Seite 223 könnte ein Shellskript beispielsweise die Zeile

```
echo Ihr Traumauto ist ein `cgiparse -v AUTOTYP`
```

enthalten, um den Inhalt des Feldes „AUTOTYP" auszulesen. Weitere Aufrufmöglichkeiten sind:

```
eval `cgiparse -i`
```

Wenn QUERY_STRING nicht definiert ist, liest dieser Aufruf CONTENT_LENGTH Zeichen von der Standardeingabe und setzt QUERY_STRING entsprechend. Auf diese Weise kann dasselbe Skript für GET- und POST-Abfragen benutzt werden. Auch, wenn man nur mit POST arbeitet, ist der Aufruf sinnvoll, denn der Aufruf mit dem Parameter -v funktioniert nur bei gesetztem QUERY_STRING.

```
cgiparse -fc
```

Gibt die Anzahl der übertragenen Datenfelder des Formulars aus.

```
cgiparse -f5
```

Gibt den Inhalt des fünften Datenfeldes aus.

```
eval `cgiparse -f`
```

Setzt für jedes übertragene Datenfeld eine Umgebungsvariable namens FORM_feldname (z.B. FORM_AUTOTYP) mit dem jeweiligen Inhalt.

cgiutils

Das Programm „cgiutils" erstellt einen Header für die Ausgabe eines CGI-Skripts. Im Normalfall werden genau die angeforderten Headerzeilen ausgegeben; danach folgt eine Leerzeile. Wünscht man keine Leerzeile (weil man noch weitere Header von Hand anfügen möchte), muß man die Option `-noel` angeben.

```
cgiutils -ct text/html
```

Gibt einen Content-type-Header mit „text/html" aus.

```
cgiutils -ce 8bit
```

Gibt einen Content-Transfer-Encoding-Header mit „8bit" aus.

```
cgiutils -cl en
```

Gibt einen Content-Language-Header mit dem Inhalt „en" (englische Sprache) aus.

```
cgiutils -length 825
```

Gibt einen Content-Length-Header mit „825" aus.

```
cgiutils -expires "text"
```

Gibt einen Expires-Header aus. Der Expires-Header bestimmt, wie lange ein Dokument maximal in irgendwelchen Cache-Speichern, die es passiert, aufgehoben wird. Bei *text*=NOW wird der aktuelle Zeitpunkt eingesetzt; dies sollte verwendet werden, wenn man verhindern will, daß irgendein Cache die Antwort speichert. Ansonsten kann als *text* eine Zeitangabe wie „2 months 3 weeks" angegeben werden, und das Programm errechnet aufgrund der angegebenen Zeitspanne und des aktuellen Datums einen korrekten Header.

```
cgiutils -status 200
```

Wenn *-status* angegeben ist, wird ein kompletter Satz von HTTP-Headern erzeugt, wie er für NPH-Skripte (siehe folgender Abschnitt) benötigt wird. Die angegebene Zahl ist der HTTP-Statuscode; das Beispiel erzeugt folgende Ausgabe:

```
HTTP/1.0 200 OK
MIME-Version: 1.0
Server: CERN/3.0
Date: Thursday, 20-Jul-95 12:37:41 GMT
```

Der Wert im Feld „Server" wird aus der CGI-Umgebungsvariablen SERVER_SOFTWARE gelesen. Zusätzlich können alle bisher erwähnten Parameter benutzt werden, um weitere Headerzeilen zu erzeugen. Der Switch `-nodate` unterdrückt die Ausgabe eines Date-Headers.

7.4.3 NPH-Skripte

Ein NPH-Skript ist eine Sonderform eines CGI-Skripts. NPH steht dabei für „Non-Parse-Headers" und bedeutet, daß der WWW-Server die Ausgabe des CGI-Skripts in keiner Weise bearbeitet, bevor sie an den am anderen Ende der Verbindung wartenden Client gesandt wird.

Normalerweise liest der WWW-Server die Ausgabe des CGI-Skripts ein und fügt noch einige Headerzeilen hinzu; insbesondere als allererste Zeile der Antwort eine Information wie:

```
HTTP/1.0 200 OK
```

Diese Statuszeile besteht aus Protokollname, Versionsnummer, einem Statuscode und einem erklärenden Text zum Statuscode.

Wenn der Name eines CGI-Skripts mit „nph-" beginnt, verbindet der WWW-Server die Ausgabe des Skripts über das Netz direkt mit dem Browser auf der anderen Seite und kann daher keinerlei Einfluß mehr auf die Datenübertragung nehmen. Ein NPH-Skript muß daher die obige Statuszeile selbst ausgeben, und auch die Header „Server:" und „Date:" sollten von ihm generiert werden. Dazu kann man das Programm „cgiutils" verwenden (siehe voriger Abschnitt).

NPH-Skripte werden häufig eingesetzt, um die Pufferung der Ausgabedaten durch den Server zu umgehen. Der Server schickt die Daten, die ein CGI-Skript ausgibt, normalerweise nur in Blöcken an den Client weiter (typische Blockgrößen sind 4 und 8 KB). Bei bestimmten Anwendungen ist es jedoch erwünscht, daß diese Pufferung nicht stattfindet und alles, was das Skript ausgibt, sofort den Client erreicht.

7.4.4 Dynamische Dokumente und Animationen

In Kapitel 6 habe ich bereits erläutert, wie mit dem Refresh-Header das automatische Nachladen von HTML-Seiten erzwungen werden kann. Derzeit wird diese Methode nur vom Netscape Navigator unterstützt. Alles, was ich in diesem Abschnitt beschreibe, funktioniert daher nur, wenn der Benutzer diesen Browser verwendet. Autoren, die von diesen Netscape-Sonderfähigkeiten Gebrauch machen, werden von der einen Hälfte der WWW-Benutzer als „coole Bastler" und von der anderen Hälfte als „Verräter am HTML-Konzept" betrachtet. Suchen Sie sich Ihre Seite selber aus, aber bedenken Sie, daß jemand ohne Netscape von Ihrer Arbeit nichts sehen kann.

Neben Basteleien wie diesen gibt es natürlich auch die breiter unterstützte Möglichkeit, eine Animation als MPEG-Datei zu erstellen und mit einem einfachen Hyperlink darauf zu verweisen.

Client Pull

Man spricht von „Client Pull", wenn der Client (der Browser also) dafür verantwortlich ist, in regelmäßigen Abständen die Daten nachzuladen. Ein primitives Beispiel ist das folgende CGI-Skript:

Beispiel:
Die WWW-Uhr mit Client Pull (Shellskript/Unix)

```
#!/bin/sh
echo Content-type: text/plain
echo Refresh: 1
echo
date
```

Es übermittelt neben dem Standard-Header auch noch einen „Refresh"-Header mit dem Wert 1, der den Browser veranlaßt, es jede Sekunde (oder so schnell er es eben schafft) aufzurufen. Auf diese Weise wird im Browser immer die aktuelle Uhrzeit (die hier vom Befehl `date` ausgegeben wird) angezeigt. Technisch läuft das Ganze exakt so ab, als würden Sie jede Sekunde auf den „Reload"-Knopf am Browser klicken.

Es erübrigt sich zu sagen, daß dieses Beispiel nicht zur Nachahmung empfohlen ist – der Neuaufbau der Verbindung und der Aufruf eines Shellskripts im Sekundentakt schonen nicht gerade die Ressourcen. Schon eher wäre ein „aktueller Nachrichtendienst" oder etwas Ähnliches denkbar, bei dem in größeren Abständen ein Skript aufgerufen wird, das Nachrichten ausgibt.

Auch kleine Animationen sind mit „Client Pull" denkbar – ganz ohne Skript: Man kann beispielsweise eine Reihe verschiedener HTML-Seiten erstellen, die, hintereinander angezeigt, ein Text-Laufband darstellen. Die Seiten heißen „seite00.html" bis „seite99.html", und jede lädt mittels Refresh-Header mit URL-Angabe nach einer Sekunde die nächste Seite. Der Header von seite00.html sähe also so aus:

```
Content-type: text/html
Refresh: 1; URL=seite01.html
```

Daß solche Spielereien völlig dem Konzept von HTML zuwiderlaufen, sollte klar sein; wenn Sie also einmal ein solches Experiment veranstalten, sagen Sie nicht, Sie hätten den Tip von mir...

Server Push

Eine etwas kompliziertere Methode für Animationen und automatisch aktualisierte Information ist das „Server Push"-Verfahren, ebenfalls eine Netscape-Spezialität und kaum ein Anwärter auf Aufnahme in irgendwelche „ehrwürdigen" Standards. Der „Server Push" untergräbt ein wesentliches Konzept des dem WWW zugrundeliegenden HTTP-Protokolls: Verbindungen sollen nur so kurz wie möglich dauern und nach erfolgreicher Datenübertragung abgebaut werden, damit das Ganze unempfindlich gegen Netzstörungen ist.

Beim „Server Push" wird die Verbindung zwischen dem WWW-Server und dem Client absichtlich länger als nötig aufrechterhalten. Anstatt nur ein Datenpaket zu übertragen (eine HTML-Seite, ein GIF-Bild o.ä.), wird eine MIME-Nachricht vom Typ „multipart/x-mixed-replace" übertragen. Diese besteht aus beliebig vielen einzelnen Datenpaketen. Sobald das erste angekommen ist, wird es vom Browser dargestellt, und er wartet auf das zweite. Kommt dieses an, wird das erste vom Bildschirm gelöscht und durch das zweite ersetzt, undsoweiter ad infinitum, bis der Benutzer oder der Server den Vorgang abbricht. Dann erst wird die HTTP-Verbindung beendet.

Wichtig ist, daß ein CGI-Skript, das derartige Daten ausgibt, als NPH-Skript konzipiert wird, damit der WWW-Server nicht durch eine Pufferung der Daten die Übertragung verzögert.

Beispiel:
Die WWW-Uhr mit Server Push (Shellskript/Unix)

```
#!/bin/sh
echo HTTP/1.0 200 OK
echo Content-type: multipart/x-mixed-replace;
     boundary=neuezeit
echo
while true
do
   echo "--neuezeit"
   echo "Content-type: text/plain"
   echo
   date
   sleep 5
done
```

(Der Zeilenumbruch in der `Content-type`-Zeile dient nur der Darstellung.) Dieses Skript gibt zunächst die für NPH-Skripte vorgeschriebene Statusmeldung aus, dann den Content-Type „multipart/x-mixed-replace", und als Begrenzer wird der String „neuezeit" definiert.

Danach folgt eine Endlosschleife, die alle fünf Sekunden einen Datensatz ausgibt. Dieser besteht aus dem Begrenzer (mit zwei vorangestellten Bindestrichen), dem Content-type-Header für den Datensatz, einer Leerzeile und der Ausgabe des „date"-Befehls.

Jedesmal, wenn der Browser den Content-type-Header einer neuen Teilnachricht erhält, löscht er den Inhalt der letzten Nachricht vom Bildschirm und zeigt stattdessen die neue an.

Dieses automatische Ersetzen kann Netscape sogar innerhalb eines mit <IMG> eingebundenen Bildes durchführen. Angenommen, Sie haben irgendwo auf einer HTML-Seite das Tag

```
<IMG SRC="http:/www.irgendwo.de/cgi-bin/animation">
```

untergebracht. Ferner gibt es auf Ihrem Server www.irgendwo.de ein Verzeichnis /usr/local/lib/WWW/bilder, das eine Reihe von Bildern namens anim00.jpg bis anim99.jpg enthält. Hintereinander abgespielt ergeben sie eine Animation, beispielsweise eine brennende Kerze oder ähnliches. Dann könnte das Skript „animation", das im <IMG>-Tag aufgerufen wird, so aussehen:

Beispiel:
Animation mit JPG-Bildern

```
#!/bin/sh
cd /usr/local/lib/WWW/bilder
echo HTTP/1.0 200 Festhalten, es geht los
echo Content-type: multipart/x-mixed-replace;
     boundary=neuesbild
echo
for datei in anim??.jpg
do
   echo "--neuesbild"
   echo "Content-type: image/jpeg"
   echo
   cat $datei
done
```

Hier werden alle Bilder zu einer langen Multipart-Mitteilung zusammengepackt und (mit dem `cat`-Befehl unter Unix, der den Inhalt einer Datei auf die Standardausgabe kopiert) an den Client geschickt. Die HTML-Seite, auf der sich das <IMG>-Tag befindet, würde unverändert im Browser angezeigt werden, während sich das eingebundene Bild ständig veränderte.

7.5 Installation eines WWW-Servers

Ich habe bereits in Kapitel 1 darauf hingewiesen, daß an einen „echten" WWW-Server hohe Anforderungen in Bezug auf die Erreichbarkeit aus dem Netz gestellt werden. Daher werden die wenigsten von Ihnen in der Lage sein, einen ernsthaften WWW-Server auf dem eigenen Rechner betreiben zu können. Auch eignet sich Windows (3.1/3.11) als Betriebssystem nicht sonderlich gut für diesen Zweck, da es nur eingeschränkt multitaskingfähig ist.

Um CGI-Skripte vernünftig ausprobieren zu können, müssen Sie jedoch Zugriff auf einen WWW-Server haben. Während man einfache HTML-Seiten auch „auf dem Trockenen" mit einem WWW-Browser laden und ansehen kann, ist zum Ausführen von CGI-Skripten ein WWW-Server unbedingt erforderlich. Für den Testbetrieb ist es nicht wichtig, über das Netz erreichbar zu sein, und auch an die Multitaskingfähigkeit des Rechners werden keine allzu hohen Ansprüche gestellt. Daher kann es durchaus interessant sein, für eigene Zwecke einen „kleinen" WWW-Server zu installieren. Selbst dann, wenn Sie mit CGI-Skripten nichts im Sinn haben, ist die Installation eines WWW-Servers eine gute Gelegenheit, die Funktionsweise des ganzen Systems noch besser zu verstehen.

In Frage kommt als einfaches Testobjekt unter Windows der „NCSA Winhttpd", eine für den Windows-Betrieb angepaßte Version des NCSA-WWW-Servers, die unter dem Dateinamen `WHTP13P1.ZIP` auf vielen FTP-Servern zu finden ist.

7.5.1 Installation des „Winthttpd"-Pakets

Beim Dekomprimieren der ZIP-Datei sind zwei Dinge zu beachten: Erstens muß das Programm unbedingt im Verzeichnis C:\HTTPD installiert werden, und zweitens müssen Unterverzeichnisse im ZIP-Archiv berücksichtigt werden (also mit `PKUNZIP -d WHTP31P1.ZIP` entpacken).

Der Server verlangt nach einer Umgebungsvariablen namens „TZ" (time zone), in der der Name der Zeitzone gefolgt vom Abstand zur Greenwich-Normalzeit steht. Stellen Sie diese Variable am besten in Ihrer `AUTOEXEC.BAT` ein: `SET TZ=MET1`.

Danach ist schon alles startbereit: Man läßt das Programm vom Windows-Programmanager eintragen, startet zuerst die Winsock-Software (auch dann, wenn man keine Netzverbindung öffnet) und danach den WWW-Server. Nach kurzer Initialisierungsphase sollte das Programm sich automatisch zu Symbolgröße verkleinern und seinen Dienst tun.

7.5.2 Zugriff auf Ihre Seiten

Wenn Sie eine aktive Netzverbindung haben, kann von nun an jeder im Internet HTML-Seiten von Ihrem Rechner abrufen. Als „Hauptverzeichnis" wird dabei `C:\HTTPD\HTDOCS` angenommen, so daß der Aufruf eines URLs wie

```
http://ihr.rechner.name.de/index.htm
```

auf die Datei `C:\HTTPD\HTDOCS\INDEX.HTM` zugreifen würde. Natürlich kann statt eines Rechnernamens auch einfach die IP-Nummer eingesetzt werden.

Der lokale Zugriff ohne bestehende Netzverbindung funktioniert durch Verwendung von „localhost" als Rechnername. Die Winsock-Software sollte beim Rechnernamen „localhost" nicht versuchen, irgendeine Verbindung nach außen zu öffnen, sondern die Anfrage nur intern umlenken. Wenn Sie also nun einen WWW-Browser starten und die Seite

```
http://localhost/index.htm
```

abrufen, müßten Sie die Standard-HTTPD-Infoseite angezeigt bekommen. Versucht Ihr Browser stattdessen vergeblich, eine Netzverbindung zu öffnen, so prüfen Sie

- ob Sie eventuell einen HTTP-Proxy-Server eingetragen haben, der ohne Netzanbindung natürlich nicht erreichbar ist (deaktivieren Sie den Proxy für den Rechnernamen „localhost"),
- ob Ihre Winsock-Software den Rechnernamen „localhost" korrekt erkennt. Bei Trumpet Winsock muß dazu in der Konfigurationsdatei `HOSTS` eine Zeile wie `127.0.0.1 localhost` stehen.

7.5.3 CGI-Skripte mit dem Winhttpd

Ebenso wie bei den HTML-Seiten nimmt der Server auch für CGI-Skripte eine Umsetzung der Pfadnamen vor. Ein Skript, das Sie als `http://localhost/cgi-bin/skript.bat` aufrufen, wird in Wirklichkeit unter `C:\HTTPD\CGI-DOS\SKRIPT.BAT` gesucht und ausgeführt. Der Server startet für jedes Skript `COMMAND.COM`, und zwar nach den Vorgaben in `C:\HTTPD\HSCRIPT.PIF`. Wenn beim Aufruf von CGI-Skripten Fehler auftreten, laden Sie diese Datei mit dem PIF-Editor von Windows und prüfen Sie, ob sie `COMMAND.COM` korrekt ausführt.

Der NCSA Winhttpd unterstützt die volle CGI-Spezifikation mit Ausnahme der Abfrage des Identifizierungsdaemons auf der Gegenseite (Umgebungsvariable REMOTE_IDENT). Die Skripte, die ich in diesem Kapitel als Beispiele aufgeführt habe, funktionieren alle damit.

Zusätzlich beherrscht der Server noch eine erweiterte CGI-Schnittstelle für Programme, die nicht unter DOS, sondern unter Windows laufen; Details dazu finden Sie in den zahlreichen Informationstexten, die dem Server als HTML-Seiten beiliegen.

Im Lieferumfang des Winhttpd befinden sich auch ein für Windows angepaßtes Imagemap-Programm (zur Benutzung von Clickable Images) und einige weitere Utilities, die den Dauerbetrieb erleichtern sollen. Solange man nur HTML-Seiten abrufen läßt, kann man den Winhttpd auch getrost als „echten" Server einsetzen, aber wenn zu erwarten ist, daß von außerhalb vermehrt CGI-Skripte aufgerufen werden, ist Windows nicht die beste Wahl. Wie dem auch sei: Ich würde jedem, der sich für die Materie interessiert, empfehlen, den Winhttpd einmal zu installieren und auszuprobieren. Die Konfigurationsdateien sind gut kommentiert, und man kann so quasi im „Modellversuch" einige Erkenntnisse über die Funktionsweise des WWW sammeln.

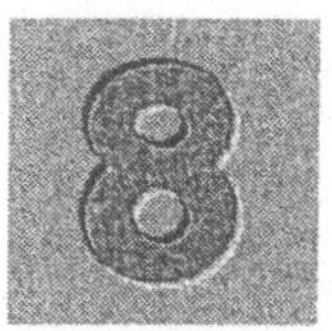

Hilfsprogramme für HTML-Autoren

Die Anzahl der verfügbaren Programme, die die Erstellung von HTML-Seiten vereinfachen sollen, wächst beständig. Ich persönlich halte viele davon für relativ ungeeignet, denn nach kurzer Eingewöhnung kann man HTML-Text inklusive aller Tags leicht mit einem beliebigen Texteditor eingeben (es ist sogar erklärtes Ziel der HTML-Entwickler, daß HTML „für Menschen eingebbar" bleibt). Eine Menü- oder Symbolleiste, die man für jedes HTML-Tag, das man einfügen möchte, erst mit der Maus ansteuern muß, stört meistens nur.

Nichtsdestotrotz bieten einige der Editoren, die ich hier kurz vorstellen werde, die eine oder andere nützliche Funktion, und vielleicht ist gerade für Ihre Zwecke das ideale Programm dabei.

Die HTML-Editoren lassen sich grob in drei Klassen unterteilen:

- Zunächst einmal die ganz normalen Editoren, die lediglich um einige Zusatzfunktionen (z.B. Einfügen spezieller Tags) erweitert wurden. Solche Editoren kann jeder auch mit einem Textverarbeitungsprogramm nachbilden: Man programmiert einfach kleine Makros oder erstellt Textbausteine, die man dann mit bestimmten Tastenkombinationen oder Symbolen verknüpft. Die Editoren nehmen alles an, was man eingibt, und prüfen nicht, inwiefern es sich um korrekten HTML-Code handelt.
- Weiter gibt es für die gängigen Textverarbeitungsprogramme unter Windows – z.B. WordPerfect oder Winword – Makro-Sammlungen oder ganze Zusatzprogramme, die auf der Basis des Textverarbeitungsprogramms einige HTML-Sonderfunktionen realisieren.
- Schließlich gibt es Editoren, die sich die Tatsache zu Nutze machen, daß HTML eine SGML-Sprache ist und damit einer strengen, formal in einer DTD (Document Type Definition) beschriebenen Syntax unterliegt. Es ist also leicht möglich, die Benutzereingaben sofort auf Gültigkeit zu prüfen bzw. an jeder Stelle im Dokument nur ganz bestimmte Eingaben zuzulassen.

Neben einer kleinen Auswahl aus der Vielzahl der verfügbaren Editoren werde ich am Ende des Kapitels noch einige weitere Hilfsprogramme zur Bearbeitung von Bildern und Clickable Images vorstellen. Ich beschränke mich dabei auf Programme für Microsoft Windows, da ich annehme, daß die meisten von Ihnen diese Oberfläche benutzen. Den Programmbeschreibungen ist eine FTP-Bezugsquelle beigefügt, aber im Zweifel können Sie den dort angegeben Dateinamen auch einfach mit Archie oder SINA suchen lassen.

Eine aktuelle Liste von Editoren für alle Plattformen finden Sie im WWW beispielsweise bei Gabriel White[1] oder in München bei „Link Everything Online“[2] .

8.1 HTML-Editoren ohne Typprüfung

8.1.1 HTML Writer

Der „HTML Writer“ ist ein einfacher, aber recht gut durchdachter Editor. Er kann mehrere Dateien gleichzeitig bearbeiten und auch aus bestehenden Dateien einfügen. Eine kleine Online-Hilfe erklärt die wichtigsten Funktionen.

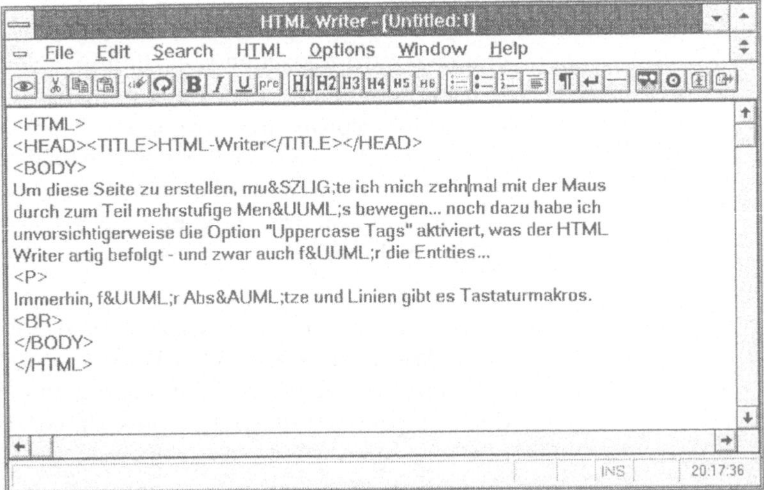

Abbildung 8.1: Der HTML Writer

Sonderzeichen (z.B. Umlaute) können entweder von Hand eingegeben (ä) oder per Mausklick aus einer Tabelle ausge-

1 http://luff.latrobe.edu.au/~medgjw/editors/thelist.html
2 http://www.leo.org/cgi-bin/leo-dls/pub/comp/infosys/www/tools/00-index.html

wählt werden (die Tabelle war in der von mit getesteten Version 0.9 beta 4a noch etwas mangelhaft). Es besteht auch die Möglichkeit, die Zeichen zunächst ganz normal in den Text zu schreiben und später eine Umwandlungsfunktion aufzurufen, die automatisch alle Sonderzeichen durch die entsprechenden Entities austauscht – das funktioniert aber nicht mit den Zeichen <, >, & und ", die ja auch in korrekten HTML-Tags vorkommen können und nicht umgewandelt werden dürfen.

Alle wichtigen Tags (HTML 2.0 – keine HTML 3.0- oder Netscape-Erweiterungen) stehen in einer Symbolleiste zur Verfügung; auf Knopfdruck können auch alle Tags aus einem Dokument entfernt werden. Das Einfügen von Hyperlinks und Sprungmarken für lokale Verzweigungen ist ebenfalls mit der Maus möglich. Fertige Dokumente können als DOS- oder Unix-Dateien gespeichert werden. Über eine Testfunktion kann die fertige Seite sofort an einen WWW-Browser zur Ansicht übergeben werden – allerdings nicht über DDE, so daß der Browser jedesmal neu gestartet werden muß, was etliche Sekunden kostet.

HTML Writer ist kostenlos erhältlich; der Autor erbittet eine Spende von 10 US-Dollar von allen, die es regelmäßig und gerne benutzen, und hat auch eine Mailingliste eingerichtet, mittels derer man sich über neue Entwicklungen informieren kann.

Quellen:

```
ftp.hrz.uni-kassel.de:
/pub1/windows/www/html_editors/hw9b4all.zip
```

8.1.2 HTML Edit

HTML Edit

Das Programm HTML Edit bietet ebenfalls die simultane Bearbeitung mehrerer Seiten und hat Buttons für alle wichtigen (HTML 2.0-) Tags.

Eine kleine Besonderheit sind die zahlreichen „ausklappbaren" Menüs für Sonderzeichen und einige Tags, die man frei auf der Arbeitsfläche positionieren kann. Es ist auch möglich, eigene Menüs zu definieren und so beispielsweise spezielle Netscape- oder HTML 3.0-Tags aufzunehmen.

HTML Edit (mir lag die Version 1.0 vor) kann Dateien mit DOS- und Unix-Zeilenendekennung abspeichern und auch reine Textdateien ohne alle HTML-Tags erzeugen. Das Standard-HTML-Gerüst (<HTML>, <HEAD>, <TITLE>, <BODY>) kann auf Knopfdruck erzeugt werden.

Abbildung 8.2: HTML Edit

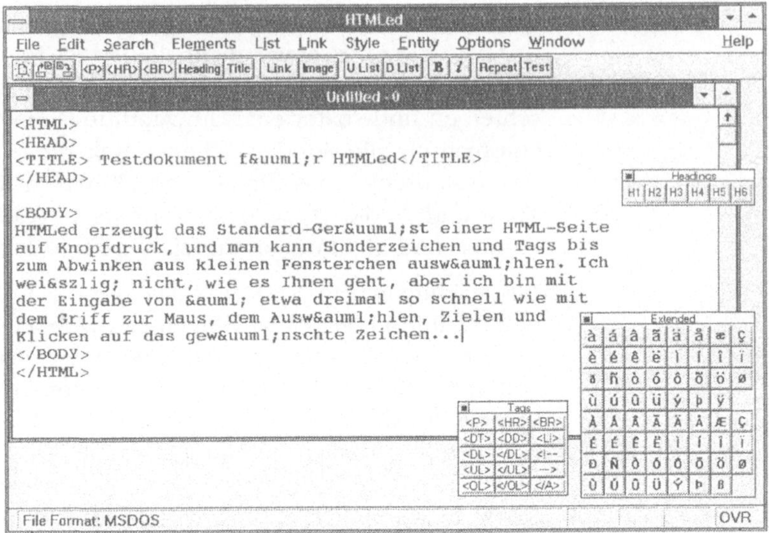

Eine spezielle Ersetzfunktion soll die Umwandlung gewöhnlicher ASCII-Texte in HTML vereinfachen. Man kann beispielsweise Befehle geben wie „alle Zeilen, die das Wort Kapitel enthalten, sollen von <H1>..</H1> umgeben werden". Über eine Test-Funktion kann ein Browser aufgerufen werden, um die in Arbeit befindliche Seite anzuzeigen (kein DDE-Support, daher etwas langsam).

HTML Edit ist Shareware. Wenn man das Programm über eine Ausprobierzeit von 30 Tagen hinaus nutzen möchte, sind 39 US-Dollar an den Autor zu überweisen.

Quelle:

```
ftp.uni-duesseldorf.de
pub/mswindows/net/wwwtool/htmled12.zip
```

8.1.3 WebEdit

WebEdit ist ein recht angenehm zu bedienender Vertreter der Klasse der HTML-Editoren. Der von mir getesteten Version 1.0c fehlte nur noch die (geplante) Hilfedatei.

WebEdit bietet im wesentlichen die gleichen Features wie die anderen Editoren – automatischer Aufruf eines Browsers, Einfügen von Tags auf Mausklick, Speichern mit und ohne Tags. Betätigt man den Knopf „Add Minimal HTML", erhält man gleich ein umfangreiches Gerüst wie in Abbildung 8.3.

WebEdit beherrscht fast sämtliche Netscape- und HTML 3.0-Erweiterungen. Leider klärt keine Anzeige darüber auf, welchem

Standard das Tag entspricht, das man gerade einzufügen im Begriff ist – leicht hat man so eine Seite erzeugt, die nur mit Netscape- oder nur mit HTML 3.0-Browsern vernünftig zu betrachten ist (vgl. Abbildung 8.4).

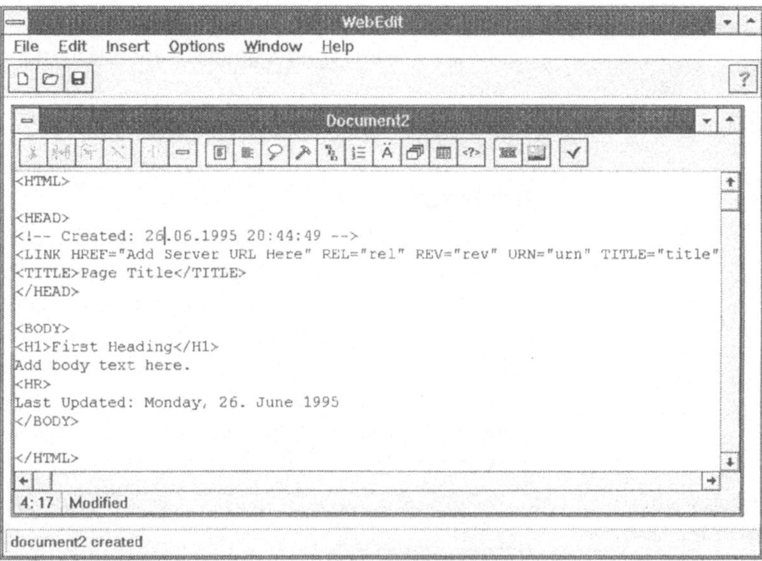

Abbildung 8.3: Das ist bei WebEdit eine „minimale" Seite

Umlaute werden leider nicht automatisch umgewandelt, wenn man sie über die Tastatur eingibt (bei dem sonst recht gut durchdachten Interface war diese Hoffnung berechtigt.)

Abbildung 8.4: Netscape- und HTML 3.0-Erweiterungen

WebEdit
File Edit Insert Options Window Help
Document Structure Tags
Block Style Tags
Logical Font Style Tags
Physical Font Style Tags
Headings
Lists and Misc Tags
Form Tags
Table Tags
Special Characters...
Extended Characters...
Math Symbols...
ID / Class / Language...
Anchor / Link ... Ctrl+L
Image... Ctrl+M
Current Date/Time
Blink
Bold Ctrl+B
Emphasis Ctrl+E
Italic Ctrl+I
Keyboard
Strikethrough
Strong Emphasis Ctrl+G
Subscript
Superscript
Typewriter Text Ctrl+T
Underlined Ctrl+U
Font Size...
Basefont Size...
4: 17 Modified
document2 created

WebEdit ist Shareware; nach einer 30tägigen kostenlosen „Probierzeit" muß man 99,95 Dollar für das Produkt bezahlen. Wenn ein paar meiner Kritikpunkte in einer der nächsten Auflagen verbessert werden, ist es das allerdings auch wert.

Quelle:
`http://www.thegroup.net/webedit.htm`

8.2 HTML-Editoren mit Typprüfung

8.2.1 Web Wizard

Mit dem „Web Wizard" ist das Erstellen einer HTML-Seite wirklich kinderleicht. Das Programm scheint sich in der Tat auch an Kinder zu richten – oder zumindest an Lernende, die nicht allzuviel Ahnung von der Sache haben. Es führt den Benutzer Schritt für Schritt durch die Erstellung der Seite („...möchten Sie auch Text eingeben?") und erzeugt danach eine einzelne .HTM-Datei mit einer Anzahl von Kommentaren, die darauf hinweisen, in welcher Form man die Datei noch erweitern könnte.

Abbildung 8.5: WebWizard nimmt den Benutzer an der Hand

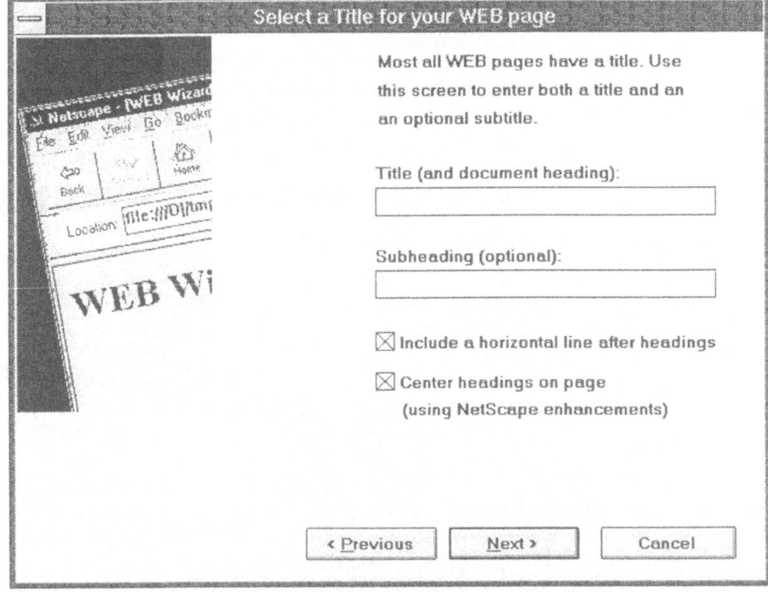

Die verschiedenen Eingabemasken des WebWizard erlauben dem Benutzer der Reihe nach die Eingabe einer Überschrift, einen Bildverweis, etwas Text, eine Aufzählung von Hyperlinks oder Texten und am Ende eine Mailadresse. Das ist gerade das, was man auf den meisten „Standard-Homepages" im Netz findet.

Es ist fast grotesk, daß ich den WebWizard im gleichen Abschnitt wie das Editiermonstrum „HoTMetaL“ (folgender Abschnitt) vorstellen muß, aber es stimmt wirklich – wenn man sich mit dem zufriedengibt, was der WebWizard im Programm hat, kann man keine Fehler machen. Die entstehende HTML-Seite funktioniert garantiert. Der WebWizard ist unter allen vorgestellten Editoren das Programm mit den wenigsten Funktionen – aber er ist einfach nett gemacht, und wenn Sie zufällig ein System verwalten, auf dem viele Anfänger sich eine Homepage einrichten wollen, ist er ideal für einen fast spielerischen Einstieg in HTML.

Das Programm ist kostenlos; eine Spende von etwa 10 US-Dollar zur Unterstützung der Arbeit der Autoren wird erbeten.

Quelle:

```
ftp.uni-stuttgart.de
/pub/systems/pc/win3-cica/util/webwiz16.zip
```

8.2.2 HoTMetaL

HoT MetaL
SoftQuad
HoTMetaL 1.0+

HoTMetaL unterscheidet sich von allen anderen hier vorgestellten Editoren dadurch, daß es ein fast vollwertiger SGML-Editor ist. Das bedeutet, daß man damit theoretisch nicht nur HTML-Dokumente erzeugen kann, sondern Dokumente in jeder beliebigen SGML-Sprache, sofern die korrekte Sprachbeschreibung (DTD) vorliegt.

HoTMetaL erlaubt an jeder Stelle im Dokument nur diejenigen Tags, die laut Spezifikation dort möglich sind. Sie können also gar keine ungültigen Dokumente mit HoTMetaL erzeugen, selbst wenn Sie das möchten.

Abbildung 8.6: HoTMetaL mit Anzeige der Tags

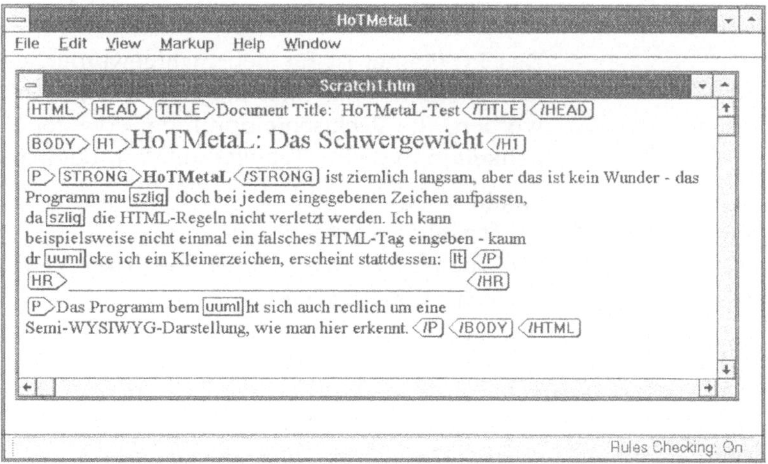

Der Nachteil dieses Verfahrens ist, daß Sie keine Dokumente mit HTML 3.0-Erweiterungen erstellen können (es sei denn, der Hersteller SoftQuad veröffentlicht entsprechende Zusatzmodule zu HoTMetaL – für die Netscape-Erweiterungen gibt es bereits eines). Außerdem ist auch das Laden gespeicherter HTML-Seiten nur möglich, wenn diese absolut korrekt sind – wenn Sie willkürlich einige Seiten aus dem WWW zum Test heranziehen, wird ein großer Teil nicht HoTMetaL-tauglich sein.

Die Bildschirmanzeige läßt sich zwischen der „Entwicklersicht" mit Anzeige aller Tags (Abbildung 8.6) und einer Beinahe-WYSIWYG-Sicht (Abbildung 8.7) umschalten.

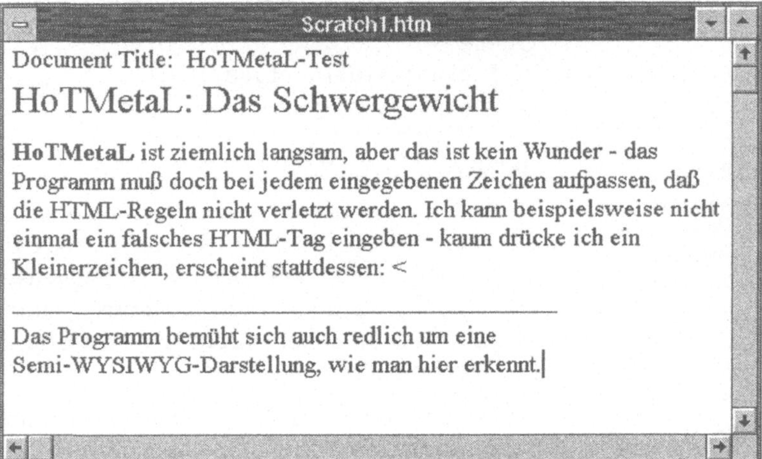

Abbildung 8.7: Tag-Anzeige abgeschaltet

Aufgrund der relativ aufwendigen Gültigkeitsprüfung ist HoTMetaL sehr umfangreich (4 MB auf der Festplatte, 3 MB RAM-Verbrauch) und etwas langsam.

Das Programm ist für den nichtgewerblichen Gebrauch kostenlos; käuflich kann man außerdem eine verbesserte Version erwerben, die Rechtschreibprüfung, erweiterte Formatierungsmöglichkeiten und eine Tabellenfunktion beinhaltet.

Quellen:

```
ftp.uni-stuttgart.de:
 /pub/comm/infosystems/www/tools/editors/hotmetal
http://www.sq.com
```

8.3 HTML-Editoren für Textverarbeitungsprogramme

8.3.1 CU_HTML

CU_HTML ist ein älteres Zusatzpaket zu Word für Windows 2.0 (eine Version für Winword 6.0 ist in Arbeit). CU_HTML besteht aus einer Formatvorlage (`cu_html.dot`) und einer DLL-Datei zum Einbinden von GIF-Dateien. Die Installation ist recht einfach, genauso wie das Funktionsprinzip: Man bearbeitet sein Dokument, wie man es gewohnt ist, und kann dazu einige zusätzliche Symbole in der Symbolleiste nutzen, die CU_HTML bereitstellt.

Erst, wenn die Bearbeitung abgeschlossen ist, konvertiert CU_HTML das Dokument in eine HTML-Seite, indem es die vordefinierten Druckformate erkennt und umsetzt. Verglichen mit dem Internet Assistant (folgender Abschnitt) ist das ca. 50 KB umfassende CU_HTML-Paket ein Leichtgewicht, aber gerade für den Word-Benutzer, der nur ein paar wenige Zusatzfunktionen zur HTML-Generierung braucht, ist es sehr angenehm.

Quellen:

```
ftp.cuhk.hk:
 /pub/www/windows/util/
ftp.uni-stuttgart.de:
 /pub/systems/pc/win3-cica/winword/cu_html.zip
```

8.3.2 Microsoft Word Internet Assistant

Der „Internet Assistant" ist ein Zusatzpaket zu Word für Windows (Version 6.0a). Im Paket enthalten sind:

- Ein WWW-Browser-Aufsatz, mit dem man direkt Seiten aus dem WWW laden kann (allerdings bei weitem nicht so komfortabel wie mit einem „richtigen" Browser).
- Eine Formatvorlage (`html.dot`), die, wenn man mit ihr ein neues Dokument erstellt, für zusätzliche Symbolleisten und Menüeinträge sorgt. Wie bei gewöhnlichen HTML-Editoren gibt es eine Anzahl von Standard-Funktionen zur Erzeugung von Hyperlinks, Sprungmarken, zum Einbinden von Bildern usw.
- Ein Import- und Exportfilter, mit dem man normale Winword-Dokumente als HTML-Seiten speichern kann und HTML-Seiten in Winword importieren kann (aufgrund der Tags wählt Winword dann andere Schriftarten, Einzüge usw.).

All diese Funktionen basieren auf einer speziellen Library, die von der Installation des Internet Assistant an bei jedem Start von Word automatisch geladen wird.

Die Editorfunktionen entsprechen denen, die ein normaler HTML-Editor auch bietet, allerdings hat man mit Word etwas mehr Einfluß auf die Benutzerschnittstelle (z.B. kann man Shortcut-Tasten frei einstellen, Makros programmieren usw). Allerdings wirkt der Internet Assistant etwas schwerfällig, wenn man ihn mit den relativ kleinen Editoren vergleicht.

Der Importfilter ist ganz nützlich, wenn man größere Mengen von HTML-Text zum späteren Ausdruck weiterverarbeiten will. Vom Exportfilter darf man keine Wunder erwarten; viel mehr als die Umsetzung der Umlaute und das Einfügen von <P>- und <EM>-Tags leistet er nicht. Wer sich von der Möglichkeit, Winword-Dokumente als HTML speichern zu lassen, verspricht, daß sein Winword-Dokument jetzt mit jedem WWW-Browser angezeigt werden kann, wird enttäuscht sein. Das liegt natürlich nicht (nur) am Winword-Exportfilter, sondern (auch) am HTML-Konzept, das „Layout" nun einmal nicht vorsieht.

Der Microsoft Word Internet Assistant ist kostenlos erhältlich.

Quelle:

```
ftp.uni-mannheim.de:
 /packages/WWW/www/misc/ia/wordia.exe
http://www.microsoft.com
```

8.4 Konvertierungsprogramme

Die Anzahl der verfügbaren Konvertierungsprogramme von und nach HTML ist kaum noch überschaubar. Während die Umwandlung von HTML in andere Formate zuweilen recht gut klappt, ist der Rückweg nicht immer zufriedenstellend. Kein Wunder, denn nur sehr wenige der verbreiteten Textformate enthalten die Information, die in HTML-Tags steckt. Die Programme, die HTML-Daten aus anderen Formaten erzeugen, können daher meist nur als Vorstufe zu einer späteren Bearbeitung von Hand benutzt werden.

Es folgt eine kurze Liste von Konvertierungsprogrammen; nicht alle sind für alle Betriebssysteme verfügbar (viele nur unter Unix), aber die wichtigsten gibt es auch für DOS/Windows – darunter `rtf2html`, mit dem sich sehr gute Resultate erzielen lassen, wenn man beim Erstellen des RTF-Quelltextes bereits die spätere Konvertierung im Kopf hat.

asc2html
: einfacher Konverter, der aus ASCII-Text HTML-Seiten herstellt

dave
: konvertiert PageMaker-Format nach HTML

frame2html
: konvertiert FrameMaker-Format in HTML

html2asc
: entfernt alle HTML-Tags aus einer HTML-Seite

html2ps
: erzeugt Postscript-Dateien aus HTML

latex2html
: erzeugt HTML-Seiten aus LATEX-Quellcode

miftran
: konvertiert „Maker Interchange Format" (Frame Maker) in andere Formate, darunter HTML

rtftohtml
: konvertiert RTF-Format in HTML (auch Hyperlinks möglich)

rtftoweb
: Erweiterung zu *rtftohtml,* wird aber in den neueren Versionen dieses Programms eingebaut sein

texi2html
: konvertiert vom GNU TeXinfo-Hypertextformat nach HTML

wp2html-macro
: Makro für WordPerfect, das HTML-Dateien aus dem WP-Format erzeugen kann

All diese Programme finden Sie beispielsweise auf:

`ftp://ftp.informatik.uni-hildesheim.de`
`/pub/Server/ftp.jussieu.fr/pub2/www/tools/translators`

Eine aktuelle Liste von Konvertierungsprogrammen finden Sie auf dem WWW-Server des W3-Konsortiums[3] . Auch bei „Yahoo" kann eine vergleichbare Liste[4] abgerufen werden.

3 `http://www.w3.org/hypertext/WWW/Tools/Filters.html`
4 `http://www.yahoo.com/Computers/World_Wide_Web/HTML_Converters/`

8.5 Sonstige Utilities

8.5.1 Transparente GIF-Bilder

Mit dem Programm „giftrans“ kann man auf recht einfache Weise in einem vorhandenen GIF-Bild eine Farbe transparent machen, so daß dort, wo sich Punkte dieser Farbe befinden, der Browser-Hintergrund durchscheint.

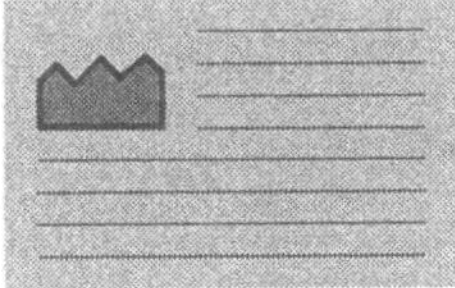

Abbildung 8.8: Nichttransparente (links) und transparente Bilder (rechts)

Dieses Vorgehen empfiehlt sich insbesondere dann, wenn das Bild keine rechteckigen Konturen besitzt.

Um eine Farbe transparent zu machen, muß man entweder die Position der Farbe in der Farbtabelle des GIF-Bildes oder aber ihren RGB-Farbwert kennen. Der Aufruf des Programms ist dann:

```
giftrans -t farbe -o neubild.gif altbild.gif
```

Für „farbe“ gibt man entweder die Position der Farbe in der Farbtabelle oder aber einen String der Form „#rrggbb“ an, wobei rr, gg, und bb die hexadezimal codierten Rot-, Grün- und Blauwerte der Farbe darstellen. Im einfachsten Fall – wenn man die Farbe Weiß transparent machen will – verwendet man also „#FFFFFF“.

Mit dem Parameter -l zeigt giftrans die Farbtabelle des Bildes an; außerdem kann es sämtliche in der GIF-Datei gespeicherten zusätzlichen Daten (Kommentare, Interlaced-Flag usw.) ausgeben und teilweise ändern.

Das Programm ist kostenlos als C-Quellcode und als fertige EXE-Datei für DOS erhältlich.

Quelle:
`ftp.rz.uni-karlsruhe.de`
`/pub/net/www/tools/giftrans/giftrans.exe`

8.5.2 Interlaced-GIF-Bilder

Zahlreiche Programme sind in der Lage, ein normales GIF-Bild in das Interlaced-GIF-Format umzuwandeln. Eines davon heißt „WinGIF“. Das Programm kann darüber hinaus auch die Farbenanzahl und Größe von GIF-Bildern verändern.

Quelle:
```
ftp.uni-stuttgart.de
/pub/systems/pc/win3-cica/desktop/wingif14.zip
```

8.5.3 Imagemap-Dateien

Map Edit

Wie in Kapitel 6 beschrieben, gibt es sowohl für den CERN- als auch für den NCSA-WWW-Server vorgefertigte Programme zur Verarbeitung von Clickable Images. Man muß nur noch eine zum jeweiligen Bild passende Liste der gewünschten „Hotzones" in einer Datei bereitstellen, um sie zu benutzen.

Eine solche Datei kann man mit dem Programm „Mapedit" sehr leicht grafisch erzeugen. „Mapedit" lädt das Bild (funktioniert derzeit nur mit dem GIF-Format) und erlaubt dann die Definition beliebiger Hotzones mittels der Maus.

Abbildung 8.9: Mapedit im Einsatz

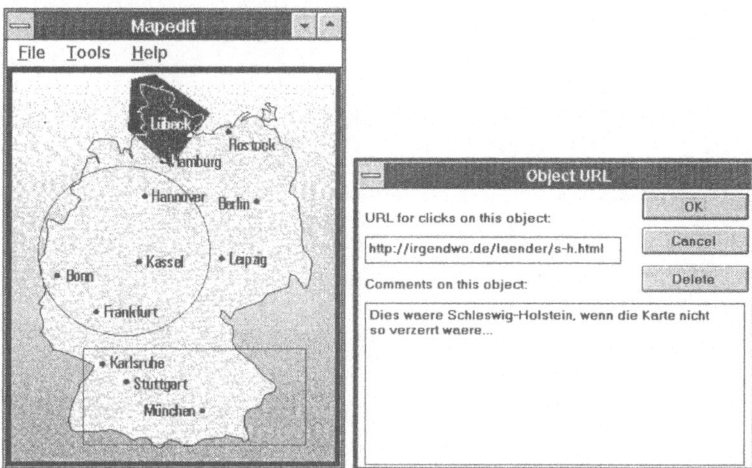

Nachdem man die Hotzones und die zugehörigen URLs definiert hat, kann man das ganze als NCSA- oder CERN-kompatible Liste abspeichern; die Definition kann jederzeit wieder geladen, verändert oder im anderen Format abgespeichert werden.

Beispiel: Hotzones aus Abbildung 8.9

```
circle (115,181) 84
rect (75,277) (292,373)
#Dies waere Schleswig-Holstein, wenn die Karte nicht
#so verzerrt waere...
poly (121,11) (118,61) (159,98) (198,44)
        (144,6) http://irgendwo.de/laender/s-h.html
```

Mapedit ist „Postcardware", eine kuriose Form der freien Software, bei der Sie gebeten werden, eine Postkarte an den Autor zu senden, wenn Sie das Programm regelmäßig nutzen. Für die gewerbliche Anwendung ist eine für 25 US-Dollar erhältliche Lizenz erforderlich.

Quelle:

```
ftp.uni-mannheim.de
/packages/WWW/www/misc/mapedit/mapedit.zip
```

Das ist guter Stil: Ein kleiner HTML-Styleguide

9.1 Gedanken zum Aufbau einer HTML-Seite

9.1.1 Mit dem Titel fängt's schon an

Man unterschätzt leicht die Bedeutung dessen, was man innerhalb des <TITLE>...</TITLE> im Header einer Seite angibt. Dieser Text erscheint bei einigen Browsern in der Titelzeile des Fensters, bei vielen aber wird er gar nicht angezeigt. Dennoch ist es der <TITLE>-Text, den die Browser als Beschreibung der Seite in die Hotlists und die Liste der besuchten Seiten übernehmen, und auch viele Robots verlassen sich darauf, daß der <TITLE>-Text wenigstens einigermaßen deskriptiv ist.

Wichtig ist dabei, daß der Titel grundsätzlich ohne jeden Kontext Sinn ergeben muß. Ein Titel wie „Inhaltsübersicht" ist nichtssagend, wenn er in einer Liste mit hundert anderen Seitentiteln aus der ganzen Welt auftaucht – „Programmieren in C++: Inhaltsübersicht" ist da um Klassen besser. (Beachten Sie, daß Sie im HTML-Text natürlich die Entities ü usw. anstelle der Umlaute einsetzen müssen.)

Auf der anderen Seite sollte man sich auch nicht zu überlangen Titeln hinreißen lassen – je nach Situation werden vom Titel nämlich nur die ersten 30 bis 40 Zeichen angezeigt. Wenn dabei ausgerechnet die wichtigen Informationen, die bei Ihnen erst nach 120 Zeichen begannen, abgeschnitten würden, wäre das doch schade.

9.1.2 Halten Sie sich an die Regeln

Sich an den HTML-Standard zu halten, ist die einzige Möglichkeit, sicher zu sein, daß alle Browser Ihre Information vernünftig anzeigen (oder ausdrucken, aussprechen, weiterbearbeiten) können. Und wenn es einmal schiefgeht, ist in einem solchen Fall der Programmierer des Browsers Anlaufstelle für Beschwerden, nicht Sie.

Verwenden Sie nach Möglichkeit keine Tags, von denen Sie wissen, daß der Großteil aller Browser sie nicht unterstützt. HTML 2.0 beherrschen (fast) alle, und HTML 3.0 werden in Zukunft alle unterstützen. Die Netscape-Tags werden aller Voraussicht nach eine Sackgasse bleiben, auch wenn einzelne Browser vielleicht einen Teil davon verstehen.

Wichtig ist auch, stets im Kopf zu behalten, daß eine HTML-Seite auf völlig unerwartete Weise wiedergegeben werden kann, die den verwendeten Stilmitteln möglicherweise Beschränkungen auferlegt. Ein automatischer „Vorleser" oder eine Braille-Zeile können keine Abbildungen ausgeben, und auch bei der Erstellung von Tabellen sollte man solche ungewohnten Darstellungsarten bedenken.

Als ausgesprochenes Negativbeispiel möchte ich – auch wenn sie mir nicht schlecht gefällt – eine WWW-Seite über Star Trek[1] anführen:

Abbildung 9.1: Browserspezifische HTML-Seite

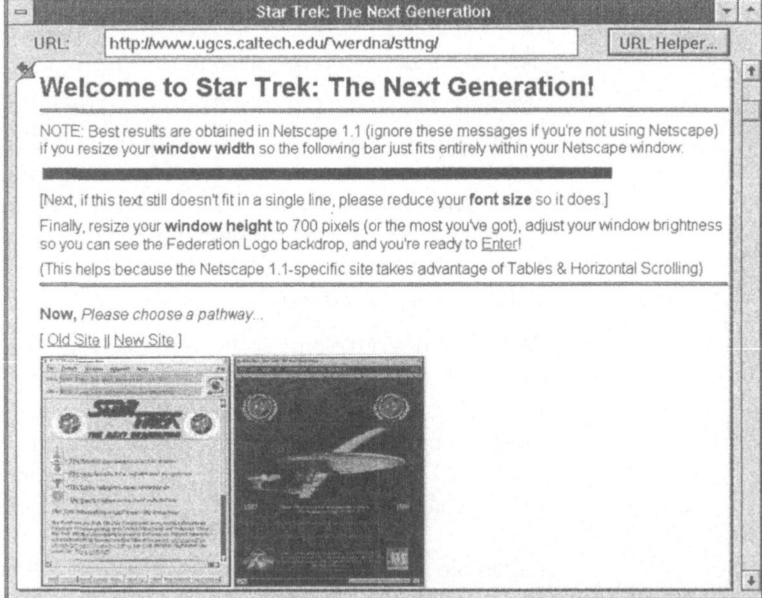

Der Benutzer ist hier nicht nur gehalten, einen ganz bestimmten Browser (nämlich den Netscape Navigator) zu verwenden, sondern man soll auch noch die Größe des Fensters und die Schriftgröße eigens für diese Seite anpassen. Auch wenn der Anblick es wert sein mag: Dafür ist das WWW nicht gemacht, und wenn

[1] `http://www.ugcs.caltech.edu/~werdna/sttng/`

jeder anfängt, seine WWW-Seiten für eine ganz bestimmte Fenster- und Schriftgröße auszulegen, wird die WWW-Tour zum Horrortrip. (Den Autoren der Star Trek-Seite muß man wenigstens anrechnen, daß sie auch eine Nicht-Netscape-Version bereitstellen.)

Nicht nur ausgefallene Tags sind eine Gefahr für die Allgemeingültigkeit einer Seite. Auch durch Herumexperimentieren mit den Standard-Tags können ziemlich schaurige Seiten enstehen. In einer Newsgroup fragte vor kurzem jemand, wie er denn eine Liste mit selbsterstellten Aufzählungszeichen erstellen könne; das ist erst ab HTML 3.0 vorgesehen (vgl. Kapitel 6). Ein wohlmeinender Leser gab den Tip, doch die gewünschten Aufzählungszeichen mit <IMG> einzufügen und die benötigte Einrückung von linken Rand durch <DL> zu bewerkstelligen, etwa so:

```
<img src="ball.gif">
First, you create an image that you want to use as a
<DL><DD>custom bullet for your unordered list.</DL>
```

Bei NCSA Mosaic zieht das (zufällig!) auch ganz gut aus:

Abbildung 9.2: HTML-Layout durch Probieren...

First, you create an image that you want to use as a
custom bullet for your unordered list.

Then, insert it using the <IMG> Tag followed by exactly
one line of text;

And third, start a <DL> list without a <DT> element
right below it - there you go!

Aber wehe dem, der es mit einem anderen Browser – hier beispielsweise Netscape Navigator – versucht.

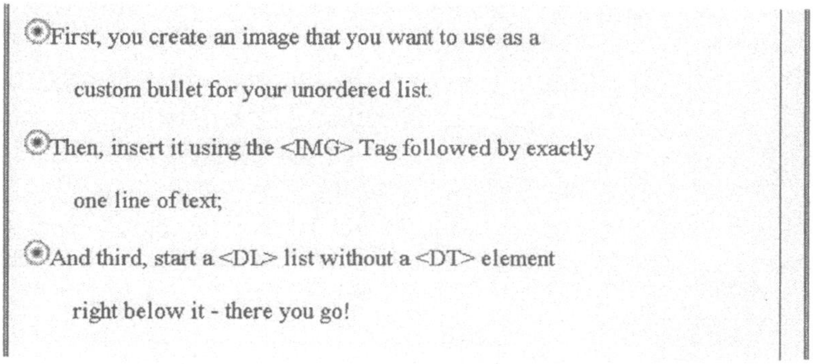

Abbildung 9.3: ...und wie es schiefgeht

First, you create an image that you want to use as a

custom bullet for your unordered list.

Then, insert it using the <IMG> Tag followed by exactly

one line of text;

And third, start a <DL> list without a <DT> element

right below it - there you go!

Das sind die Gefahren beim „einfach Ausprobieren". Sie können niemals alle Browser auf Ihre Seite loslassen, und selbst wenn, wüßten Sie nie, wieviel Punkt die nächste Version bei <DL> einrückt (um nur ein Beispiel zu nennen). Ihre einzige Chance ist es, sich einfach an den Standard zu halten und darauf zu vertrauen, daß der Browser das auch tut.

Wenn Sie einmal eine selbstgeschriebene HTML-Seite auf Korrektheit abklopfen lassen möchten, können Sie dafür ein Programm wie „weblint" verwenden. Es gibt sogar eine Online-Version dieser recht strengen Prüfsoftware[2] – jede Wette, daß das Programm auch in Ihren Seiten Fehler findet...

9.1.3 Hypertext: Maßhalten ist angesagt

Hyperlinks können an jeder Stelle im Text eingebaut werden. Wenn möglich, sollten Sie Hyperlinks so verwenden, daß der Text immer noch einen Sinn ergibt, wenn man alle HTML-Tags entfernt. Ein schlechtes Beispiel ist:

```
Klicken Sie <A HREF="tech.html">hier</A> f&uuml;r
eine Beschreibung der technischne Einzelheiten.
```

Erstens ist hier von „klicken" die Rede, obwohl bei weitem nicht alle Browser mit einer Maus als Auswahlgerät arbeiten (können), und zweitens liest sich der Text „Klicken Sie hier für..." sehr seltsam, wenn er aus der Hyptertext-Umgebung herausgerissen (z.B. ausgedruckt und jemand anders vorgelegt) wird.

Im Beispiel wäre folgende Formulierung wesentlich besser:

```
Eine <A HREF="tech.html">Beschreibung der technischen
Einzelheiten</A> ist ebenfalls im WWW verf&uuml;gbar.
```

Bedenken Sie auch, daß die meisten Browser Hyperlinks unterstreichen oder farbig hervorheben, und daß daher für Hyperlinks die gleichen Regeln gelten wie für andere typografische Auszeichnungen:

- Zuviel ist ungesund! Eine von Hyperlinks übersäte Seite ist sehr unangenehm zu lesen, da man als Leser unwillkürlich jedes als Hyperlink markierte Wort für besonders wichtig hält.
- Steht hinter einem hervorgehobenen Wort ein Satzzeichen, so ist dieses in die Hervorhebung mit einzubeziehen (das trifft natürlich auch für Auszeichnungen wie <STRONG> und <EM> zu). Es heißt also nicht

---

2 `http://www.khoros.unm.edu/staff/neilb/weblint.html`

```
Dies ist ein Seite im <A HREF="wwwinfo.html">WWW</A>,
einem weltumspannenden Hypertext-System.
```

sondern:

```
Dies ist ein Seite im <A HREF="wwwinfo.html">WWW,</A>
einem weltumspannenden Hypertext-System.
```

Wenn die Gefahr besteht, einen Textabschnitt mit Hyperlinks zu überlasten, sollte man lieber am Ende des Abschnittes oder am Ende des ganzen Dokuments eine Liste von Verweisen anfügen.

9.1.4 Lesbarkeit – für Mensch *und* Maschine

Es mag HTML-Seiten geben, die eher ein optisches Gesamtkunstwerk als ein Text zum Lesen sind. Andere sollen vielleicht nur als Glossar oder einzige Link-Aufzählung dienen. Die meisten Seiten allerdings sind dazu da, gelesen zu werden – und da sollten Sie als Autor es dem Leser möglichst leicht machen.

Der Leser einer HTML-Seite sieht zunächst nur so viel von der Seite, wie in das Fenster seines Browsers paßt. Bei Textmodus-Benutzern sind das meistens 24 Zeilen à 80 Spalten, bei grafikfähigen Browsern kommt es auf die verwendete Schriftart an, die Textmenge ist aber nicht viel größer. Für den Online-Leser ist es am bequemsten, wenn eine HTML-Seite nicht mehr als zwei „Fenstergrößen" umfaßt, denn dann kann er den Inhalt schnell überblicken. Textmodus-Benutzer, die meist nicht ganz so komfortabel auf- und abwärts blättern können, entscheiden oft schon nach dem ersten Bildschirminhalt, ob sie die Seite überhaupt weiterlesen oder nicht.

Zu lange HTML-Seiten sind insbesondere für die Benutzer von solchen Browsern lästig, die die Seite erst anzeigen können, wenn sie vollständig geladen ist. Wenn sich dann auch noch herausstellt, daß das lange erwartete Dokument gar nicht die gewünschte Information enthält, hat man den Leser endgültig vergrault – besser sind da mehrere kleine Dokumente und ein Inhaltsverzeichnis, so daß sich jeder herauspicken kann, was ihn interessiert.

Auf der anderen Seite ist eine zu große Fragmentierung auch nicht wünschenswert. Wenn die Information, nach der der Leser sucht, auf 10 einzelne Seiten verteilt ist, kompliziert das den Zugriff und vor allem das Ausdrucken.

Andere Prüfsteine für gute Lesbarkeit sind der sorgfältige Einsatz von Hervorhebungen und Überschriften – daß es die Überschriftsebenen <H1> bis <H6> gibt, heißt nicht, daß man Dokumente schreiben muß, die diese Tiefe voll ausschöpfen! Der Inhalt eines Absatzes sollte nicht bloß ein einzelner Satz sein – auf der anderen Seite wirkt ein ganzes Textfenster ohne einen einzigen Absatz unübersichtlich.

Nicht zuletzt sollten Ihre Dokumente auch maschinell gut lesbar sein. Die meisten Suchdienste, die ich in Kapitel 4 vorgestellt habe, speichern vor allem die im <TITLE>-Tag und in den Überschriften enthaltenen Informationen; oft werden Schlagworte, die in den ersten Textabschnitten vorkommen, höher gewichtet. Manche Systeme speichern sogar die ersten Zeilen einer Seite insgesamt ab, um dem Suchenden eine bessere Übersicht zu verschaffen. Insofern ist es nicht ratsam, am Anfang einer Seite Standard-Phrasen wie

```
Dies ist eine Baustelle! Wenn irgendetwas noch nicht
funktioniert, schicken Sie mir doch eine Mail!
Ich &uuml;bernehme keine Gew&auml;hr f&uuml;r die
Richtigkeit der hier gemachten Aussagen!
```

zu verwenden – wenn die nachher in einem Suchprogramm auftauchen, nützt es niemandem. Stattdessen sollten die ersten Zeilen schon klare Anzeichen dafür liefern, was die Seite enthalten wird, und die Überschriften sollten, wenn es sich um ein Informationsdokument handelt, nach inhaltlichen Gesichtspunkten gewählt werden. Überschriften wie „Und die Moral..." mögen stilistisch schön sein, sind aber nur da angebracht, wo es wirklich um Prosa und nicht um Information geht.

9.1.5 Bilder

Bilder auf einer HTML-Seite können einer Vielzahl von Zwecken dienen: Sie können Informationsträger sein, sie können die dargebotene Information bloß veranschaulichen, oder sie dienen (in Form kleiner Bilder und Symbole) dazu, der Seite ein besonderes Erscheinungsbild zu verleihen.

Bilder, ohne die die Seite keinen Sinn mehr ergibt, dürfte es eigentlich nicht geben. Es gibt immer Leute, die nur über einen Browser im Textmodus verfügen oder deren Anbindung zu langsam ist, um Bilder zu laden. Bemühen Sie sich also, wenn Sie beispielsweise ein statistisches Diagramm abbilden, die wichtigsten Eckdaten auch in Textform einzuschließen. In HTML 3.0 gibt es mit dem <FIG>-Tag eine gute Möglichkeit dazu; ansonsten wiederholt man eben die wichtigsten Zahlen im normalen Text, wo sie auch denen angezeigt werden, die das Bild sehen.

Symbole und kleine Erkennungszeichen – beispielsweise in der Hauptüberschrift auf jeder Seite eines zusammengehörigen Werkes – können nicht schaden: Für den, der Grafik hat, wird dadurch optisch die Zusammengehörigkeit der Seiten hervorgehoben, alles erscheint „aus einem Guß". Wer keine Grafik hat, leidet nicht weiter unter dem Fehlen dieser Bilder. Da die meisten Browser über einen lokalen Cache verfügen, werden die Standardbilder, die Sie auf jeder Seite benutzen, schon nach wenigen Seiten alle im Cache des Benutzers sein und dann kaum zusätzliche Übertragungszeit benötigen.

Bei Bildern, die eine HTML-Seite illustrieren sollen, ist abzuwägen, ob man sie direkt per <IMG> oder <FIG> in eine Seite einbaut oder doch lieber nur einen Hyperlink auf das Bild verwendet. Ein Hyperlink hat den Vorteil, daß der Benutzer selbst entscheiden kann, ob er das Bild sehen möchte oder nicht, während ein mit <IMG> oder <FIG> eingebundenes Bild in der Regel sofort geladen wird. Solche Bilder wiederum können natürlich die Seite eher auflockern oder einen positiven optischen Gesamteindruck erzeugen. Insbesondere dann, wenn es sich um größere Fotos o.ä. handelt, sollte man die Möglichkeit in Betracht ziehen, in den Fließtext nur verkleinerte Versionen der Bilder (unter 160x160 Pixel) einzubauen und dem Benutzer die Möglichkeit zu geben, eine größere, detailreichere Version auf Knopfdruck abzurufen.

Geben Sie, wenn möglich, bei allen mit <IMG> eingebundenen Bildern sinnvolle Texte im ALT-Attribut ein (und nicht nur „Hier wäre ein tolles Bild gewesen!").

9.1.6 Probieren geht über studieren

Wenn Sie mehrere Browser zur Verfügung haben, probieren Sie Ihre Seiten auf jeden Fall mit mehr als einem aus, um Fehlern oder Unschönheiten auf die Spur zu kommen. Wenn unter den Probier-Browsern auch ein Textmodus-Modell wie Lynx ist, umso besser.

Die meisten Browser sind relativ fehlertolerant, und daher muß es Ihnen bei Ihrem „Haus-Browser" nicht unbedingt auffallen, wenn Sie einmal ein abschließendes Tag vergessen oder ähnliche Flüchtigkeitsfehler bei der Erstellung der Seite begehen. Andere Browser können aber die Anzeige der ganzen Seite verweigern oder sogar abstürzen, wenn man sie mit ungültigen Daten füttert.

9.2 Das ganze Werk

Häufig erstellt man nicht einzelne, unabhängige HTML-Seiten, sondern veröffentlicht eine Serie zusammengehöriger Seiten auf einmal, zum Beispiel eine untergliederte Informationssammlung oder ein ganzes Buch. Dann kommt es besonders darauf an, dem Benutzer den Umgang damit so einfach wie möglich zu machen. Es kann nicht Sinn des WWW sein, daß jeder sagt: „Gut und schön, Ihre Seiten im WWW, aber kann ich das nicht auch schwarz auf weiß haben?"

9.2.1 Struktur

Es ist wichtig, daß Ihrem HTML-Werk nicht nur eine gute Struktur zugrundeliegt, sondern daß der Leser diese auch erkennen kann. Da es bisher kaum Browser gibt, die vernünftige Navigationshilfen eingebaut haben, müssen Sie als HTML-Autor dafür sorgen, daß der Benutzer sich nicht verirrt. Eine besondere Herausforderung ist es dabei, dem Benutzer von vornherein einen Überblick über die vorhandene Menge an Information zu geben, wie er es z.B. von einem Buch gewöhnt ist. Ihre HTML-Seiten kann er nicht in die Hand nehmen und schnell durchblättern, um sich einen Eindruck zu verschaffen. Daher müssen Sie schon auf der ersten Seite Anhaltspunkte dafür liefern, was der Benutzer von Ihrem Werk erwarten kann – ein Inhaltsverzeichnis, eventuell sogar mit ungefährer Größenangabe der Teilstücke, kann da Wunder wirken.

Wenn Sie ein Werk erstellen, das unter anderem wie ein Buch von vorn bis hinten durchgelesen werden kann, dann fügen Sie am Ende jeder Seite einen Hyperlink auf die vorherige und nächste Seite ein. Ebenfalls praktisch ist die Möglichkeit, in der Hierarchie „nach oben" zu springen, also zurück zum Inhaltsverzeichnis oder der Kapitelübersicht. Schließlich könnte es sein, daß ein Leser über einen Hyperlink von außerhalb genau auf diese Seite springt, und dann ist es sinnvoll, ihm mitzuteilen, wo er sich befindet.

Wenn Sie innerhalb einzelner Seiten Hyperlinks auf andere Seiten Ihres Werkes einbauen, die ein Seite für Seite vorgehender Leser entweder schon gesehen hat oder noch sehen wird, dann achten Sie auf die Formulierung. Sorgen Sie dafür, daß der Benutzer nicht das Gefühl hat, allen Hyperlinks folgen zu müssen, weil ihm sonst Information entgeht. Für den gezielten Informationssucher sind möglichst viele Querverweise hilfreich, aber den „Durchleser" verwirren sie eher, da er in der Regel nicht beurteilen kann, ob es sich um einen (evtl. externen) Verweis auf zusätzliche Information handelt oder ob er die Information auch automatisch erreicht, wenn er dem vorgegebenen Pfad zur jeweils nächsten Seite folgt. Es kann durchaus sinnvoll sein, interne Links (auf andere Seiten ihres Werkes) und externe Links (auf fremde Seiten im WWW) irgendwie für den Benutzer unterscheidbar zu machen, beispielsweise durch Verwendung eines kleinen <IMG>-Symbols bei externen Links.

Wenn Sie Ihre Seiten für HTML 3.0 schreiben, können Sie für Navigationshilfen das <LINK>-Element (siehe Kapitel 6) einsetzen; anderenfalls müssen Sie „von Hand" Hyperlinks einfügen. Sie können an dieser Stelle auch eigens entworfene Symbole verwenden, die Sie mit <IMG> einbauen, das gibt Ihren Seiten ein einheitliches Erscheinungsbild.

Verschiedene Sicht auf gleiche Information

Unter Umständen ist es ratsam, daß Sie verschiedene Hierarchien aufbauen, die alle auf dieselbe Information zugreifen. Eine Online-Dokumentation für ein Computerprogramm könnte beispielsweise als Grundelemente einzelne Seiten haben, die die verschiedenen Programmfunktionen detailliert beschreiben.

Abbildung 9.4: Mehrfachstrukturierung von Information

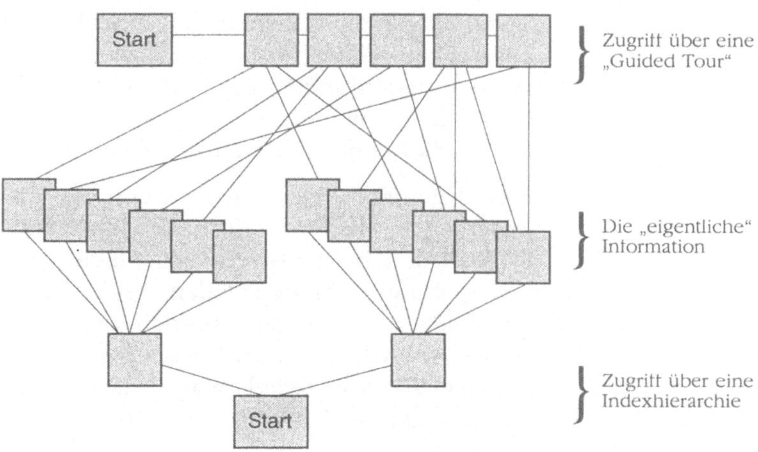

Für diejenigen, die das ganze als Nachschlagewerk verwenden wollen, gibt es eine Indexseite, von der aus alle Einzelbeschreibungen erreicht werden können. Für die, die einen langsamen „Tutorial"-Einstieg in das beschriebene Programm vorziehen, gibt es einen aus einigen Seiten bestehenden Einführungskurs mit eingestreuten Verweisen auf die technischen Beschreibungsseiten.

Bei klassischen Medien ist eine solche Mehrfachstrukturierung nur schwer möglich; in diesem Buch gibt es zwar ein Inhalts- und ein Stichwortverzeichnis, aber die wahre Anordnung kommt eher dem Durchleser entgegen. Ein Konversationslexikon hingegen ist für die Stichwortsuche optimiert und daher zum Durchlesen eher schlecht geeignet.

9.2.2 Kann man es ausdrucken?

Die Druckfunktionen der gängigen Browser sind heute noch sehr beschränkt. Es ist beispielsweise nicht möglich, den Browser auf die Indexseite eines größeren HTML-Werkes anzusetzen und alle Seiten, die von dort aus referenziert werden, der Reihe nach auszudrucken und zu numerieren.

Wenn solche Programme entwickelt werden, dann werden sie die REL- und REV-Attribute des <A>-Tags auswerten, um zu erkennen, welche anderen Dokumente in welcher Form mitgedruckt werden sollen. Es empfiehlt sich also, diese Attribute, soweit möglich, anzugeben.

Bedenken Sie, daß beim Ausdrucken von HTML-Seiten Hyperlinks meist nicht mehr als solche erkennbar sind.

Wenn Sie davon ausgehen, daß viele Benutzer Ihre WWW-Seiten ausdrucken wollen, ersparen Sie diesen, jede einzelne Seite von Hand zu laden und den Druckbefehl zu geben. Fassen Sie lieber einmal alle Seiten zu einer Postscript-Datei zusammen, und stellen Sie diese ebenfalls zum Abruf bereit.

Das ist natürlich nur sinnvoll, wenn die Seiten sich nicht ständig ändern. Um die Postscript-Datei zu erzeugen, können Sie die HTML-Seiten beispielsweise mit einem Importfilter in ein Textverarbeitungsprogramm laden und dann als Postscript-Datei „ausdrucken". Alternativ können die Seiten von den meisten Browsern auch direkt als Postscript-Dateien ausgegeben werden – unter Windows wählt man einfach einen Postscript-Drucker aus und läßt die Daten in eine Datei schreiben.

9.3 Technische Anmerkungen

Daß es wichtig ist, die verschiedenen Arten von Browsern zu berücksichtigen und möglichst keine HTML-Seiten zu schreiben, die nur mit einem davon vernünftig angezeigt werden können, habe ich bereits gesagt.

Das gleiche gilt aber auch für die Netzanbindungen: Man sollte Seiten schreiben, die das Netz möglichst effizient benutzen und nicht unnötig belasten. Auch wenn Sie über eine Standleitung ins Internet verfügen – viele hängen noch mit 14.400-Baud-Modems daran, und ein Teilnehmer hinter einem BTX-Gateway muß vielleicht sogar noch länger warten.

Je mehr Bilder beispielsweise auf Ihrer HTML-Seite mit <IMG> eingebunden sind, desto mehr HTTP-Verbindungen muß der Browser, der die Seite anzeigen will, öffnen, und desto mehr Bilddaten muß er übertragen. Befindet sich hingegen dasselbe Bild mehrmals auf einer Seite, so muß es nur ein einziges Mal geladen werden.

Wenn Sie mehrere zusammenhängende Seiten erstellen und auf jeder Seite in der Überschrift ein kleines „Erkennungsbild" verwenden, ist das nicht schädlich; es verleiht Ihren Seiten eine einheitliche Erscheinung, und der Benutzer merkt sofort, wenn er Ihren Bereich verläßt. Das Bild muß nur beim ersten Mal geladen werden, danach wird der Browser des Benutzers es aller Wahrscheinlichkeit im lokalen Cache haben und ohne weitere Verzögerung anzeigen können. Widerstehen Sie aber der Versuchung, auf jeder Seite ein unterschiedliches Bildchen zu verwenden – das muß dann für jede Seite geladen werden.

Proxy-Server können dem Benutzer ebenfalls das Leben leichter machen, indem sie als Cache zwischen Browser und Server stehen. Die Ausgabe von CGI-Skripts (sofern sie am URL als solche erkennbar sind) wird jedoch von vielen Proxy-Servern nicht gespeichert, weil sie davon ausgehen, daß die Daten sich ohnehin bei jedem Aufruf ändern. Versuchen Sie also nach Möglichkeit, statische Daten nicht von CGI-Skripts ausgeben zu lassen, sondern dafür HTML-Seiten zu erzeugen. Ein Skript, das in 90% aller Fälle einen Standardtext ausgibt und nur selten eine wirklich „persönliche" Mitteilung, sollte den Standardtext per Redirection (siehe Kapitel 7) ausgeben, denn dann kann ein Proxy-Cache diesen Standardtext auch puffern.

Internet-Provider in Deutschland

A.1 Nichtgewerbliche Provider

Individual Network e.V.
Scheideweg 65
26121 Oldenburg
Telefon 0441-9808556, Fax 0441-9808557
eMail: in-info@individual.net
WWW: http://www.rhein.de/IN/index.html
siehe auch Liste der regionalen Ansprechpartner weiter unten

sub-Netz e.V. (Verein zur Förderung der privat betriebenen Datenkommunikation)
Postfach 6564
76045 Karlsruhe
Telefon 0721-699478, Fax 0721-661937
eMail: info@subnet.sub.net, WWW: http://www.sub.net

A.2 Gewerbliche Provider

Eine aktuelle Liste gewerblicher Provider, die Ihren WWW-Server gegen Gebühr zur Einspeisung fremder WWW-Seiten zur Verfügung stellen, finden Sie unter folgendem URL:
`http://www.hightext.cube.net/jump.htm`

Contrib.Net/GTN GmbH
Fontanestraße 12
41564 Kaarst
Telefon 02131-605652, Fax 02131-666754
eMail: info@contrib.net, WWW: http://www.contrib.net

EUnet Deutschland GmbH
Emil-Figge-Straße 80
44227 Dortmund
Telefon 0231-97200, Fax 0231-9721111
eMail: info@germany.eu.net
WWW: http://www.germany.eu.net

Nacamar GmbH/Landefeld Datenkommunikation
Kirchweg 22
63303 Dreieich
Tel. 06103-9690, Fax: 06103-969127
eMail: info@nacamar.de, WWW: http://www.nacamar.de

MAZ GmbH
Harburger Schloßstraße 6–12
21079 Hamburg
Telefon 040-766291623, Fax: 040-76629199
eMail: info@maz.net,
WWW: http://www.maz.net, http://www.netsurf.de

NTG/Xlink GmbH
Vincenz-Prießnitz-Straße 3
76131 Karlsruhe
Telefon 0721-96520, Fax 0721-9652210
eMail: info@xlink.net, WWW: http://www.xlink.net

roka EDV & Datenkommunikationsberatung GmbH
Elbestraße 25
47800 Krefeld
Tel: 02151-497510, Fax: 02151-497532
eMail: info@roka.net, WWW: http://www.space.net/

A.3 Regionale Ansprechparter des IN e.V.

Auf der folgenden Seite beginnt eine Liste aller Regionaldomains im Individual Network e.V. Jede dieser Regionaldomains betreibt einen oder mehrere Einwählknoten in der jeweiligen Region; nicht alle bieten allerdings SLIP-Einwahl an.

Bitte bedenken Sie, daß es sich bei den hier genannten Ansprechpersonen um Privatmenschen handelt, die das Ganze in ihrer Freizeit betreiben. Erwarten Sie also keine Marketingabteilung, die Ihen sofort einige Kilogramm Hochglanzprospekte zustellt, und nehmen Sie, wenn irgend möglich, per eMail, Fax oder Brief und nicht per Telefon Kontakt auf.

Eine aktuelle Fassung der Liste ist per FTP auf dem FTP-Server `ftp.individual.net` unter dem Namen `/pub/doc/IN/documents/IN-015` erhältlich.

Ort	*Kontaktperson*	*Telefon*	*Fax*	*eMail*
Aachen	Christian Bode	0241/557707	0241/4097554	info@oche.de
Augsburg	Arno Schneider	0821/2280000		info@ augusta.de
Berlin	Jens Hünerberg	030/3041585		info-contact@ in-berlin.de
Bielefeld	FoeBuD e.V.	0521/175254	0521/61172	info@owl.de
Bochum	Thomas Neumann	0234/9270808	Modem: 0234/ 9489300 (info)	info@ruhr.de
Bonn	Wolli Steiner, Meerstr. 64, 53757 Sankt Augustin			info@rhein.de
Braunschweig	escape e.V.	0531/682346	0531/335025	vorstand@ escape.de
Bremen	s. Oldenburg			
Chemnitz	Andreas Israel, Solbrigstr. 6, 09120 Chemnitz			info@ in-chemnitz.de
Darmstadt	Christian Balzer	06257/83036	06257/83037	cb@brewhq. swb.de
Dortmund	Torsten van Beeck	0231/ 92 50 60 - 70	–	info@ping.de
Dortmund	s. Bochum			
Dresden	Jörg Wunsch, Wilhelm-Liebknecht-Str. 97, 01257 Dresden			sax-ac@ sax.sax.de
Duisburg	Uli Klinkhammer	0203/9369350	0203/374636	info@ rhein-ruhr.de
Duisburg	s. Bochum			
Düsseldorf	s. Duisburg			
Essen	s. Bochum			
Flensburg	Alexander Finger, Im Winkel 8, 24848 Kropp			postmaster@ syd.de
Frankfurt	Oliver Böhmer	069/39048413	Modem: 069/ 39048414	info@ rhein-main.de
Fulda	Bernhard Krönung	06656/7914		info@rhoen.de

Ort	*Kontaktperson*	*Telefon*	*Fax*	*eMail*
Gießen	UUCP-Freunde Lahn e.V., Weidigstr. 5, 35396 Gießen-Wieseck		0641/53272	info@lahn.de
Göttingen	s. Kassel			
Halle	s. Leipzig			
Hamburg	Jan Wieck	040/5395-1404		info@hanse.de
Hannover	Jens-Uwe Mager	0511/660238		vorstand@ hannet.han.de
Kaiserslautern	Stefan Brandes	0631/3100410		s_brandes@ kiste.pfalz.de
Karlsruhe	Boris Schneider	0721/9203153	0721/9203152	info@inka.de
Kassel	Steffen Weinreich	0561/473212		info@ central.de
Kiel	Toppoint Mailbox e.V.	0431/549050		info@ in-kiel.de
Konstanz	Stephen Bylo	07531-18738		info@lake.de
Leipzig	Jörg Mann	03420/462598	03420/464490	info@lipsia.de
Lübeck	Offenes Netz e.V.	0451/3909-0		info@ on-luebeck.de
Ludwigshafen	Christian Weisgerber	0621/5870460		naddy@ mips.pfalz.de
Lüneburg	Rainer May	05854/204		info@heide.de
Magdeburg	Hergo Pape	0391/4015566		info@ boerde.de
Mannheim	Martin Jangowski	0621-539506		maja@birdland. rhein-neckar.de
Minden	Matthias Heider	0571/580678	0571/508200	heidi@minden. in-minden.de
München	MUC.DE e.V.	089/324683-0		vorstand@ muc.de
Münster	Roger Schwentker	0251/534114-1		roger@larry. westfalen.de
Nürnberg	Maximilian Riegel	0911/5817582	0911/5817582	info@ franken.de

Ort	*Kontaktperson*	*Telefon*	*Fax*	*eMail*
Oldenburg	Christian Stelter	0441/37420	0441/383839	info@north.de
Paderborn	s. Bielefeld			
Passau	Helmut Fromberger	08532/8178		info@ in-passau.de
Rostock	Holger Meyer	0381/44424		info@baltic.de
Saarbrücken	Tilman Müller-Gerbes, Mainzer Str. 197, 66121 Saarbrücken			info@saar.de
Sauerland	Martin Loos	02371/46665		domain-info@ sauerland.de
Schwerin	Jörn Kresse	0385/77912		info@ obotrit.de
Stuttgart	Norman Fürst, Kleinknechtstr. 35, 70567 Stuttgart			bawue-net-info@bawue.de
Thüringen	03641/51584 (Jens Bookhagen, Ost) 03632/603664 (Andreas Völkner, Nord) 0361/6671259 (Christian Anger, Rest)			info@thur.de
Ulm	Herbert Dampel	0731/6021657		info@ in-ulm.de
Wiesbaden	s. Frankfurt			
Wuppertal	Thomas Mechtersheimer	–	02053/50805	info@ wupper.de

Glossar

AirMosaic
Ein WWW-Browser für Windows, baugleich mit Spry Mosaic.

Archie
Ein Suchdienst, mit dem man Programme und Daten von FTP-Servern finden kann.

Arena
Der WWW-Browser des W3-Konsortiums, beherrscht als einziger große Teile von HTML 3.0.

Body
Der Teil einer HTML-Seite, in dem die zur Darstellung vorgesehenen Daten enthalten sind (nimmt i.d.R. 99% der Datenmenge ein). Siehe auch *Header*.

Browser
Ein Programm, mit dem man Daten (WWW-Seiten) von WWW-Servern abrufen und am Bildschirm darstellen kann.

Cello
Ein WWW-Browser für Windows.

CERN
Europäisches Kernforschungszentrum in Genf. Arbeitet eng mit dem W3-Konsortium zusammen; hat einen eigenen WWW-Server herausgebracht.

CGI
„Common Gateway Interface" – normierte Schnittstelle für den Aufruf von Programmen auf einem WWW-Server durch WWW-Clients „außerhalb".

Clickable Image
Ein Bild, das auf Mausklicks an verschiedenen Stellen („Hotzones") verschieden reagiert. Die Verarbeitung der Mausklicks erfolgt mittels eines CGI-Skripts auf dem WWW-Server.

Client Pull
Methode zum automatischen Nachladen von Dokumenten (dynamische Dokumente) im Netscape Navigator.

Compuserve
Online-Dienst, der auch einen Zugang zum Internet bietet.

DNS-Server
siehe Nameserver

DTD
„Document Type Definition“ – bezeichnet die formelle Beschreibung einer Sprache in SGML. HTML kann durch eine DTD beschrieben werden.

Dynamische Dokumente
Dieser Begriff wird zuweilen für die Ausgabe von CGI-Skripts verwendet (weil diese theoretisch mit jedem Aufruf unterschiedlich sein kann, während „statische“ Dokumente bei jedem Aufruf die gleichen sind). Netscape prägte den Begriff für die Methoden „Client Pull“ und „Server Push“, mit denen bereits angezeigte Dokumente noch verändert werden können.

Entity
Sonderzeichen und Symbole in HTML. Werden mit einem & eingeleitet und enden mit einem Semikolon.

FOF
„Fill-out Forms“ – WWW-Formulare.

FQDN
„Fully qualified domain name“ – vollständiger Name eines Rechners im Internet. Durch Anfrage bei einem Nameserver kann ein FQDN in eine IP-Nummer umgesetzt werden; der Rückweg ist nicht immer so einfach.

FTP
„File Transfer Protocol“ – Protokoll, mit dem Dateien im Internet übertragen wrden können. „Anonyme FTP-Server“ sind Rechner, von denen jeder Netzteilnehmer Dateien abholen kann, ohne sich vorher registrieren zu lassen.

GIF
„Graphics Interchange Format“ – im WWW weit verbreitetes Bildformat.

Harvest
Ein Softwarepaket, das Informationen von verschiedenen WWW-Severn sammelt und in einer Datenbank verwaltet.

Header
Generell: Daten, die dem eigentlichen Inhalt einer Übertragung vorangehen. HTTP-Header: Die Headerzeilen bei einer Übertragrung im WWW. HTML-Header: Die am Anfang einer HTML-Seite zwischen den Tags <HEAD> und </HEAD> stehenden Informationen, die nicht zur Anzeige vorgesehen sind, sondern allgemeine Einstellungen für die Seite treffen. Siehe auch *Body*.

Homepage
WWW-Seite, auf der sich eine Person oder Organisation selbst vorstellt. Irrtümlicherweise wird der Begriff von Browsern für die WWW-Seite, die sie beim Start als erste laden, benutzt.

Hotzone
Bereich in einem Clickable Image, der bei der Anwahl eine HTML-Seite lädt.

HREF
„Hypertext Reference" – Verweis auf eine HTML-Seite.

HTML
„Hypertext Markup Language" – Beschreibungssprache für WWW-Seiten. Verbreitete Version: 2.0; in Entwicklung: 3.0.

HTTP
„Hypertext Transfer Protocol" – Protokoll, mit dem WWW-Seiten sowie Anfragen nach solchen zwischen WWW-Client und WWW-Server übertragen werden.

HTTPD
Programm, das auf einem WWW-Server laufen muß („HTTP Daemon"). Oft auch Begriffsvermischung: Das HTTPD-Programm wird selbst als WWW-Server bezeichnet.

Hyper-G
Weiterentwicklung (?) des WWW von der TU Graz.

Hyperlink
Markierte Stelle in einem Hypertext-Dokument, die bei Aktivierung ein anderes Dokument lädt.

Hypertext (Hypermedia)
Dokument (oder allgemeiner: Datenmenge), aus dem man durch Aktivierung von Hyperlinks zu verwandten Dokumenten oder Informationen springen kann.

Individual Network

Verein in Deutschland, der preiswerte Internetzugänge für Privatleute fördert.

Inline-Bilder

Bilder, die auf einer HTML-Seite eingebunden sind und mit angezeigt werden, wenn die Seite angezeigt wird (ohne explizierte Aktivierung eines Hyperlinks).

IP

„Internet Protocol" – das Protokoll, auf dem die gesamte Internet-Kommunikation basiert. „IP-Zugang" zum Internet bedeutet i.d.R. allumfassenden Zugang.

JP(E)G

„Joint Picture Expert Group" – nicht verlustfreies, aber sehr effizientes Komprimierungsverfahren für fotografische Bilder.

MIME

„Multimedia Internet Mail Extensions" – ein Standard, der den Umgang mit verschiedenen Datenarten im Internet festlegt.

Mosaic

Der erste grafische WWW-Browser vom NCSA. Ist zum Synonym für WWW-Browser geworden wie „Tempo" für Papiertaschentücher.

MPEG

„Motion Picture Expert Group" – ein Komprimierungsverfahren für Bewegtbilder.

Nameserver

Rechner im Internet, der eine Datenbank von Rechnernamen (FQDNs) und zugehörigen IP-Nummern verwaltet. Es gibt sehr viele Nameserver, die ihre Datenbestände untereinander abgleichen.

NCSA

National Center for Supercomputing Applications – Erfinder von Mosaic und heute noch treibende Kraft hinter dem W3-Konsortium.

Netscape

Firma, die von abgesprungenen NCSA- und CERN-Mitarbeitern gegründet wurde und einen eigenen WWW-Browser („Netscape Navigator") entwickelte, der einige Vorteil egegenüber Mosaic hat, aber heftig kritisiert wird, weil die Firma damit Geld verdienen will (!) und sich nicht an in der Entwicklung befindliche Standards anlehnte.

News
Internet-Dienst, bei dem alle Teilnehmer in tausenden nach Themen geordneter „Newsgroups“ Artikel veröffentlichen und beantworten können.

NNTP
„Network News Transfer Protocol“ – Protokoll, das für die Übertragung von News benutzt wird. Ein NNTP-Server ist ein Rechner, der News-Artikel speichert und auf Anfrage herausgibt.

NPH-Skript
„Non-Parse Headers“ – eine Spezialversion eines CGI-Skripts.

POP
„Point of Presence“ – ein „Außenposten“ oder Einwählpunkt eines Internet-Providers. In Zusammenhang mit eMail steht POP meist für „Post Office Protocol“, ein Verfahren zur Abholung von Mail durch ihren Adressaten.

Provider
Eine Firma oder Organisation, die anderen den Internet-Zugang ermöglicht.

Robot
Programm, das automatisch WWW-Seiten abruft, um sie auszuwerten oder zu katalogisieren.

Server Push
Verfahren zur Darstellung sich verändernder Dokumente (dynamische Dokumente) bei Netscape.

SGML
„Standard Generalized Markup Language“ – eine Sprache, in der man Sprachen wie HTML definieren kann.

SLIP
„Serial Line Iternet Protocol“ – eine Variante des IP-Protkolls, die für den Betrieb über Modemleitungen geeignet ist.

SMTP
„Simple Mail Transfer Protocol“ – Protokoll, mit dem eMail im Internet ausgeliefert werden kann. Ein SMTP-Server oder SMTP-Smarthost ist ein Rechner, bei dem Sie eMail zur Weiterverteilung einreichen können.

SpryMosaic
Ein WWW-Browser unter Windows (wird von Compuserve an Kunden verteilt).

stdin, stdout
Die Standardein- und -ausgabe bei Programmen unter Unix. Wenn der Benutzer selbst das Programm aufruft, ist die Standardeingabe in der Regel die Tastatur und die Standardausgabe der Bildschirm. Wird ein Programm (z.B. CGI-Skript) von einem anderen Programm (z.B. WWW-Server) aufgerufen, legt das aufrufende Programm fest, woher die Standardeingabe des Tochterprozesses gelesen und wohin die Standardausgabe geschrieben werden soll.

sub-Netz
Verein in Deutschland, der preiswerte Internetzugänge für Privatleute und seit Neuestem auch Kleingewerbetreibende fördert.

Tag
Formatierungsanweisung in HTML.

TCP/IP
siehe IP

Telnet
Protokoll (und Name eines Programms), mit dem Verbindungen zu anderen Rechnern im Internet aufgebaut werden können, um dort Programme ablaufen zu lassen

URI
„Uniform Resource Identifier" – Sammelbezeichnung für URN und URL.

URL
„Uniform Resource Locator" – Ortsangabe eines WWW-Dokuments, kann Protokoll, Rechnernamen, Pfad- und Dateinamen enthalten.

URN
„Universal Resource Name" – eindeutige Namensangabe für ein WWW-Dokument (nicht verbreitet).

Usenet
Die Gesamtheit aller Rechner, die News und eMail austauschen (≠ Internet).

UUCP
: „Unix to Unix Copy Protocol“ – Verfahren, nach dem Rechner untereinander Dateien, Mail und News austauschen können (nicht auf Unix oder Internet beschränkt).

VRML
: „Virtual Reality Modeling Language“, eine Beschreibungssprache für dreidimensionale Objekte. Hat, trotz des ähnlichen Namens, mit SGML oder HTML keine Ähnlichkeit. In dreidimensionale VRML-Objekte lassen sich jedoch Verweise auf HTML-Seiten einbinden.

Widget
: Ein Steuerelement (z.B. Knopf, Rollbalken, Texteingabefeld) bei einer grafischen Benutzeroberfläche.

WinWeb
: WWW-Browser unter Windows.

WWW
: „World Wide Web“ – Das, worum es hier geht.

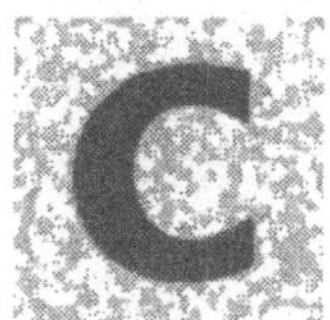

Entities und Symbole

C.1 Entities

Aacute	Á	aacute	á
Agrave	À	agrave	à
Acirc	Â	acirc	â
Atilde	Ã	atilde	ã
Aring	Å	aring	å
Auml	Ä	auml	ä
AElig	Æ	aelig	æ
Ccedil	Ç	ccedil	ç
Eacute	É	eacute	é
Egrave	È	egrave	è
Ecirc	Ê	ecirc	ê
Euml	Ë	euml	ë
Iacute	Í	iacute	í
Igrave	Ì	igrave	ì
Icirc	Î	icirc	î
Iuml	Ï	iuml	ï
ETH	Ð	eth	ð
Ntilde	Ñ	ntilde	ñ
Oacute	Ó	oacute	ó
Ograve	Ò	ograve	ò
Ocirc	Ô	ocirc	ô
Otilde	Õ	otilde	õ
Ouml	Ö	ouml	ö
Oslash	Ø	oslash	ø
Uacute	Ú	uacute	ú
Ugrave	Ù	ugrave	ù
Ucirc	Û	ucirc	û
Uuml	Ü	uuml	ü
Yacute	Ý	yacute	ý
THORN	Þ	thorn	þ
szlig	ß	yuml	ÿ

lt	<	copy	©
gt	>	trade, tm	™
amp	&	endash	–
quot	"	emdash	—
reg	®		

Die grau hinterlegten Entities sind nicht Bestandteil des HTML 2.0-Standards und werden daher nicht von allen Browsern unterstützt.

Alle Entities werden mit einem & eingeleitet und mit einem Semikolon beendet, z.B. „Tausendfüßler". Mit der Syntax &#xxx; (wobei xxx eine Zahl von 0 bis 255 ist) kann jedes Zeichen aus dem ISO 8859/1-Zeichensatz angesprochen werden (dies entspricht dem Zeichensatz, der i.d.R. auch unter Windows zur Anwendung kommt).

Für HTML 3.0 sind außerdem sämtliche griechischen Kleinbuchstaben vorgesehen (α, β usw.). Ferner gibt es in HTML 3.0 die Entities:

nbsp	„Non-breaking space", ein Leerzeichen, an dem kein Zeilenumbruch erfolgen darf
ensp	ein Leerzeichen von der Breite eines kleinen „n"
emsp	ein Leerzeichen von der Breite eines kleinen „m"
ldots	… (auf der Grundlinie)
cdots	⋯ (auf der Höhe eines Minuszeichens)
vdots	⋮ (drei Punkte, vertikal)
ddots	⋱ (drei Punkte, diagonal)
dotfill	wie cdots, aber streckbar für Matrixspalten

C.2 Symbole

Dies sind die mit HTML 3.0 vorgeschlagenen Standardsymbole, die in dem DINGBAT-Attribut verwendet werden können. Ich drucke keine Bilder ab, da jeder Browser die Symbole anders gestalten kann.

Symbolname	*Inhalt der Abbildung*
archive	Archiv-Server
audia	Tonaufzeichnung, Geräusch
binary.document	binäre Datei (ZIP o.ä.)
binhex.document	binäre Datei im BinHex-Format
calculator	Taschenrechner

Symbolname	*Inhalt der Abbildung*
caution	Warnungssymbol
clock	Uhr
compressed.document	komprimierte Datei
disk.drive	wechselbare Platte (Floppy, CD)
diskette	Diskette
display	Computerbildschirm
document	Dokument
fax	Faxgerät
filing.cabinet	Aktenschrank/-schublade
film	Animation
fixed.disk	Festplatte
folder	Ordner, Mappe
form	Formular
ftp	FTP-Server
glossary	Glossar, Hilfstext
gopher	Gopher-Server
home	oberstes Dokument der Hierarchie
image	Bild
index	Stichwortverzeichnis
mail	eMail-Nachricht
mail.in	Fach für Posteingang
mail.out	Fach für Postausgang
map	Karte oder Kartenskizze
mouse	Maus
next	nächstes Dokument
parent	übergeordnetes Dokument
previous	vorheriges Dokument
printer	Drucker
summary	Zusammenfassung
telnet	Telnet-Verbindung
text.document	Text- oder HTML-Seite
tn3270	tn3270-Terminalsitzung
toc	Inhaltsverzeichnis
trash	Papierkorb
unknown.document	unbekannte Dokumentenart
uuencoded.document	binäre Datei im uuencode-Format

Alle HTML-Tags im Überblick

Feld „I" (Inhalt):

- ●: Tag mit Inhalt; Abschlußtag </...> notwendig
- O: Tag mit Inhalt, aber Abschlußtag </...> optional (ergibt sich aus Kontext)
- –: Tag ohne Inhalt

Feld „S" (Standard):

- 2: HTML 2.0 (i.d.R. von allen Browsern unterstützt)
- N: Netscape-Erweiterungen
- 3t: HTML 3.0 Tabellen-Tags (heute schon von einigen Browsern unterstützt)
- 3: HTML 3.0 (zum größten Teil nur von Arena unterstützt)
- 3m: HTML 3.0 Mathematik-Tags (ebenso)

Tag	*Benutzung für*	*I*	*S*	*wichtige Attribute*	*Seite*
<!-- ... -->	Kommentar	●	2	–	201
<A>	Hyperlink	●	2	HREF=url, REL, REV	146
<A>	Sprungmarke	●	2	NAME=text	146
<ABBREV>	Abkürzung	●	3	–	173
<ABOVE>	innerhalb <BOX>	–	3m	–	192
<ACRONYM>	Akronym	●	3	–	173
<ADDRESS>	Adresse des Autors	●	2	–	176
<ARRAY>	Matrix in Formel	●	3m	–	193
<ATOP>	Übereinanderstellung in <BOX>	–	3m	–	191
<AU>	Name des Autors	●	3	–	173
<B>	fette Schriftart	●	2	–	168
<BANNER>	gleichbleibender Text am oberen Seitenrand	●	3	–	202

Tag	*Benutzung für*	*I*	*S*	*wichtige Attribute*	*Seite*
<BAR>	Balken über Text	●	3m	–	194
<BASE>	Basis–URL für relative Verweise (im Header)	–	2	HREF=url	195
<BASEFONT>	Standarschriftgröße	–	N	–	169
<BELOW>	innerhalb <BOX>	–	3m	–	192
<BIG>	größere Schrift	●	3	–	170
<BLINK>	blinkende Schrift	●	N	–	169
<BLOCKQUOTE>	Längeres Zitat	●	2	–	174
<BODY>	Umschließt den Body	●	2	BGCOLOR=#rrggbb (N), BACKGROUND =url (N3)	200
<BOX>	Klammer oder Bruch in Formel	●	3m	–	191
<BQ>	wie <BLOCKQUOTE>	●	3	–	174
 	Neue Zeile	–	2	CLEAR (N3)	142
<BT>	fett und nichtkursiv	●	3m	–	194
<CAPTION>	Tabellen- oder Bild-überschrift	●	3t	ALIGN	156
<CENTER>	Text zentrieren	●	N	–	169
<CHOOSE>	in <BOX>	–	3m	–	191
<CITE>	Zitat	●	2	–	171
<CODE>	Quelltext	●	2	–	171
<CREDIT>	Quellangabe in <BQ> oder <FIG>	●	3	–	157
<DD>	Definition in Definitionsliste	○	2	–	163
<DDOT>	zwei Punkte über Text	●	3m	–	194
<DEL>	gelöschter Text	●	3	–	173
<DFN>	Definition	●	3	–	172
<DIR>	Liste mit sehr kleinen Einträgen	●	2	–	163
<DIV>	Unterteilung des Texts in Abschnitte	●	3	–	202
<DL>	Definitionsliste	●	2	–	163
<DOT>	Punkt über Text	●	3m	–	194
<DT>	Term in Definitionsliste	○	2	–	163
<EM>	Hervorhebung	●	2	–	171
<FIG>	Bild	●	3	SRC=url, ALIGN	155
<FN>	Fußnote	●	3	–	177

Tag	*Benutzung für*	*I*	*S*	*wichtige Attribute*	*Seite*
<FONT>	Schriftgröße	•	N	SIZE=x[%]	169
<FORM>	Formular	•	2	–	223
<H1>–<H6>	Überschriften	•	2	ALIGN (3)	138
<HAT>	Dachsymbol über Text	•	3m	–	194
<HEAD>	Umschließt den Header	•	2	–	123
<HR>	Linie	–	2	WIDTH (N)	142
<HTML>	Umschließt die ganze HTML–Seite	•	2	–	123
<I>	kursive Schriftart	•	2	–	168
<IMG>	Bild	–	2	SRC=url, ALIGN	150
<INPUT>	Eingabefeld in Formular	–	2	TYPE, NAME, VALUE	223
<INS>	eingefügter Text	•	3	–	173
<ISINDEX>	Dokument ist Zugang zu Suchprogramm	–	2	–	196
<ITEM>	Element in <ARRAY>	○	3m	ALIGN, COLSPAN, ROWSPAN	193
<KBD>	Tastatureingabe	•	2	–	171
<LANG>	Definition der Sprache	•	3	–	173
<LH>	Überschrift einer Liste	•	3	–	166
<LI>	Listeneintrag	○	2	TYPE (N)	160
<LINK>	Verhältnis zu anderen Dokumenten; Style-sheet–Einbindung (3)	–	2	REV, REL, HREF	196
<MATH>	Formel	•	3m	CLASS	190
<MENU>	Liste ohne Aufzählungs-zeichen	•	2	–	162
<META>	Zusatzinformation oder HTTP–Header	–	2	NAME, VALUE, HTTP_EQUIV	198
<NOBR>	kein Zeilenumbruch	•	N	–	203
<NOTE>	Bemerkung	•	3m	–	177
<OF>	in <ROOT>	–	3m	–	193
<OL>	numerierte Liste	•	2	TYPE (N)	161
<OPTION>	Einträge in <SELECT>–Feld	–	2	SELECTED	233
<OVER>	in <BOX>	–	3m	–	191
<OVERLAY>	Überlagerung in <FIG>	–	3	–	157
<P>	Absatz	○	2	ALIGN (3)	141
<PERSON>	Name einer Person	•	3	–	173

Tag	*Benutzung für*	*I*	*S*	*wichtige Attribute*	*Seite*
<PLAINTEXT>	veraltet (Text ohne Tags)	–	2	–	208
<PRE>	vorformatierter Text	●	2	–	174
<Q>	kurzes Zitat (Anführungszeichen)	●	3	–	172
<RANGE>	Bereichsdefinition	–	3	FROM, UNTIL	200
<ROOT>	Wurzel	●	3m	–	193
<ROW>	Zeile in <ARRAY>	○	3m	–	193
<S>	durchstreichen	●	3	–	170
<SAMP>	Beispielausgabe	●	2	–	171
<SELECT>	Auswahlfeld in Formular	●	2	SIZE, NAME, MULTIPLE	233
<SMALL>	kleinere Schrift	●	3	–	170
<SQRT>	Quadratwurzel in Formel	●	3m	–	193
<STRONG>	starke Hervorhebung	●	2	–	171
<STYLE>	Stylesheet (im Header)	●	3	NOTATION	199
<SUB>	tieferstellen	●	3	–	170
<SUP>	höherstellen	●	3	–	170
<T>	nichtkursiver Text	●	3m	–	194
<TAB>	Tabulator	–	3	ID, TO	159
<TABLE>	Tabelle	●	3t	BORDER	185
<TD>	Tabellenzelle	○	3t	ALIGN, VALIGN	187
<TEXT>	Text innerhalb Formel	●	3m	–	194
<TEXTAREA>	Textbereich–Eingabefeld in Formular	●	2	ROWS, COLS, NAME	234
<TH>	Tabellen-Überschriftszelle	○	3t	ALIGN, VALIGN	187
<TILDE>	Tilde über Text	●	3m	–	194
<TITLE>	Umschließt Titel d. Seite	●	2	–	123
<TR>	Tabellenzeile	○	3t	ALIGN, VALIGN	186
<TT>	nichtproportionale Schrift	●	2	–	168
<U>	unterstreichen	●	3	–	169
<UL>	nicht numerierte Liste	●	2	TYPE (N)	160
<VAR>	Variablenname	●	2	–	171
<VEC>	Vektorpfeil über Text	●	3m	–	194
<WBR>	mögl. Zeilenumbruch	–	N	–	203
<XMP>	veraltet (Beispiel)	●	2	–	208

Formate, Protokolle, Datentypen

E.1 Die MIME-Datentypen

Ein MIME-Datentyp besteht aus zwei Teilen. Vor dem Schrägstrich steht die Datenart (Bild, Ton, Text usw.), hinter dem Schrägstrich das konkret benutzte Format (GIF, JPG usw.).

Gängige Datentypen sind:

Typ	*Subtyp*	*Inhalt*
text	plain	gewöhnlicher ASCII-Text ohne HTML-Tags oder Entities
	html	HTML-Seite
image	gif	Bild im GIF-Format
	jpeg	Bild im JPG-Format
	x-bitmap	Bild im XBM-Format
audio	wav, x-wav	Sound im WAV-Format
	au	Sound im AU-Format
	x-midi	Sound als Midi-Datei
video	mpeg	Animation im MPG-Format
	quicktime	Animation im Quicktime-Format
application	octet-stream	EXE-Datei oder andere ausführbare Binärdateien
	x-zip-compressed	Archiv im ZIP-Format

E.2 Überlegungen zum Bildformat

Bei den Tags <IMG> und <FIG> stellt sich oft die Frage, in welchem Format man die Bilder über das Netz schickt. Alle Browser, die Inline-Bilder unterstützen, beherrschen das GIF-Format, und fast alle das unter Unix verbreitete XBM. Alle neueren Exemplare verarbeiten auch JPG-Bilder. XBM kommt nur für sehr kleine Bilder in Frage, da hier die Daten unkomprimiert und aufgrund ASCII-Kodierung mit vierfachem Speicheraufwand der Rohdaten (!) übertragen werden und auch nur Schwarzweißbilder möglich sind.

Die folgende Tabelle zeigt die Datenmengen, die für ein und dasselbe Bild in verschiedenen Formaten durchs Netz geschickt werden müssen. Die Werte sind nur als Anhaltspunkte zu verstehen; im konkreten Fall sind die Ergebnisse von der Komprimierbarkeit der Bilddaten abhängig.

eingescanntes Foto, ca. 400x400 Pixel	*Rohdaten*	*GIF*	*JPG 75%*	*JPG 50%*
8 Bit (256 Farben)	160 KB	120 KB	40 KB	25 KB
4 Bit (16 Farben)	80 KB	40 KB	40 KB	25 KB

Das JPG-Format ermöglicht eine sehr starke, aber nicht ganz verlustfreie Kompression, die komprimierten Bilder sehen also nicht exakt so aus wie das Original. JPG arbeitet grundsätzlich mit 24 Bit-Farben (daher kein Unterschied in beiden Zeilen und gleiche Werte selbst bei 16,7 Millionen Farben). Die Kompression mit Qualitätsfaktor 75% liefert völlig ausreichende Resultate, und selbst bei 50% sehen die meisten Bilder noch akzeptabel aus.

Wenn man nicht mit JPG arbeiten möchte, empfiehlt sich zuweilen die Umwandlung der Bilder in 16-Farben-Bilder; da diese 16 Farben nicht festgelegt sind, sondern für jedes Bild passend gewählt werden können, lassen sich zumindest farbige Landkarten und Zeichnungen sehr gut als 4 Bit-GIF-Bild speichern. JPG ist bei detailreichen Abbildungen wie Landkarten eher ungeeignet, da die Feinheiten unter der Komprimierung leiden können. Vor allem, wenn das zu komprimierende Bild größere Mengen Text enthält, sollte man auf JPG-Komprimierung verzichten; bei Farbfotos hingegen ist JPG erste Wahl.

Neben den genannten Bildformaten ist auch „iGIF“, das „interlaced GIF“-Format, recht verbreitet. Hierbei handelt es sich um GIF-Bilder, die nach einem bestimmten Verfahren komprimiert werden, so daß das Bild nicht in voller Schärfe von oben bis unten aufgebaut wird, sondern man stattdessen zunächst ein unscharfes Bild sieht, das mit der Zeit immer mehr an Schärfe und Detail gewinnt, bis es fertig übertragen ist. Dadurch kann der Benutzer bei Browsern, die das Bild während der Übertragung anzeigen, bereits früh den Inhalt erkennen.

Ein Programm zur Erstellung von iGIF-Bildern stelle ich in Kapitel 8 vor. Sie benötigen in der Regel fünf bis zehn Prozent mehr Speicher als gewöhnliche GIF-Bilder.

Das GIF-Format ist das einzige, in dem es möglich ist, einzelne Farben als transparent zu markieren, so daß dort der Bildschirmhintergrund durchscheint (vgl. Kapitel 8).

In der Vergangenheit gab es einige Verwirrung um das GIF-Format, weil der Inhaber des Patentes für das in GIF-Dateien angewendete Komprimierungsverfahren die Lizenzbedingungen geändert hat. Es ist aber unwahrscheinlich, daß die Verwendung und Unterstützung des GIF-Formats im WWW dadurch nachläßt.

E.3 Im URL zulässige Protkolle

Leider sind Protokollbezeichnungen, auf denen ein URL basieren kann, nicht Bestandteil der HTML-Spezifikation, und daher gibt es immer wieder Browser, die einzelne Protokolle nicht verstehen oder eine etwas andere Syntax verwenden. Lediglich das Standardprotokoll HTTP ist überall verläßlich implementiert.

Protokoll	*Inhalt*

FTP, FTPS (auch: FILE)	Verweis auf Daten von einem FTP-Server. Es wird kein Datentyp mitübermittelt, aber manche Browser versuchen, anhand der Daten oder des Dateinamens zu erkennen, wie die Daten zu behandeln sind.
	„FTPS" ist die sichere Variante für Netscape-Betrieb.
	Anwendung (für öffentlich zugängliche FTP-Server):
	`ftp://rechner/pfad/dateiname`
	Wenn nur `ftp://rechner/pfad` verwendet wird, zeigt der Browser den Inhalt des genannten Verzeichnisses an.
	Für nicht-öffentliche Server können Benutzerkennung und Password mit angegeben werden:
	`ftp://user:password@rechner`

GOPHER	Zugang zu einem Gopher-Server (Vorgänger des WWW):
	`gopher://rechner`
	`gopher://rechner/ressourcenname`

Protokoll	*Inhalt*
HTTP, HTTPS	Verweis auf Daten von einem WWW-Server; Datentyp wird den Daten voran übermittelt. „HTTPS" ist ein spezielles verschlüsseltes Protokoll, das nur zwischen Browsern und WWW-Servern der Firma Netscape eingesetzt werden kann. Anwendung: `http://rechner/pfad/dateiname#sprungziel` Wenn nur `http://rechner/` angegeben wird, wird meist eine Willkommensseite angezeigt. HTTPS wird genau wie HTTP verwendet.
MAILTO	Automatisches Absenden einer Mail an die angegebene Adresse. Funktioniert nur, wenn in der Browser-Konfiguration ein SMTP-Server angegeben ist, bei dem der Browser die Mail einliefern kann. Anwendung: `mailto:benutzername@rechner`

NEWS, SNEWS (auch: NNTP)	Verweis auf einen bestimmten News-Artikel oder eine ganze Newsgroup; nicht von allen Browsern unterstützt. Das SNEWS-Protokoll ist wiederum eine Netscape-Spezialität mit sicherer Übertragung.
	Um einen bestimmten Artikel oder alle Artikel einer Gruppe anzuzeigen (Verbindung wird zum lokal beim Browser eingestellten Newsserver hergestellt):
	`news:gruppenname`
	`news:artikelkennung`
	Verbindung mit Angabe des Newsservers, auf dem die Artikel/Gruppen abzuholen sind (muß öffentlich zugänglich sein; nur von wenigen Browsern unterstützt):
	`news://rechner/gruppenname`
	`news://rechner/artikelkennung`

Protokoll	*Inhalt*
TELNET	Der Browser soll eine Telnet-Verbindung zum angegebenen Rechner öffnen. Dazu wird meistens auf Browser-Seite ein eigenes Terminalprogramm als „Helper Application" benötigt. Anwendung: `telnet://rechner`
WAIS	Zugang zu einem WAIS-Server, nur wenig unterstützt. Anwendung: `wais://rechner`

Mit dem HTTP-Protokoll können alle Arten von Daten übertragen werden; die meisten Browser können die Formate HTML-Text, GIF-, XBM- und JPG-Bilder sowie gewöhnlichen ASCII-Text ohne Hilfsprogramme anzeigen benötigen, aber für alles, was darüber hinausgeht, sogenannte „Helper Applications".

Bei allen Protokollen können an den Rechnernamen noch ein Doppelpunkt und eine Portnummer angefügt werden, falls der Rechner diesen Dienst nicht auf dem dafür normalerweise vorgesehenen Port (z.B. 21 für FTP, 23 für Telnet, 119 für News) anbietet.

Index

Die HTML-Tags finden Sie nicht hier im Index, sondern alphabetisch geordnet in Anhang D.

Kursive Seitenzahlen verweisen auf Einträge im Glossar.

S

T

U

V

W